山海经

李瑾 著

释考

辽宁人民出版社

图书在版编目（CIP）数据

山海经释考 / 李瑾著 . — 沈阳：辽宁人民出版社，
2022.4
　ISBN 978-7-205-10390-3

　Ⅰ . ①山… Ⅱ . ①李… Ⅲ . ①历史地理—中国—古代
②《山海经》—注释 Ⅳ . ① K928.631

中国版本图书馆 CIP 数据核字（2021）第 269223 号

出版发行：辽宁人民出版社
　　　　　地址：沈阳市和平区十一纬路 25 号　邮编：110003
　　　　　电话：024-23284321（邮　购）　024-23284324（发行部）
　　　　　传真：024-23284191（发行部）　024-23284304（办公室）
　　　　　http://www.lnpph.com.cn
印　　刷：北京长宁印刷有限公司天津分公司
幅面尺寸：160mm×230mm
印　　张：22.75
字　　数：304 千字
出版时间：2022 年 4 月第 1 版
印刷时间：2022 年 4 月第 1 次印刷
责任编辑：娄　瓴
装帧设计：琥珀视觉 – 高鹏博
责任校对：吴艳杰
书　　号：ISBN 978-7-205-10390-3
定　　价：69.80 元

导　言

山　经

海　经（一）

海　经（二）

导　言

　　必须指出，由于"现代世界"以消除魔力、使人觉醒作为自己的使命，故而我们生活在一个有条理的即有法则的宇宙中。这意味着，在我们体系化的思想观念中，倾向于把所处世界中的一切异常的东西简单地归结为不存在，似乎原始／自然不是荒诞的，就是我们的敌人。以此目光考量《山海经》只会有如下结果：要么它提供的是一个真实的世界，要么它是光怪陆离的。事实上，"真实"和"光怪陆离"被视作一体了——不能理解／解释的东西面临一个人为的答案，即如司马迁给出的斩钉截铁的判断："至禹本纪、山海经所有怪物，余不敢言也。"（《史记·大宛传》）如此一来，我们将失去直接面对先民的机会，也会失去直接面对"人"／自身的机会：《山海经》中的山海恰恰是我们已经失去的最初的世界。

　　进入《山海经》前，必须抱有这样一种思想准备，即不能把它贬低到日常生活之中，查尔斯·西格尔在谈到《奥德赛》时曾说："这首史诗的特殊魅力，正是这样一种把我们带入迷人之境的方式。"[1] 显然，这也是《山海经》"想象中的境地"给我们带来的审美感受。但是，如

---

[1] ［美］查尔斯·西格尔：《〈奥德赛〉中的歌手、英雄与诸神》，生活·读书·新知三联书店 2020 年 1 月版，第 3 页。

果以凡尘男女都熟悉的环境去确定文本中的一切事物，误读便不可避免地发生了。也就是说，面对先民曾经生活的世界，我们不能简单地以当下／存在的目光断定有或无。若如是，一切难以解答的问题都可以取消了。毫无疑问，《山海经》包括《山经》和《海经》两部分，甚至可以进一步将《海经》细化为内经、外经和荒经，不论如何划分，《山经》和《海经》之间都存在巨大的鸿沟，这一点已为知识界公认。可以确认的是，《山经》以真实存在的山川为经纬构建了一个"祭祀世界"，而《海经》以幻想而来的神话为脉络提供了一个"图画世界"。

由于《山经》《海经》已被统一在一起，我们首要的任务是将其当作一个精神／文化共同体而不是有意隔离两部分所拥有的共同之境。按刘宗迪的思路："我们既然揭示了《海经》地理的真正来历多出神思，而非实录，因此，继续沿着旧有的路数考求《海经》山川方国的实际所在已经毫无意义了。"[1] 这就是说，我们不妨沿着《山海经》进入先民经历／想象的世界——这是自然的、朴素的世界，而不是进入我们认为／提炼的世界——这是祛魅的、人工的世界。显然，《山海经》是源头，而不是目标：世界绝不是一个解释过了的"艺术现象"。这样一来，文本中已经确定的后人窜入的思想必须首先剔除。比如首尾两端即《南山经》《海内经》对应性出现的"五德"说、"四德"说和《海外南经》"地之所载，六合之间，四海之内，照之以日月，经之以星辰，纪之以四时，要之以太岁，神灵所生，其物异形，或夭或寿，唯圣人能通其道"的"天人感应说"——包括 51 处灾异之说，明显乃汉代儒生附加进去的，因为上述学说恰恰是汉代成熟起来的，陆贾在《新语》卷下《明诚第十一》中即云："安危之要，吉凶之符，一出于身。……

---

[1] 刘宗迪：《失落的天书：〈山海经〉与古代华夏世界观》，商务印书馆 2016 年 5 月版，第632 页。

故世衰道失，非天之所为也，乃君国者有以取之也。"除此之外，《山海经》鲜少沾染编纂之人所处时代的政治或伦理思想：它是一个纯粹的与自然和先民生活都密切关联的幻境。

在《山海经》中，整个"天下"是一个集合／系统，山水一体，时空不分，人、兽、神甚至动植物是可以来回穿梭／化生的，即"人类世界，不是人类独自的家园，而是人类与天、地共存的空间；人类社会的历史，也就是人类与天、地共同度过的时间"[1]。也就是说，先民想象的"天下"不过自己肉体所处、目力所及和精神感受的"自然"，亦即"人的依赖感是宗教的基础；而这种依赖感的对象，亦即是人所依靠并且人也自己感觉到依靠的那个东西，本来不是别的，就是自然。自然是宗教最初的原始对象"[2]。显然，在先民的视野中，自然即人，人即自然，人的肉体、灵魂、思想观念都可以转化到动植物等自然物上。不过，这并不意味着把自然物和自然力视作具有生命、意志及伟大能力的对象而加以崇拜就是一种宗教形式。因为，人本身即自然物，万物和人有着某种血缘关系，这是一种最初始的生命观。这种生命观里面，不仅日、月是生育出来的，《大荒南经》云："南海之外，甘水之间，有羲和之国，有女子名曰羲和，方日浴于甘渊。羲和者，帝俊之妻，生十日。"《大荒西经》云："有人反臂，名曰天虞。有女子方浴月，帝俊妻常羲，生月十有二，此始浴之。"而且人和植物一样是可以复生的，比如除了精卫、鼓、钦䲹、颛顼借体而生，刑天、夏耕残体而生外，有借植物而生的帝女、夸父和蚩尤。有意思的是，同为帝女，一个化生精卫鸟，一个则化生植物，据《中山经》："又东二百里曰姑媱之山。帝女死焉，其名曰女尸，

---

[1]［日］王柯：《从"天下"国家到民族国家：历史中国的认知与实践》，上海人民出版社2020年3月版，第7—8页。
[2]［德］费尔巴哈：《宗教的本质》，人民出版社，1999年7月版，第1—2页。

化为䔄草，其叶胥成，其华黄，其实如菟丘，服之媚于人。"同时，还可以借助肇山、日月山等凭仗"上下于此，至于天"（《海内经》），遑论昆仑山作为人神之间的中转站而存在着。

上述借体而生的传说或现象是很值得留意的，中国传统哲学讲究"道生一，一生二，二生三，三生万物"，一气元始化二气阴阳，再得万物自生自化，无非因为万物生而具有阴阳和合而自生的道性，故而可通过借体实现"生"的转移和重启。这个意义上，盘古也好，女娲也罢，都是自化而非他生而来，这是中国创世说所独有的逻辑理路。某种意义上，《山海经》中的这种自化/借生形象孕育了具有中国特色的哲学观。在文本里面，人、神、兽杂糅是一种普遍状态，既难找到一个纯粹的"人"，也难找到一个纯粹的神或兽，一切带有生命现象的物体都自赋了某种"灵"。假若明了了这一点，就能够很好地理解文本中的神话形象了，他们往往在人、神、兽甚至草木之形体/形象中自由穿梭，看似怪诞、神奇，实际上是体现了人即"造物主"的观点，即先民通过超人间的生命移植实现对"人"/自己的认知、把握和塑造。这个意义上，先民的生殖崇拜中，人是主角，神、兽包括植物都是人的辅助体，《释名》曰："山，产也。言产生万物。"而人，就是《山海经》最大、最直观的"山"。

按照黑格尔的理解，作为东方国家的中国处在停滞状态，是由于缺乏对直接存在的突破。[1] 这里先不论停滞问题是否确切，可以断定的是直接存在恰恰是先民思想意识中最可宝贵之处，亦即他们并不崇尚神圣与人世之别，而是将神圣当作人世的一部分，比如，《山海经》描述的神话世界超人间又在人间，《西山经》："西南四百里，曰昆仑之丘，是实惟帝之下都。"《海内西经》："海内昆仑之虚，在西

---

[1]［美］普鸣：《作与不作：早期中国对创新与技艺问题的论辩》，生活·读书·新知三联书店2020年1月版，第15页。

北，帝之下都。昆仑之虚，方圆八百里，高万仞。上有木禾，长五寻，大五围。面有九井，以玉为槛。面有九门，门有开明兽守之，百神之所在。在八隅之岩，赤水之际，非仁羿莫能上冈之岩。"经由昆仑山，人神建立起了双向联系。也就是说，《山海经》描绘的神话世界中，人神是共存的，而非分裂的，人不需要进入先排斥自然再回归自然的哲学轨道，假如完全任由人神分离，则面临着个体的神化，由此"不得不悲哀地承认，个体的神化反而导致了个体的俗化，对神的抛弃反而导致了对另一个'神'的迎合，矛盾、冲突、延宕、挣扎构成了精神生活的全部，我们追求的自然全部不见了，至于什么取代了自然，有时人类都得不出精准的结论"[1]。这样一来，便能够很好地理解《山海经》的精神脉络了，即人之外没有造物主，也没有自身之外的意志，这种自发的宇宙观展现的是"生命、自由这些基本权利统一于人这个自然体上——自然意味着宇宙这个大的自然系统和人这个小的自然系统是和谐运转的，呈现为一种气之相生而不相克的状态，如此，人是人的目的，这是人最完美的状态"[2]。

既然如此，如何理解文本中的祭祀呢？按照《礼记·祭法》的说法："夫圣王之制祭祀也。"而且，这样的祭祀是有等级的，即《礼记·王制》："天子祭天地，诸侯祭社稷，大夫祭五祀。天子祭天下名山大川，五岳视三公，四渎视诸侯。诸侯祭名山大川之在其地者。天子诸侯祭因国之在其地而无主后者。"当然，《山海经》中的祭祀仪式差异十分明显，比如以情形最复杂的《中山经》为例：薄山之首凡十五山、薄山之首（自苟林之山至于阳虚之山）凡十六山、荆山之首凡二十三山，有一宗主神和群山山神祭祀；苦山之首凡十有九山、洞庭山之首凡十五山，有多宗

---

[1] 李瑾：《谭诗录：实然非实然之间》，人民文学出版社 2020 年 6 月版，第 19 页。
[2] 李瑾：《谭诗录：实然非实然之间》，人民文学出版社 2020 年 6 月版，第 287 页。

主神和群山山神祭祀；岷山之首凡十六山、首阳山之首凡九山、荆山之首（自翼望之山至于几山）有宗主神和群山山神祭祀，并出现一首领神；济山经之首凡九山、厘山之首凡九山，"其祠之，毛用一白鸡，祈而不糈，以采衣之"；"祠用毛，用一吉玉，投而不糈"有群山山神祭祀，无宗主神；蒉山之首凡五山，出现三个神名，和其他山分开祭祀；缟羝山之首凡十四山，因"岳在其中，以六月祭之"。同时，祭祀时，牺牲（包括雄鸡、白鸡、犬、鱼、彘）、糈、玉都是可供选择之物，有的还铺设白菅，更为隆重的是，祭祀西经十九山瑜山神时，"祠之用烛，斋百日以百牺，瘗用百瑜，汤其酒百樽，婴以百珪百璧"；祭祀薄山之首时，甚至"蘖酿、干儛、置鼓"；祭祀首阳九山之帝时，"其祠羞酒，太牢具；合巫祝二人舞"。显然，祭祀的复杂程度基于该山山神的重要性。但这种重要性或等级出于一种自然性，即该山在先民意识中的留影／影响之大小，而非来自于上层政治设定，故而《山海经》中的祭祀作为一种发自内心的崇拜通往过去的时间，但又指向现世的存在，且体现在身边的自然变化中。祭祀若非出于自然，就会落入五行说、灾异说这类人为构建的话语体系中，因此"卜辞中往往会点名上帝本身喜欢降灾于人世"[1]。

既然人神不分，《山海经》的"观念"中就不存在忠奸善恶这种德性分疏。比如按《大荒北经》记载，"蚩尤作兵伐黄帝，黄帝乃令应龙攻之冀州之野。应龙畜水。蚩尤请风伯雨师，纵大风雨。黄帝乃下天女曰妭，雨止，遂杀蚩尤。妭不得复上，所居不雨。叔均言之帝，后置之赤水之北。叔均乃为田祖。妭时亡之，所欲逐之者，令曰：'神北行！'先除水道，决通沟渎"，"禹湮洪水，杀相繇，其血腥臭，不可生谷；

---

[1]［美］普鸣：《作与不作：早期中国对创新与技艺问题的论辩》，生活·读书·新知三联书店 2020 年 1 月版，第 35 页。

其地多水，不可居也。禹湮之，三仞三沮，乃以为池，群帝因是以为台"，对这些战争或主角的描述不隐恶、不扬善，没有以正义与非的道德因素进行区分评价，其直观而血腥的写实性记录，表现出一种超然的以"事实"为依据的世界观。非但如此，无论战败的蚩尤还是被处死的鲧身上反而蕴含着视死如归、慷慨豪迈的人性光辉。以女性神话形象精卫和男性神话形象刑天为例，据《北山经》："又北二百里，曰发鸠之山，其上多柘木。有鸟焉，其状如乌，文首、白喙、赤足，名曰精卫，其鸣自詨。是炎帝之少女，名曰女娃。女娃游于东海，溺而不返，故为精卫。常衔西山之木石，以堙于东海。"又《海外西经》："形天与帝至此争神，帝断其首，葬之常羊之山。乃以乳为目，以脐为口，操干戚以舞。"文本中，精卫和刑天（原文作"形天"，现通称"刑天"）一个是溺亡者，一个是失败者，但他们魂魄不灭，依旧以"生"的形式向毁灭自己的"敌人"亮剑，显然，二神背后折射的先民借助神话去完成对个人命运的塑造。也就是说，在这些神话形象身上，所谓生生死死都不过是"生"的追问和延续，以及向往"生"的强大意志。

毫无疑问，《山海经》中有男权主义／权力谱系的影子，谱系中最大者三，即黄帝、炎帝和帝俊，而影响最大、出现较多的是作为天帝兼人间王形象的黄帝。如仔细推究《山海经》，文本对黄帝的记载确实建立了"父"为中心的权力谱系，《海内经》云："流沙之东，黑水之西，有朝云之国、司彘之国。黄帝妻雷祖，生昌意；昌意降处若水，生韩流；韩流取淖子曰阿女，生帝颛顼。"这种谱系在《大荒北经》《大荒东经》《大荒西经》《海外西经》等处均有记载。事实上，谱系并不是《山海经》强调的重点，但我们能够留意的是，黄帝和影子般存在的"天"／"帝"一样，具有征杀和管控世间万物的记录和资格。但是，即便如此，他连同治水英雄兼"杀相繇"而致"其血腥臭，不可生谷"的禹并没有被置

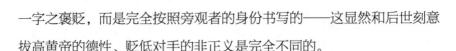

一字之褒贬，而是完全按照旁观者的身份书写的——这显然和后世刻意拔高黄帝的德性、贬低对手的非正义是完全不同的。

我们常将"绝地天通"视作政治或文化史的一个重大事件，《大荒西经》中出现了这个事件的雏形："大荒之中，有山名曰日月山，天枢也。吴姫天门，日月所入。有神，人面无臂，两足反属于头山，名曰嘘。颛顼生老童，老童生重及黎。帝令重献上天，令黎抑下地。下地是生噎，处于西极，以行日月星辰之行次。"按此叙述，"绝地天通"这个概念尚未提炼出来，只是明确了涉及该事件的颛顼、重、黎三个人物，并指出下地者"以行日月星辰之行次"。也就是说，按照文本记载，这不过是一个分掌时历的神话，但到了《尚书·吕刑》这里则与政治／权力挂钩了："王曰：若古有训，蚩尤惟始作乱，罔中于信，以覆诅盟。哀矜庶戮之不辜，报虐以威，遏绝苗民，无世在下；乃命重、黎绝地天通，罔有降格。"孔传："重即羲，黎即和。尧命羲和世掌天地四时之官，使人神不扰，各得其序，是谓绝地天通。言天神无有降地，地祇不至于天，明不相干。"《山海经》并未明言"绝地天通"的目的，而根据后世典籍演绎，由于蚩尤作乱，苗民不服，"罔中于信，以覆诅盟"，为了巩固政权和疆界，颛顼实行"绝地天通"，而执行"绝地天通"的重黎，即尧舜时代的天文历法官"羲和"，目的是由天文历法官"世掌天地四时之官，使人神不扰，各得其序"，《史记·历书》和孔传的说法如出一辙："少暤氏之衰也，九黎乱德，民神杂扰。颛顼受之，乃命南正重司天以属神，命火正黎司地以属民，无相侵渎。尧复遂重黎之后，而立羲和之官，明时正度。年耆禅舜，申戒文祖云：'天之历数在尔躬。'舜亦以命禹。由是观之，王者所重也。"如此一来，重、黎绝地天通之前的"夫人作享，家为巫史"民神任意沟通的自然／自由状态被终结，按照学者的理解，"从帝颛顼看来，崇高神圣的事业，只能由他和南正重参加，或者更可以说，只能由他和重参加，就是黎也无权干预，参加其他职位的人更不必说。他们因为无权参与神圣的事业，所以不能以神圣图腾所属的名字为名字"[1]。蔡沈注《尚书·吕刑》时曾说："当三苗昏虐，民之得罪者莫知其端，无所控诉，相与听于神，祭非其鬼，天地人神之典杂糅渎乱，此妖诞之所以兴，人心之所以不正也。"在他看来，"绝地天通"的结果是"天子然后祭天地，诸侯然后祭山川；高卑上下，各有分限"。很显然，"绝地天通"实际是一次成功的政治改革，重司天、黎司地，地天相隔、人神异界，故而张光直指出："通天的巫术，成为统治者的专利，也就是统治者施行统治的工具。'天'是智识的源泉，因此通天的人是先知先觉的，拥有统治人间的智慧与权利。《墨子·耕柱》：'巫马子谓子墨子曰：鬼神孰与圣人明智？子墨子曰：鬼神之明智于圣人，犹聪耳明目之与聋瞽也。'因此，虽人圣而王者，亦不得不受鬼神指导行事……占有通达祖神意旨手段的便有统治的资格。统治阶级也可以叫作通天阶级，包括有通天本事的巫觋与拥有巫觋亦即拥有通天手段的王帝。事实上，王本身即常是巫。"[2]

"绝地天通"之后，看待先民世界的眼光被完全定格。比如黄帝，按《史记·五帝本纪》："黄帝者，少典之子，姓公孙，名曰轩辕。"因"诸侯相侵伐，暴虐百姓，而神农氏弗能征"，"轩辕乃习用干戈，以征不享"，经阪泉之战、涿鹿之战，击败炎帝与蚩尤，"诸侯咸尊轩辕为天子，代神农氏，是为黄帝"。在司马迁的思想意识中，中国史是自黄帝开始的，这是一个虽有着神话因素但却是人间王的统一者的形象，其诉诸暴力，目的是为了百姓利益；虽更神农氏，起因是受拥戴而为。黄帝王天下后，"披山通道，未尝宁居"，并开始大规模巡守："东至

---

[1] 徐旭生：《中国古史的传说时代》，文物出版社1985年10月版，第83页。
[2] 张光直：《考古学专题六讲》，文物出版社1986年5月版，第107页。

于海，登丸山，及岱宗。西至于空桐，登鸡头。南至于江，登熊、湘。北逐荤粥，合符釜山。而邑于涿鹿之阿。"巡守的目的，一则征讨，一则将政治蓝图推而广之，最终目的无非是宣扬天下共主的形象，《礼记·王制》的说法可谓切中了要害："天子五年一巡守。岁二月东巡守，至于岱宗，柴而望祀山川。觐诸侯，问百年者，就见之。命大师陈诗，以观民风。命市纳贾，以观民之所好恶、志淫好辟。命典礼，考时月，定日，同律、礼乐、制度、衣服，正之。山川神祇有不举者为不敬，不敬者君削以地。宗庙有不顺者为不孝，不孝者君绌以爵。变礼易乐者为不从，不从者君流。革制度衣服者为畔，畔者君讨。有功德于民者，加地进律。五月南巡守，至于南岳，如东巡守之礼。八月西巡守，至于西岳，如南巡守之礼。十有一月北巡守，至于北岳，如西巡守之礼。归假于祖、祢，用特。"显然，上述所引，都指向儒家化了的黄帝。而《山海经》中对黄帝的记载明显和后世人为拔高黄帝的德性、贬低对手的非正义是不同的，即黄帝在《山海经》以后的形象，完全是早期政治实践中的一种虚构和想象。当然，不可否认如下价值指向：黄帝被构建为中华民族先祖的过程，是华夏人民着力寻求大一统的过程。

还需要指出的是，《山海经》对待黄帝的态度和对待海荒之国的态度是一致的，文本内尚未出现系统的"四夷"观念，而海荒之国也只是空间化的表达而没有被"政治化"——它们只在相貌和习俗上有较大差异，亦即方位的不同并不代表开化程度存在差异，至多出现《海外东经》其民"衣冠带剑""好让不争"和《大荒东经》"其人衣冠带剑"的君子之国，而没有内服、外服的"中心——边缘"概念，当《周礼·地官·大司徒》"日至之景，尺有五寸，谓之地中，天地之所合也，四时之所交也，风雨之所会也，阴阳之所和也。然则百物阜安，乃建王国焉，制其畿方千里而封树之"的观念被构建出来，海荒之国才被区分出中国与四夷的对立，代表人的天子才进入了被神化／俗化的格局，血缘关系再也无法涵盖"天下"之政治秩序。这种话语方式的改变不仅仅来源于个人私心或知识性偏见，还来源于国家和社会——一种政治性或意识形态构建的需要。可以对比英国历史学家巴特菲尔德在 1931 年出版的小册子《辉格党式的历史阐释》的理念："历史学家"大都具有这样的倾向，即站在新教徒与辉格党的立场上写作，只要是成功的革命就去赞扬，强调过去的某些进步原则，以及编造出一个修正当今的叙述。

《论语·述而第七》云："子曰：'述而不作，信而好古，窃比于我老彭。'"显而易见，《山海经》之文本仅仅停留在最可宝贵的"述"上，而没有倾向于"圣人使自然世界的文理得以兴起，将之引入人世"[1]的"作"。也就是说，胜利者如黄帝、禹身上沾满的鲜血没有被抹掉，失败者蚩尤、鲧还表现为血缘和精神不死——无论胜败与否一样都显露出一种高尚的英雄主义情结和视死如归的浩然正气，即便他们"敌我"泾渭分明，但在维护部落或自身利益／命运时也都表现出浩荡的责任感——此外，精卫、刑天和夏耕之死亦不死，他们也通过化生展现了不向命／势妥协的精神力量。正是这些不带褒贬却自怀生机的神话形象，代表了先民对自身及宇宙万物的思考，并进而孕育了朴素的、欣欣向荣的华夏文化的源头。

有意思的是，《山海经》中多次出现"其名自号"的"虫"，虫者，按《说文解字》："物之微细，或行，或毛，或蠃，或介，或鳞，以虫为象。凡虫之属皆从虫。"据《南山经》："东五百里曰祷过之山，……有鸟焉，其状如鸡，而白首三足人面，其名曰瞿如，其鸣自号也。""又东四百里曰令丘之山。……有鸟焉，其状如枭，人面四目而有耳，其名

---

[1]［美］普鸣：《作与不作：早期中国对创新与技艺问题的论辩》，生活·读书·新知三联书店 2020 年 1 月版，第 32 页。

曰颙，其鸣自号也。"《山海经》中，另有其名自叫、自呼、自詨的"虫"凡二十七处，这些"虫"和文本中总共六见的"自歌自舞"凤皇、鸾鸟一样，没有高下尊卑之分，都属于自然界中最单纯的叫声，也是一种文明对"原始图腾"最粗粝的呼唤——这种不"作"之"述"才是潜藏在《山海经》中的"真"和"实"，才是我们必须珍视的历史表达和记述方式。

古往今来，《山海经》注释多如牛毛，虽得失不一，却都具参考价值。这些年来，通读诸种解读，收获颇多，意犹未尽之处更是不少，便有了注释的念头。本书一则采百家长，保证注译精准，二则考据其时，确使义理合文，三则材料互证，绝不主观臆断。

本书包括两大部分，一是正文，一是附录。附录整理了《山海经》中的黄帝、炎帝、帝俊谱系，统计了山水、矿藏、国家、异人、动植物出现频次。正文中，除每章前有提要，每则分注、释、引、解四个部分。注针对关键字词和句子进行解析；释是翻译；引则征注家相近、相反观点以备参考，引包括两段，一段是针对注中需要进一步说明的，一段是对理解整则有启发性的；解是个人挥发。注、释、引、解中若有不须多言的，则合并。要注意的是，一些至今沿用的观念，如无必要，保持原词，不一一注译。

参阅典籍已在正文中标出，且附有《山海经》阐释史上的源流概貌，故不再列出。需要说明的是，《山海经》虽语义浅显，但时过境迁，迷惑甚多，加之百家横出，议论驳杂，今若有不合之处，敬请指正。

2020 年 5 月 4 日于京城虎变堂

南山经

　　《南山经》共包括三次经，其中，涉及山峦41座（结尾处说"大小凡四十山"，并不准确，四十山乃方位之山，没有包括文内提到的相关山峦毗邻之山。以下各经类同），另有育遗谷、中谷；涉及水流21条，另有海、渤海／勃海、东海、西海和即翼泽、具区（太湖）、闲泽；涉及植物10种，另有祭物糈、稌；涉及动物62种；涉及矿物12种，另有祭物壁、璋；本章没有神异之人。《山经》中唯一提到的一个国家"流黄"即出现在这里。

　　自《南山经》可以看出，其依次叙述山川及物产时，朗朗上口，有韵文的痕迹，且每次经结尾处有详尽的祭祀仪式描写，可以推算的是，《山经》乃巫觋口口相传的祷辞。本章出现的"有鸟焉，其状如鸡，五采而文，名曰凤皇，首文曰德，翼文曰义，背文曰礼，膺文曰仁，腹文曰信。是鸟也，饮食自然，自歌自舞，见则天下安宁"，乃五行说、感应说的体现，系后人附会赘增。另可佐证的是，本章中感应说中提到的郡县出现于春秋末期，楚武王灭权国，首次设县；秦穆公九年，晋公子夷吾会见秦使者时说"君实有郡县"，为设郡的最早记录。战国时期，郡县制逐渐推行；秦统一后，郡县制推向全国。

　　南山经之首曰䧿山①。其首曰招摇之山，临于西海之上。多桂多金、玉②。有草焉，其状如韭而青华③，其名曰祝馀，食之不饥。有木焉，其状如榖④而黑理，其华⑤四照。其名曰迷榖，佩之不迷。有兽焉，其状如禺⑥而白耳，伏行人走，其名曰狌狌⑦，食之善走。丽麂⑧之水出焉，而西流注于海，其中多育沛⑨，佩之无瘕疾⑩。

又东三百里曰堂庭之山[11]。多棪木[12]，多白猿，多水玉[13]，多黄金。

又东三百八十里曰猨翼之山[14]。其中多怪兽，水多怪鱼。多白玉，多蝮虫[15]，多怪蛇，多怪木，不可以上。

又东三百七十里曰杻阳之山[16]。其阳多赤金[17]。其阴多白金[18]。有兽焉，其状如马而白首，其文如虎而赤尾，其音如谣[19]，其名曰鹿蜀[20]，佩之宜子孙。怪水出焉，而东流注于宪翼之水。其中多玄龟，其状如龟而鸟首虺[21]尾，其名曰旋龟，其音如判木[22]，佩之不聋，可以为底[23]。

【注】

①鵲（què）山：鹊山，"鵲"通"鹊"。②金、玉：金属和玉石的毛料。③华：通"花"。④穀（gǔ）：构树，落叶乔木。⑤华：光华。⑥禺（yù）：一种传说中的猴状野兽，红眼，长尾。《说文·由部》："母猴属，头似鬼。似猕猴而大，赤目长尾，亦曰沐猴。"郭璞注："禺似猕猴而长，赤目长尾。"⑦狌狌（xīng xīng）：人脸野兽，如猩猩。而据《海内经》："狌狌知人名，其为兽，如豕而人面。"⑧丽麂（jǐ）：传说中的地名。⑨育沛：一种矿物，或即琥珀、蜜蜡。⑩瘕（jiǎ）疾：胀肚病，由寄生虫引起的。《搜神记》："客食道龟，已而成瘕。"⑪堂庭之山：洞庭山，位于今江苏苏州西南，太湖东南，乃东洞庭山、西洞庭山的统称。⑫棪（yǎn）木：一种乔木，果实如红苹果，能食。或说即今君迁树，据《海药本草》："久服轻身，亦得悦人颜色。"⑬水玉：水晶，又叫水碧，据《东山经》："又南三百里，曰耿山，无草木，多水碧。"郭璞注："亦水玉类。"《本草纲目》："'玻璃，本作颇黎。'颇黎国名也。其莹如水，其坚如玉，故名水玉。与水精同名。"⑭猨（yuán）翼之山：猿翼山，"猨"通"猿"。⑮蝮（fù）虫：一种传说中的毒蛇，即虺，又称反鼻虫。郭璞注："蝮虫，色如绶文，鼻上有针，大者百余斤，一名反鼻。"《楚辞·天问》："雄虺九首。"《字汇》："虺，蛇属，细颈大头，色如绶文，大者长七八尺。"《南山经》羽山亦有蝮虫。⑯杻（niǔ）阳之山：山名，不详。⑰赤金：铜，《汉书·食货志下》："金有三等，黄金为上，白金为中，赤金为下。"⑱白金：银。⑲其音如谣：郭璞云，"如人歌声"。《韩诗章句》："有章句曰歌，

无章曲曰谣。"⑳鹿蜀：一种传说中的野兽。㉑虺（huǐ）：一种传说中的毒蛇，《诗经·小雅·斯干》："维熊维罴，维虺维蛇。"又据《述异记》："虺五百年化为蛟，蛟千年化为龙，龙五百年为角龙，千年为应龙。"㉒判木：劈木。判，《说文·刀部》："分也。"㉓为底：治疗足疾。为，治疗；底，脚底之茧，同"胝"。

【引】

⑨郭璞：未详。富强：古代汉族传说中生长在丽麂之其中的生物，……它也叫江珠、血珀、红琥珀等。⑪郭璞注：一作常。⑫陈默：有人认为即君迁，属柿树科。⑭袁珂：猨翼当为即翼之讹。⑮郭璞：蝮虫，色如绶文，鼻上有针，大者百余斤，一名反鼻虫；古虺字。⑰⑱郝懿行：《说文》云，"铜赤金也，银白金也"。⑳陈默：斑马。㉑又指蜥蜴，《诗经·小雅·正月》："哀今之人，胡为虺蜴？"孔颖达疏引陆玑云："一名蝾螈，水蜴也。或谓之号蟆，或谓之蛇医。"

【译】

南方头列山脉叫雀山山脉。雀山山脉头座山叫招摇山，矗立在西海之滨，山上生长着不少桂树，蕴藏着很多金属矿物和玉石。有一种韭菜状的草，开青色花，名叫祝余，吃了不觉饥饿。有一种构树状且纹理漆黑的树，烁烁发光，照耀四方，名叫迷榖，佩带在身上迷不了路。有一种猴状的兽，耳朵白色，既能爬行又能人样行走，名叫狌狌，吃其肉可健步如飞。该山是丽麂水发源地，水西向入大海，里面有很多育沛，佩带在身上不患胀肚之病。

往东三百里，叫堂庭山，棪树、白猿、水晶、黄金很多。

再往东三百八十里，叫猿翼山。山上多怪兽，其中多怪鱼。山中白玉、蝮虫、怪蛇、奇木不少，难以攀援。

再往东三百七十里，叫杻阳山。山南多黄金，山北多白银。有一种马状虎纹野兽，白头，红尾，叫声像唱歌，名叫鹿蜀，佩带在身上可以多子多孙。该山是怪水发源地，水东向入宪翼，里面有很多深红色的龟状鱼，鸟头，蛇尾，名叫旋龟，叫声如劈木，佩带能让耳朵不聋，可以除脚底老茧。

又东三百里柢山^①。多水，无草木。有鱼焉，其状如牛，陵^②居，蛇尾有翼，其羽在鮔^③下，其音如留牛^④，其名曰鲑^⑤，冬死^⑥而复生。食之无肿疾。

又东三百里曰亶爰之山^⑦。多水，无草木，不可以上。有兽焉，其状如狸而有髦^⑧，其名曰类^⑨，自为牝牡^⑩，食者不妒。

又东三百曰基山^⑪。其阳多玉，其阴多怪木。有兽焉，其状如羊，九尾四耳，其目在背，其名曰猼訑^⑫，佩之不畏。有鸟焉，其状如鸡而三首、六目、六足、三翼，其名曰鶹鵺^⑬，食之无卧^⑭。

又东三百里曰青丘之山。其阳多玉，其阴多青䨥^⑮。有兽焉，其状如狐而九尾，其音如婴儿，能食人，食者不蛊^⑯。有鸟焉，其状如鸠，其音如呵^⑰，名曰灌灌^⑱，佩之不惑。英水出焉，南流注于即翼^⑲之泽。其中多赤鱬^⑳，其状如鱼而人面，其音如鸳鸯，食之不疥^㉑。

又东三百五十里曰箕尾之山^㉒，其尾踆于东海^㉓，多沙石。汸水出焉^㉔，而南流注于淯^㉕，其中多白玉。

凡䧿山之首，自招摇之山以至箕尾之山，凡十山，二千九百五十里，其神状皆鸟身而龙首。其祠之礼：毛^㉖，用一璋玉瘗^㉗；糈^㉘，用稌米^㉙、一璧，稻米、白菅为席^㉚。

【注】

①柢（dǐ）山：山名，不详。②陵：山坡。《说文·阜部》："陵，大阜也。"《诗经·小雅·天保》："如山如阜，如冈如陵。"③鮔（qū）：腋下胁上，通"胠"。④留牛：一种传说中的怪兽，或为犁牛，《东山经》说鱐鱐之鱼"其状如犁牛"。郭璞认为，该牛"似虎文者"。⑤鲑（lù）：一种传说中的怪鱼。⑥冬死：冬眠。⑦亶爰（chán yuán）之山：山名，不详。郭璞注："亶音蝉。"⑧髦（máo）：马鬃，本处指头发。⑨类：一种传说中的动物，或为灵猫，《异物志》："灵猫一体，自为阴阳。"⑩自为牝（pìn）牡：雌雄同体，自行交配。牝，雌性；牡，雄性。《荀子·非

相》："夫禽兽有父子而无父子之亲，有牝牡而无男女之别。"《史记·龟策列传》："禽兽有牝牡，置之山原；鸟有雌雄，布之林泽；有介之虫，置之溪谷。"⑪基山：山名，不详。⑫猼訑（bó yí）：一种传说中的怪兽。⑬鹒鵌（qí tú）：一种传说中的鸟，鵌：路边的鸟，通"涂"。又据《西山经》："翼望之山，有鸟焉，其状如乌，三首六尾而善笑，名曰鹒鵌，服之使人不厌，又可以御凶。"⑭无卧：无眠。⑮青雘（huò）：一种颜料，张衡《南都赋》："绿碧紫英，青雘丹粟。"⑯蛊：一种传说中人工培养的毒虫，《隋书·地理志》："其法以五月五日聚百种虫，大者至蛇，小者至虱，合置器中，令自相啖，余一存者留之，蛇则曰蛇蛊，虱则曰虱蛊，行以杀人，因食入人腹内，食其五脏，死则其产移入蛊主之家。"⑰呵：训斥。⑱灌灌：一种传说中的鸟。⑲即翼：上文之"猨翼"。⑳鱬（rú）：一种人面鱼身的动物。㉑疥（jiè）：疥癣，一种皮肤病。㉒箕尾之山：山名，按上下文应在今河南境内，或云石人山。㉓踆（cūn）：坐落。郭璞注："踆古蹲字，言临海上；音存。"㉔汸（fāng）水：今江西昌江。㉕淯（yù）：今河南白河，亦作"育水"。㉖毛：祭祀用的毛物，包括猪、羊、狗、鸡等家养畜禽。㉗一璋玉瘗：璋，朝聘、祭祀、丧葬时使用的礼器之一，玉质，顶端锐角。《说文·玉部》："剡上为圭，半圭为璋。"《礼记·祭统》："君执圭瓒祼尸，大宗执璋瓒亚祼。"瘗（yì），埋葬。㉘糈（xǔ）：祭祀用的精米，《离骚》："怀椒糈而要之。"㉙稌（tú）米：稻米。㉚白菅（jiān）：白茅草，郭璞注："菅，茅属也；音间。"

【引】

⑧⑨郭璞：类或作沛，髦或作发。富强：一种传说中的大灵猫。⑩旧指金星在南，木星在北，丰年之兆，《史记·天官书》："金在南曰牝牡，年谷熟。"司马贞索隐引晋灼："岁，阳也；太白，阴也。故曰牝牡也。"⑯又房事过度之病，《左传·昭公元年》："晋侯求医于秦，秦伯使医和视之，曰，疾不可为也，是谓近蛊。"⑱又据《汉书·地理志下》："溱与洧方灌灌兮，士与女方秉菅兮。"颜师古注："灌灌，水流盛也。"⑳富强：一种方头鱼。㉒富强：黄山和天目山的合称。

㉗此外，弄璋，指生男孩，《诗经·小雅·斯干》："乃生男子，载寝之床，载衣之裳，载弄之璋。"

【译】

再往东三百里，叫柢山，山里多水，没有草木。有一种牛状的鱼，住在山坡之上，蛇尾，有翅，翅膀长在腋下，叫声如怪兽耕牛，名叫鯥，冬眠夏醒，吃了不患痈肿。

再往东三百里，叫亶爰山，山里多水，没有草木，不可攀援。有一种狸状野兽，长着头发，名叫类，雄雌同体，吃了不生妒忌心。

再往东三百里，叫基山，山南多玉石，山北多生怪木。有一种羊状野兽，九尾，四耳，眼睛长在背上，名叫猼訑，佩带在身上，不生恐惧心。有一种鸡状鸟，三头、六眼、六足、三翅，叫鹐鵌，吃了不会瞌睡。

再往东三百里，叫青丘山，山南多玉石，山北多青雘。有一种狐狸状野兽，九尾，叫声如婴儿啼哭，以人为食。吃了不染妖邪气。有一种斑鸠状鸟，叫声如骂人，名叫灌灌，佩带在身上不生迷惑心。该山是英水发源地，水南向入即翼泽。水里有鱼状赤鱬，人面，声如鸳鸯，吃了不生疥疮。

再往东三百五十里，叫箕尾山，山尾位于东海之滨，多沙石。该山是汸浥水发源地，水南向入涾水，多白玉。

䧿山山脉自招摇山起，至箕尾山止，共有十座山，绵延二千九百五十里。诸山山神都是鸟身龙头。祭祀山神时，将禽兽连同璋玉埋入地下，祭米用稻米，里面放上玉璧，用稻米和白茅给神当座席。

南次二山之首曰柜山，西临流黄①，北望诸毗②，东望长右③。英水④出焉，西南流注于赤水⑤。其中多白玉，多丹粟⑥。有兽焉，其状如豚⑦，有距⑧，其音如狗吠，其名曰狸力，见⑨则其县⑩多土功⑪。有鸟焉，其状如鸱⑫而人手，其音如痹⑬，其名曰鴸⑭，其名自号也，见则其县多放士⑮。

东南四百五十里曰长右之山。无草木，多水。有兽焉，其状如禺而四耳，其名长右，其音如吟^⑯，见则郡县大水。

又东三百四十里曰尧光之山。其阳多玉，其阴多金。有兽焉，其状如人而彘鬣^⑰，穴居而冬蛰，其名曰猾裹^⑱，其音如斫木^⑲，见则县有大繇^⑳。

又东三百五十里曰羽山。其下多水，其上多雨，无草木，多蝮虫。

又东三百七十里曰瞿父之山。无草木，多金、玉。

又东四百里曰句余之山^㉑。无草木，多金、玉。

又东五百里曰浮玉之山^㉒。北望具区^㉓，东望诸毗。有兽焉，其状如虎而牛尾，其音如吠犬，其名曰彘^㉔，是食人。苕水^㉕出于其阴，北流至于具区，其中多鮆鱼^㉖。

【注】

① 流黄：国家名称，不知具体所指。袁珂："国名，即流黄酆氏、流黄辛氏，见海内西经及海内经。"② 诸毗（pí）：山名，亦是水名，不详。③ 长右：山名，不详。又指传说中异兽，《南山经》："有兽焉，其状如禺而四耳，其名长右，其音如吟，见则郡县大水。"④ 英水：水名，不详。⑤ 赤水：水名，不详。《庄子·天地》："黄帝游乎赤水之北，登乎昆仑之丘而南望，还归遗其玄珠。"又，《海外南经》《海内经》《海内西经》《大荒南经》《大荒西经》《大荒北经》都有赤水。⑥ 丹粟：状如粟粒的细沙。⑦ 豚：小猪。⑧ 距：鸡爪后面突出像脚趾的部位。《说文·足部》："鸡距也。"⑨ 见：同"现"。⑩ 县：有人聚居之地，亦指行政区划单位。⑪ 土功：土石工程，《尚书·益稷》："启呱呱而泣，予弗子，惟荒度土功。"孔颖达传："闻启泣声，不暇子名之，以大治度水土之功故。"《吕氏春秋·季夏》："不可以兴土功，不可以合诸侯，不可以起兵动众，无举大事。"高诱注："土功，筑台穿池。"⑫ 鸱（chī）：鹞鹰。⑬ 痺（bēi）：鸟名，不详。⑭ 鴸（zhū）：一种传说中的不祥鸟。⑮ 放士：流放之人。⑯ 吟：呻吟。⑰ 彘鬣（zhì liè）：猪身上的硬毛。彘，猪；鬣，颈上的长毛。⑱ 猾裹（huá huái）：一种传说中的野兽。⑲ 斫（zhuó）木：砍伐树木。⑳ 繇（yáo）：徭役，同"徭"。㉑ 句（gōu）余之山：浙江句余山。㉒ 浮玉之山：浙江天目山。㉓ 具区：太湖古称，

郭璞注："具区，今吴县西南太湖也，尚书谓之震泽。"《周礼·夏官·职方氏》："东南曰扬州，其山镇曰会稽，其泽薮曰具区。"《尔雅·释地》："吴越之间有具区。"㉔彘（zhì）：猪。㉕茗水：浙江茗溪。又，《西山经》："龙首之山，其阳多黄金，其阴多铁，茗水在焉。东南流注于泾水，其中多美玉。"此茗水在陕西境内。㉖鮆（cǐ）鱼：刀鱼，《说文·鱼部》："刀鱼也，饮而不食。"又《北山经》："其中多鮆鱼，其状如儵而赤麟，其音如叱，食之不骄。"

【引】

① 又指玉，《淮南子·本经训》："甘露下，竹实满，流黄出而朱草生。"高诱注："流黄，玉也。"⑤ 富强：水的名称。它的位置是在闽江的上游。⑬ 方韬：类似鹌鹑。㉒《清史稿·志四十》："天目山，即山海经浮玉之山，茗水出其阴，合董、平、鹄三溪。"

【译】

南方二列山脉头座山叫柜山，西临流黄酆氏国，北望诸毗山，东观长右山。该山是英水发源地，水西南向入赤水，其中多白玉和粟粒大小的丹沙。有一种小猪状野兽，鸡爪，叫声如狗，名叫狸力，出现之处多土木工程。有一种鸱鹰状鸟，手爪，叫声如鹌鹑，名叫鴸，其叫声即自身名称读音，出现之处多流放之士。

往东南四百五十里，叫长右山，没有草木，多水。有一种猴状野兽，四耳，名叫长右，叫声如人呻吟，哪个郡县出现，即发洪水。

再往东三百四十里，叫尧光山，山南多玉石，山北多金属。有一种人状野兽，毛如猪鬣，穴居，冬眠，名叫猾裹，叫声如砍木，出现之处多徭役。

再往东三百五十里，叫羽山，山下多水，山上多雨，没有草木，多蝮虫。

再往东三百七十里，叫瞿父山，没有草木，多金属矿物、玉石。

再往东四百里，叫句余山，没有草木，多金属矿物、玉石。

再往东五百里，叫浮玉山，北望具区泽，东望诸毗水，有一种虎状野兽，牛尾，叫声如狗，名叫彘，以人为食。该山北麓是菑水发源地，水北向入具区泽，多鱼。

又东五百里曰成山。四方①而三坛②，其上多金、玉，其下多青雘，䦵水③出焉，而南流注于虖勺④，其中多黄金。

又东五百里曰会稽之山⑤，四方。其上多金、玉，其下多砆石⑥。勺水⑦出焉，而南流注于湨⑧。

又东五百里曰夷山。无草木，多沙石，湨水出焉，而南流注于列涂。

又东五百里曰仆勾之山，其上多金、玉，其下多草木。无鸟兽，无水。

又东五百里曰咸阴之山，无草木，无水。

又东四百里曰洵山。其阳多金，其阴多玉，有兽焉，其状如羊而无口，不可杀⑨也，其名曰𧏾⑩。洵水出焉，而南流注于阏⑪之泽，其中多茈蠃⑫。

又东四百里曰虖勺之山。其上多梓、楠⑬，其下多荆、杞⑭。滂水⑮出焉，而东流注于海。

又东五百里曰区吴之山。无草木，多沙石，鹿水⑯出焉，而南流注于滂水。

又东五百里曰鹿吴之山。上无草木，多金石。泽更之水出焉，而南流注于滂水。水有兽焉，名曰蛊雕⑰，其状如雕而有角，其音如婴儿之音，是食人。

东五百里曰漆吴之山。无草木，多博石⑱，无玉。处于东海，望丘山⑲，其光载⑳出载入，是惟日次㉑。

凡南次二山之首，自柜山至于漆吴之山，凡十七山，七千二百里。其神状皆龙身而鸟首。其祠：毛，用一璧瘗；糈，用稌。

【注】

①四方：即四方形。②三坛：即筑有三坛。③䦵（zhuō）水：水名，不详。④虖勺（hū shuò）：水名，不详。又为山名，据《南山经》："（洵山）又东四百里，曰虖勺之山，其上多梓、楠，其下多荆、杞。

滂水出焉，而东流注于海。"⑤会稽之山：浙江会稽山。⑥砆（fū）石：玉石。郭璞注："砆，武夫石，似玉。今长沙临湘出之，赤地白文，色茏葱不分明。"⑦勺水：水名，不详。⑧湨（jué）：水名，不详。《尔雅·释地》："梁莫大于湨梁，"郭璞注："湨，水名；梁，堤也。"或据《春秋·襄公十六年》："三月，公会晋侯、宋公、卫侯、郑伯、曹伯、莒子、邾子、薛伯、杞伯、小邾子，于湨梁。"即河南西北部的湨水。⑨不可杀：不会死。郝懿行疏："不可杀，言不能死也；无口不食，而自生活。"⑩羦（huàn）：羊状怪兽。⑪阏（è）：湖泊名，不详。⑫茈蠃（zǐ luó）：紫螺。"茈"通"紫"。"蠃"通"螺"。⑬梓、楠：梓树和楠树。⑭荆、杞：牡荆和枸杞。⑮滂（pāng）水：水名，不详。⑯鹿水：水名，不详。⑰蛊雕：一种禽状食人猛兽，郭璞《图赞》："纂雕有角，声若儿号。"⑱博石：一种可用来对弈的石子，郝懿行疏："《中次七经》云：'休与之山有石，名曰帝台之棋。'是知博棋古有用石者也。"⑲丘山：丘陵。⑳载（zài）：词缀，无实际意义。㉑日次：太阳休息的地方。次，停止，停歇。

【引】

⑪富强：据专家考证可能是今天的瓯江。陈默：古水名，在河南境内。
⑯富强：丽水。

【译】

再往东五百里，叫成山，四方形，又如三层土坛，山上多金属矿物、玉石，山下产青膣。该山是闥水发源地，水南向入虖勺水，里面多黄金。

再往东五百里，叫会稽山，四方形，山上多金属矿物、玉石，山下多砆石。该山是勺水发源地，水南向入湨水。

再往东五百里，叫夷山，没有草木，多细沙、石子。该山是湨水发源地，水南向入列涂水。

再往东五百里，叫仆勾山，山上多金属矿物、玉石，山下草木繁茂。山中无禽兽，也无水。

再往东五百里，叫咸阴山，草木不生，无水。

再往东四百里，叫洵山，山南多金属矿物，山北多玉石。有一种羊状野兽，没嘴，不吃东西也能存活，叫𫞩。该山是洵水发源地，水南向入阏泽，其中多紫色螺。

再往东四百里，叫虖勺山，山上多梓树、楠树，山下多牡荆、枸杞。该山是滂水发源地，水东向入大海。

再往东五百里，叫区吴山，没有草木，多沙子、石头。该山是鹿水发源地，水南向入滂水。

再往东五百里，叫鹿吴山，没有草木，多金属矿物、玉石。该山是泽更水发源地，水南向入滂水。有一种雕状野兽，叫蛊雕，头上有角，叫声如婴儿哭，以人为食。

再往东五百里，叫漆吴山，没有草木，盛产制作棋子的博石，没有玉石。该山位于东海之滨，站在上面能看见丘陵，光影明灭不断，是太阳停驻之地。

南方二列山脉自柜山起，至漆吴山止，共十七座山，绵延七千二百里。诸山山神龙身鸟头。祭祀山神时，将畜禽和玉璧埋入地下，拿稻米做祭米。

南次三山之首，曰天虞之山，其下多水，不可以上。东五百里曰祷过之山，其上多金、玉，其下多犀、兕①，多象，有鸟焉，其状如鸡②，而白首三足人面，其名曰瞿如③，其鸣自号也。泿水④出焉，而南流注于海。其中有虎蛟，其状鱼身而蛇尾，其音如鸳鸯，食者不肿，可以已⑤痔。

又东五百里曰丹穴之山，其上多金、玉。丹水出焉，而南流注于渤海⑥。有鸟焉，其状如鸡，五采⑦而文，名曰凤皇⑧，首文曰德，翼文曰义，背文曰礼，膺⑨文曰仁，腹文曰信。是鸟也，饮食自然，自歌自舞，见则天下安宁。

又东五百里曰发爽之山⑩，无草木，多水，多白猿。汎水⑪出焉，而南流注于勃海。

又东四百里至于旄山⑫之尾，其南有谷，曰育遗，多怪鸟，凯风⑬

自是出。

又东四百里，至于非山之首，其上多金、玉，无水，其下多蝮虫。

又东五百里曰阳夹之山，无草木，多水。

又东五百里曰灌湘之山，上多木，无草，多怪鸟，无兽。

又东五百里曰鸡山，其上多金，其下多丹雘。黑水出焉，而南流注于海，其中有鱄鱼[14]，其状如鲋[15]而彘[16]毛，其音如豚，见则天下大旱。

又东四百里曰令丘之山，无草木，多火。其南有谷焉，曰中谷，条风[17]自是出。有鸟焉，其状如枭[18]，人面四目而有耳，其名曰颙[19]，其鸣自号也，见则天下大旱。

又东三百七十里曰仑者之山，其上多金、玉，其下多青雘。有木焉，其状如穀而赤理[20]，其汗[21]如漆，其味如饴[22]，食者不饥，可以释劳，其名曰白䓘[23]，可以血玉[24]。

又东五百八十里曰禺槀之山[25]，多怪兽，多大蛇。

又东五百八十里，曰南禺之山，其上多金、玉，其下多水。有穴焉，水出[26]辄入，夏乃出，冬则闭。佐水出焉，而东南流注于海，有凤皇、鹓雏[27]。

凡南次三山之首，自天虞之山以至南禺之山，凡一十四山，六千五百三十里。其神皆龙身而人面。其祠皆一白狗祈[28]，糈用稌。

右[29]南经之山志[30]，大小凡四十山，万六千三百八十里。

【注】

①兕（sì）：雌犀牛。②䴔（jiāo）：一种水鸟。③瞿如：鸟名，郭璞《图赞》："瞿如三手，厥状似䴔。"④泿（yín）水：古河名，在今广西境内。⑤已：治愈。⑥渤海：按郭璞注，渤海"海岸曲崎头也"。⑦采：同"彩"。⑧凤皇：同"凤凰"。雄为"凤"，雌为"凰"，秦汉后，龙为帝，后为凤，凤凰遂雌雄不分。又据《大荒西经》："沃之野，凤鸟之卵是食，甘露是饮。""祝融生太子长琴，是处榣山，始作乐风。有五彩鸟三名，一曰皇鸟，一曰鸾鸟，一曰凤鸟。"⑨膺（yīng）：胸。⑩发爽之山：山名，不详。⑪汎（fàn）水：水名，不详。⑫旄（máo）山：山名，不详。⑬凯风：南风，和暖的风，《尔雅·释天》：

"南风谓之凯风。"《国风·邶风·凯风》："凯风自南，吹彼棘心。"⑭
鱄（tuán）鱼：一种传说中的怪鱼。⑮鲋（fù）：鲫鱼。⑯彘（zhì）：猪。
⑰条风：东北风，郭璞注："东北风为条风。"通常指春风，《史记·律
书》："条风居东北，主出万物。条之言条治万物而出之，故曰条风。"
也叫融风，《淮南子·天文训》："距日冬至四十五日条风至。"高诱注：
"艮卦之风，一名融。"⑱枭（xiāo）：猫头鹰，通"鸮"。⑲颙（yú）：
一种传说中的鸟。⑳赤理：红色纹理。㉑汗：汁液。㉒饴：麦芽制
作的糖浆。㉓白苕（gāo）：树名，不详。㉔血玉：染玉。血，动词。
㉕禺槀（gǎo）之山：山名，不详。㉖出："春"的别字。㉗鹓（yuān）
雏：一种传说中的鸟，与鸾凤同类。《庄子·秋水》："夫鹓鶵，发於
南海而飞於北海，非梧桐不止，非练实不食，非醴泉不饮。"㉘祈：祈
祷。㉙右：以上，表方位。㉚志：记载。

【引】

④《水经注》："浪水，出武陵镡城县，北界沅水谷。"⑥又为
海名，旧称勃海、北海、少海，据《韩非子·外储说左上》："齐景公
游少海，传骑从中来谒曰：'婴疾甚，且死，恐公后之。'"⑧据《淮
南子·墬形训》："羽嘉生飞龙，飞龙生凤凰，凤凰生鸾鸟，鸾鸟生庶鸟，
凡羽者生于庶鸟。"凤凰是飞龙之子。⑩富强：也是发丧之山。⑭一
种淡水鱼，《吕氏春秋·本味篇》："鱼之美者，洞庭之鱄，东海之鲕。"⑰
又指东风，即明庶风，《淮南子·墬形训》："东方曰条风。"高诱注：
"震气所生也，一曰明庶风。"

【译】

南方三列山脉头座山叫天虞山，山下水流环绕，险不可攀。往东
五百里，叫祷过山，山上多金属矿物、玉石，山下多犀、兕和象。有一
种鸡状鸟，白头，三足，人脸，名叫瞿如，其叫声即自身名称读音。该
山是浪水发源地，水南向入大海。有一种鱼状虎蛟，蛇尾，鸳鸯头，吃
了不生痈肿，能够治疗痔疮。

再往东五百里，叫丹穴山，山上多金属矿物、玉石。该山是丹水发

源地，水南向入渤海。有一种鸡状鸟，五彩羽毛，名叫凤凰，头有"德"字花纹，翅有"义"字花纹，背有"礼"字花纹，胸有"仁"字花纹，腹有"信"字花纹。该鸟吃喝时从容随意，载歌载舞，一旦出现，天下太平。

再往东五百里，叫发爽山，没有草木，流水环绕，多白猿。该山是汎水发源地，水南向入渤海。

再往东四百里，到达旄山的尾部。其南面有个山谷，叫育遗，里面多怪鸟，温和的南风生自这里。

再往东四百里，到达非山顶部。山上多金属矿物、玉石，无水，山下多蝮虫。

再往东五百里，叫阳夹山，没有草木，流水环绕。

再往东五百里，叫灌湘山，多树木，无花草；多怪鸟，无野兽。

再往东五百里，叫鸡山，山上多金属，山下多丹臒。该山是黑水发源地，水南向入大海。有一种鲋状鳝鱼，浑身猪毛，叫声如猪崽，一旦出现，天下大旱。

再往东四百里，叫令丘山，没有草木，野火遍地。山南有峡谷，名叫中谷，东北风自此而生。有一种猫头鹰状怪鸟，人脸，四眼，有耳，名叫颙，其叫声即自身名称读音，一旦出现，天下大旱。

再往东三百七十里，叫仑者山，山上多金属矿物、玉石，山下多青臒。有一种构树状树木，纹理红色，汁液如漆，味道甘甜，吃了不感觉饥饿，且能解忧，名叫白䓤，可用来给玉石上色。

再往东五百八十里，叫禹稾山，山中多怪兽和巨蛇。

再往东五百八十里，叫南禹山，山上多金属矿物、玉石，山下流水环绕。有一个神奇的洞穴，春天水入，夏天水出，冬天闭塞。该山是佐水发源地，水向东南入大海，流经之处有凤凰、鹓雏。

南方三列山脉自天虞山起，至南禹山止，共十四座山，绵延六千五百三十里。诸山山神龙身人面。祭祀山神时，用白狗做供品，拿稻米做祭米。

以上记录的是南方之山，大小共四十座，绵延一万六千三百八十里。

【解】

整部《山海经》可分为《山经》五卷、《海经》十三卷两部分。两者自成体系，故《海经》又可分为海八经（外四、内四）和荒五经。通常的看法是《山经》最早，另因交叉之处甚多，海八经和荒五经一般被视为同源。不过，目前已无法断言各经的成文年代，唯一能够界定清楚的是描写对象迥然有异，即《山经》主要以诸山为经记述上古地理中的山川物产等，显著特点是保留了详细的祭祀方法；《海经》主要以方国为纬记述上古传说中的神人异物等，显著特点是记录了详细的异域/国风情。

全书十八卷排列顺序略微有差异，《山经》顺序为南、西、北、东、中，《海外经》与《海内经》顺序为南、西、北、东，《荒经》顺序为东、南、西、北、内。《山海经》特别是《山经》对二十六列山峦的排列、描述只能大体对待，无法一一考证。按照通行的理解，南山经三列大致东起浙江舟山群岛，西抵湖南西部，南达广东南海；西山经四列大致包括东起山陕黄河，西抵鸟鼠山、青海湖一线，南自秦岭山脉，北到宁夏盐池西北、陕北榆林东北一线，西北及于阿尔金山的范围之内；北山经三列大致西起贺兰山，东到太行山，南起中条山，北到阴山及北纬43度一线；东山经四列大致北起莱州湾，东抵成山角，西含泰山山脉的地区；中山经十二列大致在豫陕鄂三省交界及河南大部分地区。值得注意的是，虽然《山海经》被后人附加了天人感应说，但在地理方位摆布这一点上并未受五行之说支配，说明文本早出。

通常会将《山经》与《禹贡》的地理思想相较。一般而言，《禹贡》里的政治理想比如九州制、五服制固然成熟，但流于空幻，不过，其地理思想却是极其客观、准确的，显示出"中国"地势西高东低、山脉分布西聚东散，水流摆布系统、科学，并分州叙述内有之山川、湖泊、土壤、物产以及田赋等级、贡品名目和水陆运输线等，比《山海经》要规范、严整。不过，《山海经》形成了系统的"水系"观念，这一点是《禹贡》所没有的。如果进一步分疏，可以说海八经侧重于形貌和地理，而荒五经注重于世系和传说。因《山海经》屡经编撰，非成于一人一时之手，故难推断其中所记之具体年代和目标。然而，根据作品中显露的蛛丝马迹，《山经》保留了盛大豪华的祭祀场景和办法，其和黄帝以来的文化传统是暗合的。

祭祀山川不仅是一种制度形式，还和意识形态密切黏合，据《礼记·祭法》："夫圣王之制祭祀也：法施于民则祀之，以死勤事则祀之，以劳定国则祀之，能御大菑则祀之，能捍大患则祀之。是故厉山氏之有天下也，其子曰农，能殖百谷；夏之衰也，周弃继之，故祀以为稷。共工氏之霸九州岛也，其子曰后土，能平九州岛，故祀以为社。帝喾能序星辰以着众；尧能赏均刑法以义终；舜勤众事而野死。鲧鄣洪水而殛死，禹能修鲧之功。黄帝正名百物以明民共财，颛顼能修之。契为司徒而民成；冥勤其官而水死。汤以宽治民而除其虐；文王以文治，武王以武功，去民之菑。此皆有功烈于民者也。及夫日月星辰，民所瞻仰也；山林川谷丘陵，民所取材用也。非此族也，不在祀典。"而且，祭祀山川是有严格的等级的，又《礼记·王制》："天子、诸侯宗庙之祭：春曰礿，夏曰禘，秋曰尝，冬曰烝。天子祭天地，诸侯祭社稷，大夫祭五祀。天子祭天下名山大川，五岳视三公，四渎视诸侯。诸侯祭名山大川之在其地者。天子诸侯祭因国之在其地而无主后者。天子犆礿，祫禘，祫尝，祫烝。诸侯礿则不禘，禘则不尝，尝则不烝，烝则不礿。诸侯礿，犆；禘，一犆一祫；尝祫；烝，祫。"黄帝、祭祀和周的关系在《通典·山川》中表述得最为充分："黄帝祭于山川，与为多焉。与，比也。比吉祭，祀山川黄帝最多。虞氏秩于山川，遍于群神。秩，序也。以次序而祭之。五岳视三公，四渎视诸侯。周制：四坎坛祭四方，四方即谓山林、川谷、丘陵之神。祭山林丘陵于坛，川谷于坎，则每方各为坛为坎。以血祭祭五岳，阴祀自血起，贵气臭。以埋沈祭山林山泽。祭山林曰埋，川泽曰沈。各顺其性之含藏。"假若按照《诗经·周颂·般》："于皇时周，陟其高山。隳山乔岳，允犹翕河。"《笺》云："犹，图也。于乎美哉，君是周邦而巡守，其所至则升其高山而祭之，望秩于山。小山及高岳，皆信案《山川之图》而次序祭之。"《山经》极可能就是周代祭祀时口口相传的祷辞。

进一步的证据是，就记载的水流情况来看，《山经》中洛水出现30次，渭水出现17次，伊水出现10次，表明周中心的洛渭伊描写的重点区域。

而若仔细辨析《海经》文辞，其也属于宗周之人整理，因为帝俊这一谱系被纳入周之远祖后稷系统，《大荒西经》云："有西周之国，姬姓，食谷。有人方耕，名曰叔均。帝俊生后稷，稷降以谷。稷之弟曰台玺，生叔均。叔均是代其父及稷播百谷，始作耕。"《海内经》云："帝俊生三身，三身生义均，义均是始为巧倕，是始作下民百巧。后稷是播百谷。稷之孙曰叔均，是始作牛耕。"且《左传·昭公二十九年》"故有五行之官，是谓五官。实列受氏姓，封为上公，祀为贵神。社稷五祀，是尊是奉。木正曰句芒，火正曰祝融，金正曰蓐收，水正曰玄冥，土正曰后土"的五祀（《周礼·春官·大宗伯》："以血祭祭社稷、五祀、五岳。"郑玄注："此五祀者，五官之神。"《太平御览》卷五二九引《汉书议》："祠五祀，谓五行金木水火土也。木正曰句芒，火正曰祝融，金正曰蓐收，水正曰玄冥，土正曰后土。皆古贤能治成五行有功者，主其神祀之。"此外，五祀还指住宅中的五神，《礼记·月令》："天子乃祈来年于天宗，大割祀于公社及门闾，腊先祖五祀。"郑玄注："五祀，门、户、中霤、灶、行也。"《论衡·祭意》："五祀报门、户、井、灶、室中霤之功。门、户，人所出入，井、灶，人所欲食，中霤，人所託处，五者功钧，故俱祀之。"）和《海外南经》中的四神，《穆天子传》中的西王母和《西山经》《海内北经》《大荒西经》的西王母也可以相互参照印证。然而，这只能证明宗周之人对《山海经》主体部分贡献良多，却不能断定初稿乃宗周之人手笔。

《山海经》中，首尾两端对应性出现了"五德"说和"四德"说，《南山经》云："有鸟焉，其状如鸡，五采而文，名曰凤皇，首文曰德，翼文曰义，背文曰礼，膺文曰仁，腹文曰信。是鸟也，饮食自然，自歌自舞，见则天下安宁。"《海内经》云："有鸾鸟自歌，凤鸟自舞。凤鸟首文曰德，翼文曰顺，膺文曰仁，背文曰义，见则天下和。"此外，还出现了"天人感应说"，《海外南经》云："地之所载，六合之间，四海之内，照之以日月，经之以星辰，纪之以四时，要之以太岁，神灵所生，其物异形，或夭或寿，唯圣人能通其道。"文本中还刊载了51处灾异之说。这些记录显然是后人附加上去的。如果剔除包含德性的附着之文，《山海经》便完全是一部没有掺杂时代政治和伦理思想的百科全书。个人看来，整部作品记录上古神人异人时坚持秉笔直书，断然叙述其说其事，没有挟持偏向立场，没有善恶忠奸之分，此种古朴是《山海经》最值得称道的地方，似乎也暗示着《山海经》主体框架成文时间要早于周。进一步分析，《山海经》特别是《山经》部分极有可能是口头流传而来的，其方位上的"又"句式和"其"句式、物产上的"有"句式和"多"句式朗朗上口，便于吟诵，属于典型的口头叙事，亦即巫觋祭祀山川时之祷辞，显然这种口头布衍属于"史诗时代"的产物；而《海经》部分则经由图像流传而来的，其方位上的"在"句式及对具体事物的描述显然属于典型的画图记事，加之内容多是叙述海外逸事和神话传说，极有可能是初民对懵懂世界半实践半想象的产物。这意味着，格调朴拙的《山经》《海经》虽非诞生于同时，且历岁经月磨洗雕琢，但其出现时间显然比我们想象得要早。

西山经

　　《西山经》共包括四次经，其中，涉及山峦82座，另有轩辕之丘、昆仑丘和汤谷；涉及水流61条，另有河、海、西海、东海、四海和稷泽、崵泽、蝎渊、泑泽、大泽、番泽、陵羊泽；涉及植物74种，另有祭物糈、稷米、白菅、稻米；涉及动物132种，另有祭物雄鸡、毛采（杂色公鸡）；涉及矿物39种，另有祭物瑜、珪、璧、婴短玉、吉玉；共有神异之人20个，西王母、少昊、黄帝、后稷等重要角色开始出现。

　　值得注意的是，本章记载："其子曰鼓，其状如人面而龙身，是与钦䲹杀葆江于昆仑之阳，帝乃戮之钟山之东曰崾崖。"其表明，"帝"高高在上，是人间的主宰者，乃人格之天在下界的投射。鼓和钦䲹借体而生，固然可以视为精神／灵魂不灭，也意味着先民朴素的生死观，"人"是生而不死的，即使本形湮没，也会通过另外一种形式复活，上述两点主宰了整部《山海经》的精神基调。

　　自祭祀仪式可发现，"酒"和"舞"是一种高端的礼，加之祭品不同，可以说明各地祭祀风俗不同，亦可看出诸山重要程度有异。

　　本章出现"人鱼"，《山海经》中凡八见，据《史记·秦始皇本纪》："以人鱼膏为烛，度不灭者久之。"又《异物志》："人鱼似人形，长尺余。"人鱼是东西方神话／童话中共有的想象。

　　西山经华山之首，曰钱来之山，其上多松，其下多洗石①。有兽焉，其状如羊而马尾，名曰羬羊②，其脂可以已腊③。

　　西四十五里，曰松果之山。濩水④出焉，北流注于渭，其中多铜。有鸟焉，其名曰螐渠⑤，其状如山鸡，黑身赤足，可以已𪊲⑥。

又西六十里，日太华之山，削^⑦成而四方，其高五千仞，其广十里，鸟兽莫居。有蛇焉，名曰肥蟥^⑧，六足四翼，见则天下大旱。

又西八十里，日小华之山，其木多荆、杞，其兽多炸牛^⑨，其阴多磬石^⑩，其阳㻮琈^⑪之玉。鸟多赤鷩^⑫，可以御火。其草有萆荔^⑬，状如乌韭^⑭，而生于石上，赤缘木而生，食之已心痛。

又西八十里，日符禺之山，其阳多铜，其阴多铁。其上有木焉，名曰文茎^⑮，其实如枣，可以已聋。其草多条^⑯，其状如葵，而赤华黄实，如婴儿舌，食之使人不惑。符禺之水出焉，而北流注于渭。其兽多葱聋^⑰，其状如羊而赤鬣^⑱。其鸟多鸥^⑲，其状如翠^⑳而赤喙，可以御火。

又西六十里，日石脆之山，其木多棕^㉑、楠，其草多条，其状如韭，而白华黑实，食之已疥。其阳多㻮琈之玉，其阴多铜。灌水出焉，而北流注于禺水。其中有流赭^㉒，以涂牛马无病。

又西七十里，日英山，其上多杻、橿^㉓，其阴多铁，其阳多赤金。禺水出焉，北流注于招水^㉔，其中多鳙鱼^㉕，其状如鳖，其音如羊。其阳多箭、簰^㉖，兽多炸牛、羬羊。有鸟焉，其状如鹑^㉗，黄身而赤喙，其名曰肥遗，食之已疠^㉘，可以杀虫。

【注】

①洗石：沐浴时用来擦拭身体的石头，类似于火山石，郭璞注："澡洗可以硗体去垢圿。"②羬（qián）羊：一种传说中的怪兽。③腊（xī）：本指干肉，《广雅·释器》："腊，脯也。"此处指皮肤皱皱，《黄帝内经·寒热病》："皮寒热者，不可附席，毛发焦，鼻槁腊，不得汗。"④濩（huò）水：陕西潼河，郝懿行疏："水经注作灌水。"⑤䴀（tōng）渠：一种传说中的鸟。⑥㿺（bào）：皮肤皱起。⑦削（xūe）：刀砍。⑧肥蟥（yí）：一种传说中的旱魃之兆，此处为鸟，又有蛇（共三种，两蛇一鸟），郭璞注："汤时此蛇见于阳山下。后有肥遗蛇，疑是同名。"据《北山经》："又北百八十里，日浑夕之山，……有蛇一首两身，名曰肥遗，见则其国大旱。""又西七十里，日英山，……有鸟焉，其状如鹑，黄身而赤喙，其名曰肥遗，食之已疠，可以杀虫。"⑨炸（zuō）牛：一种传说中的怪兽，郭璞注："今华阴山中多山牛山羊，肉皆千斤，

牛即此牛也；音昨。”⑩磬（qìng）石：可以制磬的石头。⑪瑀琈（yǔ fú）：一种传说中的美玉。⑫赤鷩（bì）：即鷩雉，山鸡的一种，郭璞注：“赤鷩，山鸡之属，胸腹洞赤，冠金，背黄，头绿，尾中有赤，毛彩鲜明。”⑬萆荔（bì lì）：即薜荔，一种香草，可入药。⑭乌韭：又名昔邪、垣衣等，一种苔藓，可入药。⑮文茎：树名，不详。刘桢《鲁都赋》：“其木则赤棣、青松、文茎、蕙棠。”⑯条：条草。⑰葱聋：一种野山羊。⑱赤鬣：红胡须。⑲鴖（mín）：一种传说中的红嘴鸟。⑳翠：翠鸟。㉑棕：棕树，大叶常绿乔木。㉒流赭（zhě）：硫黄和赭黄，前者可做药，杀虫；后者可做染料，染衣物。㉓杻、橿（niǔ jiāng）：杻树和橿树，木材可制作车子。㉔招（sháo）水：水名，不详。㉕鳢（bàng）鱼：鱼名，不详。㉖箭、䉋（méi）：两种不同的竹子，其中，䉋的笋可在冬天食用。㉗鹑：即鹌鹑。㉘疠：癞病，即麻风。

【引】

②大羊，《尔雅·释兽》：“羊六尺为羬。”郭璞注：“《尸子》曰：‘大羊为羬，六尺者。’”或云即今捻角山羊。

【译】

西方头列山脉叫华山山脉。华山山脉第一座山叫钱来山，山上很多松树，山下很多洗石。有一种羊状野兽，马尾，名叫羬羊，油脂可治疗皲裂的皮肤。

往西四十五里，叫松果山。该山是濩水发源地，水北向入渭水，多铜矿物。有一种野鸡状禽鸟，叫螐渠，黑身，红爪，可治疗皲裂的皮肤。

再往西六十里，叫太华山，如刀砍斧凿，四方形，高五千仞，宽十里，禽兽不能栖息。有一种叫肥𧔥的蛇，六足，四翅，一旦出现，天下大旱。

再往西八十里，叫小华山，多牡荆、枸杞，多犞牛，山北多磬石，山南多瑀琈玉。山中多赤鷩鸟，饲养了可防火。有一种乌韭状萆荔草，长在石头上，也会沿着树生长，吃了能治心痛病。

再往西八十里，叫符禺山，山南多铜矿物，山北多铁矿物。有一种叫文茎的树木，果实像枣，可用来治疗耳聋。山中的草多是条草，葵菜状，红花，黄果，果如婴儿舌，吃了不生迷惑心。该山是符禺水发源地，水北向入渭水。山中的兽多是葱聋，羊状，红鬣。山中的鸟多是鴖鸟，翠鸟状，红嘴，饲养了可防火。

再往西六十里，叫石脆山，山上的树木多是棕树、楠树，山上的草多是条草，韭菜状，白花，黑果，吃了可以治疗疥疮。山南多㻬琈玉，山北多铜。该山是灌水发源地，水北向入禺水，富含硫黄、赭黄，将其涂洒在牛马身上，不会生病。

再往西七十里，叫英山，山上多杻树、橿树，山北多铁矿物，山南多黄金。该山是禺水发源地，水北向入招水，多鳖状鰷鱼，叫声如羊。山南多箭竹、䉋竹，又多牦牛、羬羊。有一种鹌鹑状鸟，黄身，红嘴，名叫肥䖟，吃了可治疗麻风病，又能除体内寄生虫。

又西五十二里，曰竹山，其上多乔木，其阴多铁。有草焉，其名曰黄雚[①]，其状如樗[②]，其叶如麻，白华而赤实，其状如赭，浴之已疥，又可以已胕[③]。竹水出焉，北流注于渭，其阳多竹、箭，多苍玉。丹水出焉，东南流注于洛水，其中多水玉，多人鱼。有兽焉，其状如豚而白毛，大如笄[④]而黑端，名曰豪彘[⑤]。

又西百二十里，曰浮山，多盼木，枳[⑥]叶而无伤，木虫居之。有草焉，名曰薰草，麻叶而方茎，赤华而黑实，臭如蘼芜[⑦]，佩之可以已疠。

又西七十里，曰羭次之山[⑧]，漆水出焉，北流注于渭。其上多棫[⑨]橿，其下多竹、箭，其阴多赤铜，其阳多婴垣之玉[⑩]。有兽焉，其状如禺而长臂，善投，其名曰嚣[⑪]。有鸟焉，其状如枭，人面而一足，曰橐𧀼[⑫]，冬见夏蛰，服[⑬]之不畏雷。

又西百五十里，曰时山，无草木。逐水出焉，北流注于渭，其中多水玉。

又西百七十里，曰南山，上多丹粟[⑭]。丹水出焉，北流注于渭。兽多猛豹[⑮]，鸟多尸鸠[⑯]。

又西四百八十里，曰大时之山，上多榖柞[⑰]，下多杻、橿，阴多白银，阳多白玉。涔水[⑱]出焉，北流注于渭。清水出焉，南流注于汉水。

又西三百二十里，曰嶓冢之山^⑲，汉水出焉，而东南流注于沔^⑳；嚣水出焉，北流注于汤水。其上多桃枝^㉑、钩端^㉒，兽多犀、兕、熊、罴^㉓，鸟多白翰^㉔、赤鷩。有草焉，其叶如蕙^㉕，其本如桔梗，黑华而不实，名曰蓇蓉^㉖，食之使人无子。

又西三百五十里，曰天帝之山，多棕枬；下多菅蕙。有兽焉，其状如狗，名曰谿边^㉗，席其皮者不蛊。有鸟焉，其状如鹑，黑文而赤翁^㉘，名曰栎^㉙，食之已痔。有草焉，其状如葵，其臭如蘼芜，名曰杜衡^㉚，可以走马^㉛，食之已瘿^㉜。

【注】

①萑（guàn）：一种草，又叫芄兰。②樗（chū）：臭椿。③胕（fú）：浮肿。④笄（jī）：簪子，《说文解字注》："首笄也。俗作簪。"《礼记·内则》："十有五年而笄，二十而嫁；有故，二十三年而嫁。聘则为妻，奔则为妾。"郑玄注："谓应年许嫁者。女子许嫁，笄而字之，其未许嫁，二十则笄。"⑤豪彘（zhì）：豪猪。彘，《说文·互部》："豕也。"⑥枳（zhǐ）：枸橘，落叶灌木或小乔木，小枝多刺，果实黄绿色，味酸不可食，可入药。⑦蘼芜（mí wú）：又叫江蓠，一种香草，古人认为蘼芜可使妇人多子。《本草纲目》："蘼芜，一作麋芜，其茎叶靡弱而繁芜，故以名之。当归名蕲，白芷名蓠。其叶似当归，其香似白芷，故有蕲茝、江蓠之名。"⑧翰（yú）次之山：山名，不详。⑨椒：椒树，有刺，果红紫色，可食。⑩婴垣之玉：美玉，可做挂件。郭璞注："垣或作短，或作根，或作埋，传写谬错，未可得祥。"⑪嚣：一种野兽，类似猿猴。⑫橐蜚（tuó féi）：一种传说中的鸟。⑬服：佩戴，郭璞注："著其毛羽，令人不畏天雷也。或作灾。"⑭丹粟：丹砂。⑮猛豹：一种传说中的野兽，郭璞注："猛豹似熊而小，毛浅，有光泽，能食蛇，食铜铁，出蜀中。豹或作虎。"郝懿行疏："猛豹即貘豹也，貘豹、猛豹声近而转。"⑯尸鸠：即鸤鸠，布谷鸟。王符《潜夫论·交际》："所谓平者，内怀尸鸠之恩，外执砥矢之心。"⑰柞：古人认为是栎树。⑱涔（qiàn）水：水名，不详。或为汉江支流，即堰沟河，《水经注》记为鸑水。⑲嶓（bō）冢之山：山名，不详。或为陕西汉中汉王山，

据《尚书·禹贡》："嶓冢导漾，东流为汉；又东，为沧浪之水；过三澨，至于大别，南入于江。"⑳ 沔（miǎn）：沔水，即汉水。《诗经·小雅·沔水》："沔彼流水，朝宗于海。"《尚书·禹贡》："浮于潜，逾于沔。"㉑㉒ 桃枝、钩端：两种不同的竹子。㉓ 罴（pí）：棕熊，又叫马熊。㉔ 白翰：一种瑞鸟，即白雉。㉕ 蕙：一种兰属植物，即蕙兰。㉖ 菁蓉（gū róng）：一种草。㉗ 谿边：一种传说中的怪兽。㉘ 翁：鸟颈毛，《说文·羽部》："颈毛也。"㉙ 栎（lì）：一种传说中的鸟。㉚ 杜衡：一种草，开紫花，可入药。㉛ 走马：即使马走，让马跑得快。㉜ 瘿（yǐng）：颈瘤，俗称大脖子。

【引】

④ 又，古同"萑"，即荻，状如芦苇，可编苇席。又指女子十五岁成年，特指成年之礼，《仪礼·士昏礼》："女子许嫁，笄而醴之，称字。"《公羊传·僖公九年》："字而笄之。"⑬ 富强：还有一种说法是吃。

【译】

再往西五十二里，叫竹山，山上多乔木，北面多铁矿物。有一种樗树状草，名叫黄蓶，麻叶，白花，红果，果实紫红，用它沐浴可治疗疥疮，又可治疗浮肿。该山是竹水发源地，水北向入渭水，其北岸多小竹丛和青玉石。该山还是丹水发源地，水东南向入洛水，多水晶和人鱼。有一种小猪状野兽，白毛，毛有簪子粗细，尖端黑色，名叫豪彘。

再往西一百二十里，叫浮山，山上多盼木，生着枳树一般的叶子，无刺，虫子寄生在叶上。有一种草，名叫熏草，麻叶，方茎，红花，黑果，味如蘼芜，佩带了可治疗麻风病。

再往西七十里，叫羭次山。该山是漆水发源地，水北向入渭水。山上多棫树、橿树，山下多小竹丛，山北多赤铜，山南多婴垣玉。有一种猴状野兽，长臂，擅投掷，命名叫嚣。有一种猫头鹰状鸟，人面，独脚，名叫橐𩿨，惯常冬出夏蛰，佩带它的羽毛，不怕打雷。

再往西一百五十里，叫时山，没有草木。该山是逐水发源地，水北向入渭水，其中多水晶。

再往西一百七十里，叫南山，多粟粒大小的丹沙。该山是丹水发源地，水北向入渭水。野兽多为烈豹，禽鸟多为布谷。

再往西一百八十里，叫大时山，山上多构树、栎树，山下多杻树、橿树，山北多白银，山南多白玉。该山是涔水发源地，水北向入渭水。该山还是清水发源地，水南向入汉水。

再往西三百二十里，叫嶓冢山，该山是汉水发源地，水向东南入沔水；该山还是嚣水发源地，水北向入汤水。山上多桃枝竹、钩端竹，多犀牛、兕、熊、罴、白翰、赤鷩等禽兽。有一种蕙草叶状草，茎如桔梗，黑花，无果，名叫蓇蓉，吃了不生养。

再往西三百五十里，叫天帝山，山上多棕树、楠树，山下多茅草、蕙草。有一种狗状野兽，名叫谿边，用它的皮做席子不中妖邪之毒。有一种鹌鹑状禽鸟，黑纹，红颈，名叫栎，吃了可以治疗痔疮。有一种葵菜状草，味如蘼芜，名叫杜衡，马佩带了跑得更快，人吃了可治疗瘿瘤。

西南三百八十里，日皋涂之山，蔷水①出焉，西流注于诸资之水；涂水出焉，南流注于集获之水。其阳多丹粟，其阴多白银、黄金，其上多桂木。有白石焉，其名日礜②，可以毒鼠。有草焉，其状如藁茇③，其叶如葵赤背，名日无条，可以毒鼠。有兽焉，其状如鹿而白尾，马足人手而四角，名日玃如④。有鸟焉，其状如鸱⑤而人足，名日数斯⑥，食之已瘿。

又西百八十里，日黄山，无草木，多竹、箭。盼水出焉，西流注于赤水，其中多玉。有兽焉，其状如牛，而苍黑大目，其名日䟕⑦。有鸟焉，其状如鸮⑧，青羽赤喙，人舌能言，名日鹦䳇⑨。

又西二百里，日翠山，其上多棕、楠，其下多竹、箭，其阳多黄金、玉，其阴多旄牛⑩、羚⑪、麝⑫，其鸟多鸓⑬，其状如鹊，赤黑而两首，四足，可以御火。

又西二百五十里，日騩山⑭，是錞⑮于西海，无草木，多玉。凄水出焉，西流注于海，其中多采石、黄金，多丹粟。

凡西经之首，自钱来之山至于騩山，凡十九山，二千九百五十七里。

华山冢⑯也，其祠之礼：太牢⑰。羭山神也，祠之用烛，斋百日以百牺⑱，瘗用百瑜⑲，汤⑳其酒百樽，婴㉑以百珪㉒百璧。其余十七山之属，皆毛牷㉓用一羊祠之。烛者，百草之未灰，白席采㉔等纯之。

【注】

①蔷（sè）水：水名，不详。②礜（yù）：即礜石，一种有毒矿物，《说文·石部》："毒石也，出汉中。"③藁茇（gǎo bá）：一种香草，可入药。毕沅："即槁本也；本、茇声之缓急。"《本草纲目》："治痈疽，排脓内塞。"④玃（jué）如：兽名，不详。⑤鸱（chī）：鹞鹰。⑥数斯：鸟名，不详。⑦擎（mǐn）：一种牛状野兽。⑧鸮（xiāo）：猫头鹰。⑨鹦鹍（móu）：鹦鹉。⑩旄（máo）牛：即牦牛。⑪麢（líng）：羚羊，同"羚"。⑫麝（shè）：即香獐。⑬鸓（lěi）：鸟名，不详。据《说文·鸟部》："鼠形，飞走且乳之鸟也。"⑭騩（guī）山：山名，不详。⑮錞（chún）：依附。⑯冢：大。《诗经·大雅·縣》："乃立冢土，戎丑攸行。"⑰太牢：古代祭祀天地，以牛、羊、猪三牲具备为太牢，以示崇敬。太牢也指牛，《大戴礼记·曾子天圆》："诸侯之祭，牛，曰太牢。"⑱牺：祭祀用的纯色牲畜，《尚书·微子》："今殷民乃攘窃神祇之牺牷牲用。"孔安国传："色纯曰牺。"⑲瑜：美玉。⑳汤：通"烫"。㉑婴：装饰、配饰。《说文·女部》："婴，颈饰也。"㉒珪：一种长条形玉器，朝聘、祭祀、丧葬礼器之一，同"圭"。㉓毛牷（quán）：祀神用的纯色全牲。㉔采：彩色织品，同"彩"。

【引】

⑯郭璞注："冢者，神鬼之所舍也。"㉑富强：婴是用玉器祭祀神的专称。郭璞注："婴谓陈之以环祭也；或曰婴即古罂字，谓盂也。"袁珂："江绍原中国古代旅行之研究第一章注10云，婴系以玉祀神之专称，其说近是，可供参考。"

【译】

往西南三百八十里，叫皋涂山，该山是蔷水发源地，水西向入诸资水；该山还是涂水发源地，水南向入集获水。山南多粟粒大小的丹沙，山北多白银、黄金，山上多桂树。有一种白色石头，名叫礐，可用来灭鼠。有一种薰荙状草，葵叶，红脉，名叫无条，也可用来灭鼠。有一种鹿状野兽，白尾，马蹄，人手，四角，名叫玃如。有一种鸱鹰状鸟，人脚，名叫数斯，吃了可治疗赘瘤病。

再往西一百八十里，叫黄山，草木不生，多竹丛。该山是盼水发源地，水西向入赤水，其多玉石。有一种牛状野兽，黑毛，大眼，名叫㻬。有一种猫头鹰状鸟，青毛，红嘴，人舌，能学人语，名叫鹦鹉。

再往西二百里，叫翠山，山上多棕树、楠树，山下多竹丛，山南多黄金、玉石，山北多牦牛、羚羊、麝。山中的鸟多是喜鹊状鸓鸟，羽毛红黑，双头，四足，养了可以避火。

再往西二百五十里，叫騩山，矗立在西海之滨，草木不生，多玉石。该山是凄水发源地，水西向入大海，多彩石、黄金和粟粒大小的丹沙。

西方头列山脉自钱来山起，至騩山止，共十九座山，绵延二千九百五十七里。诸山山神宗主是华山山神，祭祀时用猪、牛、羊作祭品。羭山山神很灵验，祭祀时点燃烛火，斋戒一百天后，将一百只纯毛牲畜和一百块瑜玉埋入地里，再烫一百樽美酒，摆放一百块玉珪、一百块玉璧。其余十七座山山神，用一只整羊作祭品即可。祭祀时点燃烛火是百草制作的火把，还没烧成灰时叫烛。祭祀时的席子是白茅制成的，边缘饰以五种颜色花纹。

西次二经之首，曰钤山①，其上多铜，其下多玉，其木多杻、橿。

西二百里，曰泰冒之山，其阳多玉，其阴多铁。浴水出焉，东流注于河②，其中多藻玉③，多白蛇。

又西一百七十里，曰数历之山，其上多黄金，其下多白银，其木多黄金，其下多白银，其木多杻、橿，其鸟多鹦鹉。楚水出焉，而南流注于渭，其中多白珠。

又西北五十里，曰高山④，其上多白银，其下多青碧⑤、雄黄⑥，其木多棕，其草多竹⑦。泾水出焉，而东流注于渭，其中多磬石、青碧。

西南三百里，曰女床之山，其阳多赤铜，其阴多石涅[8]，其兽多虎豹犀兕。有鸟焉，其状如翟[9]而五彩纹，名曰鸾鸟[10]，见则天下安宁。

又西二百里，曰龙首之山，其阳多黄金，其阴多铁。苕水出焉，东海流注于泾水，其中多美玉。

又西二百里，曰鹿台之山，其上多白玉，其下多白银，其兽多㸰牛、羬羊、白豪[11]。有鸟焉，其状如雄鸡而人面，名曰凫徯，其鸣自叫也，见则有兵[12]。

西南二百里，曰鸟危之山，其阳多磬石，其阴多檀楮[13]，其中多女床[14]。鸟危之水出焉，西流注于赤水，其中多丹粟。

又西四百里，曰小次之山，其上多白玉，其下多赤铜。有兽焉，其状如猿，而白首赤足，名曰朱厌[15]，见则大兵[16]。

【注】

①钤（qián）山：山名，不详。②河：古时"河"专指黄河。③藻玉：有彩纹的玉，祭祀之用。④高山：山名，不详。⑤青碧：青绿色玉。⑥雄黄：又叫石黄、黄石、鸡冠石、雄精，即含硫化砷之矿石。⑦竹：草状矮竹。⑧石涅：即黑石脂，《本草纲目·黑石脂》（释名）引陶弘景曰："一名石墨，一名石涅。"⑨翟（dí）：长尾野鸡。⑩鸾鸟：一种传说中的神鸟，有祥瑞之兆。《楚辞·涉江》："鸾鸟凤凰，日以远兮；燕雀乌鹊，朝堂坛兮。"鸾，《说文·鸟部》："亦神灵之精也。赤色，五采，鸡形。"⑪白豪：一种白毛豪猪，这里属于异兽。⑫兵：兵戈，喻战争。⑬楮（chǔ）：即构树，其皮可制纸。⑭女床：即女肠草。⑮朱厌：兽名，不详。⑯大兵：大规模的干戈或战争。

【引】

①或为江西分宜钤岗。⑭又作山名，据《西山经》："西南三百里，曰女床之山 …… 有鸟焉，其状如翟而五采文，名曰鸾鸟。"《文选·张衡》："鸣女床之鸾鸟，舞丹穴之凤皇。"薛综注："女床，山名，在华阴西六百里。"

【译】

西方二列山脉头座山，叫钤山，山上多铜矿物，山下多玉石，树木多是杻树、橿树。

向西二百里，叫泰冒山，山南多金属矿物，山北多铁矿物。该山是洛水发源地，水东向入黄河，其中多藻玉，多白色水蛇。

再往西一百七十里，叫数历山，山上多黄金，山下多白银，树木多是杻树、橿树，禽鸟多是鹦鹉。该山是楚水发源地，水南向入渭水，其中多白色珍珠。

再往西北五十里，叫高山，山上多白银，山下多青碧玉石、雄黄，树木多是棕树，草多是小竹丛。该山是泾水发源地，水东向入渭水，多磬石、青绿色玉石。

往西南三百里，叫女床山，山南多黄铜，山北多石涅，野兽多老虎、豹子、犀牛和兕。有一种野鸡状鸟，羽毛色彩斑斓，名叫鸾鸟，一旦出现，天下太平。

再往西二百里，叫龙首山，山南多黄金，山北多铁矿物。该山是苕水发源地，水向东南入泾水，多美玉。

再往西二百里，叫鹿台山，山上多白玉，山下多白银，野兽多牦牛、羬羊、白豪。有一种雄鸡状鸟，人面，名叫凫徯，其叫声即自身名称读音，一旦出现，天下战乱。

往西南二百里，叫鸟危山，山南多磬石，山北多檀树、构树，山中多女肠草。该山是鸟危水发源地，水西向入赤水，多粟粒大小丹沙。

再往西四百里，叫小次山，山上多白玉，山下多黄铜。有一种猿状野兽，白头，红脚，名叫朱厌，一旦出现，战事突生。

又西三百里，曰大次之山，其阳多垩①，其阴多碧，其兽多牦羊、麢羊。

又西四百里，曰薰吴之山，无草木，多金、玉。

又西四百里，曰厎阳之山②，其木多稷③、楠、豫章④，其兽多犀、兕、虎、豹⑤、牦牛。

又西二百五十里，曰众兽之山，其上多㻬琈之玉，其下多檀楮，多黄金，其兽多犀兕。

又西五百里，曰皇人之山，其上多金、玉，其下多青雄黄⑥。皇水出焉，西流注于赤水，其中多丹粟。

又西三百里，曰中皇之山，其上多黄金，其下多蕙、棠⑦。

又西三百五十里，曰西皇之山，其阳多黄金，其阴多铁，其兽多麋⑧、鹿、𰐭牛。

又西三百里五十里，曰莱山，其木多檀楮，其鸟多罗罗⑨，是食人。

凡西次二经之首，自钤山至于莱山，凡十七山，四千一百四十里。其十神者，皆人面而马身。其七神皆人面而牛身，四足而一臂，操杖以行，是为飞兽之神⑩。其祠之，毛用少牢⑪，白菅为席。其十辈神者，其祠之毛一雄鸡，钤而不糈⑫：毛采⑬。

【注】

①垩：可用来涂饰的土，通常是白色的，又称"大白"，《说文·土部》："白涂也。"②厎（zhǐ）阳之山：山名，不详。③稷：即水松。④豫章：即香樟，也有说乃传说中神木。又云，豫章是枕木、樟木的并称，《左传·哀公十六年》："子期曰：'昔者吾以力事君，不可以弗终。抉豫章以杀人而后死。'"⑤犳（zhuó）：一种传说中的豹状野兽。又据《中山经》："又东百三十里曰铜山。其上多金、银、铁，其木多榖、柞、柤、栗、桔、櫾，其兽多犳。"⑥青雄黄：即青色雄黄。⑦棠：棠梨，又称"杜梨"，《说文·木部》："牡曰棠，牝曰杜。"⑧麋：麋鹿。⑨罗罗：鸟名，不详。又据《海外北经》："有青兽焉，状如虎，名曰罗罗。"袁珂校引吴任臣曰："《骈雅》曰：'青虎谓之罗罗。'今云南蛮人呼虎亦为罗罗，见《天中记》"。⑩飞兽之神：和兽一样会飞而跑的神。⑪少牢：祭祀时只用羊、猪二牲，《礼记·王制》："天子社稷皆大牢，诸侯社稷皆少牢。"⑫钤而不糈（xǔ）：按郭璞，"钤，所用祭器名，所未详也。或作思训祈不糈，祠不以米"。糈，精米。⑬毛采：杂色的公鸡。

【引】

③又指粮食作物或粮食的总称，《诗经·王风·黍离》："彼黍离离，

彼稷之苗。"⑨郝懿行疏:"海外北经有青兽,状如虎,名曰罗罗,此鸟与之同名。"

【译】

再往西三百里,叫大次山,山南多垩土,山北多碧玉,野兽多㸲牛、羚羊。

再往西四百里,叫薰吴山,草木不生,多金属矿物、玉石。

再往西四百里,叫厎阳山,树木多水松、楠树、樟树,野兽多犀牛、兕、老虎、豹、㸲牛。

再往西二百五十里,叫众兽山,山上多㻬琈玉,山下多檀树、构树,多黄金,野兽多犀牛、兕。

再往西五百里,叫皇人山,山上多金属矿物、玉石,山下多青色雄黄。该山是皇水发源地,水西向入赤水,其中多粟粒大小的丹沙。

再往西三百里,叫中皇山,山上多黄金,山下多蕙草、棠梨。

再往西三百五十里,叫西皇山,山南多金属矿物,山北多铁矿物,野兽多麋、鹿、㸲牛。

再往西三百五十里,叫莱山,树木多檀树、构树,禽鸟多罗罗,以人为食。

西方二列山脉自钤山起,至莱山止,共十七座山,绵延四千一百四十里。其中十座山山神,人面,马身。其他七座山山神,人面,牛身,四足,一臂,挂拐行走,又称作飞兽神,祭祀时,毛物用猪、羊作祭品,置于白茅草席上。另外十位山神,祭祀时,毛物用一只杂色公鸡,祭米不需要精米。

西次三经之首,曰崇吾之山,在河之南,北望冢遂,南望䆁之泽,西望帝之捕兽之丘,东望螗渊。有木焉,员①叶而白柎②,赤华而黑理,其实如枳③,食之宜子孙。有兽焉,其状如禺而文④臂,豹尾而善投,名曰举父。有鸟焉,其状如凫,而一翼一目,相得乃飞,名曰蛮蛮,见则天下大水。

西北三百里，曰长沙之山。泚水出焉，北流注于泑水，无草木，多青雄黄。

又西北三百七十里，曰不周之山。北望诸𡾋之山，临彼岳崇之山，东望泑泽，河水所潜也，其原浑浑泡泡⑤。爰⑥有嘉果，其实如桃，其叶如枣，黄华而赤柎，食之不劳。

又西北四百二十里，曰峚山⑦，其上多丹木⑧，员叶而赤茎，黄华而赤实，其味如饴⑨，食之不饥。丹水出焉，西流注于稷泽⑩，其中多白玉。是⑪有玉膏⑫，其原沸沸汤汤，黄帝是食是飨⑬。是生玄⑭玉。玉膏所出，以灌丹木，丹木五岁，五色乃清，五味乃馨⑮。黄帝乃取峚山之玉荣⑯，而投之钟山之阳。瑾瑜⑰之玉为良，坚粟⑱精密，浊泽有而⑲色。五色发作⑳，以和柔刚。天地鬼神，是食是飨；君子服之，以御为祥。自峚山至于钟山，四百六十里，其间尽泽也。是多奇鸟、怪兽、奇鱼，皆异物焉。

又西北四百二十里，曰钟山。其子曰鼓，其状如人面而龙身，是与钦𬳿㉑杀葆江于昆仑之阳，帝乃戮之钟山之东曰崾崖㉒。钦𬳿化为大鹗㉓，其状如雕而墨文曰首，赤喙而虎爪，其音如晨鹄㉔，见则有大兵；鼓亦化为鵔鸟㉕，其状如鸱，赤足而直喙，黄文而白首，其音如鹄㉖，见即其邑大旱。

【注】

①员：通"圆"。②柎（fū）：花萼。《玉篇》："花萼足也。"郭璞注："今江东人呼草木子房为柎……一曰柎，花下鄂。"③枳（zhǐ）：即枸橘，落叶灌木，有刺，果黄绿，味酸，可入药。《说文·木部》："枳木似橘。从木，只声。"④文：同"纹"。⑤其原浑（gǔn）浑泡（páo）泡：原，同"源"。浑浑泡泡，水翻滚的样子。⑥爰（yuán）：发语词，无义，《诗经·邶风·凯风》："爰有寒泉，在浚之下。"⑦峚（mì）山：山名，不详。⑧丹木：树名，不详。又据本章："崦嵫之山，其上多丹木，其叶如楮，其实大如瓜，赤符而黑理，食之已瘅，可以御火。"⑨饴（yí）：麦芽制成的糖。⑩稷泽：水名，不详。郭璞注："后稷神所凭，因名云。"又据本章："桃水出焉，西流注於稷泽。"⑪是：代词，这，

这里。⑫玉膏：玉的脂膏，传说中的仙药。⑬飨（xiǎng）：同"享"。
⑭玄：黑色，《说文·玄部》："黑而有赤色者为玄。"⑮馨：芳
香，《说文·香部》："香之远闻者也。"⑯玉荣：玉的精华，郭璞注：
"谓玉华也。"⑰瑾瑜：美玉。⑱坚粟：坚硬而如粟米。⑲有而：而
有。⑳五色发作：散发出各种色彩。㉑钦䲹（pí）：一种人面兽形的神。
㉒崤崖：地名，不详。㉓鹗（è）：鱼鹰。㉔晨鹄（hú）：一种水鸟。㉕
䳋（jùn）鸟：一种传说中的鸟。㉖鹄：天鹅。

【引】

⑥富强：这里、那里的意思。⑦或说在今河南新密之山。

【译】

西方三列山脉头座山，叫崇吾山，屹立在黄河南岸，北望冢遂山，
南看瑶泽，西瞻天帝搏兽山，东视蝣渊。有一种树木，圆叶，白萼，红花，
花瓣纹理黑色，果如枳实，吃了可多子多孙。有一种猴状野兽，臂有斑
纹，豹尾，擅投掷，名叫举父。有一种野鸭状鸟，一翅，一睛，二鸟联
合才能飞翔，名叫蛮蛮，一旦出现，天下泛洪。

往西北三百里，叫长沙山。该山是泚水发源地，水北向入泑水，草
木不生，多青色雄黄。

再往西北三百七十里，叫不周山。北望诸蝣山，盘踞在岳崇山边；
东望泑泽，黄河潜伏在此处，其源头之水翻滚咆哮。有一种珍贵的果树，
果如桃，叶似枣，黄花，红萼，吃了可解忧。

再往西北四百二十里，叫峚山，山上多丹木，红茎，圆叶，黄花，
红果，味甜，吃了不觉饥饿。该山是丹水发源地，水西向入稷泽，其中
多白玉，此处盛产玉膏，其源头之水奔流沸腾，黄帝常食用这种玉膏。
此处还盛产黑玉，用玉膏灌溉丹木，生长五年，会开光艳的五色花，会
结香甜的五色果。黄帝采撷峚山玉石精华，种在钟山南面，生出瑾、瑜
这类美玉，质地坚硬精密，外表润厚有泽，五种颜色相互辉映，刚柔和
谐。天地之间的鬼神拿它当食物，君子佩戴着抵御不祥之气。自峚山到
钟山，长四百六十里，都是水潭，多罕见的怪鸟、异兽、奇鱼。

再往西北四百二十里，叫钟山。钟山山神之子名叫鼓，人面，龙身，其曾在昆仑山南和钦䲹一起杀死天神葆江，天帝于是将他们处死在钟山东面的崤崖。钦䲹化为雕状大鹗，黑斑，白头，红嘴，虎爪，叫声如晨鹄，一旦出现，大战即生；鼓则化为鹞状鵕鸟，红脚，直嘴，黄斑，白头，叫声如天鹅，一旦出现，旱灾即生。

又西百八十里，曰泰器之山。观水出焉，西流注于流沙①。是多文鳐鱼②，状如鲤鱼，鱼身而鸟翼，苍文而白首赤喙，常行西海，游于东海，以夜飞。其音如鸾鸡③，其味酸甘，食之已狂，见则天下大穰④。

又西三百二十里，曰槐江之山。丘时之水出焉，而北流注于泑水。其中多蠃母⑤，其上金青雄黄，多藏琅玕⑥、黄金、玉，其阳多丹粟。其阴多采黄金银。实惟帝之平圃⑦，神英招⑧司之，其状马身而人面，虎文而鸟翼，徇⑨于四海，其音如榴。南望昆仑，其光熊熊，其气魂魂⑩。西望大泽⑪，后稷⑫所潜也。其中多玉，其阴多榣木之有若⑬。北望诸毗⑭，槐鬼离仑居之，鹰鸇⑮之所宅也。东望恒山四成，有穷鬼⑯居之，各在一搏。爰有瑶水⑰，其清洛洛⑱。有天神焉，其状如牛，而八足二首马尾，其音如勃皇⑲，见则其邑有兵。

西南四百里，曰昆仑之丘，是实惟帝之下都⑳，神陆吾㉑司之。其神状虎身而九尾，人面而虎爪；是神也，司天之九部㉒及帝之囿时，有兽焉，其状如羊而四角，名曰土蝼，是食人。有鸟焉，其状如蜂，大如鸳鸯，名曰钦原，蠚㉓鸟兽则死，蠚木则枯。有鸟焉，其名曰鹑鸟㉔，是司帝之百服。有木焉，其状如棠，黄华赤实，其味如李而无核，名曰沙棠，可以御水，食之使人不溺。有草焉，名曰薲草㉕，其状如葵，其味如葱，食之已劳。河水出焉，而南流注于无达。赤水出焉，而东南流注于氾天之水㉖。洋水出焉，而西南流注于丑涂之水。墨水出焉，而四海流注于大杅㉗。是多怪鸟兽。

【注】

①流沙：西北沙漠地带。②文鳐(yáo)鱼：即飞鱼，郭璞《图赞》：

"见则邑穰,厥名曰鳐。经营二海,矫翼闲(一作间)霄。惟味之奇,见叹伊疱。"《吴都赋》:"精卫衔石而遇缴,文鳐夜飞而触纶。"《神异经》:"东南海中有温湖,鳐鱼生焉,长八尺。"③鸾鸡:一种鸟,不详。郝懿行疏:"鸾鸡疑即鸾也。《初学记》三十卷引此经无鸡字。"④穰(ráng):丰收。《论积贮疏》:"世之有饥穰,天之行也,禹汤被之矣。"⑤蠃(luó)母:带硬壳的软体腹足类动物。"蠃",通"螺"。⑥琅玕(láng gān):玉石,《尚书·禹贡》:"厥贡惟球、琳、琅玕。"孔颖达疏:"琅玕,石而似珠者。"又指传说中的似珠仙树,据《海内西经》:"服常树,其上有三头人,伺琅玕树。"⑦平圃(pǔ):一种传说中神仙的居所,郭璞注:"即玄圃也。"袁珂:"玄圃,穆天子传、淮南子墬形篇作县圃,玄、县声同,古字通用。"《穆天子传·卷二》:"天子五日观于春山之上,乃为铭迹于县圃之上,以诏后世。"毕沅认为即甘肃张掖鸡山。⑧英招(sháo):一种传说中看管花园的神兽。⑨徇(xùn):巡行,《左传·桓公十三年》:"莫傲使徇于师曰:'谏者有刑。'"⑩魂魂:充盈的样子。⑪大泽:大湖沼,大薮泽。《左传·襄公二十一年》:"深山大泽,实生龙蛇。"郭璞注:"后稷生而灵知,及其终,化形遯此泽而为之神,亦犹传说骑箕尾也。"⑫后稷:周朝王族始祖,名弃,生于稷山。《诗经·大雅·生民》:"厥初生民,时维姜嫄。生民如何,克禋克祀,以弗无子。履帝武敏歆,攸介攸止,载震载夙,载生载育,时维后稷。"稷善于种植,曾被尧举为农师,被舜封为后稷,后世以之为百谷之长,奉祀为谷神。⑬榣木、有若:榣木,高大的树木。若,即若木,一种传说中的树,据《大荒北经》:"大荒之中,有衡石山、九阴山、洞野之山,上有赤树,青叶赤华,名曰若木。"又《海内经》:"南海之外,黑水青水之间,有木名曰若木,若水出焉。"⑭诸毗(pí):山名,不详,亦指水名,据《南山经》:"又东五百里曰浮玉之山。北望具区,东望诸毗。"⑮鹯(zhān):一种鹞类猛禽,也叫"晨风",《左传·文公十八年》:"见无礼于其君者,诛之,如鹰鹯之逐鸟雀也。"⑯有穷鬼:一种鬼名,也有说是氏族名。有穷是夏代一个国家,《尚书·五子之歌》:"有穷、后羿,固民弗忍距于何。"⑰瑶水:即瑶池,《文选·王融》:"至如夏后两龙,载驱璿台之上;穆满八骏,如舞瑶水之阴。"⑱洛洛：水流动的样子，同"落落"。⑲勃皇：乐器名，不详。
⑳下都：下界都城。㉑陆吾：昆仑山神名，即肩吾。据《大荒西经》：
"西海之南，流沙之滨，赤水之后，黑水之前，有大山，名曰昆仑之丘。
有神，人面虎身，有文有尾，皆白，处之。"㉒九部：九州，郭璞注：
"主九域之部界、天帝苑囿之时节也。"㉓蠚（hē）：蛰。㉔鹑鸟：
此处指凤凰，郝懿行疏："鹑鸟，凤也；海内西经云'昆仑开明西北皆
有凤皇'，此是也。"㉕蓣（pín）草：一种葵菜状草，《酉阳杂俎·毛
篇》："瓜州饲马以蓣草。"㉖氾（fàn）天之水：水名，不详。㉗大杅
（yú）：山名，不详。

【引】
⑤或说蜗牛。⑲富强：一种动物名。

【译】
　　再往西一百八十里，叫泰器山，该山是观水发源地，水西向入流沙。
多鲤状文鳐鱼，鱼身，鸟翅，青纹，白头，红嘴，常在西海和东海间出
没，习惯昼伏夜出，叫声如鸾鸡，肉味酸中带甜，吃了可治疗癫狂，一
旦出现，天下丰收。
　　再往西三百二十里，叫槐江山。该山是丘时水发源地，水北向入泑
水。其中多蹀螺，山上多青色雄黄和琅玕、黄金、玉石，山南多粟粒大
小的丹沙，山北多带彩纹的黄金白银。该山实际上是天帝的空中花园，
由天神英招掌管。英招马身，人面，虎斑，鸟翅，常巡游四海，发布命
令，声如辘轳汲水。槐江山南望昆仑，烈焰飞升，气势磅礴。西望大泽，
后稷埋身之所。大泽中多玉石，泽南多榣木，上面有若木。北望诸毗山，
这是槐鬼离仑居住之地，也是鹰鹯等禽的居所。东望桓山，山高四重，
有穷鬼各自在山腰居住。山上有瑶水，即瑶池，清澈透明，汩汩不息。
有个牛状天神，八足，两头，马尾，叫声如演奏勃皇时发出的声音，一
旦出现，战乱即生。
　　往西南四百里，叫昆仑山，该山实际上是天帝在下界的都邑，由天
神陆吾掌管。陆吾虎身，九尾，人面，虎爪，其兼管天界九州和帝苑时

令。有一种羊状野兽，四角，名叫土蝼，以人为食。有一种蜂状鸟，鸳
鸯大小，名叫钦原，能螫死鸟兽，刺枯树木。有一种禽鸟，名叫鹑鸟，
负责天帝日常器具服饰。有一种棠梨状树，黄花，红果，味如李子，无
核，名叫沙棠，可避水，人吃了漂浮不沉。有一种葵菜状草，叫薲草，
味如葱，吃了可解忧。该山是黄河发源地，河南流东转注入无达山。该
山是赤水发源地，水向东南入氾天水。昆仑山是洋水发源地，水向西南
入丑涂水。该山还是黑水发源地，水西向流到大杅山，山中多奇鸟怪兽。

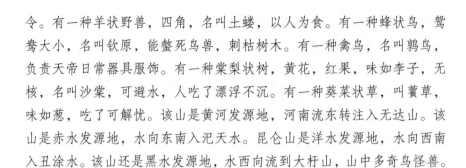

又西三百七十里，曰乐游之山。桃水出焉，西流注于稷泽，是多白
玉，其中多䱗鱼[1]，其状如蛇而四足，是食鱼。

西水行四百里，曰流沙，二百里至于嬴母之山，神长乘司之，是天
之九德[2]也。其神状如人而豹[3]尾。其上多玉，其下多青石而无水。

又西三百五十里，曰玉山，是西王母所居也。西王母其状如人，豹
尾虎齿而善啸，蓬发戴胜[4]，是司天之厉[5]及五残[6]。有兽焉，其状如
犬而豹文，其角如牛，其名曰狡[7]，其音如吠犬，见则其国大穰。有鸟
焉，其状如翟而赤，名曰胜遇[8]，是食鱼，其音如录[9]，见则其国大水。

又西四百八十里，曰轩辕之丘[10]，无草木。洵水出焉，南流注于黑
水，其中多丹粟，多青雄黄。

又西三百里，曰积石之山，其下有石门[11]，河水冒[12]以西南流，是
山也，万物无不有焉。

又西二百里，曰长留之山，其神白帝少昊[13]居之。其兽皆文尾，
其鸟皆文首。是多文玉石。实惟员神磈氏[14]之宫。是神也，主司反景[15]。

又西二百八十里，曰章莪之山[16]，无草木，多瑶碧[17]。所为甚怪[18]。
有兽焉，其状如赤豹，五尾一角，其音如击石，其名如猙[19]。有鸟焉，
其状如鹤，一足，赤文青质而白喙，名曰毕方[20]，其鸣自叫也，见则其
邑有讹火[21]。

又西三百里，曰阴山。浊浴之水出焉，而南流注于蕃泽，其中多文
贝。有兽焉，其状如狸而白首，名曰天狗，其音如榴榴[22]，可以御凶。

【注】

①鳛（huá）鱼：鱼名，不详。②九德：九种德行。③豹（zhuó）：一种豹状野兽，无斑纹。据《中山经》："又东百三十里曰铜山。……其兽多豹。"④胜：旧时妇女饰物。⑤厉：星名，主祸乱。⑥五残：星名，主凶事。《史记·天官书》："五残星，出正东东方之野。其星状类辰星，去地可六丈。"司马贞索隐引孟康曰："星表有青气如晕，有毛，填星之精也。"⑦狡（jiǎo）：一种传说中的野兽。⑧胜遇：一种传说中的鸟名，不详。⑨录：疑为"鹿"的别字。⑩轩辕之丘：即轩辕丘，通常认为，此乃黄帝的出生及建都之所，《大戴礼·帝系》曰："黄帝居轩辕之丘，娶于西陵氏之子，谓之嫘祖氏，产青阳及昌意。"但《山海经》并未明指轩辕即黄帝，故不取。⑪石门：即石洞。⑫冒：喷涌。⑬白帝少昊：三皇五帝之一，黄帝长子。姬姓，名玄嚣、鸷，乃东夷部落首领，又称白帝，史称青阳氏、金天氏、穷桑、云阳氏或朱宣，母嫘祖，子蟜极，孙帝喾。⑭魂（wěi）氏：山神之名。⑮反景（yǐng）：日落时的反照之光。"景"通"影"。⑯章莪（é）之山：山名，不详。⑰瑶碧：美玉和青玉。⑱所为甚怪：山上的东西比较怪异。⑲狰：一种传说中的犬状怪兽。⑳毕方：木精，俗称火鸦，主大火，黄帝卫车之神鸟，《东京赋》："毕方……老父神，如鸟，两足一翼，常衔火在人家作怪灾也。"㉑讹（é）火：即怪火或磷火。㉒榴榴：即猫，郭璞注："或作猫猫。"

【引】

⑦又据《说文·犬部》："少狗也。匈奴地有狡犬，巨口而黑身。"⑭富强：即白帝少昊。

【译】

再往西三百七十里，叫乐游山。该山是桃水发源地，水西向入稷泽，其中多白玉，多蛇状鳛鱼，四足，以鱼类为食。

走水路往西四百里是流沙，再行二百里，到赢母山，天神长乘掌管此处，长乘是天的九德之气所生，人形，豹尾。山上多玉石，山下多青石，无水。

再往西北三百五十里，叫玉山，为西王母居住之所。西王母人形，豹尾，虎牙，喜长啸，头发蓬松，佩戴首饰，掌管上天祸乱和五刑。有一种狗状野兽，豹纹，牛角，名叫狡，叫声如狗，哪国出现，五谷丰登。有一种野鸡状鸟，浑身通红，名叫胜遇，以鱼类为食，叫声如鹿，哪国出现，即生水灾。

往西四百八十里，叫轩辕丘，草木不生。这里是洵水发源地，水南向入黑水，其中多粟粒大小的丹沙，多青色雄黄。

再往西三百里，叫积石山，山下有个石门，黄河水由此喷涌而出，流向西南，这座山万物齐全，应有尽有。

再往西二百里，叫长留山，天神白帝少昊在此居住。山中都是花尾兽、花头鸟。山上多彩纹玉石。这里实际上是员神魂氏宫殿，其掌管太阳下山时光线射向东方的倒影。

再往西二百八十里，叫章莪山，草木不生，多瑶类、碧类美玉。山上怪象繁多。有一种红豹状野兽，五尾，一角，声如敲石，名叫狰。有一种仙鹤状鸟，一足，红纹，青身，白嘴，名叫毕方，其叫声即自身名称读音，哪里出现，即生怪火。

再往西三百里，叫阴山。该山是浊浴水发源地，水南向入蕃泽，其中多彩贝。有一种猫状野兽，白头，名叫天狗，叫声如猫，养了可辟邪气。

又西二百里，曰符惕之山，其上多棕枬，下多金、玉。神江疑①居之。是山也，多怪雨，风云之所出也。

又西二百二十里，曰三危之山，三青鸟居之。是山也，广员百里。其上有兽焉，其状如牛，白身四角，其豪②如披蓑③，其名曰徼狚④，是食人。有鸟焉，一首而三身，其状如鸺⑤，其名曰鸱。

又西一百九十里，曰騩山，其上多玉而无石。神耆童⑥居之，其音常如钟磬。其下多积蛇。

又西三百五十里，曰天山，多金、玉，有青雄黄。英水出焉，而西南流注于汤谷。有神焉，基⑦状如黄囊⑧，赤如丹水，六足四翼，浑敦^⑨无面目，是识歌舞，实为帝江^⑩也。

又西二百九十里，曰泑山，神蓐收^⑪居之。其上多婴短之玉^⑫，其阳多瑾瑜之玉，其阴多青雄黄。是山也，西望日之所入，其气员^⑬，神红光^⑭之所司也。

西水行百里，至于翼望之山，无草木，多金、玉。有兽焉，其状如狸，一日而三尾，名曰讙，其音如夺^⑮百声，是可以御凶，服之已瘅^⑯。有鸟焉，其状如乌，三首六尾而善笑，名曰鵸𫛭^⑰，服之使人不厌^⑱，又可以御凶。

凡西次三经之首，崇吾之山至于翼望之山，凡二十三山，六千七百四十四里。其神状皆羊身人面。其祠之礼，用一吉玉^⑲瘗，糈用稷米。

【注】

① 江疑：一个传说中的神。② 豪：本义为猪，这里指硬毛。③ 褰：即褰衣。④ 徼佁（ào yē）：兽名，不详。⑤ 鵅（luò）：一种鹰状鸟。⑥ 耆童：即老童，颛顼子，黄帝曾孙，据《大荒西经》："颛顼生老童，老童生祝融，祝融生太子长琴。"⑦ 基：疑为"其"之误。⑧ 囊：袋子。⑨ 浑敦：即浑沌。⑩ 帝江：即帝鸿。⑪ 蓐（rù）收：一个传说中的西方之神，又为主金之神，掌管秋天，相传是少暤氏的儿子，名该，《左传·昭公二十九年》："火正曰祝融，金正曰蓐收。"⑫ 婴短之玉：即瀚次山上的婴垣之玉，"垣""短"疑为"脰"之误。婴，环绕。脰，脖子。据《西山经》："又西七十里，曰瀚次之山，……其阳多婴垣之玉。"⑬ 气员：气象圆融。"员"通"圆"。⑭ 红光：即蓐收。⑮ 夺：压倒。⑯ 瘅（dàn）：黄疸病，同"疸"。⑰ 鵸𫛭（yī yú）：一种传说中的鸟。⑱ 厌（yǎn）：通"魇"，梦中因受惊而叫。⑲ 吉玉：彩玉，郭璞："玉加采色者也。"

【引】

⑩ 又据《庄子·应帝王》："南海之帝为儵，北海之帝为忽，中央之帝为浑沌……儵与忽时相与遇于浑沌之地，浑沌待之甚善。儵与忽

谋报帝江之德，曰：人皆有七窍，以视听食息，此独无有，尝试凿之。日凿一窍，七日而浑沌死。"

【译】

再往西二百里，叫符惕山，山上多棕树、楠树，山下多金属矿物、玉石。天神江疑在此居住。该山常下怪雨，风、云都是从这里生长起来的。

再往西二百二十里，叫三危山，三青鸟在此栖息。该山方圆百里。有一种牛状野兽，白身，四角，毛硬而长、密，如穿着蓑衣，名叫傲狠，以人为食。有一种鸱状鸟，一头，三身，名叫鸱。

再往西一百九十里，叫騩山，上面多美玉，无石头。天神耆童在此居住，声如钟磬，山下蛇虫堆积。

再往西三百五十里，叫天山，多金属矿物、玉石，也有青色雄黄。该山是英水发源地，水向西南入汤谷。有一个黄色袋状神，通红如火，六足，四翅，模糊没有面目，懂得载歌载舞，他是帝江。

再往西二百九十里，叫泑山，天神蓐收在此居住。山上多饰颈玉石，山南多瑾、瑜类美玉，山北多青色雄黄。泑山西望太阳落山之处，气象浑圆，属天神红光蓐收掌管。

西行水路百里，至翼望山，没有草木，多金属矿物、玉石。有一种猫状野兽，一睛，三尾，名叫讙，叫声盖过百种动物，养了可辟邪气，吃了可治黄疸。有一种乌鸦状鸟，三头，六尾，喜笑，名叫鹖鸰，吃了不做噩梦，可辟邪气。

西方三列山脉自崇吾山，至翼望山，共二十三座山，绵延六千七百四十四里。诸山山神羊身，人面。祭祀时，将一块吉玉埋入地下，祀米用稷米。

西次四经之首，曰阴山，上多楮，无石，其草多茆①、蕃②。阴水出焉，西流注于洛。

北五十里，曰劳山，多茈草③。弱水出焉，而西流注于洛。

西五十里，曰罢父之山，洱水出焉，而西流注于洛，其中多茈碧④。

北百七十里，曰申山，其上多榉柞，其下多杻、橿，其阳多金、玉。区水出焉，而江流注于河。

北二百里，曰鸟山，其上多桑，其焉多楮，其阴多铁，其阳多玉。辱水出焉，而东流注于河。

又北二十里，曰上申之山，上无草木，而多硌石^⑤，下多榛、楛^⑥，兽多白鹿。其鸟多当扈^⑦，其状如雉^⑧，以其髯^⑨飞，食之不眴目^⑩。汤水出焉，东流注于河。

又北八十里，曰诸次之山，诸次之水出焉，而东流注于河。是山也，多木无草，鸟兽莫居，是多众蛇。

又北百八十里，曰号山，其木多漆、棕，其草多药^⑪、虈^⑫、芎𦿆^⑬。多汵石^⑭。端水出焉，而东流注于河。

又北二百二十里，曰孟山，其阴多铁，其阳多铜，其兽多白狼、白虎，其鸟多白雉、白翟。生水出焉，而东流注于河。

西二百五十里，曰白於之山，上多松、柏，下多栎^⑮檀，其兽多㹧牛、羬羊，其鸟多鸮^⑯。洛水出于其阳，而东流注于渭；夹水出于其阴，东流注于生水。

西北三百里，曰申首之山，无草木，冬夏雪。申水出于其上。潜于其下，是多白玉。

又西五十五里，曰泾谷之山。泾水出焉，东南流注于渭，是多白金白玉。

又西百二十里，曰刚山，多柒木^⑰，多㻂珸之玉。刚水出焉，北流注于渭。是多神𩴆^⑱，其状人面兽身，一足一手，其音如钦^⑲。

【注】

① 茆（mǎo）：即莼菜。《诗经·鲁颂·泮水》："思乐泮水，薄采其茆。"孔颖达疏："茆……江南人谓之莼菜。"② 蕃：即蘋草。③ 芷（zǐ）草：即紫草。④ 芷碧：紫色石和青绿色玉。⑤ 硌（luò）石：巨石。⑥ 楛（hù）：一种可以用来制作箭的树。⑦ 当扈：一种传说中的鸟。⑧ 雉：即野鸡。⑨ 髯：即胡子。⑩ 眴（shùn）目：眨眼。⑪ 药：白芷的别称。⑫ 虈（xiāo）：一种香草，又叫"白芷"。⑬ 芎𦿆（xiōng qióng）：一种香草，可入药。

⑭泠（jīn）石：矿石名，郝懿行疏："《说文》泠本字作淦，云泥也，盖石质柔软如泥者，今其中土中俱有此石也。"⑮栎（lì）：即柞树。⑯鸮（xiāo）：猫头鹰。⑰柒木：漆树，"柒"即"漆"。⑱神魄：一种怪兽，郭璞注："魑魅之类也。"⑲钦：呻吟，通"吟"。

【译】

西方四列山脉头座山，叫阴山，多构树，无石头，多茈菜、蕃草。该山是阴水发源地，水西向入洛水。

往北五十里，叫劳山，多紫草。该山是弱水发源地，水西向入洛水。

往西五十里，叫罢父山，该山是洱水发源地，水西向入洛水，其中多紫石、碧玉。

往北一百七十里，叫申山，山上多构树、柞树，山下多杻树、橿树，山南多金属矿物、玉石。该山是区水发源地，水东向入黄河。

往北二百里，叫鸟山，山上多桑树，山下多构树，山北多铁，山南多玉。该山是辱水发源地，水东向入黄河。

再往北二十里，叫上申山，草木不生，多巨石，山上多榛树、楛树，多白鹿。多野鸡状当扈鸟，其飞翔时，拿髯毛当翅膀，吃了可不眨眼。该山是汤水发源地，水东向入黄河。

再往北八十里，叫诸次山，该山是诸次水发源地，水东向入黄河。山中多树木，无花草，无鸟兽，蛇虫聚居。

再往北一百八十里，叫号山，多漆树、棕树，多芷草、蘠草、芎藭草，多泠石。该山是端水发源地，水东向入黄河。

再往北二百二十里，叫盂山，山北多铁，山南多铜，野兽多是白色的狼和白色的虎，禽鸟多是白色的野鸡和白色的翠鸟。该山是生水发源地，水东向入黄河。

往西二百五十里，叫白於山，山上多松树和柏树，山下多栎树和檀树，野兽是牸牛、羬羊，禽鸟多是猫头鹰之类的。该山南面是洛水发源地，水东向入渭水；夹水发源于山北，水东向入生水。

往西北三百里，叫申首山，草木不生，四季积雪。该山是申水发源地，又潜流山下，其中多白玉。

再往西五十五里，叫泾谷山。该山是泾水发源地，水向东南入渭水，多白银、白玉。

再往西一百二十里，叫刚山，多漆树，多㻬琈玉。该山是刚水发源地，水北向入渭水。多人面兽身状神槐，一足，一手，声如呻吟。

又西二百里，至刚山之尾。洛水出焉，而北流注于河。其中多蛮蛮[①]，其状鼠身而鳖首，其音如吠犬。

又西三百五十里，曰英鞮之山，上多漆木，下多金、玉，鸟兽尽白。涴水[②]出焉，而北流注于陵羊之泽。是多冉遗之鱼[③]，鱼身蛇首六足，其目如观耳，食之使人不眯，可以御凶。

又西三百里，曰中曲之山，其阳多玉，其阴多雄黄、白玉及金。有兽焉，其状如马而白身黑尾，一角，虎牙爪，音如鼓音，其名曰駮[④]，是食虎豹，可以御兵。有木焉，其状如棠，而圆叶赤实，实大如木瓜[⑤]，名曰櫰木，食之多力。

又西二百六十里，曰邽山[⑥]。其上有兽焉，其状如牛，蝟毛[⑦]，名曰穷奇[⑧]，音如獋[⑨]狗，是食人。蒙水出焉，南流注于洋水，其中多黄贝；蠃鱼[⑩]，鱼身而鸟翼，音如鸳鸯，见则其邑大水。

又西二百二十里，曰鸟鼠同穴之山，其上多白虎、白玉。渭水出焉，而东流注于河。其中多鳋鱼[⑪]，其状如鳣鱼[⑫]，动则其邑有大兵。滥水出于其西，西流注于汉水，多𩸁魮[⑬]之鱼，其状如覆铫[⑭]，鸟首而鱼翼，音如磬石之声，是生珠玉。

西南三百六十里，曰崦嵫之山[⑮]，其上多丹木，其叶如楮，其实大如瓜，赤符[⑯]而黑理，食之已瘅，可以御火。其阳多龟，其阴多玉。苕水出焉，而西流注于海，其中多砥砺[⑰]。有兽焉，其状马身而鸟翼，人面蛇尾，是好举人，名曰孰湖。有鸟焉，其状如鸮而人面，蜼[⑱]身犬尾，其名自号也，见则其邑大旱。

凡西次四经自阴山以下，至于崦嵫之山，凡十九山，三千六百八十里。其神祠礼，皆用一白鸡祈，糈以稻米，白菅为席。

右西经之山，凡七十七山，一万七千五百一十七里。

【注】

① 蛮蛮：一种水兽，不详。本章还有一种比翼鸟，也叫蛮蛮。② 浼（wǎn）水：河名，不详。③ 冉遗之鱼：一种传说中的鱼。④ 駮（bó）：一种传说中的马状怪兽。⑤ 木瓜：蔷薇科植物名，果实也叫木瓜，《诗经·卫风·木瓜》："投我以木瓜，报之以琼琚。匪报也，永以为好也。"⑥ 邽（guī）山：山名，不详。⑦ 蝟毛：长着刺猬一样的毛，"蝟"同"猬"。⑧ 穷奇：一种传说中的怪兽，又见《海内北经》："穷奇状如虎，有翼，食人从头始，所食被发，在犬北。一曰从足。"但形象有差异。其被称为"四凶"之一，《左传·文公十八年》："舜臣尧，宾于四门，流四凶族混沌、穷奇、梼杌、饕餮，投诸四裔，以御魑魅。"又："少暤氏有不才子，毁信废忠，崇饰恶言，靖谮庸回，服谗蒐慝，以诬盛德，天下之民谓之穷奇。"⑨ 獋（háo）：同"嗥"。⑩ 蠃（luǒ）鱼：一种传说中的怪兽。⑪ 鳋（sāo）鱼：鱼名，不详。⑫ 鱣（zhān）鱼：一种鲟科鳇属鱼，可入药，今东北地区较多。⑬ 蜃鮍（rú pí）：珠母贝。⑭ 铫（diào）：一种煎药或烧水用的器具。⑮ 崦嵫（yān zī）之山：也就是崦嵫山，又名番冢山、兑山、云台山，即今甘肃天水齐寿山，《尚书·禹贡》："山番冢导漾，东流为汉。"《离骚》："吾令羲和弭节兮，望崦嵫而勿迫。"该山被称为日落之山。⑯ 符：花萼，通"柎"。⑰ 砥砺：磨刀石，细为砥，粗为砺。⑱ 蜼（wèi）：一种长尾猴，《尔雅·释兽》："蜼，昂鼻而长尾。"郭璞注："蜼，似猕猴而大，黄黑色，尾长数尺。"

【引】

⑭ 又作兵器，像矛，《吕氏春秋·简选》："锄耰白梃，可以胜人之长铫利兵。"又作农具，《晏子春秋·内篇谏上》："君将戴笠衣褐执铫耨以蹲行畎亩之中。"⑱ 礼器，"六彝"之一，蜼饰，《周礼·春官·司尊彝》："凡四时之间祀、追享、朝享，裸用虎彝、蜼彝。"贾公彦疏："虎彝、蜼彝相配，皆为兽。"

【译】

再往西二百里，便到了刚山的尾部。该山是洛水发源地，水北向入黄河。多鼠状的蛮蛮，这种野兽长着甲鱼状的头，声如狗叫。

再往西三百五十里，叫英鞮山，山上多漆树，山下多金属矿物、玉石，鸟兽都是白色的。该山是涴水发源地，水北向入陵羊泽。其中多冉遗鱼，鱼身，蛇头，六足，眼如马耳，吃了不做噩梦，可辟邪。

再往西三百里，叫中曲山，山南多玉石，山北多雄黄、白玉和金属矿物。有一种马状野兽，白身，黑尾，一角，虎牙，虎爪，声如击鼓，名叫驳，能吃虎豹，养了可辟兵刃。有一种棠梨状树，圆叶，红果，果如木瓜，名叫櫰木，吃了力大无穷。

再往西二百六十里，叫邽山。山上有一种牛状野兽，长着刺猬毛，名叫穷奇，声如狗叫，以人为食。该山是蒙水发源地，水南向入洋水，多黄贝；有一种蠃鱼，鱼身，鸟翅，声如鸳鸯，哪里出现，哪有水灾。

再往西二百二十里，叫鸟鼠同穴山，多白虎、白玉。该山是渭水发源地，水东向入黄河，多鳝鱼状鳋鱼，哪里出现，哪有战争。该山西面是滥水发源地，水西向入汉水，多覆铫状䱜鮡鱼，鸟头，鱼翅，声如敲磬石，能吐珠玉。

西南三百六十里，叫崦嵫山，山上多丹树，叶如构树叶，果如瓜，红萼，黑纹，吃了可治疗黄疸，能辟火。山南多乌龟，山北多玉石。该山是苕水发源地，水西向入大海，其中多磨石。有一种野兽，马身，鸟翅，人面，蛇尾，喜欢将人举起来，名叫孰湖。有一种猫头鹰状鸟，长面，蜼身，狗尾，其叫声即自身名称发音，哪里出现，哪有大旱。

西方四列山脉自阴山起，至崦嵫山止，共十九座山，绵延三千六百八十里。祭祀时，用一只白鸡，祭米用稻米，白茅草做席子。

以上记录的是西方之山，总共七十七座，一万七千五百一十七里。

【解】

《山海经》中有两个极为重要的概念，一个是"海"，一个是"昆仑"。"海"意味着疆域能想象得到的边界，而"昆仑"则是想象中的人神未分时的"宇宙"中心。先说"海"。"海"是由空间概念衍生而出的文化和政治概念，《尚书·大禹谟》"文命敷于四海"、《尚书·禹贡》"四海会同"、《尚书·益稷》"予决九川，距四海"、《列子·汤问》"六合之间，四海之内"中的"海"就是以"我"为中心对疆域进行的想象性认定，代表了遥远和不可知的边荒之地，故而《大戴礼记·五帝德》才会有"（颛顼）乘龙至于四海"的说法——相较于《山经》核心地带而言，"海""荒"乃边远或域外之意，《尔雅·释地》云："九夷、八狄、七戎、六蛮谓之四海。""觚竹、北户、西王母、日下谓之四荒。"不过《禹贡》只提到了"入于南海""东入于海"，意即只有东、南有海，这是符合地理实际的，而《山海经》则有系统的"四海观念"，只是这里的"海"的概念模糊不定，有时难以考证其具体所指。按孙星衍《尚书今古文注疏》卷二《虞夏书·皋陶谟第二》中云："四海者，《禹贡》云'青州：潍、淄其道，海滨广斥'，此为东海，在今登州。《禹贡》云'导河，北播为九河，入于海'，此即北海，汉为渤海郡，为今沧州、天津之境。《禹贡》云'北江入于海，中江入于海'，此为扬州之海，疑亦可为南海。《左传》'楚子云：君处北海，寡人处南海'，《孟子》云'孙叔敖举于海'，似楚之南海即为扬州之海也。《史记正义》云：'按南海即扬州东大海。岷江下至扬州，东入海也。'《禹贡》不言西海，《史记·张仪传》'司马错曰：利尽西海'，《索隐》曰'西海，谓蜀川也'。又《大荒西经》云：'西海之南，流沙之滨，有大山，名曰昆仑之丘。'《海内西经》云：'河水出东北隅，以行其北，西南又入渤海，又出海外，即西而北，入禹所导积石山。'是《山海经》有西海，亦名渤海，汉时谓之蒲昌海。《说文》云：'渤泽，在昆仑虚下。'即蒲昌海也，亦谓之西海。"上述分析并不能证明《山海经》和《禹贡》谁早谁后，只能说明《禹贡》的地理思想更写实，或者说人工加工痕迹重，而《山海经》表现出中国四周皆被海围绕，地理思想更开阔而偏于玄想。

按照典籍记载，昆仑在西北，《水经注》："昆仑墟在西北。"《楚辞·天问》："西北辟启。"《海内十洲记》："昆仑，号曰昆崚，在西海之戌地，北海之亥地。"这一点，在《海内西经》"海内昆仑之虚，在西北"和《海内东经》"昆仑山在西胡西"可以得到呼应。有意思的是，"宇宙"的中心不在中部或者说华夏，而在西北，标志即"昆仑"，《河图括地象》："地中央曰昆仑。昆仑东南，地方五千里，名曰神州。"《海内十洲记》："昆仑，方广万里。"《神异经》："昆仑有铜柱焉，其高入天。"《水经注》："去嵩高五万里，地之中也。"昆仑不仅是黄河的发源地，据《尔雅》"河出昆仑虚"，《海内西经》"河水出东北隅，以行其北，西南又入渤海"，更是通天之地，乃天帝和西王母生活的地方，《穆天子传》："□吉日辛酉，天子升于昆仑之丘，以观黄帝之宫，而封□隆之葬，以诏后世。"（文中"□"为原文的错漏字）《列子·周穆王》："别日升于昆仑之丘，以观黄帝之宫，而封之以诒后世。遂宾于西王母，觞于瑶池之上。西王母为王谣，王和之，其辞哀焉。乃观日之所入，一日行万里。"《水经注》："三成为昆仑丘。《昆仑说》曰：'昆仑之山三级，下曰樊桐，一名板桐；二曰玄圃，一名阆风；上曰层城，一名天庭，是为太帝之居。'"在典籍的描述中，"昆仑""虚四方"（《海外南经》），"昆仑有铜柱焉，其高入天，所谓天柱也。围三千里，员周如削，铜柱下有屋，壁方百丈"（《神异经》），"昆仑之虚，方圆八百里，高万仞。……河水出东北隅，以行其北，西南又入渤海。……昆仑南渊深三百仞"（《海内西经》），"环以炎火山"（《搜神记》），这样一座山／丘／虚，不仅是心理上的地标，而且代表了原始的宇宙观，包含着"一"生"万物"的朴素哲学思维，按《说文·丘部》："丘，土之高也。非人所为也。从北从一。一，地也。人居在丘南。故从北。……一曰四方高中央下为丘。""昆仑"便成为华夏神话谱系中"人"的创始之地。

北山经

　　《北山经》包括三次经，其中，涉及山峦92座；共有水流100条，另有河、海、北海、东海；泑泽、栎泽、泰泽、邛泽、长泽、邛泽、盐贩泽、少泽、黄泽、海泽、皋泽、大泽（出现12次）；共有植物39种，另有祭物糈、稌、糯米；共有动物109种，另有祭物雄鸡；共有矿物23种，另有祭物吉玉、璧、珪；共有异人2个，即炎帝和女儿女娃／精卫。

　　精卫是一个女性形象，更是一个孩提形象，儿童单纯的善恶观在精卫身上展现得淋漓尽致，其借体而生的目的似乎就是为了复仇，暗示了人类最初的世界观中，业、报是一种主流意识形态。同时，精卫的这种不屈的精神，乃先民面对"恶"——自然的、人为的、命运的——时的原始本能。

　　祭祀中，出现"其山北人，皆生食不火之物"记载，似乎这个部落尚未掌握生火及原始烹饪技术。

　　北山经之首，日单狐之山①，多机木②，其上多华草③。漨水④出焉，而西流注于泑水，其中多芘石⑤、文石。

　　又北二百五十里，日求如之山⑥，其上多玉，无草木。滑水⑦出焉，而西流注于诸毗之水。其中多滑鱼⑧。其状如鱓⑨，赤背，其音如梧⑩，食之已疣。其中多水马⑪，其状如马，文臂牛尾，其音如呼。

　　又北三百里，日带山⑫，其上多玉，其下多青碧。有兽焉，其状如马，一角有错⑬，其名日臛疏⑭，可以辟⑮火。有鸟焉，其状如乌，五采而赤文，名日鵸鵌⑯，是自为牝牡⑰，食之不疽⑱。彭水⑲出焉，而西流注于芘湖之水⑳，中多儵鱼㉑，其状如鸡而赤毛，三尾六足四首，其音如鹊，食之可以已忧。

又北四百里，曰谯明之山^㉒。谯水出焉，西流注于河。其中多何罗之鱼^㉓，一首而十身，其音如吠犬，食之已痈^㉔。有兽焉，其状如貆^㉕而赤毫，其音如榴榴，名曰孟槐^㉖，可以御凶。是山也，无草木，多青雄黄。

又北三百五十里，曰涿光之山。嚣水出焉，而西流注于河。其中多鰼鰼之鱼^㉗，其状如鹊而十翼，鳞皆在羽端，其音如鹊，可以御火，食之不瘅。其上多松、柏，其下多棕橿，其兽多麢羊，其鸟多蕃。

又北三百八十里，曰虢山^㉘，其上多漆，其下多桐椐^㉙。其阳多玉，其阴多铁。伊水出焉，西流注于河。其兽多橐驼^㉚，其鸟多寓^㉛，状如鼠而鸟翼，其音如羊，可以御兵。

又北四百里，至于虢山之尾，其上多玉而无石。鱼水出焉，西流注于河，其中多文贝。

【注】

① 单狐之山：即单狐山，今沙松乌拉山，疑为群玉山，据《穆天子传·卷二》："天子北征，东还，乃循黑水。癸巳，至于群玉之山。"据《西山经》："玉山，是西王母所居也。"郭璞注："此山多玉石，因以名云。《穆天子传》谓之'群玉之山'。" ② 机木：即桤木，郭璞注："机木似榆，可烧以粪稻田，出蜀中；音饥。"杨慎："即今之桤也。" ③ 华草：草名，不详。 ④ 逢（féng）水：河名，不详。 ⑤ 芘石：紫色的石头，郝懿行疏："疑芘当为茈，茈古字假借为紫也。" ⑥ 求如之山：山名，不详。 ⑦ 滑水：即今陕西滑水河。 ⑧ 滑鱼：一种传说中的怪鱼。 ⑨ 鳝（shàn）：同"鳝"。 ⑩ 梧：枝梧，即"支吾"，语音含混之义。 ⑪ 水马：一种传说中的怪兽，或为河马。 ⑫ 带山：山名，不详。 ⑬ 错：磨刀石，通"厝"（cuò）。 ⑭ 𦞠（huān）疏：兽名，不详，或为独角兽。 ⑮ 辟：通"避"。 ⑯ 鹈鴽（yī yú）：鸟名，不详。 ⑰ 自为牝牡：即雌雄同体。 ⑱ 疽（jū）：一种毒疮。 ⑲ 彭水：即今新疆奎屯河。 ⑳ 芘湖之水：即今新疆艾比湖，"芘"当为"茈"。 ㉑ 儵（yóu）鱼：白鲦鱼。 ㉒ 谯明之山：山名，不详。 ㉓ 何罗之鱼：鱼名，不详。 ㉔ 痈（yōng）：一

种化脓性皮肤病。㉕ 狟 (huán)：豪猪。㉖ 孟槐：兽名，不详。㉗ 鳛 (xí) 鳛之鱼：鱼名，不详。鳛，泥鳅，《尔雅·释鱼》："鳛，鳅。" ㉘ 虢 (guó) 山：山名，不详。郝懿行疏："《初学记》及《太平御览》引此经并作虢山，尔雅疏作貌山，貌即虢之异文也。"㉙ 桐椐：桐树和椐树，椐树又叫灵寿木，常用来做拐杖。㉚ 橐 (tuó) 驼：骆驼。㉛ 寓：蝙蝠，郝懿行疏："方言云：'寓，寄也。'此经寓鸟，盖蝙蝠之类。"

【引】

① 富强：有一种说法认为是今宁夏、内蒙古界上贺兰山的一部分，还有一种说法是在今新疆境内。⑧ 鳝鱼的别名，俗称黄鳝。㉕ 又指貉，《诗经·魏风·伐檀》："不狩不猎，胡瞻尔庭有县狟兮。"

【译】

北方山脉头座山，叫单狐山，多桤木树，山上多华草。该山是漨水发源地，水西向入泑水，其中多紫石、花纹石。

再往北二百五十里，叫求如山，山上多玉，没有草木。该山是滑水发源地，水西向入诸毗水。有很多鳝状滑鱼，红背，声如人支支吾吾，吃了能治疣赘。有很多马状水马，前腿有花纹，牛尾，声如人呼。

再往北三百里，叫带山，山上多玉，山下多青绿色玉石。有一种马状野兽，一只角如磨石，叫臎疏，养了可避火。有一种乌鸦状鸟，五彩羽毛，红色斑纹，名叫鹠鸰，雌雄同体，吃了不患痈疽。该山是彭水发源地，水西向入芘湖水，其中多鸡状儵鱼，红羽，三尾，六足，四眼，声如喜鹊，吃了可解忧。

再往北四百里，叫谯明山。该山是谯明水发源地，水西向入黄河。其中多何罗鱼，一头，十身，声如狗叫，吃了可治疗痈肿。有一种豪猪状野兽，红色毫毛，声如辘轳汲水，名叫孟槐，养了可辟邪气。该山草木不生，多青色雄黄。

再往北三百五十里，叫涿光山。该山是嚣水发源地，水西向入黄河。其中多喜鹊状鳛鳛鱼，十翅，端翅有鳞甲，声如喜鹊，养了可辟火，吃了能治黄疸。山上多松树、柏树，山下多棕树、橿树，野兽以羚羊居多，禽鸟以蕃鸟居多。

再往北三百八十里，叫號山，山上多漆树，山下多梧桐、椐树，山南多玉石，山北多铁矿物。该山是伊水发源地，水西向入黄河。野兽以橐驼居多，禽鸟以寓鸟居多，寓鸟如老鼠，鸟翅，声如羊叫，养了可辟战乱。

再往北四百里，是號山尾，多美玉，无石头。该山是鱼水发源地，水西向入黄河，其中多花贝。

又北二百里，曰丹熏之山，其上多樗柏，其草多韭薤①，多丹雘。熏水出焉，而西流注于棠水。有兽焉，其状如鼠，而菟②首麋身，其音如獋犬，以其尾飞，名曰耳鼠，食之不脒③，又可以御百毒。

又北二百八十里，曰石者之山，其上无草木，多瑶碧。泚水④出焉，西流注于河。有兽焉，其状如豹，而文题⑤白身，名曰孟极⑥，是善伏，其鸣自呼。

又北百一十里，曰边春之山，多葱、葵、韭、桃、李。杠水出焉，而西流注于泑泽。有兽焉，其状如禺而文身，善笑，见人则卧，名曰幽鴳⑦，其鸣自呼。

又北二百里，曰蔓联之山，其上无草木，有兽焉，其状如禺而有鬣，牛尾、文臂、马蹄，见人则呼，名曰足訾⑧，其鸣自呼。有鸟焉，群居而朋飞，其毛如雌雉，名曰鵁⑨，其鸣自呼，食之已风⑩。

又北百八十里，曰单张之山，其上无草木。有兽焉，其状如豹而长尾，人首而牛耳，一目，名曰诸犍⑪，善咤⑫，行则衔其尾，居则蟠⑬其尾。有鸟焉，其状如雉，而文首、白翼、黄足，名曰白鵺⑭，食之已嗌⑮痛，可以已痸⑯。栎水出焉，在而南流注于杠水。

又北三百二十里，曰灌题之山⑰，其上多樗柘⑱，其下多流沙，多砥。有兽焉，其状如牛而白尾，其音如訆⑲，名曰那父⑳。有鸟焉，其状如雌雉而人面，见人则跃，名曰竦斯㉑，其鸣自呼也。匠韩之水出焉，而西流注于泑泽，其中多磁石。

又北二百里，曰潘侯之山㉒，其上多松、柏，其下多榛楛，其阳多玉，其阴多铁。有兽焉，基状如牛，而四节^㉓生毛，或曰旄牛。边水出焉，而南流注于櫟泽。

又北二百三十里，曰小咸之山^㉔，无草木，冬夏有雪。

【注】

①薤（xiè）：多年生草本植物，可食，《说文·韭部》："菜也。叶似韭。"②兔：同"兔"。③脒（cǎi）：胀肚。④泚（zǐ）水：水名，不详。⑤题：额头，《说文·页部》："额也。"⑥孟极：一种传说中的兽名，不详。⑦幽鴳（yàn）：亦作"幽頞"，兽名，郭璞《图赞》："幽鴳似猴，俾愚作智，触物则笑，见人佯睡，好用小慧，终是婴系。"⑧足訾（zī）：一种传说中的怪兽。⑨鵁（jiāo）：一种水鸟，即"赤头鹭"。⑩风：中风。⑪诸犍（jiān）：一种传说中的神兽。⑫咤（zhà）：喊叫声。⑬蟠：屈曲。⑭鵺（yè）：一种传说中的鸟，似雉。⑮嗌（yì）：咽喉。⑯瘈（chì）：痴呆病。⑰灌题之山：即灌题山，不详。⑱樗（chū）柘：臭椿和柘树，后者也叫黄桑，可喂蚕，可造纸。⑲訆（jiào）：同"叫"。⑳那父：一种传说中的牛状异兽。㉑竦斯：一种传说中的人面神鸟。㉒潘侯之山：即潘侯山，山名，不详。㉓四节：四肢关节。㉔小咸之山：即小咸山，山名，不详。

【引】

⑥又指猴，《说文·由部》："母猴属，头似鬼。"⑰富强：一种说法是在今新疆境内，一种说法是在今甘肃境内。㉑或为色斯，《论语·乡党第十》："色斯举矣，翔而后集。"㉒富强：一种说法是在今新疆境内。㉔富强：一种说法可能是今新疆北部的友谊峰，一种说法应在今新疆哈密附近。

【译】

再往北二百里，叫丹熏山，多臭椿、柏树，多野韭、野薤，多丹腆。该山是熏水发源地，水西向入棠水。有一种鼠状野兽，兔头，麋耳，声如狗叫，用尾巴飞行，名叫耳鼠，吃了不胀肚，还可辟百毒。

　　再往北二百八十里，叫石者山，草木不生，多瑶玉、碧玉。该山是泚水发源地，水西向入黄河。有一种豹状野兽，花额，白身，名叫孟极，擅长潜伏，其叫声即自身名称读音。

　　再往北一百一十里，叫边春山，多野葱、葵菜、韭菜、桃树、李树。该山是杠水发源地，水西向入泑泽。有一种猴状野兽，花纹，爱嬉笑，见人则假寐，名叫幽鴳，其叫声即自身名称读音。

　　再往北二百里，叫蔓联山，山上草木不生。有一种猴状野兽，鬣毛，牛尾，双臂有花纹，马蹄，遇人则叫，名叫足訾，其叫声即自身名称读音。有一种禽鸟，群居群飞，尾如雌野鸡，名叫䴅。其叫声即自身名称读音。吃了能治疗风痹。

　　再往北一百八十里，叫单张山，草木不生。有一种豹状野兽，长尾，人头，牛耳，一眼，名叫诸犍，爱吼叫，走路时以嘴衔尾，睡觉时尾巴蜷起。有一种野鸡状鸟，头有花纹，白翅，黄脚，名叫白鵺，吃了能治疗咽喉肿痛，还可治疗疯癫。该山是栎水发源地，水南向入杠水。

　　再往北三百二十里，叫灌题山，山上多臭椿、柘树，山下多流沙，多磨石。有一种牛状野兽，白尾，声如人呼，名叫那父。有一种雌野鸡状鸟，人面，见人则跳，名叫竦斯，其叫声即自身名称读音。该山是匠韩水发源地，水西向入泑泽，其中多磁石。

　　再往北二百里，叫潘侯山，山上多松树、柏树，山下多榛树、楛树，山南多玉，山北多铁。有一种牛状野兽，四肢关节有毛，名叫牦牛。该山是边水发源地，水南向入栎泽。

　　再往北二百三十里，叫小咸山，草木不生，冬夏有雪。

　　北二百八十里，曰大咸之山，无草木，其下多玉。是山也，四方，不可以上。有蛇名曰长蛇，其毛如彘豪，其音如鼓柝[1]。

　　又北三百二十里，曰敦薨之山，其上多棕枏，其下多茈草。敦薨之水出焉，而西流注于泑泽。出于昆仑之东北隅，实惟河原。其中多赤鲑[2]，其兽多兕、旄牛，其鸟多尸鸠[3]。

　　又北二百里，曰少咸之山，无草木，多青碧。有兽焉，其状如牛，而赤身、人面、马足，名曰窥窳^④，其音如婴儿，是食人。敦水出焉，东流注于雁门之水，其中多魳魳之鱼^⑤。食之杀人。

又北二百里，曰狱法之山。瀤泽^⑥之水出焉，而东北流注于泰泽。其中多鱳鱼^⑦，其状如鲤而鸡足，食之已疣。有兽焉，其状如犬而人面，善投，见人则笑，其名山狎^⑧，其行如风，见则天下大风。

又北二百里，曰北岳之山，多枳、棘、刚木。有兽焉，其状如牛，而四角、人、耳、彘耳，其名曰诸怀，基音如鸣雁，是食人。诸怀之水出焉，而西流注于嚣水，其中多鲭鱼^⑨，鱼身而犬首，其音如婴儿，食之已狂。

又北百八十里，曰浑夕之山^⑩，无草木，多铜、玉。嚣水出焉，而西流注于海。有蛇一首两身，名曰肥遗^⑪，见则其国大旱。

又北五十里，曰北单之山，无草木，多葱韭。

又北百里，曰罴差之山，无草木，多马。

又北百八十里，曰北鲜之山^⑫，是多马，鲜水出焉，而西北流注于涂吾之水^⑬。

又北百七十里，曰隄山^⑭，多马。有兽焉，其状如豹而文首，名曰狕^⑮。隄水出焉，而东流注于泰泽^⑯，其中多龙^⑰龟。

凡北山经之首，自单狐之山至于隄山，凡二十五山，五千四百九十里，其神皆人面蛇身。其祠之，毛用一雄鸡彘瘗，吉玉用一珪，瘗而为不糈。其山北人，皆生食不火之物。

【注】

① 鼓栎（tuò）：敲击梆子。栎，巡夜报更的木梆。② 赤鲑：一种珍贵食用鱼，现仍旧存有。③ 尸鸠：即鸤鸠，俗称布谷鸟。《国风·曹风·鸤鸠》："鸤鸠在桑，其子七兮。淑人君子，其仪一兮。其仪一兮，心如结兮。"④ 窥窳（yà yǔ）：即窫窳，一种传说中的怪兽，原为天神，被害而化为恶兽，《海内南经》："窫窳龙首，居弱其中，在狌狌知人名之西。"《海内西经》："贰负之臣曰危，危与贰负杀窫窳。"《述异记》："窫窳，兽中之最大者……善走，是食人，遇有道君则隐藏，无道君则出食人。"⑤ 魳（pèi）魳之鱼：江豚。⑥ 瀤（huái）泽：水名，

不详。⑦鰈（zǎo）鱼：怪鱼，不详。⑧山狪（huī）：一种传说中的怪兽，不详。⑨鮨（yì）鱼：一种传说中的怪兽。⑩浑夕之山：即浑夕山，山名，不详。⑪肥遗：一种传说中的旱魃之兆，《西山经》也有记载。⑫北鲜之山：即今肯特山。⑬涂吾之水：即余吾水，即今鄂尔浑河，《汉书·武帝纪》："夏，马生余吾其中。南越献驯象、能言鸟。……广利与单于战余吾水上连日，敖与左贤王战不利，皆引还。"⑭隄（dī）山：山名，不详。⑮狄（yǎo）：一种传说中的野兽。⑯泰泽：贝加尔湖。⑰龙：疑即鳄鱼。

【引】

①或为名词，即鼓和枹。或为名词，即鼓声和枹声，《宋史·王友直传》："金兵驻黄山，鼓枹相闻，益整暇自持。"⑩富强：一种说法在今内蒙古境内。

【译】

往北二百八十里，叫大咸山，草木不生，多玉石。该山四方形，危不可攀。有一种蛇叫长蛇，毛如猪鬃，声如击打木梆。

再往北三百二十里，叫敦薨山，山上多棕树、楠树，山下多紫草。该山是敦薨水发源地，水西向入泑泽。黄河源自昆仑山东北角，这里实际上是源头。其中多赤鲑。山上野兽多兕、牦牛，禽鸟多布谷。

再往北二百里，叫少咸山，草木不生，多青绿色玉石。有一种牛状野兽，红身，人面，马蹄，名叫窫窳，声如婴啼，以人为食。该山是敦水发源地，水东向入雁门水，其中多鮨鮨鱼，吃了可中毒致死。

再往北二百里，叫狱法山。该山是滚泽水发源地，水向东北入泰泽，其中多鲤状鰈鱼，鸡爪，吃了能治疗赘瘤。有一种狗状野兽，人面，擅长投掷，见人则嬉笑，名叫山狪，走路如刮风，一旦出现，天下起风。

再往北二百里，叫北岳山，多枳树、荆棘和檀柘类硬木。有一种牛状野兽，四角，人眼，猪耳，名叫诸怀，声如大雁，以人为食。该山是诸怀水发源地，水西向入嚣水，其中多鮨鱼，鱼身，狗头，声如婴啼，吃了能治疗疯病。

再往北一百八十里，叫浑夕山，草木不生，多铜、玉。该山是嚣水发源地，水向西北入大海。有一种蛇，一头，两身，名叫肥遗，哪国出现，哪有旱灾。

再往北五十里，叫北单山，草木不生，多野葱、野韭菜。

再往北一百里，叫罴差山，草木不生，多矮小野马。

再往北一百八十里，叫北鲜山，多矮小野马。该山是鲜水发源地，水向西北入涂吾水。

再往北一百七十里，叫隄山，多矮小野马。有一种豹状野兽，头部有花纹，名叫狕。该山是隄水发源地，水东向入泰泽，多鳄鱼、乌龟。

北方首列山脉自单狐山起，到隄山止，共二十五座山，绵延五千四百九十里，各座山山神都是人面，蛇身。祭祀时，毛物用一只公鸡、一头猪，埋入地下，玉器用珪，埋入地下，不用祭米。各座山北面的人家，都是生吃食物。

- -

北次二经之首，在河之东，其首枕汾①，其名曰管涔之山②。其上无木而多草，其下多玉。汾水出焉，而西流注于河。

又西二百五十里，曰少阳之山③，其上多玉，其下多赤银④。酸水⑤出焉，而东流注于汾水，其中多美赭⑥。

又北五十里，曰县雍之山⑦，其上多玉，其下多铜，其兽多闾⑧麋，其鸟多白翟⑨、白鹇⑩。晋水⑪出焉，而东南流注于汾水。其中多鮆鱼，其状如儵⑫而赤麟⑬，其音如叱⑭，食之不骄。

又北二百里，曰狐岐之山⑮，无草木，多青碧。胜水⑯出焉，而东北流注于汾水，其中多苍玉⑰。

又北三百五十里，曰白沙山⑱，广员⑲三百里，尽沙也，无草木鸟兽。鲔水⑳出于其上，潜于其下，是多白玉。

又北四百里，曰尔是之山，无草木，无水。

又北三百八十里，曰狂山，无草木，是山也，冬夏有雪。狂水出焉，而西流注于浮水，其中多美玉。

又北三百八十里，曰诸余之山，其上多铜、玉，其下多松、柏。诸余之水出焉，而东流注于虒水。

又北三百五十里，曰敦头之山^㉑，其上多金、玉，无草木。虒水出焉，而东流注于邛泽^㉒。其中多𬳶马^㉓，牛尾而白身，一角，其音如呼。

【注】

①汾：即汾河，在今山西境内。②管涔之山：即管涔山，在今山西宁武境内。③少阳之山：即少阳山，就是今山西古交、静乐交界处的关帝山，又名南阳山。④赤银：红色的银子。⑤酸水：即今山西文峪河。⑥赭（zhě）：一种矿物，即红土，可做颜料。⑦县雍之山：即今山西太原西南的龙山。⑧㝵（lú）：一种山驴，郭璞注："㝵即㹶也，似驴而岐蹄，角如麢羊，一名山驴。周书曰：'北唐以㝵。'"⑨翟：长尾山雉。⑩白鵽（yǒu）：鸟名，即白翰，也就是白雉。⑪晋水：在今山西境内。⑫𩽅（shū）：即白鯈。⑬麟：有的文本作"鳞"。⑭叱：质责之声。⑮狐岐之山：即狐岐山，在今山西孝义西南。⑯胜水：在今山西境内。⑰苍玉：青绿色玉石。⑱白沙山：山名，具体位置不详，疑在山西附近。⑲员：通"圆"。⑳鲔（wěi）水：水名，不详。㉑敦头之山：山名，具体位置不详，疑在山西附近。㉒邛（qióng）泽：水名，在今四川境内。㉓𬳶（bó）马：一种水兽，不详。

【译】

北方二列山脉头座山，矗立在黄河东岸，山端依傍汾水，叫管涔山。不生树木，多花草，多玉石。该山是汾水发源地，水西向入黄河。

再往北二百五十里，叫少阳山，山上多玉石，山下多红色的银子。该山是酸水发源地，水东向入汾水，其中多优质赭石。

再往北五十里，叫县雍山，山上多玉石，山下多铜矿物，野兽多山驴、麋鹿，禽鸟多白野鸡、白翰鸟。该山是晋水发源地，水向东南入汾水，其中多小𩽅鱼状紫鱼，红鳞，声如人斥，吃了没有狐臭。

再往北二百里，叫狐岐山，草木不生，多青绿色玉石。该山是胜水发源地，水向东北入汾水，其中多苍玉。

再往北三百五十里，叫白沙山，方圆三百里，多沙子，草木不生，鸟兽不见。该山山顶是鲔水发源地，水潜流到山下，其中多白玉。

再往北四百里，叫尔是山，草木不生，无水。

再往北三百八十里，叫狂山，草木不生，冬夏有雪。该山是狂水发源地，水向西入浮水，其中多优质玉石。

再往北三百八十里，叫诸余山，山上多铜矿物、玉石，山下多松树、柏树。该山是诸余水发源地，水东向入㴖水。

再往北三百五十里，叫敦头山，山上多金属矿物、玉石，草木不生。该山是㴖水发源地，水东向入邛泽，其中多驳马，牛尾，白身，一角，声如人呼。

又北三百五十里，曰钩吾之山^①，其上多玉，其下多铜。有兽焉，其状如羊身人面，其目在腋下，虎齿人爪，其音如婴儿，名曰狍鸮^②，是食人。

又北三百里，曰北嚣之山，无石，其阳多玉。有兽焉，其状如虎，而白身犬首，马尾彘鬣，名曰独狢^③。有鸟焉，其状如乌，人面，名曰鹠鹠^④，宵飞而昼伏，食之已暍^⑤。涔水出焉，而东流注于邛泽。

又北三百五十里，曰梁渠之山^⑥，无草木，多金、玉。修水出焉，而东流注于雁门，其兽多居暨，其状如彚^⑦而赤毛，其音如豚。有鸟焉，其状如夸父^⑧，四翼、一目、犬尾，名曰嚣，其音如鹊，食之已腹痛，可以止衕^⑨。

又北四百里，曰姑灌之山^⑩，无草木。是山也，冬夏有雪。

又北三百八十里，曰湖灌之山^⑪，其阳多玉，其阴多碧，多马，湖灌之水出焉，而东流注于海，其中多鲥^⑫。有木焉，其叶如柳而赤理。

又北水行五百里，流沙三百里，至于洹山^⑬，其上多金、玉。三桑^⑭生之，其树皆无枝，其高百仞^⑮。百果树生之。其下多怪蛇。

又北三百里，曰敦题之山^⑯，无草木，多金、玉。是錞于北海。

凡北次二经之首，自管涔之山至于敦题之山，凡十七山，五千六百九十里。其神皆蛇身人面。其祠；毛用一雄鸡彘瘗；用一璧一珪，投而不糈。

【注】

① 钩吾之山：山名，具体位置不详，疑在山西附近。② 狍鸮（páo
xiāo）：即饕餮，一种食人怪兽，郭璞注："为物贪惏，食人未尽，还害
其身，像在夏鼎，《左传》所谓饕餮是也。"《神异经》："饕餮，兽名，
身如牛，人面，目在腋下，食人。"③ 独𤞞（gú）：兽名，不详。④ 鹓鹛（bān
mào）：鸟名，不详。⑤ 暍（yē）：中暑，《汉书·卷六·武帝纪》："夏，
大旱，民多暍死。"⑥ 梁渠之山：即梁渠山，在今内蒙古兴和。⑦ 彙
（wèi）：刺猬，《说文解字注》："彙字各本无。今补。也字依广韵补。
释兽曰。彙、毛刺。其字俗作蝟、作猬。"⑧ 夸父：即举父，一种猕
猴状野兽，郭璞注："或作举父。"据《西山经》："《西次三经》之首，
曰崇吾之山，……有兽焉，其状如禺而文臂，豹虎而善投，名曰举父。"⑨
衕（dòng）：腹泻。⑩ 姑灌之山：山名，具体位置不详，疑在河北附近。
⑪ 湖灌之山：即湖灌山，即今河北沽源大马群山。⑫ 鳝（shàn）：黄鳝，
同"鳝"。⑬ 洹（huán）山：山名，不详。另有洹河，也叫安阳河，
在今河南境内。⑭ 三桑：即三株扶桑，扶桑是古神木，日出其下。又《海
外北经》："三桑无枝，在欧丝东，其木长百仞，无枝。"《大荒北经》：
"竹南有赤泽水，名为封渊。有三桑无枝。"⑮ 仞：计量单位，周尺（约
合二十三厘米）八尺或七尺为一仞。⑯ 敦题之山：山名，不详。

【引】

② 饕餮亦为图腾，《吕氏春秋·先识览》："周鼎著饕餮，有首无身，
食人未咽害及其身，以言报更也。"

【译】

再往北三百五十里，叫钩吾山，山上多玉石，山下多铜矿物。有一
种羊状野兽，人面，眼在腋窝，虎牙，人爪，声如婴啼，名叫饕餮，以
人为食。

再往北三百里，叫北嚣山，无石头，山南多碧玉，山北多玉石。有
一种虎状野兽，白身，狗头，马尾，猪鬣，名叫独𤞞。有一种乌鸦状禽
鸟，人面，名叫鹓鹛，夜出昼伏，吃了不中暑。该山是涔水发源地，水

东向入邛泽。

再往北三百五十里，叫梁渠山，草木不生，多金属矿物、玉石，该山是脩水发源地，水东向入雁门水。多豚状居暨兽，红毛，声如小猪叫。有一种夸父状鸟，四翅，一眼，狗尾，名叫嚣，声如喜鹊，吃了可止肚痛，还可治疗腹泻。

再往北四百里，叫姑灌山，草木不生，冬夏有雪。

再往北三百八十里，叫湖灌山，山南多玉石，山北多碧玉，多矮小野马。该山是湖灌水发源地，水东向入大海，其中多鳝鱼。有一种树木，叶子如柳叶，红纹。

再往北走五百里水路，过三百里流沙，至洹山，多金属矿物、玉石。有一种三桑树，无枝条，树干高一百仞。多果树，树下多怪蛇。

再往北三百里，叫敦题山，草木不生，多金属矿物、玉石。该山矗立在北海之滨。

北方二列山脉自管涔山起，至敦题山止，共十七座山，绵延五千六百九十里。诸山山神都是蛇身，人面。祭祀时，毛物用一只公鸡、一头猪埋入地下，用一块玉璧、一块玉珪投入山中，不用祭米。

北次三经之首，曰太行之山[①]。其首曰归山[②]，其上有金、玉，其下有碧。有兽焉，其状如羚羊而四角，马尾而有距，其名曰䮝[③]，善还[④]，其名自訓。有鸟焉，其状如鹊，白身、赤尾、六足，其名曰䴅[⑤]，是善惊[⑥]，其鸣自詨。

又东北二百里，曰龙侯之山[⑦]，无草木，多金、玉。决决之水[⑧]出焉，而东流注于河。其中多人鱼，其状如䱱鱼[⑨]，四足，其音如婴儿，食之无痴疾。

又东北二百里，曰马成之山[⑩]，其上多文石，其阴多金、玉。有兽焉，其状如白犬而黑头，见人则飞，其名曰天马[⑪]，其鸣自詨，有鸟焉，其状如乌，首白而身青、足黄，是名曰鹍鹍[⑫]。其名自詨，食之不饥，可以已寓[⑬]。

又东北七十里，曰咸山[⑭]，其上有玉，其下多铜，是多松、柏，草多芘草。条菅之水^⑮出焉，而西南流注于长泽^⑯。其中多器酸^⑰，三岁一成，食之已疠。

又东北二百里，曰天池之山，其上无草木，多文石。有兽焉，其状如兔而鼠首，以其背飞，其名曰飞鼠。渑水^⑱出焉，潜于其下，其中多黄垩。

又东三百里，曰阳山，其上多玉，其下多金铜。有兽焉，其状如牛而尾，其颈𰒁^⑲，其状如句瞿^⑳，其名曰领胡，其鸣自詨，食之已狂。有鸟焉，其状如赤雉，而五采以文，是自为牝牡，名曰象蛇，其名自詨。留水出焉，而南流注于河。其中有鲭父之鱼^㉑，其状如鲋鱼^㉒，鱼首而彘身，食之已呕。

又东三百五十里，曰贲闻之山^㉓，其上多苍玉，其下多黄垩，多涅石^㉔。

【注】

①太行之山：即太行山，起自河南济源，入山西、河北境。②归山：山名，不详。③𫘝（hún）：一种传说中的怪兽。④还：通"旋"。⑤鹩（fén）：一种传说中的怪鸟。⑥惊：通"警"。⑦龙侯之山：即龙侯山，不详，疑位于今河南济源。⑧决决之水：即今河南济源漭河。⑨鳀（tí）鱼：或即鲇鱼，郭璞注："鳀见中山经。或曰，人鱼即鲵也，似鲇而四足，声如小儿啼，今亦呼鲇为鳀；音啼。"⑩马成之山：山名，不详。⑪天马：一种传说中的怪兽，或为传说中的天帝坐骑，《汉书·礼乐志》："太一况，天马下，……天马徕，龙之媒，游阊阖，观玉台。"⑫鹃鹃（jué jū）：亦作"鹃居"，一种传说中的怪鸟，郭璞注："鹃居如鸟，青身黄足。食之不饥，可以辟谷。"⑬寓：不详。郭璞注："或曰，寓犹误也。"郝懿行疏："寓、误盖以声近为义，疑昏忘之病也。王引之曰：'案寓当是癄字之假借，玉篇、广韵并音牛具切，疒病也。'"⑭咸山：山名，具体位置不详，疑在山西附近。⑮条菅之水：水名，具体位置不详，疑在山西境内。⑯长泽：水名，具体位置不详，疑在山西境内。⑰器酸：一种酸性食物，袁珂校注引王崇庆："器酸或物之可食而酸者……盖泽水止而不流，积久或酸，故曰三年一成。"⑱渑（shéng）水：古水名，在山东临淄。⑲𰒁（shèn）：肉瘤。⑳句瞿：

斗，郭璞注："句瞿，斗也，音劬。"㉑ 鳛（xiàn）父之鱼：一种传说中的怪鱼。㉒ 鲋（fù）鱼：即鲫鱼。㉓ 贲闻之山：山名，不详。㉔ 涅石：即黑矾石，可作染料用。

【引】

② 富强：一种说法是在今山西境内，一种说法是在今河南境内。⑩ 富强：一种说法是在今山西境内，一种说法是在今河南境内。

【译】

北方三列山脉头座山，叫太行山。太行山第一座山叫归山，山上多金属矿物、玉石，山下多碧玉。有一种羚羊状野兽，四角，马尾，鸡爪，名叫驿，擅长盘旋，其叫声即自身名称读音。有一种喜鹊鸟，白身，红尾，六脚，名叫鷾，鷾鸟很警觉，其叫声即自身名称读音。

再往东北二百里，叫龙侯山，草木不生，多金属矿物、玉石。该山是决决水发源地，水东向入黄河。其中多鳑鱼状人鱼，四脚，声如婴啼，吃了不患疯癫。

再往东北二百里，叫马成山，多美石，有纹理。山北多金属矿物、玉石。有一种白狗状野兽，黑头，见人则飞，名叫天马，其叫声即自身名称读音。有一种乌鸦状禽鸟，白头，青身，黄爪，名叫鶌鶋，其叫声即自身名称读音，吃了不觉饥饿，还可治疗老年健忘。

再往东北七十里，叫咸山，山上多玉石，山下多铜，多松树、柏树，多紫草。该山是条菅水发源地，水向西南入长泽，其中多器酸，三年长成，吃了治疗麻风。

再往东北二百里，叫天池山，草木不生，多美石，有花纹。有一种兔子状野兽，鼠头，依靠背上的毛飞翔，名叫飞鼠。该山是渑水发源地，水潜流到山下，其中多黄色垩土。

再往东三百里，叫阳山，山上多玉石，山下多金属矿物和铜。有一种牛状野兽，红尾，脖子上有斗状肉瘤，名叫领胡，其叫声即自身名称读音，吃了能治疗癫狂。有一种雌野鸡状鸟，羽毛五彩斑斓，雄雌同体，名叫象蛇，其叫声即自身名称读音。该山是留水发源地，水南向入黄河。

其中有鲫鱼状鳛父鱼，鱼头，猪身，吃了可治疗呕吐。

再往东三百五十里，叫贲闻山，山上多苍玉，山下多黄色垩土，多涅石。

又北百里，曰王屋之山[1]，是多石。𪷶水[2]出焉，而西北流注于泰泽。

又东北三百里，曰教山[3]，其上多玉而无石。教水[4]出焉，西流注于河，是水冬干而夏流，实惟干河。其中有两山。是山也，广员三百步，其名曰发丸之山，其上有金、玉。

又南三百里，曰景山，南望盐贩之泽，北望少泽。其上多草、藷薁[5]，其草多秦椒[6]，其阴多赭，其阳多玉。有鸟焉，其状如蛇，而四翼、六目、六足，名曰酸与，其鸣自詨，见则其邑有恐[7]。

又东南三百二十里，曰孟门之山，其上多苍玉，多金，其下多黄垩，多涅石。

又东南三百二十里，曰平山[8]。平水[9]出于其上，潜于其下，是多美玉。

又东二百里，曰京山，有美玉，多漆木，多竹，其阳有赤铜，其阴有玄𥖽[10]。高水出焉，南流注于河。

又东二百里，曰虫尾之山[11]，其上多金、玉，其下多竹，多青碧。丹水[12]出焉，南流注于河；薄水[13]出焉，而东南流注于黄泽[14]。

又东三百里，曰彭毗之山[15]，其上无草木，多金、玉，其下多水。蚤林之水出焉，东南流注于河。肥水出焉，而南流注于床水，其中多肥遗之蛇。

又东百八十里，曰小侯之山。明漳之水出焉，南流注于黄泽。有鸟焉，其状如乌而白文，名曰鸪鹨[16]，食之不灂[17]。

又东三百七十里，曰泰头之山[18]。共水[19]出焉，南流注于池。其上多金、玉，其下多竹、箭。

又东北二百里，曰轩辕之山[20]，其上多铜，其下多竹。有鸟焉，其状如枭[21]白首，其名曰黄鸟[22]，其鸣自詨，食之不妒。

又北二百里，曰谒戾之山，其上多松、柏，有金、玉。沁水出焉，南流注于河。其东有林焉，名曰丹林。丹林之水出焉，南流注于河。婴侯之水出焉，北流注于汜水。

东三百里，曰沮洳之山㉓，无草木，有金、玉。濝水㉔出焉，南流注于河。

【注】

①王屋之山：即王屋山，中条山分支山脉，位于今河南济源和山西晋城、运城间。②漅（niǎn）水：水名，不详。③教山：即今山西垣曲历山。④教水：在今山西垣曲。⑤藷藇（shǔ yù）：即薯蓣，也就是山芋、山药。⑥秦椒：指花椒。⑦恐：恐怖事件。⑧平山：即今山西临汾姑射山。⑨平水：在今山西临汾西南。⑩玄碥(sù)：黑色磨刀石。⑪虫尾之山：山名，不详。⑫丹水：即丹江古称。⑬薄水：水名，不详。⑭黄泽：水名，不详。⑮彭毗（pì）之山：山名，不详。⑯鸪鹪(gū xí)：鸟名，不详。⑰瀱（jiào）：眼睛模糊不清。⑱泰头之山：山名，不详。⑲共（gōng）水：水名，不详。⑳轩辕之山：即轩辕山。有典籍说黄帝曾居住该山，并娶西陵氏女。但《山海经》未明指轩辕和黄帝为同一人。㉑枭（xiāo）：一种与鸱鸺相似的鸟。㉒黄鸟：鸟名，不详，非黄雀之别称。㉓沮洳（jù rù）之山：又名大号山、淇山，在今河南辉县西北。㉔濝（qí）水：水名，在今河南济源。

【引】

⑨《读史方舆纪要·卷四》："在府西南，源出平山，流至城西五里，汇为平湖，又西南流至襄陵城北，东入于汾，居民皆引溉田。"⑱富强：一种说法是在今山西境内，一种说法是在今河南境内。

【译】

再往北一百里，叫王屋山，多石头。该山是漅水发源地，水向西北入泰泽。

再往东北三百里，叫教山，多玉石，无石头。该山是教水发源地，水西向入黄河，冬枯夏流，称得上是干河。河道中有两座小山，各方圆三百步，叫发丸山，山上多金属矿物、玉石。

再往南三百里，叫景山，南望盐贩泽，北望少泽。多丛草、山药，草多是秦椒，山北多赭石，山南多玉石。有一种蛇状禽鸟，四翅、六眼、六脚，名叫酸与，其叫声即自身名称读音，哪里出现，即生恐慌。

再往东南三百二十里，叫孟门山，多苍玉，多金属矿物，山下多黄色垩土，多涅石。

再往东南三百二十里，叫平山。该山是平水发源地，水潜流到山下，其中多优质玉石。

再往东二百里，叫京山，产优质玉石，多漆树，多竹林，山南产黄铜，山北产黑磨石。该山是高水发源地，水南向入黄河。

再往东二百里，叫虫尾山，山上多金属矿物、玉石，山下多竹丛，多青绿色玉石。该山是丹水发源地，水南向入黄河。该山还是薄水发源地，水向东南入黄泽。

再往东三百里，叫彭毗山，山上草木不生，多金属矿物、玉石，山下多流水。该山是蚤林水发源地，水向东南入黄河。该山还是肥水发源地，水南向入床水，其中多蛇，名叫肥遗。

再往东一百八十里，叫小侯山。该山是明漳水发源地，水南向入黄泽。有一种乌鸦状鸟，白色斑纹，叫鸲鹠，吃了不花眼。

再往东三百七十里，叫泰头山。该山是共水发源地，水南向入滹池。山上多金属矿物、玉石，山下多小竹丛。

再往东北二百里，叫轩辕山。山上多铜，山下多竹。有一种猫头鹰状鸟，白头，名叫黄鸟，其叫声即自身名称读音，吃了不生妒嫉心。

再往北二百里，叫谒戾山，山上多松树、柏树，产金属矿物、玉石。该山是沁水发源地，水南向入黄河。谒戾山东面有树林，名叫丹林。该山是丹林水发源地，水南向入黄河。该山还是婴侯水发源地，水北向入氾水。

往东三百里，叫沮洳山，草木不生，产金属矿物、玉石。该山是濝水发源地，水南向入黄河。

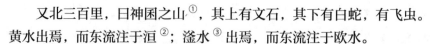

又北三百里，曰神囷之山①，其上有文石，其下有白蛇，有飞虫。黄水出焉，而东流注于洹②；滏水③出焉，而东流注于欧水。

又北二百里，曰发鸠之山④，其上多柘木。有鸟焉，其状如乌，文首、白喙⑤、赤足，名曰精卫⑥，其鸣自詨。是炎帝之少女，名曰女娃。女娃游于东海，溺而不返，故为精卫。常衔西山之木石，以堙⑦于东海。漳水⑧出焉，东流注于河。

又东北百二十里，曰少山，其上有金、玉，其下有铜。清漳之水出焉，东流注于浊漳之水。

又东北二百里，曰锡山，其上多玉，其下有砥。牛首之水出焉，而东流注于滏水。

又北二百里，曰景山⑨，有美玉。景水⑩出焉，东南流注于海泽⑪。

又北百里，曰题首之山，有玉焉，多石，无水。

又北百里，曰绣山，其上有玉、青碧，其木多枸，其草多芍药、芎藭⑫。洧水⑬出焉，而东流注于河，其中有鳠黾⑭。

又北百二十里，曰松山。阳水出焉，东北流注于河。

又北百二十里，曰敦与之山，其上无草木，有金、玉。溹水出于其阳，而东流注于泰陆之水；泜水出于其阴，而东流注于彭水；槐水出焉，而东流注于泜泽。

又北百七十里，曰柘山，其阳有金、玉，其阴有铁。历聚之水出焉，而北流注于洧水。

又北三百里，曰维龙之山，其上有碧玉，其阳有金，其阴有铁。肥水出焉，而东流注于皋泽，其中多礨石⑮。敞铁之水出焉，而北于大泽。

又北百八十里，曰白马之山，其阳多石玉，其阴多铁，多赤铜。木马之水出焉，而东北流注于虖沱⑯。

又北二百里，曰空桑之山，无草木，冬夏有雪。空桑之水出焉，东流注于虖沱。

【注】

①神囷（qūn）之山：山名，不详。②洹（huán）：即今安阳河。

③ 滏（fǔ）水：即今滏阳河，发源河北磁县西北石鼓山。④ 发鸠之山：即发鸠山，位于山西子长，即传说中的不周山。⑤ 喙（huì）：鸟兽的嘴。⑥ 精卫：一种传说中的鸟。⑦ 堙（yīn）：堵塞。⑧ 漳水：有清漳水、浊漳水二源，发源山西东南部，在河北南部汇合后称漳河。⑨ 景山：在今河北武安。⑩ 景水：即洺河，亦称洺水，发源河北武安。⑪ 海泽：水名，不详。⑫ 芎藭（xiōng qióng）：多年生草本植物，根茎可入药。⑬ 洧（wěi）水：即今双泊河，发源今河南登封。⑭ 鳠（hù）黾：鳠，鳠鱼；黾，蛙的一种，《尔雅·释鱼》郭璞注：“耿黾也，似青蛙，大腹，一名土鸭。”⑮ 礧（lěi）石：大石头。⑯ 虖（hū）沱：水名，发源于山西繁峙。

【译】

再往北三百里，叫神囷山，山上产花纹石，山下有白蛇、飞虫。该山是黄水发源地，水东向入洹水。该山还是滏水发源地，水东向入欧水。

再往北二百里，叫发鸠山，山上多柘树。有一种乌鸦状禽鸟，花头，白嘴，红爪，名叫精卫，其叫声即自身名称读音。精卫本是炎帝幼女，名叫女娃。女娃在东海游玩时溺死，变成精卫，常衔西山上的树枝、石子，去填东海。该山是漳水发源地，水东向入黄河。

再往东北一百二十里，叫少山，山上产金属矿物、玉石，山下产铜。该山是清漳水发源地，水东向入浊漳水。

再往东北二百里，叫锡山，山上多玉石，山下产磨石。该山是牛首水发源地，水东向入滏水。

再往北二百里，叫景山，山上产优质玉石。该山是景水发源地，水向东南入海泽。

再往北一百里，叫题首山，产玉石，多石头，无水。

再往北一百里，叫绣山，产普通玉石、青绿色玉石，多栒树，多芍药、芎藭。该山是洧水发源地，水东向入黄河，其中有鳠鱼和黾蛙。

再往北一百二十里，叫松山。该山是阳水发源地，水向东北入黄河。

再往北一百二十里，叫敦与山，山上草木不生，产金属矿物、玉石。该山南麓是溹水发源地，水东向入泰陆水。该山北麓是泜水发源地，水东向入彭水。该山还是槐水发源地，水东向入泜泽。

再往北一百七十里，叫柘山，山南产金属矿物、玉石，山北产铁。该山是历聚水发源地，水北向入洧水。

再往北三百里，叫维龙山，产碧玉，山南产金，山北产铁。该山是肥水发源地，水东向入皋泽，其中多高石。该山还是敞铁水发源地，水北向入大泽。

再往北一百八十里，叫白马山，山南多石头、玉石，山北多铁，还多黄铜。该山是木马水发源地，水向东北入虖沱水。

再往北二百里，叫空桑山，草木不生，冬夏有雪。该山是空桑水发源地，水东向入虖沱水。

又北三百里，曰泰戏之山，无草木，多金、玉。有兽焉，其状如羊，一角一目，目在耳后，其名曰𧲢𧲢^①，其鸣自詨。虖沱之水出焉，而东流注于溇水^②。液女之水出于其阳，南流注于沁水^③。

又北三百里，曰石山，多藏金、玉。濩濩之水^④出焉，而东流注于虖沱；鲜于之水出焉，而南流注于虖沱。

又北二百里，曰童戎之山。皋涂之水出焉，而东流注于溇液水。

又北三百里，曰高是之山。滋水出焉，而南流注于虖沱。其木多棕，其草多条。滱水^⑤出焉，东流注于河。

又北三百里，曰陆山，多美玉。𨜚水^⑥出焉，而东流注于河。

又北二百里，曰沂山，般水^⑦出焉，而东流注于河。

北百二十里，曰燕山，多婴石^⑧。燕水出焉，东流注于河。

又北山行五百里，水行五百里，至于饶山。是无草木，多瑶碧，其兽多橐驼，其鸟多鹠^⑨。历虢之水^⑩出焉，而东流注于河，其中有师鱼^⑪，食之杀人。

又北四百里，曰乾山^⑫，无草木，其阳有金、玉，其阴有铁而无水。有兽焉，其状如牛而三足，其名曰獂^⑬，其鸣自詨。

又北五百里，曰伦山^⑭。伦水^⑮出焉，而东流注于河。有兽焉，其状如麋，其川^⑯在尾上，其名曰罴。

又北五百里，曰碣石之山[17]。绳水[18]出焉，而东流注于河，其中多蒲夷之鱼[19]。其上有玉，其下多青碧。

又北水行五百里，至于雁门之山，无草木。

又北水行四百里，至于泰泽。其中有山焉，曰帝都之山，广员百里，无草木，有金、玉。

又北五百里，曰錞于毋逢之山[20]，北望鸡号之山[21]，其风如飚[22]。西望幽都之山[23]，浴水[24]出焉。是有大蛇[25]，赤首白身，其音如牛，见则其邑大旱。

凡北次三经之首，自太行之山以至于无逢之山[26]，凡四十六山，万二千三百五十里。其神状皆马身而人面者廿神，其祠之，皆用一藻茝[27]瘗之。其十四神状皆彘身而载[28]玉，其祠之，皆玉，不瘗。其十神状皆彘身而八足蛇尾，其祠之，皆用一璧瘗之。大凡四十四神[29]，皆用稌糈米祠之。此皆不火食。

右北经之山志，凡八十七山，二万三千二百三十里。

【注】

①辣辣(dòng dòng)：兽名，不详。②溇水：即溇江，澧水最大支流，发源湖北鹤峰。③沁水：水名，在今山西晋城。④濩濩(huò huò)之水：水名，不详。⑤滱(kòu)水：水名，上游即今河北定州唐河。⑥鄩(jiāng)水：水名，不详。⑦般(pān)水：水名，在今山东淄博淄川东南。⑧婴石：传说中燕山产的一种石头，质地如美玉。⑨鹠(liú)：即鸺鹠，也叫横纹小鸮。⑩历虢(guó)之水：水名，不详。⑪师鱼：一种有毒的鱼。⑫乾山：山名，不详。⑬㺍(huán)：一种传说中的怪兽。⑭伦山：山名，不详，或谓河北涞山。⑮伦水：水名，不详，或谓河北涞水。⑯川：肛门，郭璞注："川，窍也。"⑰碣石之山：位于今河北昌黎。⑱绳水：即圣水，可参见《水经·圣水注》，上游为今北京房山大石河或小清河，下游为今河北安次南合河，已堙没。⑲蒲夷之鱼：鱼名，郭璞注："未详。"郝懿行注《西次四经》时认为即"冉遗之鱼"："《太平御览》九三九卷引此经作无遗之鱼，疑即蒲夷之鱼也，蒲、无声相近，夷、遗声同。"⑳錞(chún)于毋逢之山：山名，不详。㉑鸡号之山：

山名，不详。㉒飚（lì）：骤风。㉓幽都之山：山名，不详，或谓阴山。㉔浴水：水名，不详。郭璞注："浴即黑水也。"㉕大蛇：一种传说中的蛇。㉖无逢之山：即錞于毋逢山，传说中的山名。㉗藻茝（chǎi）：藻，华丽的；茝，香草。本处，"茝"应是别字，其本为一种祭祀玉器。㉘载：同"戴"。㉙神：山神。

【引】

③《水经·沁水注》："沁水又迳沁水县故城北，盖藉水以名县矣。"⑦据《水经·济水注》，般水"出（般阳）县东南龙山，俗亦谓之为左阜水。西北径其城南。应劭曰'县在般水之阳，故资名焉。其水又南屈西入陇水'"。⑪亦作渔夫，《新唐书·百官志三》："唐有河堤使者，贞观初改曰河堤谒者。有府三人，史六人，典事三人，每渠及斗门有长一人，掌固三人，鱼师十二人。"

【译】

再往北三百里，叫泰戏山，草木不生，多金属矿物、玉石。有一种羊状野兽，一角，一眼，眼在耳后，叫辣辣，其叫声即自身名称读音。该山是虖沱水发源地，水东向入溇水。该山南麓是液女水发源地，水南向入沁水。

再往北三百里，叫石山，富藏金属矿物、玉石。该山是濩濩水发源地，水东向入虖沱水；该山还是鲜于水发源地，水南向入虖沱水。

再往北二百里，叫童戎山。该山是皋涂水发源地，水东向入溇液水。

再往北三百里，叫高是山。该山是滋水发源地，水南向入虖沱水。山中多棕树，多条草。该山是滱水发源地，水东向入黄河。

再往北三百里，叫陆山，多好玉石。该山是郭水发源地，水东向入黄河。

再往北二百里，叫沂山。该山是般水发源地，水东向入黄河。

往北一百二十里，叫燕山，多婴石。该山是燕水发源地，水东向入黄河。

再往北走五百里山路、五百里水路，至饶山，该山草木不生，多瑶类、碧类美玉，多骆驼，多鸺鹠鸟。该山是历虢水发源地，水东向入黄河，其中有师鱼，吃了中毒致死。

再往北四百里，叫乾山，草木不生，山南多金属矿物、玉石，山北多铁矿物，无水。有一种牛状野兽，三脚，名叫獂，其叫声即自身名称读音。

再往北五百里，叫伦山。该山是伦水发源地，水东向入黄河。有一种麋鹿状野兽，肛门在尾上，名叫黑九。

再往北五百里，叫碣石山。该山是绳水发源地，水东向入黄河，其中多蒲夷鱼。山上产玉石，山下多青绿色玉石。

再往北行五百里水路，至雁门山，草木不生。

再往北行四百里水路，至泰泽。泽中有山，叫帝都山，方圆一百里，草木不生，有金属矿物、玉石。

再往北五百里，叫錞于毋逢山，北望鸡号山，鸡号山寒风阵阵。西望幽都山，浴水自此发源。山中有一种大蛇，红头，白身，声如牛叫，哪里出现，即生旱灾。

北方三列山脉自太行山起，至无逢山止，共四十六座山，绵延一万二千三百五十里。其中二十座山的山神，马身，人面。祭祀时，将藻玉、茝类香草作祭品埋入地下。另外十四座山的山神，猪身，佩戴玉饰品。祭祀时，全部使用玉器，但不埋入地下。还有十座山的山神，猪身，八脚，蛇尾，祭祀时，将一块玉璧埋入地下。四十四个山神，用精米祭祀。这里的人，都吃没过火炊的食物。

以上记录的是北方之山，共八十七座山，二万三千二百三十里。

【解】

前业已指出，《山经》是通过口头形式流传下来的，《海经》是通过图画形式流传下来的，《海经》的用途尚不确考，但《山经》用途莫过于"巫"，《国语·楚语下》："在男曰觋，在女曰巫……而能知山川之号、高祖之主、宗庙之事……以为之祝。"也就是说，《山经》最大的可能是巫觋祭祀山川时口口相传的祷辞，鲁迅《中国小说史略》说："（《山海经》）所载祠神之物多用糈，与巫术合，盖古之巫书也。"

先看书中记载的祭祀仪式。《南山经》：䧒山之首凡十山，"其祠之礼：毛，用一璋玉瘗；糈，用稌米、一璧，稻米、白菅为席"；南次二山凡十七山，"其祠：毛，用一璧瘗；糈，用稌"；南次三山凡一十四山，"其祠皆一白狗祈，稌用稌"。《西山经》：西经凡十九山，"华山冢也，其祠之礼：太牢。羭山神也，祠之用烛，斋百日以百牺，瘗用百瑜，汤其酒百樽，婴以百珪百璧。其余十七山之属，皆毛牷用一羊祠之。烛者，百草之未灰，白席采等纯之"；西次二经凡十七山，"其祠之，毛用少牢，白菅为席。其十辈神者，其祠之毛一雄鸡，钤而不糈：毛采"；西次三经凡二十三山，"其祠之礼，用一吉玉瘗，糈用稷米"；西次四经凡十九山，"其神祠礼，皆用一白鸡祈，糈以稻米，白菅为席"。《北山经》：北山经凡二十五山，"其祠之，毛用一雄鸡彘瘗，吉玉用一珪，瘗而为不糈"；北次二经凡十七山，"其祠，毛用一雄鸡彘瘗；用一璧一珪，投而不糈"；北次三经凡四十六山，"其神状皆马身而人面者廿神。其祠之，皆用一藻茞瘗之。其十四神状皆彘身而载玉。其祠之，皆玉，不瘗。其十神状皆彘身而八足蛇尾。其祠之，皆用一璧瘗之。大凡四十四神，皆用稌糈米祠之"。《东山经》：东山经凡十二山，"祠：毛用一犬祈，衃用鱼"；东次二经凡十七山，"其祠：毛用一鸡祈，婴用一璧瘗"；东次三经凡九山，"其祠：用一牡羊，米用黍"；东次四经凡八山，无祭祀记录。《中山经》：薄山之首凡十五山，"历儿，冢也，其祠礼：毛，太牢之具，县以吉玉。其余十三山者，毛用一羊，县婴用桑封，瘗而不糈，桑封者，桑主也，方其下而锐其上，而中穿之加金"；济山经之首凡九山，"祠用毛，用一吉玉，投而不糈"；黄山之首凡五山，"其祠泰逢、熏池、武罗皆一牡羊副，婴用吉玉。其二神用一雄鸡瘗之，糈用涂"；厘山之首凡九山，"其祠之，毛用一白鸡，祈而不糈，以采衣之"；薄山之首（自苟林之山至于阳虚之山）凡十六山，"升山，冢也，其祠礼，太牢，婴用吉玉。首山，魁也，其祠用稌、黑牺、太牢之具、蘗酿、干儛、置鼓，婴用一璧。尸水，合天也，肥牲祠之，用一黑犬于上用一雌鸡于下，刉一牝羊，献血。婴用吉玉，采之，飨之"；中次六经缟羝山之首，曰平逢之山，"……其祠之：用一雄鸡，禳而勿杀"；缟羝山之首凡十四山，"岳在其中，以六月祭之，如诸岳之祠法"；苦山之首凡十有九山，十六神"其祠：毛牷用一羊羞，婴用一藻玉瘗。苦山、少室、太室皆冢也，其祠之太牢之具，婴以吉玉"；荆山之首凡二十三山，"其祠用一雄鸡祈瘗，用一藻圭，糈用稌。骄山冢也，其祠用羞酒少牢祈瘗，婴毛一璧"；岷山之首凡十六山，"其祠，毛用一雄鸡瘗，糈用稌。文山、勾檷、风雨、騩之山，是皆冢也；其祠之：羞酒，少牢具，婴毛一吉玉。熊山，帝也。其祠：羞酒，太牢具，婴毛一璧。干舞，用兵以禳祈，璆冕舞"；首阳山之首凡九山，"其祠之：毛用一雄鸡瘗，糈用五种之糈。堵山，冢也，其祠之：少牢具，羞酒祠，婴毛一璧瘗。騩山，帝也，其祠羞酒，太牢具；合巫祝二人舞，婴一璧"；荆山之首（自翼望之山至于几山），"其祠：毛用一雄鸡祈，瘗用一珪，糈用五种之精。禾山，帝也，其祠：太牢之具，羞瘗，倒毛；用一璧，牛无常。堵山、玉山冢也，皆倒祠，羞毛少牢，婴毛吉玉"；洞庭山之首凡十五山，"其祠：毛用一雄鸡，一牝豚刉，糈用稌。凡夫夫之山、即公之山、尧山、阳帝之山皆冢也，其祠：皆肆瘗，祈用酒，毛用少牢、婴毛，一吉玉。洞庭、荣余山神也，其祠：皆肆瘗，祈酒，太牢祠，婴用圭璧十五，五采惠"。

　　二十六列山峦中，除一列可能因为脱漏没有记录外，皆须祭祀。其中，《南山经》三列中有群山山神祭祀，无宗主神；《西山经》四列中，西经凡十九山以华山山神为宗主神，群山山神各司其责，另外三列只有群山山神，上述神都须祭祀；《北山经》三列有群山山神祭祀，无宗主神；《东山经》三列中一列无祭祀记录，其余二列有群山山神祭祀，无宗主神；《中山经》十二列情况复杂：

　　1.薄山之首凡十五山、薄山之首（自苟林之山至于阳虚之山）凡十六山、荆山之首凡二十三山，有一宗主神和群山山神祭祀；2.苦山之首凡十有九山、洞庭山之首凡十五山，有多宗主神(三)和群山山神祭祀；3.岷山之首凡十六山、首阳山之首凡九山、荆山之首（自翼望之山至于几山)有宗主神和群山山神祭祀，并出现一首领神；4.济山经之首凡九山、厘山之首凡九山，"其祠之，毛用一白鸡，祈而不糈，以采衣之"；"祠用毛，用一吉玉，投而不糈" 有群山山神祭祀，无宗主神；5.蒉山之首凡五山，出现三个神名，和其他山分开祭祀；6.缟羝山之首凡十四山，因"岳在其中，以六月祭之"。

上述分疏可以看出，每个地域都有自己的祭祀传统和仪式，祭祀时，牺牲（包括雄鸡、白鸡、犬、鱼、彘）、糈、玉都是可供选择之物，有的还铺设白菅，更为隆重的是，祭祀西经十九山羭山神时，"祠之用烛，斋百日以百牺，瘗用百瑜，汤其酒百樽，婴以百珪百璧"；祭祀薄山之首时，甚至"糵酿、干儛、置鼓"；祭祀首阳九山之帝时，"其祠羞酒，太牢具；合巫祝二人舞"。显然，祭祀的复杂和豪华程度，乃基于该山山神的重要性。

《山海经》中，玉文化是一个十分显著的特征。玉乃天地之精，作为一种图腾崇拜，其包含着远民对原始生活和意识形态的最初认知，因美观温润，又作为人的某种德性而维系着精神体验，《礼记·聘义》云："昔者君子比德于玉焉。温润而泽，仁也。缜密以栗，知也。廉而不刿，义也。垂之如坠，礼也。叩之，其声清越以长，其终诎然，乐也。瑕不掩瑜，忠也。孚尹旁达，信也。气如白虹，天也。精神见于山川，地也。圭璋特达，德也。天下莫不贵者，道也。"《山海经》文本里面，祭祀玉类礼器除玉、吉玉和藻玉外，还包括璋、珪、璧、璆和"五采惠"圭璧。（《海外西经》另记载两类礼器："夏后启于此儛九代，乘两龙，云盖三层。左手操翳，右手操环，佩玉璜。"）据《周礼·春官·大宗伯》："以玉作六器，以礼天、地、四方：以苍璧礼天，以黄琮礼地，以青圭礼东方，以赤璋礼南方，以白琥礼西方，以玄璜礼北方。""以玉作六瑞，以等邦国：王执镇圭，公执桓圭，侯执信圭，伯执躬圭，子执谷璧，男执蒲璧。"显而易见，"六器"璧、琮、圭、璋、琥、璜在《山海经》中基本出现，虽然多为素面，但已有所雕饰、绘染，并表现出次级差异。

这里，似乎还有一个问题，即《山经》中提到的首领神、宗主神和群山山神究竟是什么。《礼记·祭法》云："山林、川谷、丘陵，能出云为风雨，见怪物，皆曰神。有天下者，祭百神。"亦即在先民眼里，山林、川谷、丘陵能兴云作雨而具神性，故而才会有《书·舜典》"望于山川，遍于群神"和《书·禹贡》"奠高山大川"的记载。然而这种祭祀真的会出现"神"，亦即如《山经》记载的"鸟身而龙首""龙身而鸟首""龙身而人面""蛇身人面"等神人吗？恐怕非是。按《太平御览》卷七九〇引《外国图》云："昔殷帝太戊使巫咸祷于山河。"这种"神"恐是巫觋所扮，即以人通神。

东山经

　　《东山经》共包括四次经,其中,涉及山峦48座;涉及水流32条,另有海、江和湣泽、余泽、湖泽、皋泽、余如泽、沙泽;涉及植物20种;涉及动物77种;涉及矿物13种;没有异人。

　　山经中神话传说或神人异人形象甚少,在于其出现年代要早,且为了口头流传方便。其朴素之处在于,以崇拜但基于生存的眼光看待周围世界,其多叙述物产,似乎基于现实之"用",亦即以物质条件衡量/记载眼前的一切,类似于通俗语种的"藏宝图"。

　　类似于"又南五百里,曰凫丽之山,……有兽焉,其状如狐,而九尾、九首、虎爪,名曰蠱姪,其音如婴儿,是食人"这样的记载,恐是以想象的世界来指代不能理解的生存环境。

　　东山经之首,曰樕鳌之山①,北临乾昧②。食水出焉,而东北流注于海。其中多鱅鱅之鱼③,其状如犁牛④,其音如彘鸣。

　　又南三百里,曰藟山⑤,其上有玉,其下有金。湖水出焉,东流注于食水,其中多活师⑥。

　　又南三百里,曰枸状之山⑦,其上多金、玉,其下多青碧石。有兽焉,其状如犬,六足,其名曰从从,其鸣自詨。有鸟焉,其状如鸡而鼠毛,其名曰蚩鼠⑧,见则其邑大旱。汜水⑨出焉。而北流注于湖水。其中多箴鱼⑩,其状如儵,其喙如箴,食之无疫疾。

　　又南三百里,曰勃垒之山⑪,无草木,无水。

　　又南三百里,曰番条之山,无草木,多沙。减水⑫出焉,北流注于海,其中多鳡鱼⑬。

又南四百里，曰姑儿之山，其上多漆，其下多桑柘。姑儿之水出焉，北流注于海，其中多鳡鱼。

又南四百里，曰高氏之山，其上多玉，其下多箴石⑭。诸绳之水出焉，东流注于泽，其中多金、玉。

又南三百里，曰岳山，其上多桑，其下多樗。泺水⑮出焉，东流注于泽，其中多金、玉。

又南三百里，曰犲山⑯，其上无草木，其下多水，其中多堪㺄之鱼⑰。有兽焉，其状如夸父而彘毛，其音如呼，见则天下大水。

又南三百里，曰独山，其上多金、玉，其下多美石。末涂之水出焉，而东流注于沔⑱，其中多䲦鳙⑲，其状如黄蛇，鱼翼，出入有光，见则其邑大旱。

又南三百里，曰泰山⑳，其上多玉，其下多金。有兽焉，其状如豚而有珠，名曰狪狪㉑，其鸣自詨。环水出焉，东流注于汶㉒，其中多水玉。

又南三百里，曰竹山，錞于江，无草木，多瑶碧。激水出焉，而东流注于娶檀之水，其中多茈蠃㉓。

凡东山经之首，自樕𧮼之山以至于竹山，凡十二山，三千六百里。其神状皆人身龙首。祠：毛用一犬祈，衈㉔用鱼。

【注】

①樕（sù）𧮼（zhù）之山：山名，不详。②乾（gān）昧：山名，不详。阮籍《咏怀》："北临乾昧溪，西行游少任 。"③鳙鳙（yōng yōng）之鱼：一种传说中的怪鱼，非今鳙鱼。④犁牛：耕牛。⑤蔂（lěi）山：山名，不详。⑥活师：即蝌蚪，蛙、蟾蜍、蝾螈、鲵等两栖类动物幼体的统称。⑦枸状之山：山名，不详。⑧蜚（zī）鼠：一种传说中的怪鸟。⑨汦（zhǐ）水：水名，不详。⑩箴（zhēn）鱼：又叫针鱼。⑪勃垒（qí）之山：山名，不详。垒，古"qi"字。⑫减水：水名，不详。⑬鳡（gǎn）鱼：即黄钻、黄颊鱼、竿鱼、水老虎，淡水鱼，分布广泛。⑭箴石：古时用以制作石针的石头，郭璞注："可以为砥针治痈肿者。"⑮泺（luò）水：古水名，发源今山东济南西南，北向至泺口入古济水。⑯犲（chái）山：山名，不详。⑰堪㺄（xù）之鱼：怪鱼，不详。⑱沔（miǎn）：即汉水。

⑲偹蠊(tiāo róng)：兽名，不详。⑳泰山：即五岳之首的泰山。㉑狪狪：一种传说中的怪兽，郭璞注："狪狪如豚，被褐怀祸。患难无蹊，招之自我。"㉒汶（wèn）：即大汶河。㉓茈蠃（zǐ luǒ）：紫色的螺。茈，通"紫"；蠃，蜾蠃。㉔衈（ěr）：指杀牲取血以供祭祀之用。

【引】

④富强：毛色黄黑的牛，像老虎的斑纹。㉔"衈"字有本子作"聃"字，按袁珂："经文及注文之聃，汪绂本、毕沅本均作衈，郝懿行亦校作衈，谓衈者衅也，将封割牲以衅、先灭耳旁毛荐之；又谓郭引《公羊传》乃《穀梁传》之误。"

【译】

东方头列山脉第一座山，叫樕螽山，其北邻乾昧山。该山是食水发源地，水向东北入大海，其中多犁牛状鳙鳙鱼，声如猪叫。

再往南三百里，叫藟山，山上有玉石，山下有金属矿物。该山是湖水发源地，水东向入食水，其中多蝌蚪。

再往南三百里，叫栒状山，山上多金属矿物、玉石，山下多青绿色玉石。有一种狗状野兽，六足，名叫从从，其叫声即自身名称读音。有一种鸡状鸟，鼠尾，名叫蚩鼠，哪里出现，即生旱灾。该山是沢水发源地，水北向入湖水。其中多儵鱼状箴鱼，嘴像针，吃了不会沾染瘟疫。

再往南三百里，叫勃垒山，草木不生，无水。

再往南三百里，叫番条山，草木不生，多沙子。该山是减水发源地，水北向入海，其中多鳡鱼。

再往南四百里，叫姑儿山，山上多漆树，山下多桑树、柘树。该山是姑儿水发源地，水北向入海，其中多鳡鱼。

再往南四百里，叫高氏山，山上多玉石，山下多箴石。该山是诸绳水发源地，水东向入湖泽，其中多金属矿物、玉石。

再往南三百里，叫岳山，山上多桑树，山下多臭椿。该山是泺水发源地，水东向入湖泽，其中多金属矿物、玉石。

再往南三百里，叫犲山，山上草木不生，山下流水环绕，其中多堪矜鱼。有一种夸父状野兽，猪毛，声如人呼，一旦出现，天下水灾。

再往南三百里，叫独山，山上多金属矿物、玉石，山下多美石。该山是未涂水发源地，水向东南入沔水，其中多黄蛇状儵蟵，长有鱼翅，出入时闪闪发光，哪里出现，即生旱灾。

再往南三百里，叫泰山，山上多玉，山下多金。有一种猪状野兽，体内有珠，名叫狪狪，其叫声即自身名称读音。该山是环水发源地，水东向入汶水，其中多水晶石。

再往南三百里，叫竹山，矗立在汶水之滨，草木不生，多瑶类、碧类玉石。该山是激水发源地，水向东南入娶檀水，其中多紫螺。

东方头列山脉自樕螽山起，至竹山止，共十二座山，绵延三千六百里。诸山山神人身，龙头。祭祀时，毛物用一只狗作祭品，杀牲取血供祭祀之用时，用鱼。

东次二经之首，曰空桑之山，北临食水，东望沮吴^①，南望沙陵^②，西望湣泽^③。有兽焉，其状如牛而虎文，其音如钦^④。其名曰軨軨^⑤，其鸣自詨，见则天下大水。

又南六百里，曰曹夕之山，其下多谷而无水，多鸟兽。

又西南四百里，曰峄皋之山，其上多金、玉，其下多白垩。峄皋之水出焉，东流注于激女之水^⑥，其中多蜃珧^⑦。

又南水行五百里，流沙三百里，至于葛山之尾，无草木，多砥砺。

又南三百八十里，曰葛山之首，无草木。澧水^⑧出焉，东流注于余泽，其中多珠蟞鱼^⑨，其状如肺而有目，六足有珠，其味酸甘，食之无疠。

又南三百八十里，曰余峨之山。其上多梓楠，其下多荆芑^⑩。杂余之水出焉，东流注于黄水。有兽焉，其状如菟而鸟类喙，鸱目蛇尾，见人则眠^⑪，名犰狳^⑫，其鸣自詨，见则螽蝗为败^⑬。

又南三百里，曰杜父之山，无草木，多水。

又南三百里，曰耿山，无草木，多水碧，多大蛇。有兽焉，其状如狐而鱼翼，其名曰朱獳^⑭，其鸣自詨，见则其国有恐。

又南三百里，曰卢其之山，无草木，多沙石，沙水出焉，南流注于涔水^⑮，其中多鸞鵠^⑯，其状如鸳鸯而人足，其鸣自詨，见则其国多土功。

又南三百八十里，曰姑射之山，无草木，多水。

又南水行三百里，流沙百里，曰北姑射之山，无草木，多石。

又南水行三百里，曰南姑射之山，无草木，多水。

又南三百里，曰碧山，无草木，多蛇，多碧、多玉。

又南五百里，曰缑氏之山^⑰，无草木，多金、玉。原水出焉，东流注于沙泽。

又南三百里，曰姑逢之山，无草木，多金、玉。有兽焉，其状如狐而有翼，其音如鸿雁，其名曰獙獙^⑱，见则天下大旱。

又南五百里，曰凫丽之山，其上多金、玉，其下多箴石，有兽焉，其状如狐，而九尾、九首、虎爪，名曰蠪姪^⑲，其音如婴儿，是食人。

【注】

①沮（jǔ）吴：山名，不详。②沙陵：即沙丘。③潣（mǐn）泽：湖泊名，不详。④钦（yín）：同"吟"。⑤斡斡（líng líng）：一种传说中的异兽。⑥激女之水：水名，"女"通"汝"。⑦蜃珧（shèn yáo）：蚌蛤之类。郭璞注："蜃，蚌也。珧，玉珧，亦蚌属。"⑧澧（lǐ）水：湖南四大水系之一，位于湖南西北部，流跨湘鄂两省。⑨珠鳖（biē）鱼：一种传说中的水生物，"鳖"同"鳖"。⑩芑（qǐ）：枸杞，通"杞"。⑪眠：装睡。⑫犰狳（qiú yú）：一种传说中的神兽。⑬螽（zhōng）蝗为败：螽蝗，蝗虫类动物；为败，为害。⑭朱獳（rú）：一种传说中的野兽。⑮涔（cén）水：水名，不详，或谓堰沟河，其发源陕西城固。⑯鸞鵠（lí hú）：一种传说中的鸟。⑰缑（gōu）氏之山：山名，不详，非周时的"抚父堆"。⑱獙獙（bì bì）：一种传说中的怪兽。⑲蠪姪（lóng zhí）：亦作蠪蛭、蠪蚳，一种传说中的神兽，郭璞注："龙蛭二音。"袁珂："经文蠪侄，注文龙蛭，王念孙、郝懿行并校作蠪蛭、龙侄。"又《中山经》："又西二百里，曰昆吾之山，其上多赤铜。有兽焉，其状如彘而有角，其音如号，名曰蠪蚳，食之不眯。"郝懿行疏："蚳，疑当为蛭。"

【引】

⑫ 又称"铠鼠"，携有麻风杆菌。

【译】

东方二列山脉头座山，叫空桑山，北临食水，东望沮吴，南瞻沙陵，西窥湣泽。有一种牛状野兽，虎纹，声如人吟，名叫軨軨，其叫声即自身名称读音。一旦出现，天下水灾。

再往南六百里，叫曹夕山，山下多构树，无水，多禽鸟、野兽。

再往西南四百里，叫峄皋山，山上多金属矿物、玉石，山下多白垩土。该山是峄皋水发源地，水东向入激女水，其中多大蛤、小蚌。

再往南行五百里水路，过三百里流沙，至葛山末端，草木不生，多粗磨石、细磨石。

再往南三百八十里，至葛山首端，草木不生。该山是澧水发源地，水东向入余泽，其中多肺状珠鳖鱼，四眼，六足，能吐珠，该鱼酸中有甜，吃了不会沾染瘟疫。

再往南三百八十里，叫余峨山，山上多梓树、楠树，山下多牡荆、枸杞。该山是杂余水发源地，水东向入黄水。有一种兔状野兽，鸟嘴，鹰眼，蛇尾，见人装死，名叫犰狳，其叫声即自身名称读音。一旦出现，即闹蝗灾。

再往南三百里，叫杜父山，草木不生，流水环绕。

再往南三百里，叫耿山，草木不生，多水晶石，多巨蛇。有一种狐状野兽，鱼翅，名叫朱獳，其叫声即自身名称读音，哪国出现，即生恐怖。

再往南三百里，叫卢其山，草木不生，多沙石。该山是沙水发源地，水南向入涔水，其中多鸳鸯状鷦鹕，人脚，其叫声即自身名称读音，哪国出现，即多劳役。

再往南三百八十里，叫姑射山，草木不生，流水环绕。

再往南行三百里水路，过一百里流沙，叫北姑射山，草木不生，多石头。

再往南三百里，叫南姑射山，草木不生，流水环绕。

再往南三百里，叫碧山，草木不生，多巨蛇，多碧玉和普通玉石。

再往南五百里，叫缑氏山，草木不生，多金属矿物、玉石。该山是原水发源地，水东向入沙泽。

再往南三百里，叫姑逢山，草木不生，多金属矿物、玉石。有一种狐状野兽，有翅，其叫声即自身名称读音，名叫獙獙，一旦出现，天下大旱。

再往南五百里，叫凫丽山，山上多金属矿物、玉石，山下多箴石。有一种狸状野兽，九尾，九头，虎爪，名叫蠪姪，声如婴啼，以人为食。

又南五百里，曰硬山^①，南临硬水，东望湖泽，有兽焉，其状如马，而羊目、四角、牛尾，其音如獂^②狗，其名曰峳峳^③。见则其国多狡客^④。有鸟焉，其状如凫^⑤而鼠尾，善登木，其名曰絜钩^⑥，见则其国多疫。

凡东次二经之首，自空桑之山至于硬山，凡十七山，六千六百四十里。其神状皆兽身人面载觡^⑦。其祠：毛用一鸡祈，婴用一璧瘗。

又东次三经之首，曰尸胡之山^⑧，北望㶪山^⑨，其上多金、玉，其下多棘。有兽焉，其状如麋而鱼目，名曰妴胡^⑩，其鸣自詨。

又南水行八百里，曰岐山，其木多桃李，其兽多虎。

又南水行七百里，曰诸钩之山，无草木，多沙石。是山也，广员百里，多寐鱼^⑪。

又南水行七百里，曰中父之山，无草木，多沙。

又东水行千里，曰胡射之山，无草木，多沙石。

又南水行七百里，曰孟子之山，其木多梓桐，多桃李，其草多菌蒲^⑫，其兽多麇鹿。是山也，广员百里。其上有水出焉，名曰碧阳，其中多鳣鲔^⑬。

又南水行五百里，曰流沙，行五百里，有山焉，曰跂踵之山，广员二百里，无草木，有大蛇，其上多玉。有水焉，广员四十里皆涌，其名曰深泽，其中多蠵龟^⑭。有鱼焉，其状如鲤，而六足鸟尾，名曰鲐鲐之鱼^⑮，其名自詨。

又南水行九百里，曰踇隅之山^⑯，其上多草木，多金、玉，多赭。

有兽焉，其状如牛而马尾，名曰精精，其鸣自詨。

又南水行五百里，流沙三百里，至于无皋之山，南望幼海^⑰，东望榑木^⑱，无草木，多风。是山也，广员百里。

凡东次三经之首，自尸胡之山至于无皋之山，凡九山，六千九百里。其神状皆人身而羊角。其祠：用一牝羊^⑲，米用黍^⑳。是神也，见则风雨水为败。

【注】

①碝（zhēn）山：山名，不详。②獆（háo）：同"嗥"。③㺊㺊（yóu yóu）：兽名，不详。④狡客：狡猾的人。郭璞《图赞》："治则得贤，亡由失人。㺊㺊之来，乃致狡寶。归之冥应，谁见其津。"狡，狡猾，《吕氏春秋·尊师》："东方之钜狡也。"⑤凫（fú）：水鸟，俗称"野鸭"。⑥絜（jié）钩：鸟名，不详。⑦载胳（gé）：载，戴；胳：骨角。郭璞注："麋鹿（属）角为胳；音格。"⑧尸胡之山：山名，不详。⑨𦍡（xiáng）山：山名，不详。⑩婹（yuàn）胡：一种传说中的野兽。郝懿行疏："嘉庆五年，州使封琉球归舟泊马齿山，下人进二鹿，毛浅而小眼似鱼眼，使者著记谓是海鱼所化，余以经证之，知是婹胡也。"⑪𩽾鱼：即嘉鱼、卷口鱼，古称鮇鱼，郭璞注："即鮇鱼；音味。"⑫蒳蒲：紫菜或海带类植物。⑬鳣鮪（zhān wěi）：鲟鱼古称。⑭蟏（xī）龟：又称红蟏龟、红海龟、灵龟、赤蟏龟，海龟科，现存最古老爬行动物，状如玳瑁。郭璞注："蟏，觜蟏，大龟也，甲有文彩，似瑇瑁而薄。"⑮鮯鮯（gé gé）之鱼：鱼名，不详。⑯蛣隅（mǔ yú）之山：山名，不详。⑰幼海：即少海，又称渤海。郭璞注："即少海也；淮南子曰：'东方大渚曰少海。'"⑱榑（fú）木：即扶桑，《说文解字注》："榑桑，神木。日所出也。"《吕氏春秋·求人》："禹东至榑木之地，日出、九津、青羌之野。"《淮南子·时则训》："东方之极，自竭石山过朝鲜贯大人之国，东至日出之次，榑木之地。"⑲牝羊：即母羊。⑳黍（shǔ）：黎米，《说文·黍部》："黍，禾属而黏者也。"

【引】

⑫郭璞注：未详。吴任臣：菌蒲或为二种，菌，地菌；蒲，蒲草。

⑬富强：鲔鱼，据说就是鲟鱼，体形像鳝鱼而鼻子长，身体上没有鳞甲。

【译】

再往南五百里，叫硬山，南临硬水，东望湖泽。有一种马状野兽，羊眼，四角，牛尾，声如狗叫，名叫峳峳，哪国出现，即多奸猾之辈。山中有一种野鸭状鸟，鼠尾，擅爬树，名叫絜钩，哪国出现，即多瘟疫。

东方二列山脉自空桑山起，至硬山止，共十七座山，绵延六千六百四十里。诸山山神兽身人面，头戴骨角。祭祀时，毛物用一只鸡作祭品，玉器用一块玉璧埋入地下。

东方三列山脉头座山，叫尸胡山，北望䍨山，山上多金属矿物、玉石，山下多酸枣。有一种麋鹿状野兽，鱼眼，名叫妴胡，其叫声即自身名称读音。

再往南行八百里水路，叫岐山，树木多是桃树、李树，野兽多是老虎。

再往南行五百里水路，叫诸钩山，草木不生，多沙子、石头。该山方圆百里，多寐鱼。

再往南行七百里水路，叫中父山，草木不生，多沙子。

再往东行一千里水路，叫胡射山，草木不生，多沙子、石头。

再往南行七百里水路，叫孟子山，树木多是梓树、桐树，还多桃树、李树，花草多是菌蒲，野兽多是麋、鹿。该山方圆百里。有河流从山上发源，名叫碧阳，其中多鳝鱼、鲔鱼。

再往南行五百里水路，过流沙五百里，叫跂踵山，方圆二百里，草木不生，有巨蛇，山上多玉石。有个方圆四十里的水潭，泉水汩汩而出，名叫深泽，其中多蠵龟。还有一种鲤鱼状鱼，六足，鸟尾，名叫鮯鮯鱼，其叫声即自身名称读音。

再往南行九百里水路，叫踇隅山，山上多草木，多金属矿物、玉石，多赭石。有一种牛状野兽，马尾，名叫精精，其叫声即自身名称读音。

再往南行五百里水路，过三百里流沙，至无皋山，南望渤海，东望扶桑，草木不生，常刮大风。该山方圆百里。

东方三列山脉自尸胡山起，至无皋山止，共九座山，绵延六千九百里。诸山山神人身，羊角。祭祀时，毛物用一只公羊作祭品，祭米用黎米。这些山神一旦出现，风雨大作，洪水泛滥，损伤作物。

又东次四经之首，曰北号之山，临于北海。有木焉，其状如杨，赤华，其实如枣而无核，其味酸甘，食之不疟①。食水出焉，而东北流注于海。有兽焉，其状如狼，赤首鼠目，其音如豚，名曰猲狙②，是食人。有鸟焉，其状如鸡而白首，鼠足而虎爪，其名曰𪄀雀③，亦食人。

又南三百里，曰旄山，无草木。苍体之水出焉，而西流注于展水，其中多䲡鱼④，其状如鲤而大首，食者不疣⑤。

又南三百二十里，曰东始之山，上多苍玉。有木焉，其状如杨而赤理，其汁⑥如血，不实，其名曰芑，可以服⑦马。泚水出焉，而东北流注于海，其中多美贝，多茈鱼，其状如鲋，一首而十身，其臭如蘪芜⑧，食之不糠⑨。

又东南三百里，曰女烝之山，其上无草木，石膏水出焉，而西流注于鬲水⑩，其中多薄鱼，其状如鳣鱼⑪而一目，其音如欧⑫，见则天下大旱。

又东南二百里，曰钦山。多金、玉而无石。师水出焉，而北流注于皋泽，其中多鳝鱼，多文贝。有兽焉，其状如豚而有牙，其名当康，其鸣自叫，见则天下大穰。

又东南二百里，曰子桐之山。子桐之水出焉，而西流注于余如之泽。其中多𩵄鱼⑬，其状如鱼而鸟翼，出入有光，其音如鸳鸯，见则天下大旱。

又东北二百里，曰剡山⑭，多金、玉。有兽焉，其状如彘而人面，黄身而赤尾，其名曰合窳⑮，其音如婴儿，是兽也，食人，亦食虫蛇，见则天下大水。

又东二百里，曰太山，上多金、玉、桢木⑯。有兽焉，其状如牛而白首，一目而蛇尾，其名曰蜚⑰，行水则竭，行草则死，见则天下大疫，钩水出焉，而北流注于劳水，其中多鳝鱼。

凡东次四经之首，自北号之山至于太山，凡八山，一千七百二十里。

右东经之山志，凡四十六山，万八千八百六十里。

【注】

①疟：一种急性传染病。②猲狙（hè jū）：一种传说中的怪兽。③鬿（qí）雀：一种传说中以人为食的怪鸟，郝懿行疏："楚辞天问云：'鬿堆焉处？'王逸注云：'鬿堆，奇兽也。'柳子天对云：'鬿雀在北号，惟人是食。'则以鬿堆为即鬿雀字之误，王逸注盖失之。"④鱃（xiū）鱼：按《本草拾遗》，即鳛鱼。⑤疣（yóu）：一种皮肤病，俗称"瘊子"，同"肬"。⑥汁：树液。⑦服：使动用法。⑧蘪芜（méi wú）：即蘪芜，是川芎的苗，一种香草。《管子·地员》："五臭畴，生莲与蘪芜，藁本白芷。"《子虚赋》："芎藭菖蒲，江蓠蘪芜。"⑨糒（pì）：同"屁"。⑩鬲（gé）水：水名，不详。⑪鳝（shàn）鱼：即黄鳝。鳝，通"鳝"。⑫欧：同"呕"。⑬鮈（huá）鱼：鱼名，不详。⑭剡（shàn）山：山名，不详。⑮合窳（yǔ）：一种传说中的怪兽。⑯桢（zhēn）木：即女贞，俗称冬青。⑰蜚（fěi）：兽名，不详。郭璞《图赞》："蜚之为名，体似无害，所绎枯竭，其干谯厉。"

【引】

④袁珂：鱃即鳅，俗名泥鳅。⑭方韬：剡，古县名，在今浙江嵊州西南。

【译】

东方四列山脉头座山，叫北号山，矗立在北海之滨。有一种杨树状树木，红花，果如枣子，无核，酸中带甜，吃了不患疟疾。该山是食水发源地，水向东北入大海。有一种狼状野兽，红头，鼠眼，声如小猪叫，名叫猲狙，以人为食。有一种鸡状鸟，白头，鼠足，虎爪，叫鬿雀，以人为食。

再往南三百里，叫旄山，草木不生。该山是苍体水发源地，水西向入展水，其中多鲤鱼状鳛鱼，头大，吃了不生瘊子。

再往南三百二十里，叫东始山，山上多苍玉。有一种杨树状树木，红纹，树液如血，无果，名叫芑，将树液涂在马身上易驯服。该山是泚水发源地，水向东北入大海，其中多美丽的贝类，多鲫鱼状茈鱼，一头，十身，味如蘼芜草，吃了不放屁。

再往东南三百里，叫女烝山，山上草木不生。该山是石膏水发源地，水西向入鬲水，其中多鳝鱼状薄鱼，一眼，声如人呕，一旦出现，天下大旱。

再往东南二百里，叫钦山，山中多金属矿物、玉石，无石头。该山是师水发源地，水北向入皋泽，其中多鳝鱼，多带彩纹的贝类。有一种小猪状野兽，獠牙，名叫当康，其叫声即自身名称读音，一旦出现，天下丰收。

再往东南二百里，叫子桐山。该山是子桐水发源地，水西向入余如泽。其中多䲙鱼状鱼，鸟翅，出入时闪闪发光，声如鸳鸯，一旦出现，天下大旱。

再往东北二百里，叫剡山，多金属矿物、玉石。有一种猪状野兽，人面，黄身，红尾，名叫合窳，声如婴啼，以人为食，能吃虫、蛇，一旦出现，天下水灾。

再往东二百里，叫太山，山上多金属矿物、玉石，多女贞树。有一种牛状野兽，白头，一眼，蛇尾，名叫蜚，过水，水干涸；遇草，草枯死。一旦出现，天下瘟疫。该山是钩水发源地，水北向入劳水，其中多鳝鱼。

东方四列山脉自北号山起，至太山止，共八座山，绵延一千七百二十里。

以上记录的是东方之山，共四十六座山，绵延一万八千八百六十里。

【解】

学理意义上，原始崇拜出现在旧石器中晚期，此乃人们对自身、自然、社会和对诸种精神现象的朴素性理解与表达。费尔巴哈认为："人的依赖感是宗教的基础；而这种依赖感的对象，亦即是人所依靠并且人也自己感觉到依靠的那个东西，本来不是别的，就是自然。自然是宗教最初的原始对象。这一点是一切宗教和一切民族的历史所充分证明的。"系统总结《山海经》中的原始崇拜，主要有如下几种：

一是神人／异人崇拜，其包含祖先崇拜、生殖崇拜、生存崇拜和灵魂崇拜，其中贯穿着十分明确的英雄崇拜。《礼记·祭法》："有虞氏禘黄帝而郊喾，祖颛顼而宗尧。夏后氏亦禘黄帝而郊鲧，祖颛顼而宗禹。殷人禘喾而郊冥，祖契而宗汤。周人禘喾而郊稷，祖文王而宗武王。"《山海经》中的祖先崇拜表现为建立了黄帝、炎帝、帝俊三个脉络清晰的大谱系和其他诸多小谱系，并由此而衍生出生殖崇拜、生存崇拜，如《海内经》末段记述："帝俊生三身，三身生义均，义均是始为巧倕，是始作下民百巧。后稷是播百谷。稷之孙曰叔均，是始作牛耕。大比赤阴，是始为国。禹、鲧是始布土，均定九州。炎帝之妻，赤水之子听訞生炎居，炎居生节并，节并生戏器，戏器生祝融。祝融降处于江水，生共工。共工生术器，术器首方颠，是复土穰，以处江水。共工生后土，后土生噎鸣，噎鸣生岁十有二。洪水滔天。鲧窃帝之息壤以堙洪水，不待帝命。帝命祝融杀鲧于羽郊。鲧复生禹。帝乃命禹卒布土以定九州。"这里，生殖、生存和命运共同体以及制度化的政治蓝图完全纠葛在一起。而灵魂崇拜则是对神人／异人精神的推扬及认可，《礼记·礼运》云："人者，其天地之德，阴阳之交，鬼神之会，五行之秀气也。故天秉阳，垂日星；地秉阴，窍于山川。播五行于四时，和而后月生也。"比如对蚩尤、共工、刑天、夸父、精卫、后羿等神人异人特别是灵魂、精神的记述，表明人们认为"灵魂"是一种"超人间"的存在，并进而凸显出中国创世神话重要的精神特征。

二是日月崇拜。日月崇拜归属于天体崇拜和自然崇拜，日主阳，月主阴，日月交替即人们的日常生活，故《礼记·祭义》："郊之祭，大报天而主日，配以月。"《山海经》多处记录了日月之生及对其之崇拜，《大荒南经》云："南海之外，甘水之间，有羲和之国，有女子名曰羲和，方日浴于甘渊。羲和者，帝俊之妻，生十日。"《大荒西经》云："有人反臂，名曰天虞。有女子方浴月，帝俊妻常羲，生月十有二，此始浴之。"其中，蕴含着最直接的生育崇拜。日月崇拜在《淮南子·天文训》中演绎得最为系统："天坠未形，冯冯翼翼，洞洞漏漏，故曰大昭。道始于虚霩，虚霩生宇宙，宇宙生气。气有汉限，清阳者薄靡而为天，重浊者凝滞而为地……天地之袭精为阴阳，阴阳之专精为四时，四时之散精为万物。积阳之热气生火，火气之精者为日；积阴之寒气为水，水气之精者为月；日月之淫精者为星辰。天受日月星辰，地受水潦尘埃。""日出于旸谷，浴于咸池，拂于扶桑，是谓晨明；登于扶桑，爱始将行，是谓朏明；至于曾泉，是谓早食；至于桑野，是谓宴食；至于衡阳，是谓隅中；至于昆吾，是谓正中；至于鸟次，是谓小还；至于悲谷，是谓铺时；至于女纪，是谓大还；至于虞渊，是谓离春；至于连石，是谓下春；至于悲泉，爰止其女，爰息其马，是谓悬车；至于渊虞，是谓黄昏；至于蒙谷，是谓定昏。日入于虞渊之氾，曙于蒙谷之浦，行九州七舍，有五亿万七千三百九里。""大德曰生。"在人们心目中，日月提供了生活、生存的一切时令条件。某种意义上，日月即生命，即物质。

三是山峦崇拜。《山海经》集中反映了中国古代山峦崇拜的观念与信仰。按照《释名》的说法："山，产也。言产生万物。"《山海经》中，山峦是动物、植物、矿物等一切人类赖以生存之物的提供者，有意思的是，山生水，水入海，经由水系得联结，山海而为一体。而且，山峦还是神异之居、日月出入之地和通天之梯，其中种种，《山海经》已有记载，不复赘述。值得注意的是，山峦崇拜和山神崇拜密切联系在一起，山神是山岳的神化，亦即将山峦抽象为一种宗教图腾的产物，故而山神崇拜反映在日常生活中就表现在祭祀上面。

四是动物崇拜。动物崇拜也归属于自然崇拜，是以现实或想象中的动物作为图腾，《山海经》中，动物崇拜比比皆是，几乎所有的鸟兽虫鱼都被异化为崇拜对象，甚至神人异人无论是神话人物还是诸种神灵，都被描写成与动物有关的超现实的形象，其中，最为突出的是蛇崇拜和鸟崇拜。根据传说，不但女娲是蛇形（郭璞注："女娲，古神女而帝者，人面蛇身，一日中七十变。"），伏羲（《帝王世纪》："燧人之世……生伏羲，……人首蛇身。"）、黄帝（《史记·天官书》："轩辕黄龙体。"《天官书·注》："人首蛇身，尾交首上，黄龙体。"）也为蛇形，诸山山神几乎都是蛇身。杨知勇认为："几千年来，蛇一直是性激情的象征。""蛇身盘柱的表现，意味着在性激情影响下勃起的男根。"鸟纹是早期文化遗址和夏商周青铜铭器中最常见、最重要的动物纹样，也是《山海经》中常见的形象，按《诗经·商颂·玄鸟》："天命玄鸟，降而生商。"《史记·殷本纪》："殷契，母曰简狄，……三人行浴，见玄鸟堕其卵，简狄取吞之，因孕生契。契长而佐禹治水有功，帝舜乃命契……为司徒，……封于商，赐姓子氏。"考察人类学资料，鸟生蛋即女子分娩的象征。这表明，蛇和鸟崇拜都与生殖有关。又据《礼记·礼运》："何谓四灵？麟凤龟龙，谓之四灵。故龙以为畜，故鱼鲔不淰；凤以为畜，故鸟不獝；麟以为畜，故兽不狘；龟以为畜，故人情不失。故先王秉蓍龟，列祭祀，瘞缯，宣祝嘏辞说，设制度，故国有礼，官有御，事有职，礼有序。故先王患礼之不达于下也，故祭帝于郊，所以定天位也；祀社于国，所以列地利也；祖庙所以本仁也，山川所以傧鬼神也，五祀所以本事也。"人们对动物的崇拜，实际上和血缘关系、宗族关系勾连在一起。《山海经》中的动物几乎都具有药用、食用、使用或预警价值，表明动物和人实际上是一体两面的。

五是植物崇拜。《山海经》中除了可以药用、食用、使用的植物外，在万物有灵的观念支配下，一些花草树木被赋予了某种灵性与神性，其中，桑崇拜是整个植物崇拜的核心。除普通的桑以外，还有一些奇特的桑树，如《北山经》："三桑生之，其树皆无枝，其高百仞。"《中山经》："其上有桑焉，大五十尺，其枝四衢，其叶大尺余，赤理黄华青柎，名曰帝女之桑。"《海外东经》："汤谷上有扶桑，十日所浴，在黑齿北。"桑崇拜与人们日常生活息息相关，中国是世界上最早饲养家蚕和缫丝制绢的国家，典籍中除了记载种种桑事、桑工、桑物外，如《尚书·禹贡》"（兖州）厥贡漆丝，厥篚织文""（青州）厥篚檿丝""（徐州）厥篚玄纤缟""（扬州）厥篚织贝""（荆州）厥篚玄纁玑组""（豫州）厥篚纤纩"，还记载了一些神话传说，如《淮南子·说林训》曰："黄帝生阴阳，上骈生耳目，桑林生臂手，此女娲所以七十化。"此外，还将桑用来做祭典时的神主，《国语·周语上》："及期，命于武宫，设桑主，布几筵。"桑主又叫桑封，《中山经》云："县婴用桑封，瘗而不糈，桑封者，桑主也，方其下而锐其上，而中穿之加金。"

　　六是矿物崇拜。中国独特的自然环境、丰富的矿产资源和悠久的矿冶历史，经由《山海经》形成了独特的矿物崇拜。矿物崇拜除了源于"用"，主要源于"灵"，也就是说，矿物上面蕴含着种种人文天道。这种崇拜集中体现在玉崇拜上，《说文·玉部》曰："玉，石之美者。"《论衡·累害》云："夫采玉者，破石拔玉。"玉虽本为石，但因其为石之精髓，便有了通灵之用，这一点，前文已有交代，此处不作铺陈。

中山经

　　《中山经》共包括十二次经，是《山经》中篇幅最长，也是含有各类名目最多的（异人少于《西山经》）的篇什。其中，涉及山峦202座，另有兔谷、机谷、蓷谷、共谷、蛇谷；涉及水流84条，另有江、海和雎漳渊、漳渊；涉及植物161种，另有祭物糈、稌、涂、五种之糈/五种之精；涉及动物151种；涉及矿物60种，另有祭物藻圭、璧、珪、吉玉、圭璧、桑封、藻玉、璆；涉及异人16个。

　　中者，据《说文·丨部》："内也。从口。丨，上下通。"《左传·成公十三年》："刘子曰：'吾闻之，民受天地之中以生，所谓命也。'"又《尚书·召诰》："王来绍上帝，自服于土中。"《注》曰："洛为天地之中。"故中山经规模庞大，而为《山经》主体。

　　"宇宙"/天地中心虽在昆仑，但人文之"中"却在《中山经》描述的广袤之中部地区，故"又东二十里曰和山。其上无草木而多瑶碧，实维河之九都"，"吉神泰逢司之，其状如人而虎尾，是好居于萯山之阳，出入有光。泰逢神动天地气也"，本章中的类似描述表明，人神未分，民鬼杂处，人、神、鬼、兽都在一体宇宙内共生互动，是不分彼此的，如"尸水，合天也"，"帝台之石，所以祷百神者也"，"东南三十里曰毕山。帝苑之水出焉"，"又东南一百二十里曰洞庭之山……帝之二女居之，是常游于江渊"，空间呈一维。而"帝"恰恰因为介入了人间和此世的生活，才变得神而为人，不受尊崇，这也是海经的"绝天地通"的唯一前提。

　　和炎帝之女借动物体而生不一样，本章中，还有一例借植物而生的情形，"又东二百里曰姑媱之山。帝女死焉，其名曰女尸，化为䔄草，其叶胥成，其华黄，其实如菟丘，服之媚于人”。此处，帝女应是善死，故不复仇，借生之物亦呈女儿态。

章末“禹曰”乃后人附加文字。

中山经薄山之首，曰甘枣之山。共水①出焉，而西流注于河。其上多枏木；其下有草焉，葵本②而杏叶，黄华而荚③实，名曰箨④，可以已瞢⑤。有兽焉，其状如鼣鼠⑥而文题，其名曰㺉⑦，食之已瘿。

又东二十里曰历儿之山。其上多櫔；多枥木⑧，是木也，方茎而员叶，黄华而毛，其实如楝⑨，服之不忘。

又东十五里曰渠猪之山。其上多竹。渠猪之水出焉，而南流注于河。其中多豪鱼⑩，其状如鲔，赤喙（赤）尾赤羽，可以已白癣⑪。

又东三十五里曰葱聋之山。其中多大谷⑫，是多白垩，黑青黄垩。

又东十五里曰湊山⑬。其上多赤铜，其阴多铁。

又东七十里曰脱扈之山。有草焉，其状如葵叶而赤华，荚实，实如棕荚，名曰植楮⑭，可以已癙⑮，食之不眯⑯。

又东二十里曰金星之山。多天婴⑰，其状如龙骨⑱，可以已痤⑲。

又东七十里曰泰威之山。其中有谷曰枭谷，其中多铁。

又东十五里曰橿谷之山，其中多赤铜。

又东百二十里曰吴林之山，其中多薻草⑳。

又北三十里曰牛首之山。有草焉，名曰鬼草㉑，其叶如葵而赤茎，其秀㉒如禾，服之不忧。劳水出焉，而西流注于潏水㉓。是多飞鱼，其状如鲋鱼，食之已痔衕㉔。

【注】

①共（gōng）水：水名，不详。②本：本指树根，这里指茎。③荚（jiá）：豆科植物的长形果实，《说文·艸部》："草实也。"④箨（tuò）：本义指竹皮、笋壳，这里指一种草，具体不详。⑤瞢（méng）：眼睛模糊不清。⑥鼣（huì）鼠：鼠名，不详。⑦㺉（nài）：鼠名，不详。⑧枥（lì）木：木名，同"栎"。⑨楝（liàn）：俗名"苦楝子"，可入药。⑩豪鱼：一种传说中的怪鱼。⑪癣（xuǎn）：霉菌引起的皮肤病。

⑫大谷：深沟。⑬湋（wō）山：山名，不详。⑭植楮（zhí chǔ）：一种传说中的草。⑮瘇（shǔ）：瘘疮，《尔雅·释诂上》："瘇，病也。"《尔雅》郝懿行疏："《淮南子·说山篇》云'狸头愈鼠'即今之鼠疮（疮）病。"⑯眯（mí）：通"迷"，袁珂："（不眯）谓不魇梦也。"⑰天婴：植物名，不详。⑱龙骨：中药名，别名"花龙骨"，为大型哺乳动物的骨骼化石。⑲痤（cuó）：即"粉刺"，一种皮肤病。⑳藬（jiān）草：兰草，藬，同"兰"。㉑鬼草：一种草，果实带刺，可附着人衣物，能入药。㉒秀：谷物开花，《诗经·大雅·生民》："实发实秀，实坚实好。"㉓潏（jué）水：即今山西临汾东南汾河。《水经·汾水注》："（潏）水源东南出巢山东谷，北径浮山东，又西北流与劳水合，乱流西北径高梁城北，西入于汾水。"㉔痔衕（dòng）：痔疮。

【引】

⑮富强：忧郁病。《诗经·小雅·正月》："哀我小心，瘨忧以痒。"马瑞辰通释："《诗》言'瘨忧以痒'，痒既为病，则瘨忧连言，瘨亦当训忧。"⑱郝懿行疏："本草别录云：'龙骨生晋地川谷及太山严水岸土穴中死龙处。'"⑳方韬：茅草，藬，同"菅"。

【译】

中央头列山脉是薄山山脉，薄山山脉头座山叫甘枣山。该山是共水发源地，水西向入黄河。山上多杻树。有一种草，葵茎，杏叶，黄花，荚果，名叫箨，吃了可治疗花眼。有一种獣鼠状野兽，额头有纹，名叫雌，吃了能治疗赘瘤。

再往东二十里，叫历儿山，山上多橿树，还多枥树，枥树方茎，圆叶，黄花，花瓣有绒毛，果如苦楝子，吃了能过目不忘。

再往东十五里，叫渠猪山，山上多竹子。该山是渠猪水发源地，水南向入黄河。其中多鮨鱼状豪鱼，红嘴，红尾，红羽，吃了可以治疗白癣。

再往东三十五里，叫葱聋山，山中多深峡，多白垩土，还有黑、青、黄色垩土。

再往东十五里，叫湋山，山上多铜，山北多铁。

再往东七十里，叫脱扈山。有一种葵菜状草，红花，荚果，荚如棕树果，名叫植楮，可以治疗瘘疮，吃了不做噩梦。

再往东二十里，叫金星山，山中多龙骨状天婴，可治疗痤疮。

再往东七十里，叫泰威山。山中有道枭谷，里面多铁矿物。

再往东十五里，叫橿谷山，山中多黄铜。

再往东一百二十里，叫吴林山，山中多兰草。

再往北三十里，叫牛首山。有一种草，名叫鬼草，葵叶，红茎，花如穗絮，吃了无忧无虑。该山是劳水发源地，水西向入潏水，其中多鯑鱼状飞鱼，吃了可治疗痔疮、痢疾。

- -

又北四十里曰霍山，其木多穀①。有兽焉，其状如狸而白尾有鬣，名曰朏朏②，养之可以已忧。

又北五十二里，曰合谷之山，是多薝棘③。

又北三十五里曰阴山。多砺石、文石。少水④出焉，其中多雕棠，其叶如榆叶而方，其实如赤菽⑤，食之已聋。

又东四百里曰鼓镫之山，多赤铜。有草焉名曰荣草⑥。其叶如柳，其本如鸡卵，食之已风。

凡薄山之首，自甘枣之山至于鼓镫之山，凡十五山，六千六百七十里。历儿，冢也，其祠礼：毛，太牢之具，县⑦以吉玉。其余十三山者，毛用一羊，县婴用桑封⑧，瘗而不糈，桑封者，桑主也，方其下而锐⑨其上，而中穿之加金。

【注】

①穀（gǔ）：木名，又称"构""楮"，即构树。②朏朏（fěi fěi）：一种传说中的怪兽。郝懿行疏："陈藏器《本草拾遗》云：'风狸似兔而短，人取笼养之。'即此也。"③薝棘（zhān jí）：植物名，不详。④少水：水名，不详。⑤赤菽（shū）：俗称"红小豆"。《韩非子·内储说上》："俄又置一石赤菽东门之外而令之曰：'有能徙此於西门之外者赐之如初。'"⑥荣草：草名，不详。⑦县：同"悬"。

⑧桑封：藻珪，袁珂："江绍原《中国古代旅行之研究》第一章注谓经文桑封系藻珪之误，桑主即藻玉……其说近是。"⑨锐：表示物体下大上小。

【引】

④富强：也就是今天的沁河。

【译】

再往北四十里，叫霍山，多构树。有一种野猫状野兽，白尾，脖有鬃毛，名叫朏朏，饲养了可解忧。

再往北五十二里，叫合谷山，多蒼棘。

再往北三十五里，叫阴山，多粗磨石、彩斑石。该山是少水发源地。多雕棠树，叶子方形，如榆叶，果如红豆，吃了可治疗耳聋。

再往东四百里，叫鼓镫山，多黄铜。有一种草名叫荣草，叶子如柳叶，根如鸡蛋，吃了可治疗风痹。

薄山山脉自甘枣山起，至鼓镫山止，共十五座山，绵延六千六百七十里。历儿山是诸山宗主，祭祀宗主山山神时，毛物用猪、牛、羊三牲作祭品，再悬挂吉玉献祭。祭祀其他十三座山山神，毛物用一只羊作祭品，再悬挂藻珪献祭，祭祀完毕，将它们埋入地下，祭祀不用米。藻珪即藻玉，下端长方形，上端有尖，中间穿孔，佩以金饰。

- -

中次二经济山之首曰煇诸之山①。其上多桑，其兽多闾②麋，其鸟多鹃③。

又西南二百里曰发视之山。其上多金、玉，其下多砥砺。即鱼之水出焉，而西流注于伊水。

又西三百里曰豪山。其上多金、玉，而无草木。

又西三百里曰鲜山。多金、玉，无草木。鲜水出焉，而北流注于伊水。其中多鸣蛇④，其状如蛇而四翼，其音如磬，见则其邑大旱。

又西三百时曰阳山。多石，无草木。阳水出焉，而北流注于伊水。

其中多化蛇，其状人面而豺身，鸟翼而蛇行，其音如叱呼，见则其邑大水。

又西二百里曰昆吾之山，其上多赤铜⑤。有兽焉，其状如彘而有角，其音如号，名曰蠪蚔⑥，食之不眯。

又西百二十里曰葌山。葌水出焉，而北流注于伊水，其上多金、玉，其下多青雄黄。有木焉，其状如棠而赤叶，名曰芒草⑦，可以毒鱼。

又西一百五十里曰独苏之山，无草木而多水。

又西二百里曰蔓渠之山。其上多金、玉，其下多竹、箭。伊水出焉，而东流注于洛。有兽焉，其名曰马腹，其状如人面虎身，其音如婴儿，是食人。

凡济山经之首，自辉诸之山至于蔓渠之山，凡九山，一千六百七十里，其神皆人面而鸟身。祠用毛，用一吉玉，投而不糈。

【注】

①辉（huī）诸之山：山名，不详。②闾（lú）：一种传说中的怪兽。③鹖（hé）：鹖鸟，《说文·鸟部》："鹖，鹖鸟也。似雉，出上党。"郝懿行疏："《玉篇》云：'鹖，何葛切；鸟似雉而大，青色，有毛角，斗死而止。'"④鸣蛇：一种传说中的灾兽，《南都赋》："其水虫则有蠳龟鸣蛇。"⑤赤铜：本指黄铜、紫铜，《管子·地数》："上有陵石者，下有铅锡赤铜。"此处指昆吾山的特产铜，按郭璞注："此山出名铜，色赤如火，以之作刃，切玉如割泥也。周穆王时西戎献之，《尸子》所谓昆吾之剑也。"⑥蠪蚔（lóng chí）：一种传说中的异兽。⑦芒草：即莽草，有毒。

【引】

②方韬：闾，一形状像驴长着羚羊角的动物。

【译】

中央二列山脉是济山山脉，济山山脉头座山叫辉诸山，山上多桑树，野兽多是山驴和麋鹿，禽鸟多是鹖鸟。

再往西南二百里，叫发视山，山上多金属矿物、玉石，山下多粗磨石、细磨石。该山是即鱼水发源地，水西向入伊水。

再往西三百里，叫豪山，山上多金属矿物、玉石，草木不生。

再往西三百里，叫鲜山，多金属矿物、玉石，草木不生。该山是鲜水发源地，水北向入伊水。其中多鸣蛇，四个翅膀，声如敲磬，哪里出现，即生旱灾。

再往西三百里，叫阳山，多石头，草木不生。该山是阳水发源地，水北向入伊水。其中多化蛇，人面，豺身，鸟翅，蛇行，声如人斥，哪里出现，哪有水灾。

再往西二百里，叫昆吾山，山上多黄铜。有一种猪状野兽，有角，声如人号啕，名叫蠪蚳，吃了不做噩梦。

再往西一百二十里，叫蒐山。该山是蒐水发源地，水北向入伊水。山上多金属矿物、玉石，山下多青色雄黄。有一种棠梨状树，红叶，名叫芒草，能毒死鱼。

再往西一百五十里，叫独苏山，草木不生，流水环绕。

再往西二百里，叫蔓渠山，山上多金属矿物、玉石，山下多小竹丛。该山是伊水发源地，水东向入洛水。有一种野兽，名叫马腹，人面，虎身，声如婴啼，以人为食。

济山山脉自辉诸山起，至蔓渠山止，共九座山，绵延一千六百七十里。诸山山神人面，鸟身。祭祀用毛物，再用一块吉玉投向山涧，不用祭米。

- -

中次三经萯山^①之首，曰敖岸之山。其阳多㻬琈之玉，其阴多赭、黄金。神熏池居之。是常出美玉。北望河林^②，其状如茜如举^③。有兽焉，其状如白鹿而四角，名曰夫诸，见则其邑大水。

又东十里曰青要之山。实维帝之密都，北望河曲^④，是多驾鸟^⑤。南望墠渚^⑥，禹父^⑦之所化，是多仆累^⑧、薄卢^⑨。魁武罗^⑩司之，其状人面而豹文，小要^⑪而白齿，而穿耳以鐻^⑫，其鸣如鸣玉。是山也，宜女子^⑬。畛水^⑭出焉，而北流注于河。其中有鸟焉，名曰鹨^⑮，其状如凫，青身而朱目赤尾，食之宜子。有草焉，其状如葌，而方茎、黄华、赤实，其本如藁本⑯，名曰荀草，服之美人色。

又东十里曰騩山⑰。其上有美枣，其阴有㻲琈之玉。正回之水出焉，而北流注于河。其中多飞鱼，其状如豚而赤文，服之不畏雷，可以御兵。

又东四十里曰宜苏之山。其上多金、玉，其下多蔓居之木⑱。潏潏之水出焉，而北流注于河，是多黄贝。

又东二十里曰和山。其上无草木而多瑶碧，实维河之九都⑲。是山也五曲⑳，九水出焉，合而北流注于河，其中多苍玉。吉神泰逢司之，其状如人而虎尾，是好居于萯山之阳，出入有光。泰逢神动天地气也。

凡萯山之首，自敖岸之山至于和山，凡五山，四百四十里。其祠泰逢、熏池、武罗皆一牡羊副㉑，婴用吉玉。其二神用一雄鸡瘗之，糈用稌。

【注】

①萯（fù）山：山名，不详，《竹书纪年》："帝孔甲三年，王畋于萯山。"②河林：黄河岸的树林。③如茜如举：茜，茜草，可入药；举，榉柳，落叶乔木。④河曲：河流迂曲之处。⑤驾（jiā）鸟：鸟名，郭璞注："未详也。或曰驾宜为鴽，鴽鹅也。音加。"⑥墠（shàn）渚：祭祀用的岛屿。⑦禹父：大禹父亲，即鲧。⑧仆累：即蜗牛。⑨薄卢：贝类软体动物，或即螺蛳。⑩魁武罗：即武罗神，郭璞注："武罗，神名；魁即神字。"袁珂："郭此注或据说文九'魁，神也'为说，而段玉裁云：'当作神鬼也，神鬼者，鬼之神者也。'自以段说为长。玉篇云：'魁，山神也。'说亦较单以神释魁贴切。"⑪要：古"腰"字。⑫鐻（jù）：耳环，郭璞注："鐻，金银器之名，未详也；音渠。"郝懿行疏："说文新附字引此经，云：'鐻，环属也。'"⑬宜女子：不明其意，或是有助于女子生育。⑭畛（zhěn）水：水名，不详。⑮鸰（yāo）：鸟名，不详。⑯藁（gǎo）本：即抚芎，中药名。⑰騩（guī）山：山名，不详。⑱蔓居之木：灌木名，郭璞注："未详。"郝懿行疏："广雅云：'牡荆，曼荆也。'曼，本草作蔓，此经蔓居，疑蔓荆声之转；蔓荆列本草木部，故此亦云蔓居之木也。"⑲九都：九水汇集之处。⑳五曲：五重。㉑副（pì）：剖开、裂开，《诗经·大雅·生民》："不坼不副，无菑无害。"

【译】

中央三列山脉是蒿山山脉，蒿山山脉头座山叫敖岸山，山南多瑅琈玉，山北多赭石、黄金。天神熏池在此居住，该山多美玉。向北可以看见河边树木，形如茜草和榉柳。有一种白鹿状野兽，四角，名叫夫诸，哪里出现，哪有水灾。

再往东十里，叫青要山，此处实际上是天帝隐秘的都城。自青要山向北可以看见河曲，其中多野鹅。向南可以看见祭祀用的岛屿，是禹父鲧化作黄熊之处，上面多蜗牛、螺蛳。山神武罗掌管此山，其人面，豹纹，细腰，白牙，耳有金银环，声如玉石碰击。青要山适宜女子居住。该山是畛水发源地，水北向入黄河。有一种野鸭状禽鸟，名叫鴢，青身，大红色的眼睛，深红色的尾巴，吃了能多生儿子。有一种兰花状草，方茎，黄花，红果，根如蒿本，名叫荀草，吃了使人皮肤嫩滑。

再往东十里，叫騩山，山上多甜枣，山北多瑅琈玉。该山是正回水发源地，水北向入黄河。其中多小猪状飞鱼，红纹，吃了不怕打雷，还可辟兵器。

再往东四十里，叫宜苏山，山上多金属矿物、玉石，山下多蔓荆。该山是滽滽水发源地，水北向入黄河，其中多黄色贝类。

再往东二十里，叫和山，草木不生，多瑶类、碧类美玉，这里实际上是黄河九条水源汇聚之处。此山盘旋五层，是九水发源地，在此汇合后北向入黄河，水多苍玉。吉神泰逢主管该山，其人面，虎尾，喜欢住在蒿山阳面，出入时闪闪发光。该神能兴云起风。

蒿山山脉自敖岸山起，至和山止，共五座山，绵延四百四十里。祭祀泰逢、熏池、武罗三神时，用一只劈开的公羊，且用吉玉。其余二山用一只公鸡，祭祀后埋入地下，祭米用稻米。

- -

中次四经釐山之首，曰鹿蹄之山。其上多玉。其下多金。甘水出焉，而北流注于洛，其中多泠石[①]。

西五十里曰扶猪之山，其上多礝石[②]。有兽焉，其状如貉[③]而人目，其名曰䴢[④]。虢水出焉，而北流注于洛，其中多瓀石[⑤]。

又西一百二十里曰厘山。其阳多玉，其阴多蒐^⑥。有兽焉，其状如牛，苍身，其音如婴儿，是食人，其名曰犀渠。滽滽之水出焉，而南流注于伊水。有兽焉，名曰獭^⑦，其状如獳犬^⑧，而有鳞，其毛如彘鬣。

又西二百里曰箕尾之山。多穀，多涂石^⑨，其上多㻬琈之玉。

又西二百五十里曰柄山。其上多玉，其下多铜。滔雕之水出焉，而北流注于洛。其中多羬羊。有木焉，其状如樗，其叶如桐而荚实，其名曰茇^⑩，可以毒鱼。

又西二百里曰白边之山。其上多金、玉，其下多青雄黄。

又西二百里曰熊耳之山。其上多漆，其下多棕。浮濠之水出焉，而西流注于洛，其中多水玉，多人鱼。有草焉，其状如苏^⑪而赤华，名曰葶苎^⑫，可以毒鱼。

又西三百里曰牡山。其上多文石，其下多竹箭、竹䇠^⑬。其兽多㸲牛、羬羊，鸟多赤鷩^⑭。

又西三百五十里曰讙举之山^⑮。洛水出焉，而东北流注于玄扈之水，其中^⑯多马肠之物^⑰。此二山^⑱者，洛间也。

凡釐山之首，自鹿蹄之山至于玄扈之山，凡九山，千六百七十里。其神状皆人面兽身。其祠之，毛用一白鸡，祈而不糈，以采衣^⑲之。

【注】

① 泠（líng）石：不详，郭璞注："泠石，未闻也；泠或作涂。"② 礝（ruǎn）石：似玉的美石。③ 貉（hé）：一种哺乳动物，外形像狐。④ 麐（yín）：兽名，不详。⑤ 礝石：即礝石，似玉的美石，《西京赋》："礝玟璘彬。"⑥ 蒐（sōu）：即茜草。⑦ 獭（jié）：兽名，不详。⑧ 獳（nòu）犬：发怒的狗。獳，《说文·犬部》："怒犬儿。"⑨ 涂石：即上文之泠石。⑩ 茇（bá）：或是误字。郭璞注："'茇'一作'芨'。"郝懿行疏："《尔雅》云：'杬，鱼毒。'《说文》'杬'从'草'作'芫'，疑作'芨'者，因字形近'芫'而讹。"⑪ 苏：即紫苏，一年生草本植物，可入药。⑫ 葶苎（tíng zhù）：草名，不详。⑬ 竹箭、竹䇠：竹和箭、䇠连称时，代表两种不同的竹子。⑭ 赤鷩（bì）：山鸡类动物，郭璞注："赤鷩，山鸡之属，胸腹洞赤，冠金，背黄，头绿，尾中有赤，毛彩鲜明。"⑮

蘿（huān）举之山：山名，不详。⑯其中：指玄扈之山，读上下文，此处疑有漏脱。⑰马肠之物：即怪兽马腹，见本章上文"又西二百里曰蔓渠之山。……有兽焉，其名曰马腹，其状如人面虎身，其音如婴儿，是食人"。⑱二山：即蘿举山和玄扈山，《水经注·洛水》："玄扈之水，出于玄扈之山。"⑲衣：名词作动词用，包裹。

【引】

①袁珂：王念孙亦校改"冷"作"泠"、"涂"作"淦"。吴宽抄本作"泠石"，非。

【译】

中央四列山脉是釐山山脉，釐山山脉头座山叫鹿蹄山，山上多玉石，山下多金属矿物。该山是甘水发源地，水北向入洛水，其中多泠石。

往西五十里，叫扶猪山，山上多礝石。有一种貉状野兽，人眼，名叫麐。该山是虢水发源地，水北向入洛水，其中多礝石。

再往西一百二十里，叫厘山，山南多玉石，山北多茜草。有一种牛状野兽，全身青黑，声如婴啼，以人为食，名叫犀渠。该山是滽滽水发源地，水南向入伊水。有一种狂犬状野兽，名叫獭，全身鳞甲，毛如猪鬃。

再往西二百里，叫箕尾山，多构树，多泠石，多㻬琈玉。

再往西二百五十里，叫柄山，山上多玉石，山下多铜矿物。该山是滔雕水发源地，水北向入洛水。山中多羬羊。有一种臭椿状树，叶如梧桐叶，荚果，名叫芨，能毒死鱼。

再往西二百里，叫白边山，山上多金属矿物、玉石，山下多青色雄黄。

再往西二百里，叫熊耳山，山上多漆树，山下多棕树。该山是浮濠水发源地，水西向入洛水，其中多水晶石，多人鱼。有一种紫苏状草，红花，名叫葶苎，能毒杀鱼。

再往西三百里，叫牡山，山上多彩石，山下多竹箭、竹箱类竹丛。野兽多是牸牛、羬羊，禽鸟多是赤鷩。

再往西三百五十里，是蘿举山。该山是雒水发源地，水向东北入玄扈水。其中多马肠状怪物。蘿举山、玄扈山之间夹着一条洛水。

　　釐山山脉自鹿蹄山起，至玄扈山止，共九座山，绵延一千六百七十里。诸山山神人面，兽身。祭祀时，毛物用一只白鸡取血献祭，不用祭米，鸡用彩帛包裹。

　　中次五经薄山之首，曰苟林之山。无草木，多怪石。

　　东三百里曰首山。其阴多榖柞，其草多茶芫①；其阳多㻬琈之玉，木多槐。其阴有谷，曰机谷，多䭾鸟②，其状如枭而三目，有耳，其音如录，食之已垫③。

　　又东三百里曰县斸之山。无草木，多文石。

　　又东三百里曰葱聋之山。无草木，多䃂石④。

　　东北五百里曰条谷之山。其木多槐、桐，其草多芍药、虋冬⑤。

　　又北十里曰超山。其阴多苍玉，其阳有井，冬有水而夏竭。

　　又东五百里曰成侯之山，其上多櫄木⑥，其草多芃⑦。

　　又东五百里曰朝歌之山，谷多美垩。

　　又东五百里曰槐山，谷多金、锡⑧。

　　又东十里曰历山。其木多槐，其阳多玉。

　　又东十里曰尸山。多苍玉，其兽多麖⑨。尸水出焉，南流注于洛水，其中多美玉。

　　又东十里曰良馀之山。其上多榖、柞，无石。馀水出于其阴，而北流注于河；乳水出于其阳，而东南流注于洛。

　　又东南十里曰蛊尾之山。多砺石、赤铜。龙馀之水出焉，而东南流注于洛。

　　又东北二十里曰升山。其木多榖、柞、棘，其草多藷萸、蕙⑩，多寇脱⑪。黄酸之水出焉，而北流注于河，其中多璇玉⑫。

　　又东十二里阳虚之山。多金，临于玄扈之水。

　　凡薄山之首，自苟林之山至于阳虚之山，凡十六山，二千九百八十二里。升山，冢也，其祠礼，太牢，婴用吉玉。首山，䰡⑬也，其祠用稌、黑牺、太牢之具、蘖酿⑭、干儛⑮、置鼓，婴用一璧。尸水，合天也，肥牲祠之，用一黑犬于上，用一雌鸡于下，刉⑯一牝羊，献血。婴用吉玉，采之，飨之。

【注】

①苪(zhú)芫：苪，山蓟；芫，芫华。汪绂云："苪，山蓟也，有苍术、白术二种；芫，芫华也；皆入药用。"②𪄻(dì)鸟：鸟名，不详。③垫：潮湿引发的病症，汪绂云："垫，下湿病。"④磅(bàng)石：即珌石，次一点的玉石。⑤蘴(mén)冬：俗作"门冬"，可作药用。⑥櫄木：即椿木，郭璞注："似樗树，材中车辕。"郝懿行疏："《说文》云，杶，或作'櫄'，即今'椿'字也。"⑦茮(jiāo)：一种可作药用的草。⑧锡：锡矿石。⑨麠(jīng)：即马鹿。⑩蕙：一种香草。⑪寇脱：通脱木的别名，郭璞注："寇脱草生南方，高丈许，似荷叶而茎中有瓤，正白，零桂人植而日灌之以为树也。"⑫璇玉：次于玉的美石。⑬魊(shén)：神灵。⑭糵(niè)酿：醴酒。糵，酒曲。《礼记·礼运》："故礼之于人也，犹酒之有糵也，君子以厚，小人以薄。"⑮干儛(wǔ)：一种武舞，舞者执干，干，盾牌。郭璞注："干儛，万儛；干，楯也。"⑯刉(jī)：宰割。

【引】

⑮《周礼·春官·乐师》："乐师掌国学之政，以教国子小舞。凡舞，有帗舞，有羽舞，有皇舞，有旄舞，有干舞，有人舞。"郑玄注引郑司农云："干舞者，兵舞。"

【译】

中央五列山脉是薄山山脉，薄山山脉头座山叫苟林山，草木不生，多怪石。

往东三百里，叫首山，山北多构树、柞树，草多是苪草、芫华；山南多㻬琈玉，树木多是槐树。山北有道峡谷，名叫机谷，谷中多猫头鹰状𪄻鸟，三眼，有耳，声如鹿鸣，吃了能祛湿气。

再往东三百里，叫县斸山，草木不生，多彩纹石。

再往东三百里，叫葱聋山，草木不生，多磅石。

往东北五百里，叫条谷山，树木多是槐树和桐树，草多是芍药、门冬。

再往北十里，叫超山，山北多苍玉，山南有泉，冬涌夏枯。

再往东五百里，叫成侯山，山上多櫄树，花草多是秦芁。

再往东五百里，叫朝歌山，谷中多好垩土。

再往东五百里，叫槐山，谷里多金属矿物、锡矿物。

再往东十里，叫历山，树木多是槐树，山南多玉石。

再往东十里，叫尸山，多苍玉，野兽多是马鹿。尸水从这座山发源，水南向入洛水，其中多优质玉石。

再往东十里，叫良余山，山上多构树和柞树，无石。该山北麓是余水发源地，水北向入黄河；该山南麓是乳水发源地，水向东南入洛水。

再往东南十里，叫蛊尾山，多粗磨石、黄铜。该山是龙余水发源地，水向东南入洛水。

再往东北二十里，叫升山，树木多构树、柞树、酸树，花草多山药、惠草，寇脱也不少。该山是黄酸水发源地，水北向入黄河，其中多璇玉。

再往东二十里，叫阳虚山，多金属矿物，该山毗邻玄扈水。

薄山山脉自苟林山起，至阳虚山止，共十六座山，绵延二千九百八十二里。升山是诸山宗主，祭祀该山山神时，毛物中用猪、牛、羊三牲作祭品，玉用吉玉。首山是神灵应验之山，祭祀该山山神时，用稻米、整只的黑猪牛羊和醴酒，还要有干舞——手持盾牌起舞，敲鼓应和；玉器用玉璧。尸水上可通天，要用肥壮牲畜作祭品，包括用一只黑狗供在上面，一只母鸡供在下面，杀一只母羊献血。玉器用吉玉，祭品用彩帛包装，请神享用。

- -

中次六经缟羝山①之首，曰平逢之山。南望伊、洛，东望穀城之山，无草木，无水，多沙石。有神焉，其状如人而二首，名曰骄虫，是为螫虫②，实惟蜂蜜之庐③。其祠之：用一雄鸡，禳④而勿杀。

西十里曰缟羝之山，无草木，多金、玉。

又西十里曰廆山⑤。其阴多琈珸之玉。其西有谷焉，名曰雚谷⑥，其木多柳楮。其中有鸟焉，状如山鸡而长尾，赤如丹火而青喙，名曰鸰鹛^⑦，其鸣自呼，服之不眯。交觞之水^⑧出于其阳，而南流注于洛，俞随之水出于其阴，而北流注于穀水。

又西三十里曰瞻诸之山。其阳多金，其阴多文石。谢水^⑨出焉，而东南流注于洛；少水^⑩出其阴，而东流注于穀水。

又西三十里曰娄涿之山^⑪。无草木，多金、玉。瞻水^⑫出于其阳，而东流注于洛。陂水^⑬出于阴，而北流注于穀水，其中多茈石^⑭、文石。

又西四十里曰白石之山。惠水出于其阳，而南流注于洛，其中多水玉。涧水出于其阴，西北流注于穀水，其中多麋石^⑮、栌丹^⑯。

又西五十里曰穀山。其下多穀，其上多桑。爽水出焉，而西北流注于穀水，其中多碧绿^⑰。

又西七十二里曰密山。其阳多玉，其阴多铁。豪水出焉，而南流注于洛；其中多旋龟^⑱，其状鸟首而尾，其音如判木。无草木。

又西百里曰长石之山。无草木，多金、玉。其西有谷焉，名曰共谷，多竹。共水出焉，西南流注于洛，其中多鸣石^⑲。

又西一百四十里曰傅山。无草木，多瑶碧。厌染之水出于其阳，而南流注于洛，其中多人鱼。其西有林焉，名曰墦冢^⑳。穀水也焉，而东流注于洛，其中多珚玉^㉑。

又西五十里曰橐山。其木多樗，多椶楠木^㉒。其阳多金、玉，其阴多铁，多萧^㉓。橐水出焉，而北流注于河。其中多脩辟之鱼，状如黽^㉔而白喙，其音如鸱，食之已白癣。

【注】

①编瓱（gǎo dí）山：山名，在今河南西北部，或指孟津鹤甸山。②螫（shì）虫：能用毒针伤人的昆虫。③蜂蜜之庐：蜂巢。蜜，亦指蜂；庐，住所，此处指蜂巢。④禳（ráng）：祭名，一种祈祷消灾驱邪的祭祀，《左传·昭公二十六年》："齐有彗星，齐侯使禳之。"⑤麂（guī）山：古山名，或即河南洛阳西谷口山，其东十里平逢山是洛阳北邙山之首，炎帝、黄帝母族有蟜氏出生于此。⑥蘿（guàn）谷：山谷名。⑦鸰鹛（líng yāo）：鸟名，不详。⑧交觞（shāng）之水：古水名，不详。⑨谢（xiè）水：古水名，不详。⑩少（shào）水：古水名，不详。⑪娄涿（zhuō）

之山：古山名，不详。⑫瞻水：古水名，不详。⑬陂（bēi）水：古水名，不详。⑭茈（zǐ）石：紫色的石头。茈，通"紫"。⑮麋（mí）石：能画眉毛的矿石。麋，通"眉"，《荀子·非相》："伊尹之状，面无须麋。"⑯栌（lú）丹：黑色矿物。栌，通"卢"，黑色。⑰碧绿：碧绿色的石头。⑱旋龟：一种传说中的龟，喜生水中，《汉书·五行志》："貌之不恭是谓不肃；厥罚恒雨时则有龟孽。"注曰："多雨则龟多出也。"⑲鸣石：能传音的石头，可制作磬石等乐器。⑳墦（fān）冢：树林名。㉑珚玉：一种玉石，不详。㉒楠（bèi）木：一种树木，郭璞云："今蜀中有楠木，七八月中吐穗，穗成，如有盐粉著状，可以酢羹；音备。"㉓萧：艾蒿。㉔黾（měng）：蛙类动物。

【译】

中央六列山脉是缟羝山山脉，缟羝山山脉头座山叫平逢山，南望伊水和洛水，东观榖城山。该山草木不生，无水，多沙子、石头。有一种人貌山神，两头，名叫骄虫，是螫虫的首领。该山实际上是蜜蜂聚集筑巢之处。祭祀该神时，用一只公鸡作祭品，祈祷后放掉，不杀。

往西十里，叫缟羝山，草木不生，多金属矿物、玉石。

再往西十里，叫厩山，山北多瑓珸玉。山西有道峡谷，叫蘿谷，树木多是柳树、构树。有一种野鸡状鸟，长尾，火红的身子，青嘴，名叫鸽鹦，其叫声即自身名称读音，吃了不做噩梦。该山南麓是交觞水发源地，水向南入洛水；该山北麓是俞随水发源地，水北向入谷水。

再往西三十里，叫瞻诸山，山南多金属矿物，山北多彩纹石。该山是谢水发源地，水向东南入洛水；该山北麓是少水发源地，水东向入谷水。

再往西三十里，叫娄琢山，草木不生，多金属矿物、玉石。该山南麓是瞻水发源地，水东向入洛水；该山北麓是陂水发源地，水北向入榖水，其中多紫石、彩纹石。

再往西四十里，叫白石山。该山南麓是惠水发源地，水南向入洛水，其中多水晶石。该山北麓是涧水发源地，水向西北入谷水，其中多画眉石、黑丹沙。

再往西五十里，叫榖山，山下多构树，山上多桑树。该山是爽水发源地，水向西北入穀水，其中多孔雀石。

再往西七十二里，叫密山，山南多玉，山北多铁。该山是豪水发源地，水南向入洛水，其中多旋龟，乌头，鳖尾，声如劈木。该山草木不生。

再往西一百里，叫长石山，草木不生，多金属矿物、玉石。山西有道峡谷，名叫共谷，多竹子。该山是共水发源地，水向西南入洛水，其中多鸣石。

再往西一百四十里，叫傅山，草木不生，多瑶类、碧类美玉。该山南麓是厌染水发源地，水南向入洛水，其中多人鱼。山西有一片树林，名叫墦冢。该山是穀水发源地，水向东南入洛水，其中多珝玉。

再往西五十里，叫橐山，树木多是臭椿树，楢树也不少，山南多金属矿物、玉石，山北多铁，多艾蒿。该山是橐水发源地，水向北入黄河。其中多蛙状脩辟鱼，白嘴，声如鹰鸣，吃了可治疗白癣。

- -

又西九十里曰常烝[1]之山。无草木，多垩。潐水[2]出焉，而东北流注于河，其中多苍玉。菑水[3]出焉，而北流注于河。

又西九十里曰夸父之山。其木多棕、枏，多竹、箭。其兽多㸲牛、羬羊，其鸟多鷩。其阳多玉，其阴多铁。其北有林焉，名曰桃林[4]，是广员三百里，其中多马。湖水出焉，而北流注于河，其中多珝玉。

又西九十里曰阳华之山。其阳多金、玉，其阴多青雄黄。其草多藷萸，多苦辛，其状如樰[5]，其实如瓜，其味酸甘，食之已疟。杨水出焉，而西南流注于洛。其中多人鱼。门水出焉，而东北流注于河，其中多玄碏[6]。錯姑之水[7]出于其阴，而东流注于门水，其上多铜。门水出于河，七百九十里入雒水。

凡缟羝山之首，自平逢之山至于阳华之山，凡十四山，七百九十里。岳[8]在其中，以六月[9]祭之，如诸岳之祠法，则天下安宁。

【注】

①烝（zhēng）：同"蒸"，阳气上升。《国语·周语》："阳气俱烝。"②潐（qiáo）水：古水名，不详。③菑（zī）水：古水名，不详。④桃林：

古地名，传说为夸父手杖而化，在今河南灵宝西，陕西潼关东，乃武王放牧处。⑤櫹(xiāo)：同"楸"，落叶乔木，夏季开花，果实可入药，治疗热毒和疮疥。⑥玄𥕜(sù)：黑色磨刀石。⑦緖(jí)姑之水：古水名。⑧岳：高山。《诗经·周颂·般》："陟其高山，堕山乔岳。"⑨六月：岁中。

【引】

④郭璞注：桃林，今宏农湖县阌乡南谷中是也；饶野马山羊山牛也。袁珂：桃林，毕沅说即邓林，是神话中夸父弃杖所化而成林者。⑨郭璞注：六月亦岁之中。

【译】

往西九十里，叫常烝山，草木不生，多垩土。该山是潐水发源地，水向东北入黄河，其中多苍玉。该山是畜水发源地，水北向入黄河。

再往西九十里，叫夸父山，树木多是棕树、楠树，多小竹丛，野兽多是牜乍牛、羬羊，禽鸟多是赤鷩，山南多玉石，山北多铁矿物。山北有片树林，称作桃林，方圆三百里，林中多骏马。该山是湖水发源地，水北向入黄河，其中多珚玉。

再往西九十里，叫阳华山，山南多金属矿物、玉石，山北多青色雄黄，草多是山药，楸树状苦辛草也不少，其果如瓜，味酸甜，吃了可治疗疟疾。该山是杨水发源地，水向西南入洛水，其中多人鱼。该山是门水发源地，水向东北入黄河，其中多黑磨石。该山北麓是緖姑水发源地，水向东入门水，沿水多铜矿物。门水是黄河的支流，流经七百九十里，入雒水。

缟羝山山脉自平逢山起，至阳华山止，共十四座山，绵延七百九十里。矗立在其中的高大山岳，每年六月举行祭祀，方法如同祭祀其他山岳一样。如此祭祀，天下太平。

中次七经苦山之首曰休与之山。其上有石焉，名曰帝台之棋①，五

色而文，其状如鹑卵。帝台之石，所以祷百神者也，服之不蛊。有草焉，其状如蓍，赤叶而本丛生，名曰夙条，可以为簳②。

东三百里曰鼓钟之山，帝台之所以觞③百神也。有草焉，方茎而黄华，员叶而三成④，其名曰焉酸，可以为毒⑤。其上多砺，其下多砥。

又东二百里曰姑媱之山。帝女死焉，其名曰女尸，化为䔄草⑥，其叶胥成⑦，其华黄，其实如菟丘⑧，服之媚于人。

又东二十里曰苦山。有兽焉，名曰山膏，其状如逐⑨，赤若丹火，善詈⑩。其上有木焉，名曰黄棘，黄华而员叶，其实如兰，服之不字⑪。有草焉，员叶而无茎，赤华而不实，名曰无条⑫，服之不瘿。

又东二十七里曰堵山。神天愚居之，是多怪风雨。其上有木焉，名曰天楄⑬，方茎而葵状，服者不哽⑭。

又东五十二里曰放皋之山。明水出焉，南流注于伊水，其中多苍玉。有木焉，其叶如槐，黄华而不实，其名曰蒙木，服之不惑。有兽焉，其状如蜂，枝尾⑮而反舌，善呼，其名曰文文。

又东五十七里曰大𦼮之山。多琈㻬之玉，多麇玉⑯。有草焉，其状叶如榆⑰，方茎而苍伤⑱，其名曰牛伤，其根苍文，服者不厥⑲，可以御兵。其阳狂水出焉，西南流注于伊水，其中多三足龟，食者无水疾，可以已肿。

【注】

①帝台之棋：帝台的棋具。帝台，神名。又据本章"东三百里，曰鼓钟之山，帝台之所以觞百神也"，"高前之山，其上有水焉，甚寒而清，帝台之浆也，饮之者不心痛"，《晋书·束皙传》："《穆天子传》五篇，言周穆王游行四海，见帝台、西王母。"棋，博棋。②簳（gǎn）：箭杆。③觞：宴请。④成：即重，层。《尔雅·释地》："丘一成为敦丘。"《注》："成，犹重也。"《周礼·秋官·司仪》："将合诸侯，则令为坛三成。"郭璞云："叶三重也。"⑤为毒：除毒。郭璞注："为，治。"⑥䔄（yáo）草：草名。⑦胥成：叶子重叠而生，郭璞注："言叶相重也。"胥：相与，相互，《诗经·小雅·角弓》："兄弟昏姻，无胥远矣。"⑧菟丘：菟丝子。⑨逐：即"豚"字。⑩詈：责骂，《礼记·曲礼》："怒不至詈。"⑪字：怀孕，生育。《易·屯》："女子贞不字，

十年乃字。"⑫无条：古草名，与无条草形状不同，同名异物。⑬楄（piān）：古树名。⑭哩（yē）：同"噎"，噎饭类疾病。⑮枝尾：树枝般的尾巴。⑯麖玉：即瑂玉，一种玉石。郝懿行疏："麖，疑瑂之假借字也。说文云：'瑂，石之似玉者，读若眉。'"⑰其状叶如榆：或为"其叶状如榆"，或为"其状如榆"。⑱苍伤：苍，《广雅》："青也。"伤，刺，《说文解字注》："山海经谓木束为伤。"⑲厥：病名，指昏倒、手足逆冷等症。《素问·六节藏象论》："凝于足者为厥。"

【译】

中央七列山脉是苦山山脉，苦山山脉头座山叫休与山。有一种石子，名叫帝台棋，分五色，带斑纹，形如鹌鹑蛋。这种石子是用来祷祀诸神的，吃了百毒不侵。有一种蓍草状草，红叶，根茎联结丛生，名叫夙条，可做箭杆。

往东三百里，叫鼓钟山，帝台在此敲钟击鼓，宴饮诸神。有一种草，方茎，黄花，三层圆叶，名叫焉酸，可用来解毒。山上多粗磨石，山下多细磨石。

再往东二百里，叫姑媱山，天帝女儿死在这里，故称作女尸，其死后化为蕃草，叶子相互重叠，黄花，长着菟丝子般的果实，吃了能讨人宠爱。

再往东二十里，叫苦山。有一种小猪状野兽，名叫山膏，浑身红如丹火，喜欢骂人。有一种树木，名叫黄棘，黄花，圆叶，长着兰草般的果实，吃了不生育。有一种草，圆叶，无茎，红花，无果，名叫无条，吃了不长肉瘤。

再往东二十七里，叫堵山，天神天愚住在此处，该山多邪风怪雨。有一种葵菜状树木，名叫天楄，方茎，吃了不噎饭。

再往东五十二里，叫放皋山。该山是明水发源地，水南向入伊水，其中多苍玉。有一种树木，叶如槐，黄花，无果，名叫蒙木，吃了不痴呆。有一种蜜蜂状野兽，叉尾，舌头倒转，喜欢喊叫，名叫文文。

再往东五十里，叫大䖏山。山中多琦珉玉、麖玉。有一种草，叶如榆，方茎，青刺，名叫牛伤，根茎有青纹，吃了不得昏厥症，能辟兵器。该

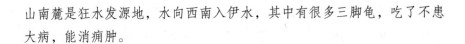

山南麓是狂水发源地，水向西南入伊水，其中有很多三脚龟，吃了不患大病，能消痈肿。

又东七十里曰半石之山。其上有草焉，生而秀①，其高丈余，赤叶赤华，华而不实，其名曰嘉荣，服之者不霆②。来需之水出于其阳，而西流注于伊水，其中多鯩鱼③，黑文，其状如鲋，食者不睡。合水出于其阴，而北流注于洛，多䲢鱼④，状如鳜⑤，居逵⑥，苍文赤尾，食者不痈⑦，可以为瘘⑧。

又东五十里曰少室之山⑨，百草木成囷⑩。其上有木焉，其名曰帝休，叶状如杨，其枝五衢，黄华黑实，服者不怒。其上多玉，其下多铁。休水出焉，而北流注于洛，其中多鯑鱼，状如盩蜼⑪而长距，足白而对⑫，食者无蛊疾，可以御兵。

又东三十里曰泰室之山⑬。其上有木焉，叶状如梨而赤理，其名曰栯木⑭，服者不妒。有草焉，其状如茉⑮，白华黑实，泽如蘡薁⑯，其名曰蓇草，服之不眛⑰。上多美石。

又北三十里曰讲山。其上多玉，多柘⑱，多柏。有木焉，名曰帝屋，叶状如椒，反伤赤实，可以御凶。

又北三十里曰婴梁之山。上多苍玉，錞于玄石。

又东三十里曰浮戏之山。有木焉，叶状如樗而赤实，名曰亢木⑲，食之不蛊。汜水出焉，而北流注于河。其东有谷，因名曰蛇谷，上有少辛⑳。

又东四十里曰少陉之山㉑。有草焉，名曰䓊草㉒，叶状如葵，而赤茎白华，实如蘡薁，食之不愚。器难之水出焉，而北流注于役水。

又东南十里曰太山㉓。有草焉，名曰梨，其叶状如萩㉔而赤华，可以已疽。太水出于其阳，而东南流注于役水。承水也于其阴，而东北流注于役。

又东二十里曰末山。上多赤金。末水出焉，北流注于役。

又东二十五里曰役山。上多白金，多铁。役水出焉，北注于河。

又东三十五里曰敏山㉕。上有木焉，其状如荆，白华而赤实，名曰蓟柏^㉖，服者不寒。其阳多琈瑤之玉。

又东三十里曰大騩之山。其阴多铁、美玉、青垩。有草焉，其状如蓍而毛，青华而白实，其名曰狼^㉗。服之不夭，可以为腹病。

凡苦山之首，自休与之山至于大騩之山，凡十有^㉘九山，千一百八十四里。其十六神者，皆豕^㉙身而人面。其祠：毛牷用一羊羞，婴用一藻玉瘗。苦山、少室、太室皆冢也，其祠之太牢之具，婴以吉玉。其神状皆人面而三首，其余属皆豕身人面也。

【注】

①生而秀：一出生就开花。秀，开花。②霆：劈雷，霹雳，《尔雅·释天》："疾雷为霆。"③鯩（lún）鱼：一种传说中的鱼，或说鮠鱼，或说鲢鱼。④䲛（téng）鱼：或为瞻星鱼，其体略呈方形，稍侧扁，口大朝上，体黄棕色，有不规则白斑。⑤鳜：即鳜鱼。⑥逯：水底四通八达的洞穴，郭璞注："水中之穴道交通者。"⑦痈（yōng）：脓疮。⑧瘘（lòu）：脖子肿大的病，即颈部淋巴结核。⑨少室之山：又名季室山，位于今河南登封西北。⑩囷（qūn）：圆形谷仓，《说文·口部》："廪之圆者。"⑪蛴螱（zhōu wèi）：一种类似猕猴的野兽。⑫对：对生，即相对而生。⑬泰室之山：即太室山，郭璞注："即中岳嵩高山也，今在阳城县西。启母化为石而生启，在此山，见《淮南子》。"顾炎武《北岳辨》："古之帝王，其立五岳之祭，不必皆于山之巅……东岳泰山于博，中岳泰室于嵩高。"⑭栯（yú）木：木名。⑮术（zhú）：即"术"的本字，白术或苍术，多年生草本植物，可入药。⑯蘡薁（yīng yù）：俗称野葡萄，可酿酒，可入药。⑰昧：昏暗，即看不清，《左传·僖公二十四年》："目不别五色之章为昧。"⑱柘（zhè）：落叶灌木或乔木，皮有刺，叶卵形，可喂蚕。⑲亢木：一种传说中的树。⑳少（shào）辛：细辛，一种药草。㉑少陉（xíng）之山：山名，不详。㉒岗（gāng）草：草名。㉓太山：山名，汪绂："此太山在郑，非东岳太山。"㉔萩（qiū）：古同"楸"，木名。㉕敏山：今称七敏山，在今河南新密东南。㉖蓟（jì）柏：木名，郝懿行疏："《玉篇》云：'蓟，俗蓟字。'《初学记》二十八卷引广志云：'柏有计柏。''计''蓟'声同，疑是也。"㉗

蒫（hěn）：一种草。㉘有：通"又"。㉙豕（shǐ）：猪。《说文·豕部》："彘也。"《诗经·小雅·渐渐之石》："有豕白蹢，烝涉波矣。"

【引】

⑥又指四通八达的道路，《诗经·周南·兔罝》："肃肃兔罝，施于中逵。"

【译】

再往东七十里叫半石山。有一种草，刚破土就开花，这种草高丈余，红叶，红花，开花却不结果，名叫嘉荣，吃了不怕霹雳。该山南麓是来需水发源地，水西向入伊水，其中多鲫鱼状鯩鱼，黑纹，吃了不打瞌睡。该山北麓是合水发源地，水北向入洛水，其中多鳜鱼状鰧鱼，栖居在水底四通八达的洞穴中，青斑，红尾，吃了不患痈肿，还可治疗瘘疮。

再往东五十里叫少室山，草木聚生如粮仓。有一种树木，名叫帝休，叶如杨，树枝交叉，四方伸展，黄花，黑果，吃了心平气和，不会生气。山上多玉石，山下多铁。该山是休水发源地，水北向入洛水，其中多猕猴状䱛鱼，长爪，白趾对生，吃了没疑心病，能辟兵器。

再往东三十里，叫泰室山。有一种树木，叶如梨树叶，红纹，名叫栯木，吃了没嫉妒心。有一种白术状草，白花，黑果，果实呈野葡萄状，名叫萐草，吃了不花眼。山上多优质石头。

再往北三十里，叫讲山，山上多玉石，多柘树、柏树。有一种树木，名叫帝屋，叶如花椒，有倒钩刺，红果，可辟凶邪。

再往北三十里，叫婴梁山，山上多苍玉，苍玉附在黑石之上。

再往东三十里，叫浮戏山。有一种树木，叶如臭椿，红果，名叫亢木，吃了可驱邪。该山是汜水发源地，水北向入黄河。山东有道峡谷，因多蛇，称作蛇谷，谷中多可入药的细辛。

再往东四十里，叫少陉山。有一种草，名叫䓖草，叶如葵菜，红茎，白花，长着野葡萄状果实，吃了能使人聪明伶俐。该山是器难水发源地，水北向入役水。

再往东南十里，叫太山。有一种草，名叫梨，叶如蒿草叶，红花，可以治疗痈疽。该山南麓是太水发源地，水向东南入役水；该山北麓是承水发源地，水向东北入役水。

再往东二十里，叫末山，多黄金。该山是末水发源地，水北向入役水。

再往东二十五里，叫役山，多白银，多铁矿物。该山是役水发源地，水北向入黄河。

再往东三十五里，叫敏山。有一种牡荆状树，白花，红果，名叫葡柏，吃了不怕寒冷。山南多璿琈玉。

再往东三十里，叫大騩山，山北多铁矿物、优质玉石和青垩土。有一种蓍草状草，长着绒毛，青花，白果，名叫蒗，吃了可长寿，还可治疗肠胃疾病。

苦山山脉自休与山起，至大騩山止，共十九座山，绵延一千一百八十四里。其中十六座山山神，猪身，人面。祭祀时，毛物用纯色羊献祭，玉器用一块藻玉埋入地下。苦山、少室山、太室山是诸山宗主，祭祀时，毛物用猪、牛、羊三牲作祭品，玉器用吉玉。三座山山神，人面，三头。其他山的山神，猪身，人面。

中次八经荆山之首，曰景山。其上多金、玉，其木多杼①檀。雎水②出焉，东南流注于江，其中多丹粟，多文鱼③。

东北百里曰荆山。其阴多铁，其阳多赤金；其中多犛牛④，多豹虎；其木多松、柏，其草多竹，多桔櫰。漳水出焉，而东南流注于雎。其中多黄金，多鲛鱼⑤，其兽多闾麋。

又东北百五十里曰骄山。其上多玉，其下多青䨼，其木多松、柏，多桃枝、钩端⑥。神䖘围⑦处之，其状如人面，羊角虎爪，恒游于雎漳之渊，出入有光。

又东北百二十里曰女几之山⑧。其上多玉，其下多黄金。其兽多豹虎，多闾麋、麈、麂⑨。其鸟多白鷮⑩，多翟⑪，多鸩⑫。

又东北二百里曰宜诸之山。其上多金、玉，其下多青䨼。洈水⑬出焉，而南流注于漳，其中多白玉。

又东北三百五十里曰纶山。其木多梓、枬，多桃枝、多柤⑭、栗、橘、櫾⑮，其兽多闾、麈、麢、臭⑯。

又东二百里曰陆陒之山⑰。其上多瑌琈之玉，其下多垩，其木多杻、橿。

又东百三十里曰光山。其上多碧，其下多木。神计蒙处之，其状人身而龙首，恒游于漳渊，出入必有飘风⑱暴雨。

又东百五十里曰岐山。其阳多赤金，其金阴多白珉⑲，其上多金、玉，其下多青雘，其木多樗。神蟲围⑳处之，其状人身而方面三足。

又东百三十里曰铜山。其上多金、银、铁，其木多榖、柞、柤、栗、桔、櫾，其兽多犳。

又东北三十里，曰美山。其兽多兕、牛，多闾、麈，多豕、鹿。其上多金，其下多青雘。

又东北百里曰大尧之山。其木多松、柏，多梓、桑，多机㉑；其草多竹；其兽多豹、虎、麢、臭。

又东北三百里曰灵山。其上多金、玉，其下多青雘，其木多桃、李、梅、杏。

【注】

①杼（zhù）：树名。②雎（jū）水：水名，在今湖北中部偏西。③文鱼：有斑彩的鱼。④牦（máo）牛：牦牛。牦，同"牦"。⑤鲛鱼：即鲨鱼。⑥桃枝、钩端：桃枝、钩端都是竹名。⑦蟲（tuó）围：神名。⑧女几之山：山名，不详。或说河南宜阳女几山，恐非。⑨麂（jǐ）：一种鹿状哺乳动物，又叫"麂子"。⑩白鵁（jiāo）：即鵁雉，野鸡状长尾鸟。⑪翟（dí）：长尾野鸡。⑫鸩：一种传说中的鸟，羽毛有毒，《左传·闵公元年》："宴安鸩毒，不可怀也。"⑬沶（wéi）水：在今湖北当阳东。《水经·漳水注》："漳水又南，沶水注之。"又据《清一统志·荆门州》，沶水"按《水经注》所言沶水，以其地考之，河溶东南洋子港、流花埫、界溪港诸水当是"。⑭柤（zhā）：同"楂"，山楂树。⑮櫾（yòu）：同"柚"。⑯麈（zhǔ）：驼鹿，俗称四不像。麢（líng），一种大鹿。臭（chuò），兔状鹿脚兽。⑰陆陒（guǐ）之山：山名，不详。⑱飘风：旋风，暴风，《诗经·大雅·卷阿》："有卷者阿，

飘风自南。"毛亨传："飘风，回风也。"⑲珉（mín）：一种似玉美石，《说文·玉部》："石之美者。"⑳蟲（tuó）围：一种传说中的神。㉑机：机树，亦即桤（qī）树，一种落叶乔木。

【引】

①方韬：栎树。富强：杼树，就是柞树。⑬郭璞："音诡。"

【译】

中央八列山脉是荆山山脉，荆山山脉头座山叫景山，山上多金属矿物、玉石，树木多柞树、檀树。该山是睢水发源地，水向东南入江水，其中多粟状丹沙，多彩纹鱼。

往东北一百里，叫荆山，山北多铁矿物，山南多黄金，山中多牦牛、豹子、老虎。树木多松树、柏树，花草多丛生竹子，还多橘树、柚树。该山是漳水发源地，水向东南入睢水，其中多黄金，多鲨鱼。山中野兽多山驴、麋鹿。

再往东北一百五十里，叫骄山，山上多玉石，山下多青雘，树木多松树、柏树，桃枝和钩端类竹子也不少。天神蟲围在此居住，其人貌，羊角，虎爪，常在睢水和漳水的深潭中游玩，出入时闪闪发光。

再往东北一百二十里，叫女几山，山上多玉，山下多黄金，山中野兽多豹虎，山驴、麋鹿、马鹿、麂子也不少，禽鸟多白鹇，长尾野鸡和鸩鸟也不少。

再往东北二百里，叫宜诸山，山上多金属矿物、玉石，山下多青雘。该山是洈水发源地，水南向入漳水，其中多白玉。

再往东北二百里，叫纶山，树木多梓树、楠树，多丛生桃枝竹，山楂、栗子、橘子、柚子等树也不少，野兽多山驴、麈、羚羊、臭。

再往东二百里，叫陆陒山，山上多㻬琈玉，山下多垩土，树木多杻树、檀树。

再往东一百三十里，叫光山，山上多碧玉，山下多树木。天神计蒙在此处居住，其人身，龙头，常在漳水的深潭中游玩，出入时风雨大作。

再往东一百五十里，叫岐山，山南多黄金，山北多白色珉石，山上多金属矿物、玉石，山下多青雘，树木多臭椿树。天神蠵围在此居住，其人身，方脸，三脚。

再往东一百三十里，叫铜山，山上多金矿物、银矿物、铁矿物，树木多构树、柞树、山楂树、栗子树、橘子树、柚子树，野兽多豹子。

再往东北一百里，叫美山，野兽多兕、野牛，多山驴、麈，野猪、鹿也不少，山上多金属矿物，山下多青雘。

再往东北一百里，叫大尧山，树木多松树、柏树，梓树、桑树、机木树也不少，草多丛生竹子，野兽多豹子、老虎、羚羊、鸓。

再往东北三百里，叫灵山，山上多金属矿物、玉石，山下多青雘，树木多桃树、李树、梅树、杏树。

又东北七十里曰龙山。上多寓木①；其上多碧，其下多赤锡②；其草多桃枝、钩端。

又东南五十里曰衡山。上多寓木、穀、柞、多黄垩、白垩。

又东南七十里曰石山。其上多金，其下多青雘，多寓木。

又南百二十里曰若山。其上多璿珸之玉，多赭，多邽石③，多寓木，多柘。

又东南一百五十里曰彘山。多美石，多柘。

又东南一百五十里曰玉山。其上多金、玉，其下多碧铁，其木多柏。

又东南七十里曰讙山④。其木多檀，多邽石，多白锡。郁水出于其上，潜于其下，其中多砥砺。

又东北百五十里曰仁举之山。其木多穀、柞。其阳多赤金，其阴多赭。

又东五十里曰师每之山。其阳多砥砺，其阴多青雘。其木多柏，多檀，多柘；其草多竹。

又东南二百里曰琴鼓之山。其木多穀、柞、椒⑤、柘；其上多白珉，其下多洗石；其兽多豕、鹿，多白犀；其鸟多鸩。

凡荆山之首，自景山至琴鼓之山，凡二十三山，二千八百九十里，其神状皆鸟身而人面。其祠用一雄鸡祈瘗，用一藻圭，糈用稌。骄山冢也，其祠用羞⑥酒少牢祈瘗，婴毛一璧。

【注】

①寓木：即寄生树，郭璞注："寄生也，一名宛童；见尔雅。"②锡：锡矿物。③邽石：一种矿物，不详。④讙（huān）山：传说中的山名。⑤椒：椒树，非花椒。⑥羞：进献，《说文·丑部》："进献也。从羊，羊所进也。"《周礼·宰夫》："以式法掌祭祀之戒具，与其荐羞。"

【引】

③王念孙："下文虎尾之山多封石，邽、封二字必有一误；篇内作邽石者二，作封石者六。"袁珂："是邽石当作封石也。"

【译】

再往东北七十里，叫龙山，山上多寄生树，多碧玉，山下多红锡土，草多桃枝和钩端类竹丛。

再往东南五十里，叫衡山，山上多寄生树、构树、柞树，多黄垩土、白垩土。

再往东南七十里，叫石山，山上多金属矿物，山下多青䨼，多寄生树。

再往南一百二十里，叫若山，多璟琈玉、赭石、封石，寄生树密布，还多柘树。

再往东南一百二十里，叫彘山，多优质石材，多柘树。

再往东南一百五十里，叫玉山，山上多金属矿物、玉石，山下多碧玉、铁矿物，树木多柏树。

再往东南七十里，叫讙山，树木多檀树，还多封石、白色锡土。该山山顶是郁水发源地，水潜流到山下，其中多细磨石、粗磨石。

再往东北一百五十里，叫仁举山，树木多构树、柞树，山南多黄金，山北面多赭石。

再往东五十里，叫师每山，山南多细磨石、粗磨石，山北多青䨼，树木多柏树，檀树、柘树也不少，草多丛生竹子。

再往东南二百里，叫琴鼓山，树木多构树、柞树、椒树、柘树，山上多白珉石，山下多洗石，野兽多野猪、鹿，白犀牛也不少，禽鸟多鸩鸟。

荆山山脉自景山起，至琴鼓山止，共二十三座山，绵延二千八百九十里。诸山山神鸟身，人面。祭祀时，毛物用一只公鸡祭祀，埋入地下，玉器用一块藻圭，祭米用稻米。骄山是诸山宗主。祭祀骄山时，用美酒和猪、羊祭祀，埋入地下，玉器用一块玉璧。

中次九经岷山之首曰女几之山。其上多石涅^①，其木多杻、橿，其草多菊^②、茱。洛水出焉，东注于江。其中多雄黄，其兽多虎、豹。

又东北三百里曰岷山。江水出焉，东北流注于海，其中多良龟，多鼍^③。其上多金、玉，其下多白珉。其木多梅、棠。其兽多犀、象，多夔牛^④。其鸟多翰、鷩^⑤。

又东北一百四十里曰崃山^⑥。江水出焉，东流注（于）大江。其阳多黄金，其阴多麋、麈。其木多檀、柘，其草多薤^⑦、韭，多药空夺^⑧。

又东一百五十里曰崌山^⑨。江水出焉，东流注于大江，其中多怪蛇^⑩，多蛰鱼^⑪。其木多楢^⑫、杻，多梅、梓。其兽多夔、羸、犀、兕。有鸟焉，状如鸮而赤身白首，其名曰窃脂，可以御火。

又东三百里曰高粱之山。其上多垩，其下多砥、砺。其木多桃枝钩端。有草焉，状如葵而赤华，荚实白柎，可以走马。

又东四百里曰蛇山。其上多黄金，其下多垩；其木多枸^⑬，多豫章，其草多嘉荣、少辛。有兽焉，状如狐，而白尾长耳，名狟狼^⑭，见则国内有兵。

又东五百里曰鬲山^⑮。其阳多金，其阴多白珉。蒲鸮之水^⑯出焉，而东流注于江，其中多白玉。其兽多犀、象、熊、羆，多猿、蜼。

又东北三百里曰隅阳之山。其上多金、玉，其下多青雘。其木多梓、桑，其草多茈，徐之水出焉，东流注于江，其中多丹栗。

又东二百五十里曰岐山。其上多白金，其下多铁。其木多梅、梓，多杻、楢。减水^⑰出焉，东南流注于江。

【注】

①石涅：黑矾石，可做染料。②菊：野菊花。③鼍（tuó）：即鼍龙，又称扬子鳄。④夔牛：一种传说中的大牛。⑤翰、鷩（bì）：翰、

鷩，都是锦鸡，《说文·羽部》："翰，天鸡也，赤羽。"《说文·鸟部》："鷩，赤雉也。"⑥崃山：即邛崃山，在今四川西部岷江、大渡河间。⑦薤（xiè）：一种蔬菜类植物。⑧药空夺：药，白芷，一种香草；空夺，草药名，即寇脱，俗名通草。袁珂："汪绂云：'空夺即寇脱也。'案汪说疑是。"⑨崌（jū）山：山名，在今四川邛崃山东。⑩怪蛇：一种传说中的蛇，尾巴分叉，以人为食。⑪鳖（zhì）鱼：鱼名，不详。⑫楢（yóu）：一种质地柔软的树木。《说文·木部》："楢，柔木也。工官以为轮。"《周礼·夏官·司》郑玄注："秋取柞楢之火。"⑬枸（xún）：木名，可做杖。⑭狄（sì）狼：一种传说中的怪兽。⑮鬲（gé）山：山名，传说为夏桀死亡之地，《荀子·解蔽》："桀死于鬲山，纣悬于赤斾。"⑯蒲鹩（hōng）之水：水名，不详。⑰减（jiǎn）水：水名，未详。减，同"减"。

【译】

中央九列山脉是岷山山脉，岷山山脉头座山叫女几山，山上多石涅，树木多杻树、橿树，花草多野菊、白术。该山是洛水发源地，水东向入长江。山中多雄黄，野兽多老虎、豹子。

再往东北三百里，叫岷山。该山是长江发源地，水向东北入大海，其中多品质优良的乌龟，扬子鳄也不少。山上多金属矿物、玉石，山下多白珉石。树木多梅树、海棠，野兽多犀牛、大象，巨牛也不少，禽鸟多白翰鸟、赤鷩鸟。

再往东北一百四十里，叫崃山。该山是江水发源地，水东向入长江。山南多黄金，山北多麋鹿、麈，树木多檀树、柘树，花草多野薤菜、野韭菜，白芷、寇脱也不少。

再往东一百五十里，叫崌山。该山是江水发源地，水东向入长江，其中多怪蛇，鳖鱼也不少。树木多楢树、杻树，梅树、梓树也不少，野兽多夒牛、羚羊、犀牛、兕。有一种猫头鹰状禽鸟，红身，白头，名叫窃脂，养了可辟火。

再往东三百里，叫高梁山，山上多垩土，山下多粗磨石和细磨石，草木多桃枝竹、钩端竹。有一种葵菜状草，红花，荚果，白萼，马吃了跑得飞快。

再往东四百里，叫蛇山，山上多黄金，山下多垩土，树木多枸树，豫章树也不少，花草多嘉荣、细辛。有一种狐狸状野兽，白尾，长耳，叫㺔狼，哪国出现，即生战乱。

再往东五百里，叫鬲山，山南多金属矿物，山北多白珉石。该山是蒲鸒水发源地，水向东入长江，其中多白玉石。野兽多犀牛、大象、熊、罴，猿猴、长尾猿也不少。

再往东北三百里，叫隅阳山，山上多金属矿物、玉石，山下多青雘，树木多梓树、桑树，草多紫草。该山是徐水发源地，水东向入长江，其中多粟状丹沙。

再往东二百五十里，叫岐山，山上多白银，山下多铁矿石，树木多梅树、梓树，杻树、楢树也不少。该山是减水发源地，水向东南入长江。

又东三百里曰勾攈之山①。其上多玉，其下多黄金。其木多栎、柘，其草多芍药。

又东一百五十里曰风雨之山。其上多白金，其下多石涅；其木多椒、椐②，多杨。宣余之水出焉，东流注于江，其中多蛇。其兽多闾、麋，多麈、豹、虎，其鸟多白鷩。

又东北二百里曰玉山。其阳多铜，其阴多赤金。其木多豫章楢、杻，其兽多豕、鹿、麢、臭，其鸟多鸩。

又东一百五十里曰熊山。有穴焉，熊之穴，恒出神人，夏启而冬闭。是穴也，冬启乃必有兵。其上多白玉，其下多白金。其木多樗、柳，其草多寇脱。

又东一百四十里曰骒山③。其阳多美玉、赤金，其阴多铁。其木多桃枝、荆、芑。

又东二百里曰葛山。其上多赤金。其下多瑊石④。其木多柤、栗、橘、櫾、楢、杻，其兽多麢、臭，其草多嘉荣。

又东一百七十里曰贾超之山。其阳多黄垩，其阴多美赭；其木多柤、栗、橘、櫾，其中多龙脩⑤。

　　凡岷山之首，自女几山至于贾超之山，凡十六山，三千五百里。其神状皆马身而龙首。其祠，毛用一雄鸡瘗，糈用稌。文山[⑥]、勾㮚、风雨、骓之山，是皆冢也；其祠之：羞酒，少牢具，婴毛一吉玉。熊山，帝[⑦]也。其祠：羞酒，太牢具，婴毛一璧。干舞，用兵以禳[⑧]祈，璆[⑨]冕舞。

【注】

　　①勾㮚（mí）之山：山名，不详。②椒、椔(zōu shàn)：椒：木名，不详；椔：椔树，即白理木。③骓（guī）山：在今河南新安西北，《水经·河水注》：“河水又东，正回之水入焉，水出骓山，疆山东皋也。”④瑊（jiān）石：玉一般的坚石，质地较玉差。⑤龙脩（xiū）：亦作“龙修”，即龙须草。郭璞注：“龙须也，似莞而细，生山石穴中，茎倒垂，可以为席。”郝懿行疏：“龙修、龙须声转耳。《广雅》云：‘龙木，龙修也。’《述异记》云：‘周穆王东海岛中养八骏处，有草名龙刍，龙刍，亦龙须也。须、刍声相近。’”⑥文山：即岷山。⑦帝：主宰者。⑧禳（ráng）：祈祷消灾，《左传·昭公二十六年》：“齐有彗星，齐侯使禳之。”⑨璆（qiú）：同“球”，美玉，亦指玉磬。

【引】

　　⑦富强：主体，这里是首领的意思。方韬：魁首，领袖。

【译】

　　再往东三百里，叫勾㮚山，山上多玉石，山下多黄金，树木多栎树和柘树，花草多芍药。

　　再往东一百五十里，叫风雨山，山上多白银，山下多石涅，树木多椒树、椔树，杨树也不少。该山是宣余水发源地，水东向入长江，其中多水蛇。野兽多山驴、麋鹿、麈、豹子、老虎也不少，禽鸟多白鹇。

　　再往东二百里，叫玉山，山南多铜矿物，山北多赤金，树木多豫章、楢树、杻树，野兽多野猪、鹿、羚羊、臭，禽鸟多鸩鸟。

　　再往东一百五十里，叫熊山。有一种洞穴，是熊巢，常有神人出没。洞穴夏开冬闭；如果冬开，一定有战争发生。山上多白玉石，山下多白银。树木多臭椿、柳树，花草多寇脱。

再往东一百四十里，叫虒山，山南多优质玉石和赤金，山北多铁，草木多桃枝竹、牡荆树、枸杞树。

再往东二百里，叫葛山，山上多黄金，山下多瑊石，树木多相树、栗子树、橘子树、柚子树、楢树、杻树，野兽多羚羊和臭，花草多嘉荣。

再往东一百七十里，叫贾超山，山南多黄垩土，山北多优质赭石，树木多是相树、栗子树、橘子树、柚子树，草多是龙须草。

岷山山脉自女几山起，至贾超山止，共十六座山，绵延三千五百里，诸山山神马身，龙头。祭祀时，毛物用一只公鸡作祭品，埋入地下，祭米用稻米。文山、勾檷山、风雨山、虒山是诸山宗主，祭祀时，摆酒，用猪、羊作祭品，玉器用吉玉。熊山是诸山首领，祭祀时，摆酒，用猪、牛、羊三牲作祭品，玉器用玉璧。若想禳除战祸，执盾而舞；若想祈求幸福，穿戴礼服，持玉而舞。

中次十经之首曰首阳之山，其上多金、玉，无草木。

又西五十里曰虎尾之山。其木多椒、椐①，多封石。其阳多赤金，其阳多铁。

又西南五十里曰繁缋之山②。其木多楢、杻，其草多枝、勾③。

又西南二十里曰勇石之山。无草木，多白金，多水。

又西二十里曰复州之山。其木多檀，其阳多黄金。有鸟焉，其状如鸮，而一足彘尾，其名曰跂踵④，见则其国大疫。

又西三十里曰楮山⑤。多寓木，多椒、椐，多柘，多垩。

又西三十里曰又原之山。其阳多青雘，其阴多铁，其鸟多鸲鹆⑥。

又西五十里曰涿山。其木多榖、柞、杻，其阳多㻬琈之玉。

又西七十里曰丙山。其木多梓、檀，多㺒⑦、杻。

凡首阳山之首，自首山至于丙山，凡九山，二百六十七里。其神状皆龙身而人面。其祠之：毛用一雄鸡瘗，糈用五种之糈⑧。堵山⑨，冢也，其祠之：少牢具，羞酒祠，婴毛一璧瘗。騩山，帝也，其祠羞酒，太牢具；合巫祝⑩二人舞，婴一璧。

138

【注】

①椐（jū）：木名，即灵寿木，可作手杖。《诗经·大雅·皇矣》："启之辟之，其柽其椐。攘之剔之，其檿其柘。"②繁缋（kuì）之山：山名，不详。缋，郭璞："音溃。"③枝、勾：即桃枝、钩端两种小竹。④跂踵（qǐ zhǒng）：一种传说中的鸟，本义指踮起脚跟。袁珂："《太平御览》卷七四二引此经彘尾作彘毛，跂踵作企踵。"⑤楮（chǔ）山：在今河北邯郸西。⑥鸜鹆（qú yù）：即八哥。⑦欹（shěn）：木名，不详。⑧五种之糈：黍、稷、稻、粱、麦五种祭神精米。⑨堵山：即楮山。⑩巫祝：事鬼神者为巫，祭主赞词者为祝，合指执掌占卜祭祀的人，《礼记·檀弓下》："君临臣丧，以巫祝桃茢执戈，恶之也。"

【引】

⑤《汉书·地理志》："邯郸。堵山，牛首水所出，东入白渠。"《水经·浊漳水注》："又有牛首水入焉，水出邯郸县西堵山，东流分为二水》。"

【译】

中央十列山脉头座山，叫首阳山，山上多金属矿物、玉石，草木不生。

再往西五十里，叫虎尾山，树木多花椒、椐树，多封石，山南多赤金，山北多铁。

再往西南五十里，叫繁缋山，树木多楢树、杻树，草多桃枝竹、钩端竹。

再往西南二十里，叫勇石山，草木不生，多白银，流水环绕。

再往西二十里，叫复州山，树木多檀树，山南多黄金。有一种猫头鹰状禽鸟，一爪，猪尾，名叫跂踵，哪国出现，即生瘟疫。

再往西三十里，叫楮山，多寄生树，多花椒树、椐树、柘树，多垩土。

再往西二十里，叫又原山，山南多青臒，山北多铁，禽鸟多八哥。

再往西五十里，叫涿山，树木多构树、柞树、杻树，山南多玙珸玉。

再往西七十里，叫丙山，树木多梓树、檀树，欹树、杻树也不少。

首阳山山脉自首阳山起，至丙山止，共九座山，绵延二百六十七里。

诸山山神龙身，人面。祭祀时，毛物用一只公鸡献祭，埋入地下，祭米用五种粮食。堵山是诸山宗主，祭祀时，用猪、羊作祭品，摆酒，玉器用玉璧，埋入地下。骓山是诸山首领，祭祀时，摆酒，用猪、牛、羊三牲作祭品；女巫、男祝二人齐舞，玉器用玉璧。

中次一十一经荆山之首，曰翼望之山。湍水^①出焉，东流注于济。贶水^②出焉，东南流注于汉，其中多蛟^③。其上多松、柏，其下多漆、梓。其阳多赤金，其阴多珉。

又东北一百五十里曰朝歌之山。潕水^④出焉，东南流注于荥^⑤，其中多人鱼。其上多梓、枬，其兽多麢、麋。有草焉，名曰莽草^⑥，可以毒鱼。

又东南二百里曰帝囷之山。其阳多㻬琈之玉，其阴多铁。帝囷之水出于其上，潜于其下，多鸣蛇。

又东南五十里曰视山，其上多韭。有井焉，名曰天井，夏有水，冬竭。其上多桑，多美垩、金、玉。

又东南二百里曰前山。其木多槠^⑦，多柏。其阳多金，其阴多赭。

又东南三百里曰丰山。有兽焉，其状如猿^⑧，赤目、赤喙、黄身，名曰雍和，见则国有大恐。神耕父处之，常游清泠^⑨之渊，出入有光，见则其国为败。有九钟焉，是和^⑩霜鸣。其上多金，其下多榖、柞、杻、橿。

又东北八百里曰兔床之山。其阳多铁，其林多楮芋^⑪，其草多鸡穀，其本如鸡卵，其味酸甘，食者利于人。

又东六十里曰皮山。多垩，多赭，其木多松、柏。

又东六十里曰瑶碧之山。其木多柞、枬，其阴多青雘，其阳多白金。有鸟焉，其状如雉，恒食蜚^⑫，名曰鸩^⑬。

又东四十里曰支离之山。济水^⑭出焉，南流注于汉。有鸟焉，其名曰婴勺，其状如鹊，赤目、赤喙、白身，其尾若勺，其鸣自呼。多㸲牛，多羬羊。

又东北五十里曰袟筒之山^⑮，其上多松、柏、机桓。

又西北一百里曰堇理之山^⑯。其上多松，多美梓，其阳多丹雘，多金，其兽多豹、虎。有鸟焉，其状如鹊，青身白喙白目白尾，名曰青耕，可以御疫，其鸣自叫。

【注】

①湍（tuān）水：水名，在今河南南阳，《水经注·沔水、潜水、湍水、均水、粉水、白水、比水》："湍水出郦县北芬山。"②贶（kuàng）水：水名，不详。③蛟（jiāo）：一种传说中的龙，也指鼍、鳄类动物，《说文·虫部》："蛟，龙之属也。池鱼，满三千六百，蛟来为之长，能率鱼飞置笱其中，即蛟去。"④潕水：水名，在今河南驻马店。⑤荥（xíng）：即汝河，在今河南省东南部，源出泌阳县北，《水经注·汝水》："汝水出河南梁县勉乡西天息山。"⑥莽草：又叫芒草、石桂，《中山经》中蔓山有见，常绿灌木或小乔木，种子有毒。⑦楮（zhū）：楮树，郭璞注："似柞子，可食，冬夏生。"常绿乔木，木质坚硬。⑧蝯（yuán）：同"猿"，《尔雅·释兽》："猱、蝯，善援。"⑨泠（líng）：清凉。⑩和（hè）：伴随、配合。⑪芧（xù）：栎树，《庄子·徐无鬼》："先生居山林，食芧栗。"⑫蜚（fěi）：一种害虫，或为草螽，《左传·庄公二十九年》："秋，有蜚，为灾也。"此处的"蜚"与《东山经》"有兽焉，其状如牛而白首，一目而蛇尾，其名曰蜚"非一物。⑬鸰：鸰鸟，与《中山经》"又东北百二十里曰女几之山。……其鸟多白鷩，多翟，多鸰"非一物。⑭济水：在今河南境内，《尚书·禹贡》中"导沇水，东流为济，入于河"，指黄河以北部分；"溢为荥，东出陶丘北，又东至于菏，又东北会于汶，又东北入于海"，指黄河以南部分。河北部分源出今河南济源市西王屋山，《水经注·河水篇》："济水出河东垣县王屋山为沇水，又东至温县西北，屈从县东，东南过隤城西，又南当巩县北，南入于河。"⑮袟筲（zhì diāo）之山：山名，不详。⑯堇（qín）理之山：山名，不详。

【引】

④《清史稿·志三十七》："古潕水，自泌阳入与会，通目之。"

【译】

中央十一列山脉是荆山山脉，荆山山脉头座山叫翼望山。该山是湍水发源地，水东向入济水；该山是贶水发源地，水向东南入汉水，其中多鳄类动物。山上多松树、柏树，山下多漆树、梓树，山南多赤金，山北多珉石。

再往东北一百五十里，叫朝歌山。该山是潕水发源地，水向东南入荥水，其中多人鱼。山上多梓树、楠树，野兽多羚羊、麋鹿。有一种草，名叫莽草，能毒死鱼。

再往东南二百里，叫帝囷山，山南多瑈琈玉，山北多铁矿物。该山山顶是帝囷水发源地，水潜流到山下，其中多四翅的鸣蛇。

再往东南五十里，叫视山，山上多野韭菜。有口井，名叫天井，夏溢，冬枯。山上多桑树，多优质垩土和金属矿物、玉石。

再往东南二百里，叫前山，树木多楮树，柏树也不少，山南多金属矿物，山北多赭石。

再往东南三百里，叫丰山。有一种猿猴状野兽，红眼，红嘴，黄身，名叫雍和，哪国出现，即生恐怖。神仙耕父在此居住，常在清泠潭游玩，出入时闪闪发光，哪国出现，即将衰败。该山有九口钟，霜降即鸣。山上多金，山下多构树、柞树、杻树、橿树。

再往东北八百里，叫兔床山，山南多铁属矿物，树林中多楮树、芋树，花草多鸡谷草，其根如鸡蛋，酸中带甜，吃了有益健康。

再往东六十里，叫皮山，多垩土、赭石，树木多松、柏。

再往东六十里，叫瑶碧山，树木多梓树、楠树，山北多青䨼，山南多白银。有一种野鸡状禽鸟，喜吃蜚虫，名叫鸩。

再往东四十里，叫支离山。该山是济水发源地，水向南入汉水。有一种喜鹊状禽鸟，叫婴勺，红眼，红嘴，白身，尾如勺子，其叫声即自身名称读音。山中多㸲牛、麢羊。

再往东北五十里，叫祑筒山，山上多松树、柏树、机桓树。

再往西北一百里，叫堇理山，山上多松树、柏树、梓树，山北多青䨼，多金属矿物，野兽多豹子、老虎。有一种喜鹊状禽鸟，青身，白嘴，白眼，白尾，名叫青耕，可辟瘟疫，其叫声即自身名称读音。

又东南三十里曰依轱之山[①]。其上多杻、橿，多苴[②]。有兽焉，其状如犬，虎爪有甲，其名曰獜[③]，善駚坌[④]，食者不风。

又东南三十五里曰即谷之山。多美玉，多玄豹，多闾麈，多麢、㚟。其阳多珉，其阴多青雘。

又东南四十里曰鸡山。其上多美梓，多桑，其草多韭。

又东南五十里曰高前之山。其上有水焉，其甚寒而清，帝台之浆也，饮之者不心痛。其上有金，其下有赭。

又东南三十里曰游戏之山，多杻、橿、穀，多玉，多封石。

又东南三十五里曰从山，其上多松、柏，其下多竹。从水出于其上，潜于其下。其中多三足鳖，枝尾，食之无蛊疫。

又东南三十里曰婴硜之山。其上多松、柏，其下多梓櫄[⑤]。

又东南三十里曰毕山。帝苑之水出焉，东北流注于瀙[⑥]，其中多水玉，多蛟。其上多㻬琈之玉。

又东南二十里曰乐马之山。有兽焉，其状如彙[⑦]，赤如丹火，其名曰狼[⑧]，见则其国大疫。

又东南二十五里曰葴山[⑨]。视水出焉，东南流注于汝水，其中多人鱼，多蛟，多颉[⑩]。

又东四十里曰婴山。其下多青雘，其上多金、玉。

又东三十里曰虎首之山。多苴、椆[⑪]、椐。

又东二十里曰婴侯之山。其上多封石，其下多赤锡。

又东五十里曰大孰之山。杀水出焉，东北流注于视水[⑫]，其中多白垩。

又东四十里曰卑山。其上多桃、李、苴、梓，多纍[⑬]。

又东三十里曰倚帝之山。其上多玉，其下多金。有兽焉，其状如鼣鼠[⑭]，白耳白喙，名曰狙如[⑮]，见则其国有大兵。

【注】

① 依轱（gū）之山：山名，不详。② 苴（zhā）：同“柤”，即楂，山楂。③ 獜（lìn）：一种传说中的怪兽。④ 駚坌(yǎng fèn)：跳跃、

撒欢。⑤ 櫄（chūn）：同"椿"。⑥ 潩（qìn）：即潩水，今河南沙河古称。⑦ 彙（huì）：刺猬，《说文解字注》："彙虫也。彙字各本无。今补。也字依广韵补。释兽曰。彙、毛刺。其字俗作蝟、作猬。"⑧ 猋（lì）：一种传说中的怪兽。⑨ 葴（zhēn）山：山名，不详。⑩ 颉（jiá）：一种传说中的青狗状怪兽。⑪ 椆（diāo）：木名，不详。郭璞注："椆，未详也；音彫。"郝懿行疏："《类篇》云：'椆寒而不凋。'"⑫视水：当为注⑥处潩水之误。⑬ 虆（léi）：藤蔓，郭璞注："今虎豆狸豆之属；虆一名縢，音诔。"《国风·周南·樛木》："南有樛木，葛藟累之。"⑭ 獇（fèi）鼠：一种传说中叫声如狗的鼠。⑮ 狙（jū）如：一种传说中的怪兽。

【引】

② 郭璞注："未详；音菹。"郝懿行疏："经内皆云其木多苴，疑苴即柤之假借字也；柤之借为苴，亦如杞之借为芑矣。"

【译】

再往东南三十里，叫依轱山，山上多杻树、橿树，山楂树也不少。有一种狗状野兽，虎爪，有鳞，名叫猦，擅长跳跃，吃了不患风痹。

再往东南三十五里，叫即谷山，多优质玉石，多黑豹，山驴、麋也不少，羚羊和奥也很多。山南多珉石，山北多青雘。

再往东南四十里，叫鸡山，山上多优良梓树，多桑树，花草多野韭菜。

再往东南五十里，叫高前山。有一条溪水，冰凉而清澈，是神仙帝台的饮用水，喝了不患心痛。山上有金属矿物，山下有赭石。

再往东南三十里，叫游戏山，多杻树、橿树、构树，多玉石，多封石。

再往东南三十五里，叫从山，山上多松树、柏树，山下多竹丛。该山山顶是从水发源地，水潜流到山下，其中多三足鳖，尾分叉，吃了不患疑心病。

再往东南三十里，叫婴硬山，山上多松树、柏树，山下多梓树、椿树。

再往东南三十里，叫毕山。该山是帝苑水发源地，水向东北入潩水，其中多水晶，多鳄类动物。山上多瑂珬玉。

再往东南二十里，叫乐马山。有一种刺猬状野兽，身红如火，名叫狭，哪国出现，即生瘟疫。

再往东南二十五里，叫葴山，该山是瀄水发源地，水向东南入汝水，其中多人鱼，多鳄类动物，多狗状颉。

再往东四十里，叫婴山，山下多青腾，山上多金属矿物、玉石。

再往东三十里，叫虎首山，多柤树、椆树、椐树。

再往东二十里，叫婴侯山，山上多封石，山下多红锡土。

再往东五十里，叫大孰山。该山是杀水发源地，水向东北入瀄水，其中多白色垩土。

再往东四十里，叫卑山，山上有茂密的桃树、李树、柤树、梓树，还有很多藤树。

再往东三十里，叫倚帝山，山上多玉石，山下多金属矿物。有一种野兽，形状像獻鼠，白耳，白嘴，名叫狙如，哪国出现，即生大规模战争。

又东三十里曰鲵山。鲵水出于其上，潜于其下，其中多美垩。其上多金，其下多青腾。

又东三十里曰雅山。澧水①出焉，东流注于视水，其中多大鱼。其上多美桑，其下多苴，多赤金。

又东五十五里曰宣山。沦水出焉，东南流注于视水，其中多蛟。其上有桑焉，大五十尺，其枝四衢，其叶大尺余，赤理黄华青柎，名曰帝女之桑②。

又东四十五里曰衡山。其上多青腾，多桑，其鸟多鸐鹆。

又东四十里曰丰山，其上多封石，其木多桑，多羊桃，状如桃而方茎，可以为皮张③。

又东七十里曰妪山。其上多美玉，其下多金，其草多鸡穀。

又东三十里曰鲜山。其木多楢、杻、苴，其草多䕬冬④，其阳多金，其阴多铁。有兽焉，其状如膜犬⑤，赤喙，赤目，白尾，见则其邑有火，名曰㺎即⑥。

又东三十里曰章山。其阳多金，其阴多美石。皋水出焉，东流注于澧水，其中多脃^⑦石。

又东二十五里曰大支之山。其阳多金，其木多穀、柞，无草木。

又东五十里曰区吴之山，其木多苴。

又东五十里曰声匈之山。其木多穀，多玉，上多封石。

又东五十里曰大騩之山。其阳多赤金，其阴多砥石。

又东十里曰踵臼之山，无草木。

又东北七十里曰历石之山。其木多荆芑，其阳多黄金，其阴多砥石。有兽焉，其状如狸，而白首虎爪，名曰梁渠，见则其国有大兵。

又东南一百里曰求山。求水出于其上，潜于其下，中有美赭。其木多苴，多镛。其阳多金，其阴多铁。

又东二百里曰丑阳之山。其上多椆、椐。有鸟焉，其状如乌而赤足，名曰䴢鵌^⑧，可以御火。

又东三百里曰奥山。其上多柏、杻、橿，其阳多㻬琈之玉。奥水出焉，东流注于视水。

又东三十五里曰服山。其木多苴，其上多封石，其下多赤锡。

又东百十里曰杳山。其上多嘉荣草，多金、玉。

又东三百五十里曰几山。其木多楢、檀、杻，其草多香^⑨。有兽焉，其状如彘，黄身、白头、白尾，名曰闻獜^⑩。见则天下大风。

凡荆山之首自翼望之山至于几山，凡四十八山三千七百三十二里，其神状皆彘身人首。其祠：毛用一雄鸡祈，瘗用一珪，糈用五种之精^⑪。禾山^⑫，帝也，其祠：太牢之具，羞瘗，倒毛^⑬；用一璧，牛无常^⑭。堵山、玉山冢也，皆倒祠^⑮，羞毛少牢，婴毛吉玉。

【注】

①澧（lǐ）水：位于今湖南西北部，流域跨越湘鄂两省边境，有溇水、溧水、道水等八大支流，合称九澧。②帝女之桑：神话传说中的桑树，因赤帝女儿居此桑升天得名。③张（zhàng）：通"胀"。④虋（mén）冬：一种蔓生植物。⑤膜大：即西膜之犬，力大体壮。"大"应为"犬"之误。⑥㹠（yí）即：一种传说中的怪兽。⑦脃（cuì）：同"脆"。⑧䴢鵌（zhǐ tú）：鸟名，不详。⑨香：香草。⑩闻獜（lìn）：一种传说中的怪

兽。⑪精：或为"糈"之误。⑫禾山：上文无此山，不知出处，或误。⑬倒毛：将祭牲倒着埋掉。毛，祭牲。⑭牛无常：不必用全牛。常，恒定不变。⑮倒祠：即"倒毛"。

【引】

②《太平御览》卷九二一引《广异记》："南方赤帝女学道得仙，居南阳崿山桑树上，正月一日衔柴作巢，至十五日成，或作白鹊，或女人。赤帝见之悲恸，诱之不得，以火焚之，女即升天，因名帝女桑。"⑩富强：黄色的野猪。

【译】

再往东三十里，叫鲵山。该山山顶是鲵水发源地，水潜流到山下，这里有很多优良垩土。山上多金属矿物，山下多青䨼。

再往东三十里，叫雅山。该山是澧水发源地，水向东入瀙水，其中多大鱼。山上多优良的桑树，山下多柤树，还多赤金。

再往东五十五里，叫宣山。该山是沦水发源地，水向东南入瀙水，其中多蛫类动物。山上有株桑树，树干粗五十尺，枝权漫展，树叶超过一尺大，红纹、黄花、青萼，名叫帝女桑。

再往东四十五里，叫衡山，山上多青䨼，多桑树，禽鸟多八哥。

再往东四十里，叫丰山，山上多封石，树木多桑树，多桃状羊桃，方茎，可以治疗皮肤肿胀。

再往东七十里，叫妪山，山上多优质玉石，山下多金属矿物，花草多鸡谷草。

再往东三十里，叫鲜山，树木多楢树、杻树、柤树，花草多蘴冬，山南多金属矿物，山北多铁矿物。有一种膜犬状野兽，红嘴，红眼，白尾，哪里出现，即生火灾，名叫狓即。

再往东三十里，叫章山，山南多金属矿物，山北多美石。该山是皋水发源地，水东向入澧水，其中多脆石。

再往东二十五里，叫大支山，山南多金，树木多构树、柞树，草木不生。

再往东五十里，叫区吴山，树木多柤树。

再往东五十里，叫声匈山，多构树，多玉石，多封石。

再往东五十里，叫大騩山，山南多赤金，山北多细磨石。

再往东十里，叫踵白山，草木不生。

再往东北七十里，叫历石山，树木多牡荆、枸杞，山南多黄金，山北多细磨石。有一种野猫状野兽，白头，虎爪，名叫梁渠，哪国出现，即生战争。

再往东南一百里，叫求山，该山是求水发源地，水潜流到山下，多优质赭石。山中多柤树，篇竹丛生。山南多金属矿物，山北多铁矿物。

再往东二百里，叫丑阳山，多椆树、椐树。有一种乌鸦状禽鸟，红爪挠骨，名叫𪄀𪆻，养了可辟火。

再往东三百里，叫奥山，多松树、杻树、檀树，山南多㻬琈玉。该山是奥水发源地，水东向入视水。

再往东三十五里，叫服山，树木多柤树，山上多封石，山下多红锡土。

再往东百十里，叫杳山，多嘉荣草，多金属矿物、玉石。

再往东三百五十里，叫几山，树木多楢树、檀树、杻树，花草多香草。有一种猪状野兽，黄身，白头，白尾，名叫闻獜，一旦出现，天下大风。

荆山山脉自翼望山起，至几山止，共四十八座山，绵延三千七百三十二里。诸山山神猪身，人头。祭祀时，毛物用一只公鸡祭祀，埋入地下，玉器用玉珪，祭米用黍、稷、稻、粱、麦。禾山是诸山首领，祭祀时，毛物用猪、牛、羊三牲作祭品，埋入地下，且倒埋；玉器用玉璧，不必三牲齐全。堵山和玉山是诸山宗主，祭祀后，牲畜倒埋，祭品用猪、羊，玉器用吉玉。

中次十二经洞庭山之首，曰篇[1] 遇之山。无草木，多黄金。

又东南五十里曰云山。无草木；有桂竹[2]，甚毒，伤人必死。其上多黄金，其下多㻬琈之玉。

又东南一百三十里曰龟山。其木多榖、柞、椆、椐，其上多黄金，其下多青雄黄，多扶竹[3]。

又东七十里曰丙山。多筀竹④，多黄金、铜、铁，无木。

又东南五十里曰风伯之山。其上多金、玉，其下多痠石⑤、文石，多铁，其木多柳、杻、檀、楮。其东有林焉，名曰莽浮之林，多美木、鸟兽。

又东一百五十里曰夫夫之山。其上多黄金，其下多青雄黄，其木多桑、楮，其草多竹、鸡鼓⑥。神于儿居之，其状人身而身操两蛇，常游于江渊，出入有光。

又东南一百二十里曰洞庭之山。其上多黄金，其下多白银、铁，其木多柤、梨、橘、櫾，其草多葌、蘪芜⑦、芍药、芎䓖。帝之二女⑧居之，是常游于江渊。澧沅之风，交潇湘之渊，是在九江之间，出入必以飘风暴雨。是多怪神，状如人而载⑨蛇，左右手操蛇，多怪鸟。

又东南一百八十里曰暴山。其木多棕、柟、荆、芑、竹、箭、䉛、箘，其是多黄金、玉，其下多文石铁，其兽多麋、鹿、麔⑩、就⑪。

又东南二百里曰即公之山。其上多黄金，其下多璅珛之玉，其林多柳、杻、檀、桑。有兽焉，其状如龟，而白身赤首，名曰蜼，是可以御火。

【注】

①篇：或为"肩"之误。②桂竹：竹名，不详，非今日之桂竹。③扶竹：邛竹，可作手杖。④筀（guì）竹：即"桂竹"。⑤痠（suān）石：石名，不详。⑥鸡鼓：即鸡谷草，"鼓""谷"假借。⑦蘪芜（méi wú）：同"蘼芜"，一种香草，又名蕲茝，薇芜，江蓠。⑧帝之二女：娥皇和女英。这里的帝指尧，神话中，尧是天帝。郭璞注："天帝之二女而处江为神也。"⑨载：装饰，佩戴。⑩麔（jǐ）：同"麂"，一种小鹿。⑪就：同"鹫"。

【引】

⑧《史记·五帝本纪》："于是尧妻之二女，观其德于二女。舜饬下二女于妫汭，如妇礼。"汪绂："相传谓舜南巡狩，崩于苍梧，二妃奔赴哭之，陨于湘江，遂为湘水之神，屈原九歌所称湘君、湘夫人是也。"⑪袁珂："王念孙于就上校增'其鸟多'三字。"

【译】

中央十二列山脉是洞庭山山脉，洞庭山山脉头座山叫篇遇山，草木不生，多黄金。

再往东南五十里，叫云山，草木不生。有一种叫桂竹的竹子，含剧毒，枝叶伤人必致死。山上多黄金，山下多㻬琈玉。

再往东南一百三十里，叫龟山，树木多构树、柞树、椆树、椐树，山上多黄金，山下多青色雄黄，扶竹也不少。

再往东七十里，叫丙山，多桂竹，多黄金、铜矿物、铁矿物，无树木。

再往东南五十里，叫风伯山，山上多金属矿物、玉石，山下多瘦石和花纹石，多铁矿物，树木多柳树、杻树、檀树、构树。山东有一片树林，叫莽浮林，多优质树木和鸟兽。

再往东一百五十里，叫夫夫山，山上多黄金，山下多青色雄黄，树木多桑树、构树，花草多竹子、鸡谷草。神人于儿在此居住，于儿人身，手握双蛇，常在长江深潭中游玩，出入时闪闪发光。

再往东南一百二十里，叫洞庭山，山上多黄金，山下多白银、铁矿物，树木多柤树、梨树、橘子树、柚子树，花草多兰草、江蓠、芍药、芎䓖等。天帝两个女儿在此居住，她们常在长江深潭中游玩。来自澧水、沅水之风，在湘水深潭汇合，这里是九条江水汇流之处，二人出入时，必生疾风骤雨。该山多人形怪神，身上缠蛇，双手握蛇，该山还多怪鸟。

再往东南一百八十里，叫暴山，多棕树、楠树、牡荆树、枸杞树，多竹子、箭竹、镛竹、箘竹。山上多黄金、玉石，山下多花纹石、铁矿物，野兽多麋鹿、鹿、麂子和鷩。

再往东南二百里，叫即公山，山上多黄金，山下多㻬琈玉，树木多柳树、杻树、檀树、桑树。有一种龟状野兽，白身，红头，名叫蜕，能够辟火。

又东南一百五十九里曰尧山。其阴多黄垩，其阳多黄金，其木多荆、苴、柳、檀，其草多藷藇、苽。

又东南一百里曰江浮之山。其上多白银、砥砺，无草木，其兽多豕、鹿。

又东二百里曰真陵之山。其上多黄金，其下多玉，其木多榖、柞、柳、杻，其草多荣草。

又东南一百二十里曰阳帝之山。多美铜，其木多橿、杻、㻚①、楮，其兽多麛、麝。

又南九十里曰柴桑之山②。其上多白银，其下多碧，多汵石③、赭，其木多柳、芑、楮、桑，其兽多麋鹿，多白蛇、飞蛇④。

又东二百三十里曰荣余之山。其上多铜，其下多白银，其木多柳、芑，其虫多怪蛇、怪虫。

凡洞庭山之首，自篇遇之山至于荣余之山，凡十五山、二千八百里。其神状皆鸟身而龙首。其祠：毛用一雄鸡，一牝豚刉⑤，糈用稌。凡夫夫之山、即公之山，尧山、阳帝之山皆冢也，其祠：皆肆⑥瘗，祈用酒，毛用少牢、婴毛，一吉玉。洞庭、荣余山神也，其祠：皆肆瘗，祈酒，太牢祠，婴用圭璧十五，五采惠⑦之。

右中经之山志，大凡百九十七山，二万一千三百七十一里。大凡天下名山五千三百七十，居地，大凡六万四千五十六里。

禹曰：天下名山，经五千三百七十山，六万四千五十六里，居地也，言其“五臧”⑧，盖其余小山甚众，不足记云。天地之东西二万八千里，南北二万六千里，出水之山者八千里，受水者八千里，出铜之山四百六十七，出铁之山三千六百九十。此天地之所分壤树谷⑨也，弋矛之所发也，刀铩⑩之所起也，能者有余，拙者不足。封⑪于太山，禅于梁父，七十二家，得失之数⑫，皆在此内，是谓国用⑬。

右五臧山经五篇，大凡一万五千五百三字。⑭

【注】

①㻚（yǎn）：一种桑木，《说文·木部》"山桑也。从木厌声。《诗》曰：'其㻚其柘。'"②柴桑之山：在今江西九江西南。③汵石：应为"泠石"，可据《中山经》。④飞蛇：即腾蛇，传说中会飞的蛇，《尔雅·释鱼》："腾，腾蛇。"郭璞注："龙类也，能兴云雾而游其中。"《荀子·劝学》："腾蛇无足而飞。"《韩非子·十过》："曾云昔者黄帝合鬼神于泰山之上，

驾象车而六蛟龙，毕方并鎋，蚩尤居前，风伯进扫，雨师洒道，虎狼在前，鬼神在后，腾蛇伏地，凤凰覆上。"⑤刉（jī）：同"刽"，即宰杀有毛的畜牲祭神，《周礼·秋官·士师》："凡刉珥，则奉犬牲。"郑玄注："衅礼之事，用牲，毛者曰刉，羽者曰刏。"⑥肆：摆设，陈列，《诗经·大雅·行苇》："肆筵设席，授几有缉御。"⑦㞋：同"绘"。⑧五臧：五脏。臧，通"脏"，此处以脾、肺、肾、肝、心等喻《五臧山经》中所记大山。⑨树谷：种植谷物。⑩铩（shā）：一种长矛。⑪封：帝王筑坛祭天，祭天为"封"，祭地为"禅"。⑫数：命运，天命。⑬国用：国家财政用度，《礼记·王制》："冢宰制国用，必于岁之杪，五谷皆入然后制国用。"⑭郝懿行疏："今二万一千二百六十五字。"

【引】

⑩袁珂："管子地数篇作刀币。"⑬毕沅："自此天地之分壤树谷者已下，当是周秦人释语，旧本乱入经文。"郝懿行疏："今案自禹曰已下，盖皆周人相传旧语，故管子援入地数篇，而校书者附著五臧山经之末。"

【译】

再往东南一百五十九里，叫尧山，山北多黄垩土，山南多黄金，树木多牡荆树、枸杞树、柳树、檀树，草多山药、白术。

再往东南一百里，叫江浮山，山上多白银、粗细磨石，草木不生，野兽多野猪、鹿。

再往东二百里，叫真陵山，山上多黄金，山下多玉石，树木多构树、柞树、柳树、杻树，草多荣草。

再往东南一百二十里，叫阳帝山，多优质铜矿石，树木多檀树、杻树、山桑树、楮树，野兽多羚羊、麝香鹿。

再往南九十里，叫柴桑山，山上多白银，山下多碧玉，多泥状泠石、赭石，树木多柳树、枸杞树、楮树、桑树，野兽多麋鹿、鹿，白蛇、飞蛇也不少。

再往东二百三十里，叫荣余山，山上多铜矿物，山下多白银，树木多柳树、枸杞树，虫类多怪蛇、怪虫。

洞庭山山脉自篇遇山起，至荣余山止，共十五座山，绵延二千八百里。诸山山神鸟身，龙头。祭祀时，毛物用一只公鸡、一头母猪作祭品，祭米用稻米。凡夫夫山、即公山、尧山、阳帝山是诸山宗主，祭祀时，陈列牲畜、玉器，埋入地下，摆酒，毛物用猪、羊作祭品，玉器用吉玉。洞庭山、荣余山是神显灵之山，祭祀时，陈列牲畜、玉器，埋入地下，摆酒，猪、牛、羊三牲作祭品，玉器用十五块玉圭、十五块玉璧，用青、黄、赤、白、黑五彩纹饰。

以上中部山系的记录，共计一百九十七座山，绵延二万一千三百七十一里。以上计有天下名山共五千三百七十座，分布东西南北中五方，面积绵延六万四千零五十六里。

大禹说：天下名山，我去过五千三百七十座，走了六万四千零五十六里，它们坐落在各个地方。《五藏山经》之所以只记述了一些名山，是因为其他山小而多，无法全部记录下来。天地之间，东西两万八千里，南北两万六千里，有水发源的山八千里，河流途经之地八千里，出铜的山四百六十七座，出铁的山三千六百九十座。这是天地划分疆域、种植五谷的根据，也是兵器的来源和纷争的原因，故而有能力的富足有余，无能力的匮乏不足。在泰山祭天、在梁父山祭地的共有七十二家帝王，兴衰成败之道都包含其中，国家财物用度都蕴藏其中。

以上《五藏山经》五篇，共一万五千五百零三字。

【解】

除"五德""四德"和"灾异""祥瑞"之兆，《山海经》鲜少沾染编纂之人所处时代的政治伦理思想，这也表明，其中出现的相关议题是汉代儒生篡入。我们已经知道，甲骨卜辞、青铜器铭文中有不少"天""上帝""令""王令"和"大命""王命"等词语及概念。"天命"意识是三代主流意识形态，《尚书·皋陶谟》："天叙有典，敕我五典五惇哉！天秩有礼，自我五礼有庸哉！同寅协恭和衷哉！天命有德，五服五章哉！天讨有罪，五刑五用哉！"这意味着，在当时的舆论构建中，权本自天，如《尚书·大禹谟》云："皇天眷命，奄有四海，为天下君。"

《尚书·召诰》云：“王厥有成命治民。”《毛诗传》云：“尊而称之，则称皇天。眷，顾念也，谓天命归之也。”违背天（意），就要受到惩罚。也就是说，“天命”和“人为”是一体两面。据《尚书·西伯戡黎》云：“西伯既戡黎，祖伊恐，奔告于王。曰：'天子！天既讫我殷命。格人元龟，罔敢知吉。非先王不相我后人，惟王淫戏用自绝。故天弃我，不有康食。不虞天性，不迪率典。今我民罔弗欲丧，曰：天曷不降威？大命不挚，今王其如台？'王曰：'呜呼！我生不有命在天？'祖伊反曰：'呜呼！乃罪多，参在上，乃能责命于天？殷之即丧，指乃功，不无戮于尔邦！'”

按照这个思路，亡国源自执政者即天之子失德，故《尚书·蔡仲之命》亦云：“皇天无亲，惟德是辅。”也就是说，“德”虽在人心，实自于天，“克明峻德，以亲九族。九族既睦，平章百姓。百姓昭明，协和万邦”乃是执行“天命”的结果。按照《尚书·大禹谟》的说法，大禹强调：“德惟善政，政在养民。水、火、金、木、土、谷，惟修；正德、利用、厚生、惟和。九功惟叙，九叙惟歌。戒之用休，董之用威，劝之以九歌俾勿坏。”“天”“德”观念经由演绎，逐渐形成了“灾异”“祥瑞”之兆，按刘向《条灾异封事》统计，《春秋》所叙二百四十二年中：“日食三十六，地震五，山陵崩陀二，彗星三见，夜常星不见、夜中星陨如雨一。火灾十四，长狄入三国，五石陨坠，六鹢退飞，多麋，有蜮蜚，鸲鹆来巢者，皆一见。书冥晦，雨水冰，李梅冬实，七月霜降，草木不死。八月杀菽，大雨雹，雨雪霜霆。失序相乘，冰旱饥蝝螽螟，蜂午并起。”据《汉书·魏相传》：“臣闻《易》曰：'天地以顺动，故日月不过，四时不忒；圣王以顺动，故刑罚清而民服。'天地变化，必由阴阳，阴阳之分，以日为纪。日冬夏至，则八风之序立，万物之性成，各有常职，不得相干。东方之神太昊，乘《震》执规司春；南方之神炎帝，乘《离》执衡司夏；西方之神少昊，乘《兑》执矩司秋；北方之神颛顼，乘《坎》执权司冬；中央之神黄帝，乘《坤》《艮》执绳司下土。兹五帝所司，各有时也。东方之卦不可以治西方，南方之卦不可以治北方。春兴《兑》治则饥，秋兴《震》治则华，冬兴《离》治则泄，夏兴《坎》治则雹。明王谨于尊天，慎于养人，故立羲和之官以乘四时，节授民事。君动静以道，奉顺阴阳，则日月光明，风雨时节，寒暑调和。"

"灾异""祥瑞"之兆在陆贾《新语》卷下《明诫第十一》有系统论述："安危之要，吉凶之符，一出于身。……故世衰道失，非天之所为也，乃君国者有以取之也。恶政生恶气，恶气生灾异。蝮虫之类，随气而生，虹蜺之属，因政而见。治道失于下，则天文变于上，恶政流于民，则蝮虫生于野。贤君智则知随 变而改，缘类而试思之。于□□□变。圣人之理，恩及昆虫，泽及草木，乘天气而生，随寒暑而动者，莫不延颈而望治，倾耳而听化。圣人察物，无所遗失，上及日月星辰，下至鸟兽草木昆虫，□□六鹢之退飞，治五石之所陨，所以不失纤微。至于鸲鹆来，冬多麋，言鸟兽之类□□□也。十有二月陨霜不杀菽，言寒暑之气，失其节也。鸟兽草木尚欲各得其所，纲之以法，纪之以数，而况于人乎！"用董仲舒的说法最为直观，他说："王道之三纲，可求于天。""天亦有喜怒之气，哀乐之心，与人相副。以类合之，天人一也。""王者配天，谓之道。天有四时，王有四政：庆、赏、罚、刑。""天生民性，有善质而能善，于是为之立王以善之，此天意也。"

故稀见或者反常现象都可作上天之兆看待，归根到底则是失德导致的，这种观念配合《春秋》灾异说、《易》灾异说、《洪范》灾异说，形成了早期中国系统的感应理论。

海经

（一）

海外南经

　　《海外南经》共涉及山峦 3 座，另有昆仑虚；涉及水流 2 条；涉及植物 2 种；涉及动物 15 种；涉及国家 13 个；涉及异人 7 个，另有神人二八；没有矿物。

　　本章中记载的国家该是得自传闻，其民俱人之变体，乃先民对"非我族类"的最初想象，其形态类似今日对"外星人"的描绘，实本自于人。而"不死民"的出现，显然基于先民对"生"的寄托。

　　需要注意的是"讙头国在其南，其为人人面有翼，鸟喙，方捕鱼"一句中的"方"字，"方"表时间，"正在"之意，此一词意味着海经乃图画的说明文字。

　　"羿与凿齿战于寿华之野，羿射杀之"，微言大义，其代表了《山海经》对战争的基本评价模式，即不予褒贬，不分善恶。

　　题头第一段乃后人附加文字。"太岁"作为天文学名词，最早出现在《荀子·儒效》中："武王之伐纣也，行之日以兵忌，东面而迎太岁。至汜而泛，至怀而坏，至共头而山隧。"《论衡·难岁》收录之《移徙法》亦曰："徙抵太岁，凶；负大岁，亦凶。抵太岁名曰岁下，负太岁名曰岁破，故皆凶也。""圣人"最早出现在《老子》一书中，且多达31 次。如"圣人后其身而身先，外其身而身存"，"圣人自知而不见"，"圣人处上而民不重，处前而民不害，是以天下乐推而不厌"，"以百姓心为心，……圣人在天下，怵怵为天下浑其心，百姓皆注其耳目，圣人皆孩之"，等等。

　　地之所载，六合①之间，四海之内，照之以日月，经之以星辰，纪之以四时^②，要之以太岁^③，神灵所生，其物异形，或夭或寿，唯圣人能通其道。

海外自西南陬至东南陬^④者：

结匈国在其^⑤西南，其为人结匈^⑥。

南山在其东南。自此山来，虫为蛇，蛇号为鱼。一曰南山在结匈东南。

比翼鸟^⑦在其东，其为鸟青、赤，两鸟比翼。一曰在南山东。

羽民国在其东南，其为人长头，身生羽。一曰在比翼鸟东南，其为人长颊。

有神人二八^⑧，连臂^⑨，为帝^⑩司夜于此野。在羽民东。其为小人颊赤肩。尽^⑪十六人。

毕方鸟在其东，青水西，其为鸟人面一脚。一曰在二八神东。

讙头国^⑫在其南，其为人人面有翼，鸟喙，方^⑬捕鱼。一曰在毕方东。或曰讙朱国。

厌火国在其国南，兽身黑色。生火出其口中。一曰在讙朱东。

三珠树^⑭在厌火北，生赤水上，其为树如柏，叶皆为珠。一曰其为树若彗^⑮。

三苗国^⑯在赤水东，其为人相随^⑰。一曰三毛国。

臷国^⑱在其东，其为人黄，能操弓射蛇。一曰臷国在三毛东。

贯匈国在其东，其为人匈有窍^⑲。一曰在臷国东。

交胫国在其东，其为人交胫^⑳。一曰在穿匈东。

不死民在其东，其为人黑色，寿，不死。一曰在穿匈国东。

歧舌国在其东。一曰在不死民东。

昆仑虚^㉑在其东，虚^㉒四方。一曰在歧舌东，为虚四方。

羿与凿齿^㉓战于寿华之野，羿射杀之。在昆仑虚东。羿持弓矢，凿齿持盾。一曰戈。

三首国在其东，其为人一身三首。

周饶国在东，其为人短小，冠带^㉔。一曰焦侥国在三首东。

长臂国在其东，捕鱼其中，两手各操一鱼。一曰在焦侥东，捕鱼海中。

狄山，帝尧葬于阳，帝喾^㉕葬于阴。爰有熊、罴、文虎、蜼、豹、离朱^㉖、视肉^㉗；吁咽^㉘、文王皆葬其所。一曰汤山。一曰爰有熊、罴、文虎、蜼、豹、离朱、鸱久^㉙、视肉、虖交^㉚。

其范林^㉛方三百里。

南方祝融^㉜，兽身人面，乘两龙。

【注】

① 六合：上下和四方，泛指天地或宇宙，《庄子·齐物论》："六合之外，圣人存而不论；六合之内，圣人论而不议。"② 四时：此处指春、夏、秋、冬四季，《论语·阳货》："四时行焉，百物生焉。"此外，亦指一天之中的朝、夕、昼、夜，《左传·昭公元年》："君子有四时，朝以听政，昼以访问，夕以修令，夜以安身。"③ 太岁：木星别称，古人以其围绕太阳公转的周期纪年，一周为十二年。④ 陬：角落，《说文·阜部》："陬隅也。"⑤ 其：指邻近结匈国的灭蒙鸟，据《海外西经》，其在结匈北。⑥ 结匈：或即鸡胸，匈，同"胸"。⑦ 比翼鸟：一种传说中雌雄并飞的鸟，也叫蛮蛮、鹣鹣，《逸周书·卷七·王会解》："巴人以比翼鸟。"孔晁注："不比不飞，其名曰鹣鹣。"⑧ 二八：即十六个。⑨ 连臂：胳膊连在一起，即挽在一起。⑩ 帝：指黄帝，自下文神人二八在黄帝神鸟毕方西可推知。⑪ 尽：总共，全部。⑫ 讙（huān）头国：一个传说中的国家。⑬ 方：正在，正当，介词，表时间。⑭ 三珠树：一种传说中的珍奇树木，珠或作"株"。郝懿行疏："初学记二十七卷引此经作'珠'，淮南墬形训及博物志同。"袁珂："作'珠'是也；陶潜读《山海经》诗云：'粲粲三珠树，寄生赤水阴。'字正作'珠'。"⑮ 彗：即彗星。⑯ 三苗国：古国名。《尚书·舜典》："窜三苗于三危。"孔传："三苗，国名，缙云氏之后，为诸侯，号饕餮。"《史记·五帝纪》："三苗在江淮、荆州数为乱。"⑰ 为人相随：人人相互跟随。⑱ 臷（dié）国：一个传说中的国家。⑲ 窍：窟窿，洞。⑳ 胫（jìng）：小腿。㉑ 昆仑虚（qū）：即昆仑山。虚，大丘，同"墟"。㉒ 虚（qū）：山下底部地基，郭璞注："虚，山下基也。"㉓ 羿与凿齿：羿，传说中的神，据《海内经》："帝俊赐羿彤弓素矰，以扶下国，羿是始去恤下地之百艰。"凿齿，传说中的神人，据《大荒南经》："有人曰凿齿，羿杀之。"按高诱注："凿齿，兽名，齿长三尺，其状如凿，

下彻颔下，而持戈盾。"㉔冠带：名词作动词，即戴帽、系带。㉕帝喾（kù）：高辛氏，姬姓，名俊，据说乃黄帝曾孙，后被列为"三皇五帝"中，系帝挚、弃、契、帝尧之父。㉖离朱：神鸟。㉗视肉：神兽，郭璞注："聚肉，形如牛肝，有两目也；食之无尽，寻复更生如故。"㉘吁咽：人名，不详。袁珂："吁咽与文王并列，疑当是人名。"据《大荒南经》："帝尧、帝喾、帝舜葬于岳山。"或谓帝舜。㉙鸱（chī）久：鸟名，不详。㉚虖（hū）交：不详，郝懿行疏："即吁咽也，吁、虖声相近。"㉛范林：茂密的树林，郭璞注："言林木泛滥布衍也。"郝懿行疏："范林，海内南经作氾林，范、氾通。"据《海内南经》："氾林方三百里，在东。"㉜祝融：南方神，又称赤帝，《管子·五行》："得奢龙而辩于东方，得祝融而辩于南方。"

【引】

㉖郭璞注："木名也，见庄子。今图作赤鸟。"郝懿行疏："郭云木名者，盖据（文选）《子虚赋》'檗离朱杨'为说也，然郭于彼注既以朱杨为赤茎柳，则此注非也。又云见《庄子》者，《天地》篇有其文，然彼以离朱为人名，则此亦非矣。又云今图作赤鸟者，赤鸟疑南方神鸟焦明之属也。然《大荒南经》离朱又作离俞。"袁珂："离朱在熊、罴、文虎、蜼、豹之间，自应是动物名，郭云木名，误也。此动物为何？窃以为即日中踆鸟（三足鸟）。《文选》张衡《思玄赋》：'前长离使拂羽兮。'"离朱亦是神话人物，传为黄帝部属，而《庄子·骈指》中，"离朱之目"与儒家之礼、墨家之辨、师旷之琴等并提，似是大贤。㉜郭璞注："火神也。"《国语·郑语》："夫黎为高辛氏火正，以淳燿敦大，天明地德，光照四海，故命之曰'祝融'，其功大矣。"《吕氏春秋·孟夏》："其神祝融。"高诱注："祝融，颛顼氏后，老童之子，吴回也，为高辛氏火正，死为火官之神。"也作四季神，据《礼记·月令》："孟春之月其帝太暤，其神句芒，余春月皆然；孟夏之月其帝炎帝，其神祝融，余夏月皆然；孟秋之月其帝少暤，其神蓐收，余秋月皆然；孟冬之月其帝颛顼，其神玄冥，余冬月皆然。"亦作古帝，王符《潜夫论·五德志》："世传三皇五帝，多以为伏羲、神农为二皇，其一者或曰燧人，

或曰祝融，或曰女娲，其是与非未可知也。"

【译】

　　大地所载，上下之间，四海之内，日月照耀，星辰沉浮，四季纪时，木星纪年，神灵创造的万物，各不相同，或短命或长寿，唯有圣人才通晓其中的道理。

　　海外地区，从西南角到东南角，国家、山川分布如下：

　　结胸国位于灭蒙鸟西南，国人都是鸡胸。

　　南山位于灭蒙鸟东南，该山出来的人，称虫为蛇，称蛇为鱼。一种说法称南山位于结胸国东南。

　　比翼鸟位于灭蒙鸟东，此鸟羽毛青红相间，两只鸟翅膀搭配一起方可飞行。一种说法称比翼鸟位于南山东。

　　羽民国位于灭蒙鸟东南，国人头长，浑身羽毛。一种说法称羽民国位于比翼鸟东南，国人脸长。

　　有种神人叫二八，胳膊连在一起，在荒野中为天帝守夜。这种神人位于羽民国东，小脸，红肩，共十六人。

　　毕方鸟位于灭蒙鸟东、青水西，此鸟人面，一脚。一种说法称毕方鸟位于神人二八东。

　　讙头国位于灭蒙鸟南，国人人面，两翅，鸟嘴，正在捕鱼。一种说法称讙头国位于毕方鸟东，一种说法称讙头国即讙朱国。

　　厌火国位于灭蒙鸟南，国人兽身而黑，口能吐火。一种说法称厌火国位于讙朱国东。三珠树位于厌火国北赤水之滨，其形如柏，叶子都是珍珠。一种说法称其形如彗星。

　　三苗国位于赤水东，国人排着队，一个跟着一个走。一种说法称三苗国即三毛国。

　　载国位于灭蒙鸟东，国人黄色皮肤，能持弓射蛇。一种说法称载国位于三毛国东。

　　贯胸国位于灭蒙鸟东，国人胸膛有洞。一种说法称贯胸国位于载国东。

　　交胫国位于灭蒙鸟东，国人腿脚交叉。一种说法称交胫国位于穿胸国东。

不死民位于灭蒙鸟东，这类人黑色皮肤，长寿不死。一种说法称不死民位于穿胸国东。

反舌国位于灭蒙鸟东，国人舌头倒转而生。一种说法称反舌国位于不死民东。

昆仑山位于灭蒙鸟东，山基是四方形的。一种说法称昆仑山位于反舌国东，山基是四方形的。羿和凿齿在寿华荒野交战，羿将凿齿射死了。寿华荒野位于昆仑山东。其时，羿拿弓，凿齿拿盾。一种说法称凿齿拿戈。

三首国位于灭蒙鸟东，国人一身三头。

周饶国位于灭蒙鸟东，国人矮小，打扮很讲究：戴帽，系带。一种说法称焦侥国位于三首国东。

长臂国位于灭蒙鸟东，国人正在水中捕捞，两手各抓一鱼。一种说法称长臂国位于焦侥国东，国人正在海中捕捞。

狄山，唐尧葬在山南，帝喾葬在山北。此处有熊、罴、花斑虎、长尾猿、豹子、离朱、视肉。吁咽和文王都葬在这里。一种说法称这里是汤山。还一种说法称此处有熊、罴、花斑虎、长尾猿、豹子、离朱、鸱久、视肉、虖交。

这里有处三百里大小的树林。

南方火神祝融，兽身，人面，骑着两条龙。

【解】

通常认为，神话是人民集体口头创作的故事，表现了对超能力的崇拜或斗争及对理想生活的追求、文化现象的解释，等等，按照马克思在《〈政治经济学批判〉导言》中的理解："神话是远古时代的人们对其所接触的自然现象和社会现象所不自觉地幻想出来的具有艺术意味的集体的口头描述和解释。"通常认为，中国不存在系统的神话体系，鲁迅在《中国小说史略》中即说："中国神话之所以仅存零星者，说者谓有二故：一者华土之民，先居黄河流域，颇乏天惠，其生也勤，故重实际而黜玄想，不更能集古传以成大文。二者孔子出，以修身齐家治国平天下等实用为教，不欲言鬼神，太古荒唐之说，俱为儒者所不道，故其后

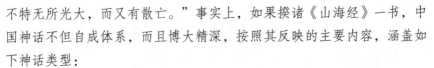

不特无所光大，而又有散亡。”事实上，如果揆诸《山海经》一书，中国神话不但自成体系，而且博大精深，按照其反映的主要内容，涵盖如下神话类型：

一、创世神话。创世神话主要描述世界和万物的形成以及人类的起源。据《海外北经》：“钟山之神，名曰烛阴，视为昼，瞑为夜，吹为冬，呼为夏，不饮，不食，不息，息为风。身长千里。在无綮之东。其为物，人面，蛇身，赤色，居钟山下。”据《大荒北经》：“西北海之外，赤水之北，有章尾山。有神，人面蛇身而赤，直目正乘，其瞑乃晦，其视乃明，不食不寝不息，风雨是谒。是烛九阴，是烛龙。”按此记载，烛龙是宇宙/天地的造物主，他的作用等同于盘古，据《三五历记》：“天地混沌如鸡子，盘古生其中。万八千岁，天地开辟，阳清为天，阴浊为地。盘古在其中，一日九变，神于天，圣于地。天日高一丈，地日厚一丈，盘古日长一丈。如此万八千岁，天数极高，地数极深，盘古极长。后乃有三皇。数起于一，立于三，成于五，盛于七，处于九，故天去地九万里。”又《五运历年记》：“元气蒙鸿，萌芽兹始，遂分天地，肇立乾坤，启阴感阳，分布元气，乃孕中和，是为人也。首生盘古，垂死化身，气成风云，声为雷霆，左眼为日，右眼为月，四肢五体为四极五岳，血液为江河，筋脉为地理，肌肉为田土，发髭为星辰，皮毛为草木，齿骨为金石，精髓为珠玉，汗流为雨泽，身之诸虫因风所感，化为黎甿。”此外，《山海经》中还记载了日月、十二岁以及四方位神话，系统地提出了时空和万物生成的神话体系。

二、始祖神话。始祖神话也是指关于人类起源的传说，和创世神话交叉又有所区别，主要致力于“人”是自哪里来的。按《尚书·泰誓上》：“惟天地万物父母，惟人万物之灵，亶聪明作元后，元后做民父母。”《庄子·达生》：“天地者，万物之父母也。合则成体，散则成始。”在中华文化脉络中，如果有所谓上帝造人，这个上帝即是天地。《山海经》中，“人”和“国”的生成是多元的，但最著名的记载是《大荒西经》：“大荒之中，有山名曰日月山，天枢也。吴姖天门，日月所入。有神，人面无臂，两足反属于头山，名曰嘘。颛顼生老童，老童生重及黎，帝令重献上天，令黎邛下地。下地是生噎，处于西极，以行日月星辰之行次。"这意味着，"人"乃天地 / 阴阳孕育而生。在此基础上，黄帝、炎帝才成为我们的始祖，也就是说，黄帝、炎帝是天地在人间的代言人，也就是天地本身，故而《海内经》云："炎帝之妻，赤水之子听訞生炎居，炎居生节并，节并生戏器，戏器生祝融。祝融降处于江水，生共工。共工生术器，术器首方颠，是复土穰，以处江水。共工生后土，后土生噎鸣，噎鸣生岁十有二。"

三、洪水神话。洪水神话是以洪水为背景演绎宇宙毁灭和人类再生的故事。按《淮南子·览冥训》："往古之时，四极废，九州裂；天不兼覆，地不周载；火爁焱而不灭，水浩洋而不息；猛兽食颛民，鸷鸟攫老弱。于是女娲炼五色石以补苍天，断鳌足以立四极，杀黑龙以济冀州，积芦灰以止淫水。"在《山海经》中，洪水神话的主角是鲧和禹，而且，与九州的形成密切相关，且暗示了王权的诞生，据《海内经》："洪水滔天。鲧窃帝之息壤以堙洪水，不待帝命。帝令祝融杀鲧于羽郊。鲧复腹生禹，帝乃命禹卒布土以定九州。"

四、战争神话。战争神话与英雄神话是一体两面，反映了上古时期部落之间的攻伐抢掠，《山海经》中最著名的战争神话发生在黄帝和蚩尤之间，据《大荒北经》："蚩尤作兵伐黄帝，黄帝乃令应龙攻之冀州之野。应龙畜水。蚩尤请风伯雨师，纵大风雨。黄帝乃下天女曰魃，雨止，遂杀蚩尤。魃不得复上，所居不雨。叔均言之帝，后置之赤水之北。叔均乃为田祖。魃时亡之，所欲逐之者，令曰：'神北行！'先除水道，决通沟渎。"此外，诸帝、后稷、夸父、后羿等也构成了英雄神话的主体。

五、发明创造神话。这类神话主要讲述与人类密切相关的生活生产工具是如何诞生的，如《大荒西经》："有西周之国，姬姓，食谷。有人方耕，名曰叔均。帝俊生后稷，稷降以谷。稷之弟曰台玺，生叔均。叔均是代其父及稷播百谷，始作耕。"《海内经》："帝俊生晏龙，晏龙是始为琴瑟。帝俊有子八人，是始为歌舞。帝俊生三身，三身生义均，义均是始为巧倕，是始作下民百巧。后稷是播百谷。稷之孙曰叔均，是始作牛耕。"

此外，《山海经》中还记载了很多自然神话，以此解释各种自然现象，其中若木、建木、扶桑等神树与时间神话即是自然神话的一种集中体现。值得注意的是，《山海经》还记载了一个神话世界，这个世界超人间又在人间，即神主宰的昆仑山，据《西山经》："西南四百里，曰昆仑之丘，是实惟帝之下都。"又据《海内西经》："海内昆仑之虚，在西北，帝之下都。昆仑之虚，方圆八百里，高万仞。上有木禾，长五寻，大五围。面有九井，以玉为槛。面有九门，门有开明兽守之，百神之所在。在八隅之岩，赤水之际，非仁羿莫能上冈之岩。"经由昆仑山，人神之间建立起了双向联系。

海外西经

　　《海外西经》共涉及山峦 4 座；涉及植物 1 种；涉及动物 21 种；涉及国家 10 个；涉及异人 7 个，另有群巫；没有水流和矿物。本章记载了夏的建立者启的形象，启半人半神，在大乐之野／大遗之野儛九代，"乘两龙，云盖三层。左手操翳，右手操环，佩玉璜"。启所乘的两龙似乎是文本内所说的龙鱼，"龙鱼陵居在其北，状如狸。一曰鰕。即有神圣乘此以行九野。一曰鳖鱼，在夭野北，其为鱼也如鲤"。有意思的是，启在《山海经》中不战不争，一如圣人，代表了先民对人间王的美好想象。

　　华夏史上最著名的神话人物之一刑天出自本章，但他的形象非善非恶，文本只是说他是一个与"争神"的失败者。按照叙述语气，刑天若胜，即是"帝"了。显然，"帝"只是胜利者的同义词，并非"道"的拥有者——这代表了先民最朴素的世界观。

　　其中，丈夫国和女子国的出现，意味着人和《山经》中记载的奇鸟异兽一样，"自为牝牡"，即阴阳同体，非阴阳对立，这点需要注意。

　　登葆山是极为重要的祭祀场所，"群巫所从上下也"，在巫者话语体系中，这是通天之所。

海外自西南陬西北陬者：
灭蒙鸟①在结匈国北，为鸟青，赤尾。
大运山高三百仞，在灭蒙鸟北。
大乐之野，夏后启于此儛②九代，乘两龙，云盖三层③。左手操翳④，右手操环⑤，佩玉璜⑥。在大运山北。一曰大遗之野。

三身国在夏后启北，一首而三身。

一臂国在其北，一臂、一目、鼻孔。有黄马，虎文，一目而一手[7]。

奇肱之国在其北。其人一臂三目，有阴有阳，乘文马[8]。有鸟焉，两头，赤黄色，在其旁。

形天[9]与帝至此争神，帝断其首，葬之常羊之山。乃以乳为目，以脐为口，操干戚以舞。

女祭、女戚[10]在其北，居两水间，戚操鱼觛[11]，祭操俎[12]。

𪇆鸟[13]、䳐鸟[14]，其色青黄，所经国亡。在女祭北。𪇆鸟人面。居山上。一曰维鸟[15]，青鸟、黄鸟所集[16]。

丈夫国在维鸟北，其为人衣冠带剑。

女丑[17]之尸，生而十日[18]炙杀之。在丈夫北。以右手鄣[19]其面。十日居之，女丑居山之上。

巫咸国[20]在女丑北，右手操青蛇，左手操赤蛇。在登葆山[21]，群巫所从上下也。

并封[22]在巫咸东，其状如彘，前后皆有首，黑。

女子国在巫咸北，两女子居，水周之。一曰居一门中。

轩辕之国[23]在此穷山之际，其不寿者八百岁。在女子国北。人面蛇身，尾交首上。

穷山在其北，不敢西射，畏轩辕之丘。在轩辕国北。其丘方，四蛇盯绕。

此诸夭之野，鸾鸟自歌，凤鸟[24]自舞。凤皇卵，民食之；甘露，民饮之：所欲自从也。百兽相与群居。在四蛇[25]北。其人两手操卵食之，两鸟居前导之。

龙鱼[26]陵居[27]在其北，状如狸。一曰鰕[28]。即有神圣乘此以行九野[29]。一曰鳖鱼[30]，在夭野北，其为鱼也如鲤。

白民之国在龙鱼北，白身被[31]发。有乘黄[32]，其状如狐，其背上有角，乘之寿二千岁。

肃慎之国在白民北。有树名曰雄常[33]，先入伐帝，于此取之。

长股之国在雄常北，披发。一曰长脚。

西方蓐收[34]，左耳有蛇，乘两龙。

【注】

① 灭蒙鸟：一种传说中的怪鸟，三首国位于灭蒙鸟东，厌火国位于灭蒙鸟南，羽民国位于灭蒙鸟东南，意味着该鸟是地标。② 儛（wǔ）：同"舞"，《庄子·在宥》："鼓歌以儛之。"③ 云盖三层：像盖一样的云有三层。层，重，郭璞注："层，犹重也。"④ 翳（yì）：羽毛做的华盖，《说文·羽部》："华盖也。"⑤ 环：即玉环。⑥ 璜（huáng）：半璧形的玉，郭璞注："半璧曰璜。"《大戴礼记·保傅》："下有双璜冲牙。"⑦ 手：即黄马的腿脚。郝懿行疏："手，马臂也。(《礼记》)内则云：'马黑脊而般臂漏。'"⑧ 文马：即吉量马，据《海内北经》："犬戎国有文马，缟身朱鬣，目若黄金，名曰吉量，乘之寿千岁。"⑨ 形天：即刑天，形，通"刑"，刑天是神话传说中的无头之神。⑩ 女戚：即女薎，据《大荒西经》："有寒荒之国，有二人女祭、女薎。"⑪ 鱼觛（dàn）：即角觛，"鱼"或"角"之误，也就是角制成的小觯，是圆形小酒器，属于礼器。⑫ 俎（zǔ）：祭祀时盛放祭品的礼器，《左传·隐公五年》："鸟兽之肉，不登于俎。"⑬ 鸶（cì）鸟：一种传说中的鸟，不详。⑭ 鹯（zhān）鸟：一种传说中的鸟，不详。⑮ 维鸟：地名。⑯ 集：汇集，聚居，即青鸟、黄鸟，也就是鸶鸟、鹯鸟栖息的地方。⑰ 女丑：人名。⑱ 十日：十个太阳，传说天上本来有十日，尧命后羿射落其中九个。又据《大荒东经》："有女子名曰羲和，方浴日于甘渊。羲和者，帝俊之妻，生十日。"《海外东经》："汤谷上有扶桑，十日所浴，在黑齿北。居其中。有大木，九日居下枝，一日居上枝。"《大荒东经》："汤谷上有扶木，一日方至，一日方出，皆载于乌。"⑲ 鄣（zhāng）：阻塞，阻隔，同"障"。⑳ 巫咸国：一个传说中的国家，人人为巫。巫咸，据传为唐尧时人，以作筮著称。㉑ 登葆山：山名，该山可通天。袁珂："郭注盖本《大荒西经》'十巫从此升降，百药爱在'为说，然细究之，'采药'只是群巫所作次要工作，其主要者，厥为下宣神旨，上达民情。登葆山盖天梯也，'群巫所从上下'者，'上下'于此天梯也。"㉒ 并封：兽名，疑即屏蓬，据《大荒西经》："有兽，左右有首，名曰屏蓬。"㉓ 轩辕之国：轩辕氏后人建立的国家，据《大荒西经》："有轩辕之国，江山之南栖为吉，不寿者乃八百岁。"要注意的是，《山海经》中的

轩辕若非实指，并非指轩辕黄帝。㉔凤鸟：雄凤。㉕四蛇：即上文所说"四蛇盯绕"的轩辕丘。㉖龙鱼：即鲵鱼，俗名娃娃鱼。㉗陵居：居住在山陵上。㉘鰕：大娃娃鱼，《尔雅·释鱼》："鲵大者謂之鰕。"㉙九野：九州，泛指天下。㉚鳖鱼：鱼名，不详，或为错讹。㉛被：同"披"。㉜乘黄：即飞黄，传说中的异兽或神马，此处不指具体所指。㉝雄常：一种传说中的树名，郭璞注："其俗无衣服，中国有圣帝代立者，则此木生皮可衣也。"本句中的"先入伐帝，于此取之"，义不可通，或可从王念孙、孙星衍校改为"圣人代立，于此取衣"。㉞蓐（rù）收：西方之神，据《西山经》："泑山，神蓐收居之，西望日之所入，其气员，神红光之所司也。"

【引】

①袁珂："《海内西经》云：'孟鸟在貊国东北，其鸟文赤、黄、青，东乡。'郝懿行谓灭蒙鸟疑即孟鸟，灭蒙之声近孟，其说是也。"⑨袁珂："刑天盖即断首之意。意此刑天者，初本无名天神，断首之后，始名之为'刑天'。或作形夭，义为形体夭残，亦通。唯作形天、刑夭则不可通。"⑱《淮南子·本经训》："逮至尧之时，十日并出，焦禾稼，杀草木，而民无所食。猰貐、凿齿、九婴、大风、封豨、脩蛇皆为民害。尧乃使羿诛凿齿于畴华之野，杀九婴于凶水之上，缴大风于青丘之泽，射十日而下杀猰貐，断脩蛇于洞庭，禽封豨于桑林。"高诱注："十日并出，羿射去九。"㉜《管子·小匡》："地出乘黄。"《淮南子·览冥训》："凤皇翔于庭，麒麟游于郊；青龙进驾，飞黄伏皁；诸北、儋耳之国，莫不献其贡职，然犹未及虑戏氏之道也。"㉞或说他是白帝少昊的辅佐神，或说蓐收是白帝之子，负责掌管秋天，《淮南子·天文训》："西方，金也，其帝少昊，其佐蓐收，执矩而治秋。"因西方属金，故又称主金之神。《左传·昭公二十九年》："火正曰祝融，金正曰蓐收。"孔颖达正义："秋物摧蓐而可收也，其祀该焉。"

【译】

海外地区，从西南角到西北角，国家、山川分布如下：

灭蒙鸟位于结胸国北，该鸟羽青，尾红。

大运山高三百仞，位于灭蒙鸟北。

大乐野，夏启在这里观赏过乐舞《九代》，他骑着两条龙，在三重云雾之中穿行，他还左手拿华盖，右手攥玉环，腰佩玉璜。大乐野位于大运山北。一种说法称夏启是在大遗野观赏的乐舞《九代》。

三身国位于夏启居住之地北，国人一头三身。

一臂国位于三身国北，国人一臂，一眼，一鼻孔。还有一种黄马，虎纹，一眼，一腿。

奇肱国位于一臂国北。国人一臂，三眼，眼睛分阴阳，阴上阳下，骑着吉良马。还有一种鸟，两头，身子红黄色，在奇肱国人身边。

刑天和天帝争神位，天帝砍下刑天的头，埋在常羊山。无头的刑天以双乳为眼，以肚脐为嘴，一手持盾，一手操斧，挥舞不止。

女巫祭和女巫蔑在刑天、天帝战争之地北，此处位于两条河中间，蔑拿咒角杯，祭捧俎器。

有鸳鸟、鹝鸟两种鸟，浑身青中带黄，经过哪国，即会灭亡。两种鸟位于女巫祭的北面。其中，鸳鸟人面，站在山上。一种说法称两种鸟都叫维鸟，是青鸟、黄鸟聚在一起时的统称。

丈夫国位于维鸟北，国人衣冠整齐，佩带宝剑。

女丑横尸在此，她是被十个太阳晒死的。女丑卧在丈夫国北，死时用右手遮面。十个太阳高悬空中，女丑横尸山顶。

巫咸国位于女丑北，国人右手青蛇，左手红蛇。这里有一座登葆山，是巫师往返天地之点。

怪兽屏蓬在巫咸国东，猪状，前后有头，黑色。

女子国位于巫咸国北，两个女子在此居住，流水环绕。一种说法称她们正在一道门的中间。

轩辕国位于穷山附近，国人最短命也能活八百岁。该国位于女子国北，国人人面，蛇身，尾巴盘在头上。

穷山位于轩辕国北，国人拉弓，却不敢往西射，他们敬畏轩辕丘——那是黄帝威灵所在。轩辕丘位于轩辕国北，方形，四蛇围绕。

有个沃野，这里鸾鸟自由歌唱，凤鸟自在舞蹈。凤皇下的蛋，国人食用；苍天降的露，国人饮用，吃了、喝了，一切心想事成。野兽成群杂居。沃野位于四条蛇北，国人正捧着凤凰蛋吃，二鸟正前面引路。

鲤鱼状的娃娃鱼在沃野的山坡上居住。一种说法叫它鰕鱼，即大娃娃鱼。有神人骑着娃娃鱼遨游九州。一种说法称鳖鱼位于沃野北，其形状也似鲤鱼。

白民国位于龙鱼北，国人白色皮肤，披头散发。一种叫乘黄的野兽，狐状，脊背有角，人骑了能活两千年。

肃慎国位于白民国北。有一种树木叫雄常树，有圣君继位，国人就剥树皮做衣。

长股国在雄常树北，国人披头散发。一种说法称长股国叫长腿国。

西方金神蓐收，左耳有蛇，骑着两条龙。

【解】

女性神话形象西王母、女娲、精卫、羲和、常羲、娥皇等和男性神话形象夸父、刑天、鲧、禹、羿、黄帝、蚩尤等，在《山海经》中分量基本是均衡的，唯一的区别在于男性神话形象是人间/战争的主导者。值得注意的是，其中的神话形象，无论战败的蚩尤还是被处死的鲧都没有被贴上善恶的标签，相反其身上反而蕴含着视死如归、慷慨豪迈的人性光辉。以女性神话形象精卫和男性神话形象刑天为例，据《北山经》："又北二百里，曰发鸠之山，其上多柘木。有鸟焉，其状如乌，文首、白喙、赤足，名曰精卫，其鸣自詨。是炎帝之少女，名曰女娃。女娃游于东海，溺而不返，故为精卫。常衔西山之木石，以堙于东海。"又《海外西经》："形天与帝至此争神，帝断其首，葬之常羊之山。乃以乳为目，以脐为口，操干戚以舞。"他们一个是溺亡者，一个是失败者，其虽身死，但魂魄不灭，依旧以"生"的形式向毁灭自己的"敌人"战斗。显然，二神背后折射的是先民借助神话去完成对个人命运的塑造。也就是说，在这些神话形象身上，都潜存着对"死"的超越和对"生"的追慕。杨义认为："中国初民的神话思维是崇尚一种怪诞的、野性的、神秘的生命的，这和儒家温柔敦厚的诗教不相干，与古希腊雕刻从健美的人体比例中呼唤出神性，更是迥异其趣。他们是在打破人体的正常比例

和正常结构中，追求一种怪异的，杂糅着人、神、兽形体本性的野性美、
犷悍美，其审美趣味带有浓郁的非文明的原始气息，甚至在神经细腻的
文明人眼中是一种审'丑'趣味。"这一说法未必完全正确，却也颇有
道理，《山海经》的神话形象往往与死而复生相关联，除了精卫（还包
括鼓、钦鴀、颛顼等）借体而生、刑天残体而生外，有借植物而生的帝
女（还包括夸父，不同的是其化为邓林），据《中山经》："又东二百
里曰姑媱之山。帝女死焉，其名曰女尸，化为蓇草，其叶胥成，其华黄，
其实如菟丘，服之媚于人。"有借子而生的鲧，据《海内经》："帝命
祝融杀鲧于羽郊。鲧复生禹。帝乃命禹卒布土以定九州。"——显然，
鲧借助子禹完成了自己"定九州"的夙愿。在以化生禹的鲧和化为邓林
的夸父身上，生命的延续和充沛的活力体现得最为充分，一化一生，完
成了个体生命的提纯和升华。这种借体而生的传说或现象体现的是万物
生而具有阴阳和合而自生的道性，故而可通过借体实现"生"的转移和
重启，这种自化而非他生是中国创世说所独有的逻辑理路。某种意义上，
《山海经》中的这种自化/借生形象孕育了具有中国特色的哲学观。由是，
就可以很好地理解文本中的神话形象了，他们往往在人、神、兽甚至草
木之形体/形象中自由穿梭，看似怪诞、神奇，实际上是体现了人即"造
物主"的观点，即先民通过超人间的生命移植实现对"人"/自己的认知、
把握和塑造。在神话形象这里，"死"都是"生"的起点，《山海经》
记录的上古神话传说中的十二尸神都是一副生人的形象，而刑天、精卫、
蚩尤、鲧这些败亡者都是一副英雄的形象。毫无疑问，先民面对严酷的
环境、惨烈的战争和无常的命运会流露出恐惧和逃避，但却必须面对，
故而对"生"的向往又将"死"作为活着的另外一种形式，故而《山海
经》中的神话形象完全没有德性的分疏，正是这些不带褒贬却自怀生机
的神话形象，代表了先民对自身及宇宙万物的思考，并进而孕育了华夏
文化的源头。

海外北经

　　《海外北经》共涉及山峦3座，另有上谷；涉及水流2条，另有北海；涉及植物5种；涉及动物19种；没有矿物；涉及国家9个；涉及异人6个。钟山之神烛阴似乎是盘古的化身，乃时间的创造者，即创始之神。值得注意的是，烛阴"人面，蛇身"，犹如《圣经》中"原人（男女）"和邪恶的代表者"蛇"的二合一之体。

　　"众帝之台"建立在血泊之中，相柳是九头蛇／龙，可以推测的是，其也是人间部落战争的失败者，他死的地方"不可以树五谷种"，故而为台。"众帝之台"显然是祭祀诸帝之所，在相柳丧身处建立此台，恐怕乃是一种面向臣民的威慑——"众帝之台"是否意味着权力／统治是血腥的？

　　"夸父"是《山海经》中一个非常独特的多边的艺术形象，其为兽，为鸟，为人，为林，为山，为国，一体六形，但基本内涵是统一的，即意味着"形"不过"生"和"魂"的外在表现，小则为物，大则为国，万物一之，"道"在其中。本章，夸父追日恐怕与部落间对生命之源的"水"的争夺有关。

　　"一女子跪据树欧丝"，乃华夏缫丝业的真实写照，也是以桑养蚕取丝的最早记载。

　　海外自东北陬至西北陬者：

　　无綮^①之国在长股东，为人无綮。

　　钟山之神，名曰烛阴^②，视为昼，瞑^③为夜，吹为冬，呼为夏，不饮，不食，不息^④，息为风。身长千里。在无綮之东。其为物，人面，蛇身，赤色，居钟山下。

一目国在其东，一目中其面而居。一曰有手足。

柔利国在一目东，为人一手一足，反䣠⑤，曲足居上⑥。一云留利之国，人足反折⑦。

共工⑧之臣曰相柳氏，九首，以食于九山。相柳之所抵⑨，厥⑩为泽溪。禹杀相柳，其血腥，不可以树五谷种。禹厥之，三仞三沮⑪，乃以为众帝⑫之台。在昆仑之北，柔利之东。相柳者，九首人面，蛇身面青。不敢北射，畏共工之台。台在其⑬东。台四方，隅有一蛇，虎色⑭，首冲南方。

深目国在其东，为人举一手一目。在共工台东。

无肠之国在深目东，其为人长而无肠。聂耳之国在无肠国东，使两文虎，为人两手聂⑮其耳。县⑯居海其中，及水所出入奇物。两虎在其东。

夸父与日逐走，入日。渴欲得饮，饮于河渭，河渭不足，北饮大泽。未至，道渴而死，弃其杖，化为邓林。

博父国在聂耳东，其为人大，右手操青蛇，左手操黄蛇。邓林在其东，二树木。一曰博父。

禹所积石之山在其东，河水所入。

拘缨之国在其东，一手把缨⑰。一曰利缨之国。

寻木⑱长千里，在拘缨南，生河上西北。

跂踵国在拘缨东，其为人大，两足亦大。一曰大踵。

欧丝之野大踵东，一女子跪据树欧丝⑲。

三桑无枝，在欧丝东，其木长百仞，无枝。

范林方三百里，在三桑东，洲⑳环其下。

务隅之山，帝颛顼葬于阳，九嫔葬于阴。一曰爰㉑有熊、罴、文虎、离朱、鸱久、视肉。

平丘㉒在三桑东。爰有遗玉㉓、青鸟㉔、视肉、杨柳、甘柤㉕、甘华㉖，百果所生。有两山夹上谷，二大丘居中，名曰平丘。

北海㉗内有兽，其状如马，名曰騊駼㉘。有兽焉，其名曰駮，状如白马，锯牙，食虎豹。有素兽焉，状如马，名曰蛩蛩㉙。有青兽焉，状如虎，名曰罗罗。

北方禺强^㉚，人面鸟身，珥^㉛两青蛇，践^㉜两青蛇。

【注】

①无綮：无嗣，无后。袁珂注："当从广雅作无启；无启，无继也，正高诱注淮南子所谓'其人盖无嗣也'之义。无嗣而有国，当因其人能如郭注所云'死百廿岁乃复更生'，实不死也。"②烛阴：即烛龙，据《大荒北经》："西北海之外，赤水之北，有章尾山。有神，人面蛇身而赤，直目正乘，其瞑乃晦，其视乃明，不食不寝不息，风雨是谒。是烛九阴，是烛龙。"③瞑：闭目，《楚辞·招魂》："至命于帝，然后得瞑些。"④息：呼吸，《说文·心部》："喘也。"⑤反劙（xī）：膝盖在腿后。劙，同"膝"。⑥曲足居上：足弓在脚心而脚尖向上。⑦反折：反向弯曲。⑧共工：神话传说中的水神，据《海内经》："炎帝之妻，赤水之子，听沃生炎居，炎居生节并，节并生戏器，戏器生祝融，祝融降处于江水，生共工。"⑨抵：达。⑩厥（jué）：掘，引申为损坏，同"撅"。⑪三仞三沮：三，多次，虚数；仞，满，充满，通"牣"，《上林赋》："宫馆而勿仞。"沮，阻遏，终止，同"阻"。⑫众帝：帝尧、帝喾等上古大帝。⑬其：指众帝之台。⑭虎色：即虎纹，或虎的外表颜色。⑮聂（shè）：握，持，通"摄"。⑯县（xuán）：悬挂，引申为形影相吊，孤单，同"悬"。⑰缨：脖项处的肿瘤，同"瘿"。⑱寻木：神话中的大木。《文选·左思》："西蜀之于东吴，小大之相绝也，亦犹棘林萤耀，而与夫寻木龙烛也。"李周翰注："寻木，大木。"郭璞《图赞》："渺渺寻木，生于河边。竦枝千里。上干云天。垂阴四极，下盖虞渊。"⑲据树欧丝：靠着桑树（边吃叶子边）吐丝。据，靠着。欧，吐，同"呕"。《搜神记·卷十四》有类似神话。⑳洲：其中岛。㉑爰（yuán）：发语词，无义，《诗经·邶风·凯风》："爰有寒泉，在浚之下。"㉒平丘：平坦的丘陵。㉓遗玉：一种玉石。㉔青鸟：疑为青马之误，《海外东经》《大荒南经》作"青马"。㉕甘柤（zhā）：一种传说中的神木。㉖甘华：一种传说中的神木。《大荒东经》："东北海中，又有三青马、三骓、甘华。"㉗北海：北方边区，《左传·僖公四年》："君处北海，寡人处南海，唯是风马牛不相及也。"㉘騊駼（táo tú）：一种青色良马，

《逸周书·王会》："禺氏駒騟。"孔晁注："駒騟，马之属也。"《尔雅·释畜》："駒騟，马。"㉙蛩蛩（qióng qióng）：一种传说中的怪兽。㉚禺强：也作"玄冥"，传说中的水神，《庄子·大宗师》："北海之神，名曰禺强，灵龟为之使。"㉛珥（ěr）：戴，插。㉜践：踩，踏，《说文·足部》："履也。"《诗经·大雅·行苇》："敦彼行苇，牛羊勿践履。"

【引】

⑧《列子·汤问》："共工氏与颛顼争为帝，怒而触不周之山，折天柱，地维绝，天倾西北，故日月星辰移焉；地不满东南，故百川水潦归焉。"《左传·昭公十七年》："共工氏以水纪，故为水师而水名。"又说，共工是黄帝时代的部落名，与驩兜、三苗、鲧并为四罪。㉘《史记·匈奴列传》："其畜之所多则马、牛、羊，其奇畜则橐駞、驴、骡、駃騠、駒騟、驒騱。"

【译】

海外地区，从东北角到西北角，国家、山川分布如下：

无后国位于长股国东，国人不孕不生。

钟山山神，名叫烛阴，睁眼是白天，闭眼是黑夜，吹气是冬天，呼气是夏季，不喝，不吃，不呼吸，一旦呼吸，风起。烛阴身长千里。其在无后国东，人面，蛇身，全身赤红，住在钟山脚下。

一目国位于钟山东，国人脸中间有一眼。一种说法称一目国人和常人一样，有手有脚。

柔利国位于一目国东，国人一手一脚，膝反长，脚朝上。一种说法称柔利国叫留利国，脚反长。

天神共工的大臣名叫相柳氏，九头，同时吃九座山上的食物。相柳氏所到之处，即成沼泽溪流。大禹杀死相柳氏后，鲜血腥臭难闻，汇集之处不生五谷。大禹挖填鲜血汇集之处，多次填满，多次塌陷。大禹便将挖掘出来的泥土为诸帝修造了帝台。帝台位于昆仑山北，柔利国东。相柳氏这个大臣，九头，人面，蛇身，青脸。国人不敢弯弓北射，因为敬畏共工台，那是共工威灵所在。共工台位于相柳东，四方形，每个角上有一条蛇，虎纹，头朝南。

深目国位于相柳氏东，国人一直举着一手，眼睛深陷。一种说法称深目国位于共工台东。

无肠国位于深目国东，国人高大，没有肠子。聂耳国位于无肠国东，国人豢养两只斑斓猛虎，走路时手提着两只耳朵。聂耳国位于海水环绕的孤岛之上，各种怪物出入水中。两只老虎在聂耳国东。

夸父和太阳赛跑，追上了太阳。夸父很渴，想喝水，喝干了黄河和渭河还不够，又向北去喝大泽里的水，结果走到半路就渴死了。夸父扔掉了自己的拐杖。拐杖变成邓林。

博父国位于聂耳国东，国人身形高大，右手青蛇，左手黄蛇。邓林位于夸父国东，两棵大树就形成了树林。一种说法称夸父国即博父国。

大禹居住的积石山位于博父国东，是黄河流入的地方。

拘瘿国位于积石山东，国人一手托着脖子上的巨瘤。一种说法称拘瘿国叫利瘿国。

有一种树叫寻木，一千里高，长在拘瘿国南，也就是黄河岸西北方向。

跂踵国位于拘瘿国东，国人高大，两脚巨大。一种说法称跂踵国叫反踵国。

欧丝野位于反踵国东，一个女子跪靠着桑树吐丝。

三棵无枝桑树，长在欧丝野东，高虽百仞，却不生树枝。

范林方圆三百里，位于三棵桑树东。范林下面，沙洲环绕。

颛顼葬在务隅山南，九个妃子埋在山北。一种说法称此处有熊、黑、花斑虎、离朱、鸱久、视肉。

平丘位于三棵桑树东。此处有遗玉、青马、视肉、杨柳树、甘柤树、甘华树，各种果树应有尽有。两山夹着一条山谷，谷中有两个大丘，名叫平丘。

北海内有一种马状野兽，名叫騊駼。一种白马状野兽，名叫駮，牙如锯，能吃虎豹。有一种白马状野兽，名叫蛩蛩。一种青虎状野兽，名叫罗罗。

北方水神禺强，人面，鸟身，耳挂两青蛇，脚踏两青蛇。

【解】

　　《山海经》中的空间关系是一个很有意思的话题。《淮南子·天文训》提出了平行的四方神："何谓五星？东方，木也，其帝太，其佐句芒，执规而治春。其神为岁星，其兽苍龙，其音角，其日甲乙。南方，火也，其帝炎帝，其佐朱明，执衡而治夏。其神为荧惑，其兽朱鸟，其音徵，其日丙丁。中央，土也，其帝黄帝，其佐后土，执绳而制四方。其神为镇星，其兽黄龙，其音宫，其日戊己。西方，金也，其帝少昊，其佐蓐收，执矩而治秋。其神为太白，其兽白虎，其音商，其日庚辛。北方，水也，其帝颛顼，其佐玄冥，执权而治冬。其神为辰星，其兽玄武，其音羽，其日壬癸。"按《淮南子》记载，其四方神分别是苍龙、朱鸟、白虎、玄武，这一构建很可能参考了《山海经》的上古四方神：东方句芒，据《海外东经》："东方句芒，鸟身人面，乘两龙。"按《礼记·月令》："孟春之月，日在营室，昏参中，旦尾中，其日甲乙，其帝大皞，其神句芒，其虫鳞，其音角，律中大蔟，其数八，其味酸，其臭膻，其祀户，祭先脾。"又《淮南子·时则训》："东方之极，自碣石山过朝鲜，贯大人之国，东至日出之次，扶木之地，青土树木之野，太皞、句芒之所司者，万二千里。"南方祝融，据《海外东经》："南方祝融，兽身人面，乘两龙。"按《礼记·月令》："孟夏之月，日在毕，昏翼中，日婺女中，其日丙丁，其帝炎帝，其神祝融。"又《淮南子·时则训》："南方之极，自北户孙之外，贯颛顼之国，南至委火炎风之野，赤帝祝融之所司者万二千里。"西方蓐收，据《海外西经》："西方蓐收，左耳有蛇，乘两龙。"再《西山经》："泑山，神蓐收居之。其上多婴短之玉，其阳多瑾瑜之玉，其阴多青雄黄。是山也，西望日之所入，其气员，神红光之所司也。"按《礼记·月令》："孟秋之月，日在翼，昏建星中，旦毕中，其日庚辛，其帝少皞，其神蓐收。"又《淮南子·时则训》："西方之极，自昆仑绝流沙、沈羽，西至三危之国，石城金室，饮气之民，不死之野，少皞、蓐收之所司者，万二千里。"北方禺强，据《海外北经》："北方禺强，人面鸟身，珥两青蛇，践两青蛇。"再《大荒北经》："有儋耳之国，任姓，禺号子，食谷。北海之渚中，有神，人面鸟身，珥两青蛇，践两赤蛇，名曰禺强。"按《庄子·大宗师》：

"禺强得之,立乎北极。"《淮南子》之后,四方神又演化为青龙、白虎、朱雀、玄武并稳固下来。需要补充的是天下五方,中方的代表又是什么呢?按《淮南子·天文训》:"中央土地,其帝黄帝,其佐后土,执绳而治四方,其神为镇星,其兽黄龙,其音宫,其日戊己。"按照推测,黄龙即黄帝最得力的神兽应龙。

除了平行的四方观,《山海经》还建立起了以水流连接山海和异域、大荒的空间格局,这一点在文本中比比皆是,不必赘述。值得留意的是,"海"在《山海经》中是一个极为突出的"意象",除了前文所述的作为边远地区的文化意义上"海"这个虚指概念外——其中隐含着较强的文化层级色彩,还有具体地理意义上的西海、北海、东海、南海、渤海/勃海、幼海、少海等等,但这些具体的"海"也承担着一定的文化意义,即它容纳了一种不同于内陆或者说华夏文明的异域民族、奇闻异谈,进而为内陆/华夏文明提供了重要的参照系。当然,在平行的空间格局中,还有一个主宰九州的上方空间,而上方空间的基地在昆仑山,据《海内西经》:"昆仑之虚,方圆八百里,高万仞。上有木禾,长五寻,大五围。面有九井,以玉为槛。面有九门,门有开明兽守之,百神之所在。""昆仑南渊深三百仞。开明兽身大类虎而九首,皆人面,东向立昆仑上。"按照《大荒西经》,在日月山上,还有通天之门:"大荒之中,有山名曰日月山,天枢也。吴姬天门,日月所入。" 按照《海内南经》,还有通天之梯建木:"有木,其状如牛,引之有皮,若缨、黄蛇。其叶如罗,其实如栾,其木若蓝,其名曰建木。在窫窳西弱水上。"《淮南子·地形训》:"建木在都广,众帝所自上下,日中无景,呼而无响,盖天地之中也。"高诱注:"众帝之从都广山上天还下,故曰上下。"

通常的看法是,《荒经》中的二十八座山,亦即《大荒东经》中的大言山、合虚山、明星山、鞠陵于天山、孽摇頵羝山、猗天苏门山、壑明俊疾山,《大荒南经》中的衡石山、不庭之山、不姜山、去痓山、融天山、歹涂之山、天台高山,《大荒西经》中的方山、丰沮玉门山、龙山、日月山、鏖鏊钜山、常阳之山、大荒之山,《大荒北经》中的不咸山、衡天山、先槛大逢之山、北极天柜山、成都载天山、不句山、融父山,这些山有坐标山,并对应着相应的海和神,《大荒东经》:"东海之渚中，有神，人面鸟身，珥两黄蛇，践两黄蛇，名曰禺虢。黄帝生禺虢，禺虢生禺京。禺京处北海，禺虢处东海，是惟海神。"《大荒南经》："南海渚中，有神，人面，珥两青蛇，践两赤蛇，曰不廷胡余。"《大荒西经》："西海渚中，有神，人面鸟身，珥两青蛇，践两赤蛇，名曰弇兹。"《大荒北经》："北海之渚中，有神，人面鸟身，珥两青蛇，践两赤蛇，名曰禺强。"同时，二十八山对应着上天二十八星宿，按照刘宗迪的研究："山峰坐标系在东、西方选择了七对山峰作为确定月份和节气的参照，出于对称的考虑，古人可能在南、北亦相应地选择七对山峰，这样，四面共有二十八宿就是将地上的二十八山投射到星空上的产物。""山峰配属星宿的天文分野图式当是源于《大荒经》所描述的以山峰为参照的原始天文观测坐标体系。"也就是说，《山海经》以山为中心，建立起了勾连内陆、海荒以及苍穹的立体空间格局，并承载起世间的万事万物。

海外东经

　　《海外东经》没有山峦，只有醝丘（又作嗟丘）和朝阳谷、汤谷；没有水流、矿物；共涉及植物5种；涉及动物10种；涉及国家8个；涉及异人6个。

　　值得注意的，本章出现了"君子之国"——此乃古代典籍中首次出现这一概念。按照描述，其民"衣冠带剑"，且"好让不争"，《大荒东经》亦有类似记载："有东口之山。有君子之国，其人衣冠带剑。"衣冠和剑是礼／文明的象征，衣冠作为"礼器"好理解，据《礼记·冠义》："礼仪之始，在于正容体、齐颜色、顺辞令。"剑在黄帝时即已出现，据《广黄帝本行纪》："帝采首山之铜铸剑，以天文古字铭之。"又《管子·地数篇》："昔葛天卢之山发而出金，蚩尤受而制之，以为剑铠。"剑作为礼器，《隋书·礼仪志》讲述得最为详细："一品，玉具剑，佩山玄玉。二品，金装剑，佩水苍玉。三品及开国子男、五等散品名号侯，虽四、五品，并银装剑，佩水苍玉。侍中已下，通直郎已上，陪位则像剑。带真剑者，入宗庙及升殿，若在仗内，皆解剑。一品及散郡公、开国公侯伯，皆双佩。二品、三品及开国子男、五等散品名号侯，皆双佩。绶亦如之。"

　　本章所言及之"扶桑"，也就是扶木，乃《山海经》时空之树——三木之一，其余为建木、若木。这里的扶桑，应是先民立木测时的标尺。

　　"帝命竖亥步"，代表先民对疆域面积测量的一种想象。

　　海外自东南陬至东北陬者。

　　醝丘 ①，爰有遗玉、青马、视肉、杨柳、甘华。甘果所生，在东海。

两山夹丘，上有树木。一曰嗟丘。一曰百果所在，在尧葬东。

大人国在其北，为人大，坐而削船^②。一曰在鳖丘北。

奢比^③之尸在其北，兽身、人面、大耳，珥两青蛇。一曰肝榆之尸在大人北。

君子国在其北，衣冠带剑，食兽，使二大虎在旁，其人好让不争。有薰华草^④，朝生夕死。一曰在肝榆之尸北

䖒䖒^⑤在其北，各有两首。一曰在君子国北。朝阳之谷，神曰天吴，是为水伯^⑥。在䖒䖒北两水间。其为兽也，八首人面，八足八尾，皆青黄。

青丘国在其北，其狐四足九尾。一曰在朝阳北。

帝命竖亥^⑦步，自东极至于西极，五亿十选^⑧九千八百步。竖亥右手把算^⑨，左手指青丘北。一曰禹令竖亥。一曰五亿十万九千八百步。

黑齿国在其北，为人黑，食稻啖^⑩蛇，一赤一青，在其旁。一曰在竖亥北，为人黑首，食稻使蛇，其一蛇赤。

下有汤谷^⑪。汤谷上有扶桑，十日所浴，在黑齿北。居其中，有大木，九日居下枝，一日居上枝。

雨师妾^⑫在其北。其为人黑，两手各操一蛇，左耳有青蛇，右耳有赤蛇。一曰在十日北，为人黑身人面，各操一龟。

玄股之国在其北。其为人衣鱼食䲡^⑬，使两鸟夹之。一曰在雨师妾北。

毛民之国在其北，为人身生毛。一曰在玄股北。

劳民国在其北，其为人黑。或曰教民。一曰在毛民北，为人面目手足尽黑。

东方句芒^⑭，鸟身人面，乘两龙。

建平元年四月丙戌，待诏太常属臣望校治，侍中光禄勋臣龚，侍中奉车都尉光禄大夫臣秀领主省。^⑮

【注】

①鳖(jiē)丘：地名，不详。②削船：撑船，削，同"梢"，即长竿。郝懿行疏："削当读若稍，削船谓操舟也。"③奢比：即奢龙，传说是黄帝的六个大臣之一，《管子·五行》："昔者黄帝得蚩尤而明于天道，得大常而察於地利，得奢龙而辩于东方。"④薰华草：草名，疑是香草。

⑤蚛蚛（hóng hóng）：即虹霓，郭璞注："俗名為美人虹。"虹双出时，色艳为雄，即虹；色暗为雌，即霓。⑥水伯：即水神。⑦竖亥：传说中的神人，步履极大。⑧选：同"万"。⑨算：计算用的筹码，通"筭"，《仪礼·乡射礼》："一人执算以从之。"⑩啖（dàn）：吃。⑪汤（yáng）谷：即"旸谷"，也叫"阳谷"，传说中太阳升起之处。与传说中日落之处的虞渊相对。⑫雨师妾：国名，不详。⑬衣鱼食驱（ōu）：衣鱼，穿鱼皮做的衣服。食驱，吃鸥鸟产下的蛋，驱，同"鸥"。⑭句（gōu）芒：传说中的木神。⑮本句非《山海经》本文，乃整理者署名。建平谓西汉哀帝年号，元年即公元前六年。秀乃刘秀，即刘歆。省，审也，《礼记·乐记》："省其文采。"

【引】

⑦《淮南子·墬形训》："使竖亥步自北极，至于南极，二亿三万三千五百里七十五步。"高诱注："太章、竖亥，善行人，皆禹臣也。"⑪《尚书·尧典》："分命羲仲，宅嵎夷，曰旸谷。"《淮南子·天文》："日出于旸谷，浴于咸池。"⑭《礼记·月令》："孟春之月，日在营室昏参中、旦尾中，其日甲乙，其帝太皞，其神句芒。"

【译】

海外地区，从东南角到东北角，国家、山川分布如下：

嗟丘，此处有遗玉、青马、视肉、杨柳、甘柤树、甘华树。果子甜美的树，都生长在这里，也就是东海边。两山夹着嗟丘，上面有树木。一种说法称嗟即嗟丘。一种说法称嗟即各种果树生长之地，位于尧的墓地东面。

大人国位于尧墓地北，国人高大，正坐着划船。一种说法称大人国位于嗟丘北。

奢比尸神在大人国北，国人兽身，人面，大耳，耳挂两青蛇。一种说法称肝榆尸神在大人国北。

君子国位于奢比尸神北，国人衣冠整齐，腰间佩剑，能吃野兽，豢养两只斑斓猛虎，喜谦让，不争斗。有一种薰华草，早晨开花，傍晚飘零。一种说法称君子国位于肝榆尸神北。

虹霓位于大人国北，每虹两头。一种说法称虹霓位于君子国北。朝阳谷，其神叫天吴，即水伯。天吴住在虹霓北边两水中间，其兽状，八头，人面，八爪，八尾，肤色青中有黄。

青丘国位于虹霓北。有一种狐狸，四爪，九尾。一种说法称青丘国位于朝阳谷北。

天帝命竖亥用脚丈量大地，从东端到西端共五亿十万九千八百步。其右手拿算筹，左手指着青丘国北。一种说法称是大禹命竖亥丈量大地。一种说法称丈量结果为五亿十万九千八百步。

黑齿国位于青丘国北，国人黑齿，吃稻米，吃蛇，一条红蛇、一条青蛇聚拢在身边。一种说法称黑齿国在竖亥北，国人黑头，吃稻米，驱蛇，其中一条是红色的。

下面有一个旸谷。旸谷边上有一棵扶桑，是十个太阳沐浴之处——位于黑齿国北。旸谷中间，有一棵高大的树木，九个太阳停靠在树木下面一点的枝条上，一个太阳停靠在树木上面一点的枝条上。

雨师妾国位于旸谷北。国人黑色皮肤，两手各握一蛇，左耳挂青蛇，右耳挂红蛇。一种说法称雨师妾国位于十个太阳北，国人黑色皮肤，人面，两手各握一龟。

玄股国位于十个太阳北。国人穿鱼皮，吃躯鸟蛋，左右两只鸟。一种说法称玄股国位于雨师妾国北。

毛民国位于雨师妾国北。国人全身都是毛。一种说法称毛民国位于玄股国北。

劳民国位于玄股国北，国人黑色皮肤。有人称劳民国为教民国。一种说法称劳民国位于毛民国北，国人黑脸、黑眼、黑手、黑脚。

东方木神句芒，鸟身，人面，骑着两条龙。

建平元年（即公元前6年，哀帝元年）四月丙戌日，待诏太常属臣丁望校治，侍中光禄勋臣王龚、侍中奉车都尉光禄大夫臣刘秀领主审。

【解】

树作为一种自然的存在，经过先民的想象，成为一种具有象征意味的文化符号。有意思的是，其在本源上即和时空/宇宙纠葛在一起，按《说文·东部》："东，动也。官溥说：'从日，在木中。'"《说文解字注》云："日在木中曰东。"树的时间性、方位性和繁密茂盛而带来的生生之希望，又具有了某种受人崇拜的神圣性，《白虎通·崩薨》："天子坟高三仞，树以松；诸侯半之，树以柏；大夫八尺，树以栾；士四尺，树以槐；庶人无坟，树以杨柳。"按照伊利亚德的说法："树的意象，并非只是被选来象征宇宙而已，它也显示出生命、成长、永生、智慧等。除了像德国神话的宇宙树之外，还有宗教历史记载的生命树（如美索不达米亚）、永生树（如亚洲及《旧约》）、智慧树（《旧约》）、长青树（如美索不达米亚、印度、伊朗）等。换句话说，树表达了每一件宗教人视之为最优越和神圣的事物。"在典籍中，树甚至被图腾为母体，据《吕氏春秋·本味》："有侁氏女子采桑，得婴儿于空桑之中，献之其君，其君令烰人养之。察其所以然。曰：'其母居伊水之上，孕，梦有神告之曰："臼出水而东走，毋顾！"明日，视臼出水，告其邻，东走十里，而顾其邑尽为水，身因化为空桑。'故命之曰伊尹。此伊尹生空桑之故也。"又《吕览·古乐》："帝颛顼生自若水，实处空桑。"又《史记·孔子世家》正义引干宝《三日纪》："征在生孔子空桑之地，今名空窦，在鲁南山之空窦之中。"据此，颛顼、伊尹、孔丘乃"空桑生人"。不仅如此，树还象征着王朝兴废，据《逸周书·程寤解》："太姒梦商之庭产棘，太子发取周庭之梓，树之于阙间，梓化为松、柏、棫、柞。寤觉以告文王，文王币，率群臣与发并拜吉梦，受商之大命于皇天上帝。"

《山海经》中，涉及树崇拜的地方有多处，比如《大荒南经》："有宋山者，有赤蛇，名曰育蛇。有木生山上，名曰枫木。枫木，蚩尤所弃其桎梏，是谓枫木。"《海外北经》："夸父与日逐走，入目。渴欲得饮，饮于河渭；河渭不足，北饮大泽。未至，道渴而死，弃其杖，化为邓林。"《海外北经》："博父国……邓林在其东，二树木，一曰博父。"（郝懿行注："二树木，盖谓邓林二树成林，言其大也。"袁珂："博父国当即夸父国，此处博父亦当作夸父。"）《中山经》："夸父之山，……其北有林焉，名曰桃林，是广员三百里，其中多马。"

其中，最引人注目的是时空之树的出现。一是扶桑。据《海外东经》："汤谷上有扶桑，十日所浴，在黑齿北。居水中，有大木。九日居下枝，一日居上枝。"《大荒东经》："大荒之中，有山名曰孽摇頵羝，上有扶木，柱三百里，其叶如芥。有谷曰温源谷。汤谷上有扶木。一日方至，一日方出，皆载于乌。"这里要指出的是，扶桑即扶木。二是建木。《海内南经》："有木，其状如牛，引之有皮，若缨、黄蛇。其叶如罗，其实如栾，其木若蓝，其名曰建木。在窫窳西弱水上。"（郭璞注："建木青叶，紫茎，黑华，黄实，其下声无响，立无影也。"《吕氏春秋·有始览》："白民之南，建木之下，日中无景，呼而无音，盖天地之中也。"）三是若木。据《大荒北经》："大荒之中，有衡石山、九阴山、洞野之山，上有赤树，青叶赤华，名曰若木。"又《海内经》："南海之外，黑水青水之间，有木名曰若木，若水出焉。"按《淮南子·地形训》："扶木在阳州，日之所喷。建木在都广，众帝所自上下，日中无景，呼而无响，盖天地之中也。若木在建木西，末有十日，其花照下地。"高诱注："众帝之从都广山上天还下，故曰上下。"也就是说，在这三种神木中，扶桑是太阳树，若木是普通的神树——可被视为人间树，而建木则是贯通天地、天神上下的天梯。而扶桑的变种或异名在《山海经》中即三桑，曾多次出现，据《北山经》："又北水行五百里，流沙三百里，至于洹山，其上多金玉。三桑生之，其树皆无枝，其高百仞。百果树生之。其下多怪蛇。"又《海外北经》："欧之野，在大踵东，一女子跪据树欧丝。三桑无枝，在欧丝东，其木长百仞，无枝。"又《大荒北经》："东北海之外，大荒之中，河水之间，附禺之山，帝颛顼与九嫔葬焉。……丘方圆三百里，丘南帝俊竹林在焉，大可为舟。竹南有赤泽水，名曰封渊。有三桑无枝。"按此处的记载，三桑不仅和养蚕缫丝的起源密切相关，而且其高百仞，也能达于天，据《玄中记》："天下之高者，有扶桑无枝木焉；上至于天，盘蜿而下屈，通三泉。"三桑无枝，但却有叶，和其类似的是《中山经》所记帝女之桑："又东五十五里曰宣山。沧水出焉，东南流注于视水，其中多蛟。其上有桑焉，大五十尺，其枝四衢，其叶大尺余，赤理黄华青柎，名曰帝女之桑。"帝女之桑尚有传奇之说，据《太平御览》卷九二一引《广异记》："南方赤帝女学道得仙，居南阳崿山桑树上，正月一日衔柴作巢，至十五日成，或作白鹊，或女人。赤帝见之悲恸，诱之不得，以火焚之，女即升天，因名帝女桑。"在先民眼里，桑是祭祀活动的载体，《礼记·祭义》："古者天子诸侯必有公桑蚕室，近川而为之，……卜三宫之夫人、世妇之吉者，使入蚕于蚕室，奉种浴于川。桑于公桑，风戾以食之。岁既单殚矣，世妇卒蚕，奉茧以示于君，遂献茧于夫人。"《礼记·祭统》："是故天子亲耕于南郊以共齐盛，王后蚕于北郊以共纯服；诸侯耕于东郊亦以共齐盛，夫人蚕于北郊以共冕服。"

此外，《山海经》还记载了三珠树（《海外南经》："三珠树在厌火北，生赤水上，其为树如柏，时皆为珠。一曰其为树若彗。"）、雄常（《海外西经》："肃慎之国在白民北，有树名曰雄常，先入伐帝，于此取之。"）、甘柤和甘华（《大荒南经》："有盖犹之山者，其上有甘柤，枝干皆赤，黄叶，白华，黑实。东又有甘华，枝干皆赤，黄叶。"）、寻木（《海外北经》："寻木长千里。"《文选·左思》："西蜀之于东吴，小大之相绝也，亦犹棘林萤耀，而与夫寻木龙烛也。"）、栾木（《大荒南经》："大荒之中，有山名朽涂之山，青水穷焉。有云雨之山，有木名曰栾。禹攻云雨。有赤石焉生栾，黄本，赤枝，青叶，群帝焉取药。"）、珠树、文玉树、玗琪树、不死树、木禾、柏树、圣木曼兑、挺木牙交、服常树、琅玕树、乌秩树等神木。这些神树一方面关联着先民的日常生活包括祭祀，一方面沟通着对未知世界的想象，可谓代表了先民的"博物"知识和由巫术、谶纬、神异等思想组成的宇宙观或精神世界。

（二）

海内南经

　　《海内南经》共涉及山峦 3 座；涉及水流 2 条；涉及植物 3 种；涉及动物 14 种；没有矿物；涉及国家 10 个；涉及异人 4 个。

　　据《海内经》："又有朱卷之国。有黑蛇，青首，食象。"左思在《吴都赋》引申说："屠巴蛇，出象骼。"《大荒南经》《大荒北经》还分别记载了巫山、大人之国能食麈的玄蛇和大青蛇，这类巨蛇若真实存在，当属蟒类，按其习性，所居之地当属热带、亚热带低山处，且有常绿丛林。

　　孟涂这个人值得注意，此人既然是启的臣僚，可见巴地是夏的领土，孟涂断案是《山海经》中记载的唯一一处人间政事，其人断案以好生为本，这奠定了华夏之法中情理法"协调—冲突"的基本底色。

　　三大时空之树其一者建木出自本章，后世认为，该树生天地之中，高百仞，众神缘之上天。

　　有意思的是，本章还提到了西北的匈奴国。按《史记·匈奴列传》："匈奴，其先祖夏后氏之苗裔也，曰淳维。唐虞以上有山戎、猃狁、荤粥，居于北蛮，随畜牧而转移。"《史记索隐》引张晏语："淳维以殷时奔北边。"而据《大荒北经》，犬戎亦出于黄帝。

海内东南陬以西者：
瓯①居海中。闽②在海中，其西北有山。一曰闽中山在海中。
三天子鄣山③在闽西海北。一曰在海中。
桂林④八树，在番隅东。
伯虑国、离耳国、雕题国、北朐国⑤皆在郁水南。郁水出湘陵南海⑥。

一曰相虑。

泉阳国^⑦在北朐之西。其为人人面长唇，黑身有毛，反踵，见人笑亦笑，左手操管。

兕在舜葬东，湘水南。其状如牛，苍黑，一角。

苍梧之山，帝舜葬于阳，帝丹朱^⑧葬于阴。

氾林^⑨方三百里，在狌狌东。

狌狌知人名，其为兽，如豕而人面，在舜葬西。

狌狌西北有犀牛，其状如牛而黑。

夏后启之臣曰孟涂^⑩，是司神于巴^⑪。人请讼^⑫于孟涂之所，其衣有血者乃执之。是请生。居山上，在丹山西。丹山在丹阳南，丹阳居属也。

窫窳^⑬龙首，居弱水中，在狌狌知人名之西，其状如貙^⑭，龙首，食人。

有木，其状如牛，引^⑮之有皮，若缨^⑯、黄蛇。其叶如罗^⑰，其实如栾^⑱，其木若蕳^⑲，其名曰建木。在窫窳西弱水上。

氐人国^⑳在建木西，其为人人面而鱼身，无足。

巴蛇^㉑食象，三岁而出其骨，君子服之，无心腹之疾。其为蛇青黄赤黑。一曰黑蛇青首，在犀牛西。

旄马，其状如马，四节有毛。在巴蛇西北，高山南。

匈奴、开题之国、列人之国并在西北。

【注】

①瓯（ōu）：地名，故地在今浙江温州。②闽：地名，故地在今福建福州。③三天子鄣（zhāng）山：山名，在今安徽境内。郭璞注："今在新安歙县东，今谓之三王山，浙江出其边也。张氏土地记曰：东阳永康县南四里有石城山，上有小石城，云黄帝曾游此，即三天子都也。"据《海内东经》："浙江出三天子都，在（其）（蛮）东，在闽西北，入海，馀暨南。庐江出三天子都。入江，彭泽西。一曰天子鄣。"袁珂："其地大约在今安徽省境内黟山脉之率山。"④桂林：疑为地名，其地有八棵异树。⑤北朐（qú）国：国名，不详。⑥湘陵南海：湘陵，

地名，不详。南海，旧本都作南山。本章错讹甚多，句中的"相虑"是"柏虑"之误，据毕沅："'相'字当为'柏'字，'伯虑'一作'柏虑'也。"⑦ 枭（xiāo）阳国：国名。⑧ 丹朱：尧长子。⑨ 氾（fàn）林：即《海外南经》之范林。⑩ 孟涂：人名，负责司法诉讼。⑪ 巴：古族名，亦为国名，据《海内经》："西南有巴国。"又按《水经注·江水》："江水又东迳巫峡。杜宇所凿，以通江水也。郭仲产云：按《地理志》，巫山在县西南，而今县东有巫山，将郡、县居治无恒故也。江水历峡东迳新崩滩。此山，汉和帝永元十二年崩，晋太元二年又崩，当崩之日，水逆流百余里，涌起数十丈。今滩上有石，或圆如箪，或方似屋，若此者甚众，皆崩崖所陨，致怒湍流，故谓之新崩滩。其颓岩所余，比之诸岭，尚为竦桀。其下十余里有大巫山，非惟三峡所无，乃当抗峰岷、峨，偕岭衡、疑，其翼附群山，并概青云，更就霄汉，辨其优劣耳。神孟涂所处。《山海经》曰：夏后启之臣孟涂，是司神于巴，巴人讼于孟涂之所，其衣有血者执之，是请生。居山上，在丹山西。郭景纯云：丹山在丹阳，属巴。丹山西即巫山者也。又帝女居焉，宋玉所谓天帝之季女，名曰瑶姬，未行而亡，封于巫山之阳，精魂为草，寔为灵芝。所谓巫山之女，高唐之阻，旦为行云，暮为行雨，朝朝暮暮，阳台之下。旦早视之，果如其言。故为立庙，号朝云焉。其间首尾百六十里，谓之巫峡，盖因山为名也。"丹山即巫山，《山海经》中记巫山处甚多，故巴人对文本形成贡献良多。⑫ 讼：打官司。⑬ 窫窳（yà yǔ）：一种传说中的吃人怪兽。据《北山经》："又北二百里，曰少咸之山，草木不生，多青碧。有兽焉，其状如牛，而赤身、人面、马足，名曰窫窳，其音如婴儿，是食人。敦水出焉，东流注于雁门之水，其中多𩽾𩽾之鱼。食之杀人。"《海内西经》："贰负之臣曰危，危与贰负杀窫窳。"⑭ 貙（chū）：一种形大如狗、毛纹似狸的猛兽。《尔雅·释兽》："貙，似狸。"郭璞注："今貙虎也。大如狗，文如狸。"⑮ 引：牵，拉。⑯ 缨：带子。⑰ 罗：网，《说文·网部》："以丝罟鸟也。"《诗经·王风·兔爰》："有兔爰爰，雉离于罗。"⑱ 栾：木名，别名"栾华""灯笼树"。⑲ 蓲（ōu）：木名，即刺榆。⑳ 氐（dǐ）人国：国名，据《大荒西经》："有互人之国。炎帝之孙名曰灵恝，灵恝生互人，是能上下于天。"郝懿行注："互人国即《海内南经》氏人国，氏、互二字，盖以形近而讹，以俗氏正作互字也。"㉑巴蛇：一种传说中的巨蛇，据《海内经》："西南有巴国，又有朱卷之国，有黑蛇，青首，食象。"郭璞注："即巴蛇也。"

【引】

③《清史稿·志三十四》："唐始分歙县地置。东：大障山，一名玉山，山海经三天子鄣山即此。"⑧据《史记·五帝本纪》："尧辟位凡二十八年而崩。百姓悲哀，如丧父母。三年，四方莫举乐，以思尧。尧知子丹朱之不肖，不足以授天下，于是乃权授舜。授舜，则天下得其利而丹朱病；授丹朱，则天下病而丹朱得其利。尧曰：'终不以天下之病而利一人。'而卒授舜以天下。"⑪《周书·王会》："巴人以比翼鸟。"㉑《左传·定公四年》："申包胥如秦乞师：'吴为封豕长蛇，以荐食上国，虐始于楚'。"

【译】

海内地区，从东南角到西面，国家、山川分布如下：

瓯地位于海中。闽地位于海中，其西北有山。一种说法称闽地之山位于海中。

三天子鄣山位于闽地以西、大海以北。一种说法称三天子鄣山在海中。八棵桂林树形成的树林，位于番隅东。

伯虑国、离耳国、雕题国、北朐国位于郁水南。郁水发源于湘陵南山。一种说法称伯虑国即柏虑国。

枭阳国位于北朐国西。国人人面，长唇，黑色皮肤，长毛，脚跟在前，脚尖在后，看见别人大笑他也大笑，左手握根竹筒。

兕在舜的墓地东侧、湘水南面，形状像牛，青黑色，一只角。

舜葬在苍梧山南，丹朱葬在苍梧山北。

氾林方圆三百里，在猩猩聚集之地东面。

猩猩通晓人的姓名，猪状人面，聚集在舜墓西。

猩猩西北侧有犀牛，牛状，全身乌黑。

启的一个大臣叫孟涂，是主管巴地的神。巴人找孟涂打官司，谁衣服上有血迹就拘禁谁。他有好生之德。孟涂住在山上，该山位于丹山西。丹山位于丹阳南，丹阳则隶属于巴地。

窫窳长着龙头，住在弱水中，位于猩猩聚集之地以西，形状如貙，龙头，吃人。

有一种牛状树木，一拉就掉皮，像帽缨，又像黄蛇。叶子如罗网，果实如栾树果，树干像刺榆，名叫建木。建木长在窫窳西边的弱水岸。

氐人国位于建木西面，国人人面，鱼身，无脚。

巴蛇能吞象，三年才吐骨头，君子吃了巴蛇肉，不患心痛或肚痛。巴蛇外表青黄、红、黑混杂。一种说法称巴蛇黑身，青头，在犀牛西。

旄马，像普通的马，关节生有长毛。旄马在巴蛇西北、高山南面。

匈奴国、开题国、列人国都在西北。

【解】

正因为《山海经》呈现的是一幅上古时期人神混杂时期的"图像"，以山海贯穿诸事诸物的同时，将地理、历史、神话、民族、医药、矿藏等融入其中，故其中蕴含的原始民俗才弥足珍贵。《南山经》："又东三百七十里曰枑阳之山。其阳多赤金。其阴多白金。有兽焉，其状如马而白首，其文如虎而赤尾，其音如谣，其名曰鹿蜀佩之宜子孙。怪水出焉，而东流注于宪翼之水。其中多玄龟，其状如龟而鸟首虺尾，其名曰旋龟，其音如判木，佩之不聋，可以为底。"这一段描写表明，枑阳山及其他有类似描写的山附近居民很重视佩饰，且佩戴标准建立在是否能给人带来好处或好运上。事实上，配饰习俗和祭祀习俗只是先民崇拜或禁忌的某个侧面，在他们眼里，高山大川、神兽异木都具有神秘性，先民将它们和自己的氏族联系起来成为图腾，甚至会提炼出药理功能，建立起独特的医疗习俗，这显然是中医的萌芽。《南山经》："东五百里曰祷过之山，其上多金、玉，其下多犀、兕，多象，有鸟焉，其状如鸡鵁，而白首三足人面，其名曰瞿如，其鸣自号也。浪水出焉，而南流注于海。其中有虎蛟，其状鱼身而蛇尾，其音如鸳鸯，食者不肿，可以已痔。又东五百里曰丹穴之山，其上多金、玉。丹水出焉，而南流注于渤海。有鸟焉，其状如鸡，五采而文，名曰凤皇，首文曰德，翼文曰义，背文曰礼，膺文曰仁，腹文曰信。是鸟也，饮食自然，自歌自舞，见则天下安宁。"这一段中，甚至还出现了"凤皇"崇拜习俗，《海外西经》云："此诸夭之野，鸾鸟自歌，凤鸟自舞。凤皇卵，民食之；甘露，民饮之：所欲自从也。"《大荒西经》云："沃之野，凤鸟之卵是食，甘露是饮。"《海内经》云："有鸾鸟自歌，凤鸟自舞。凤鸟首文曰德，翼文曰顺，膺文曰仁，背文曰义，见则天下和。"相同记载还有很多，虽然能够推定《山海经》中的"灾异说"及德论乃后人附会，但动物图腾起源甚早，且各类典籍中"凤皇"这一形象在《山海经》中展现最多，当无疑问。《尔雅·释鸟》："凤，其雌皇。"郭璞注："凤，瑞应鸟。鸡头，蛇颈，燕颔，龟背，五彩色，其高六尺许。"《说文·鸟部》："凤，神鸟也。天老曰：凤之象也，鸿前、鳞后、蛇颈、鱼尾、鹳颡鸳思、龙纹、龟背、燕颔、鸡喙。五色备举，出于东方君子之国，翱翔四海之外，过昆仑，饮砥柱，濯羽弱水，暮宿风穴，见则天下大安宁。从鸟，凡声。凤群鸟从以万数，故以为朋党字。"《尔雅翼》："鸿前者，轩也。麟后者，丰也。蛇颈者，宛也。鱼尾者，岐也。鹳颡声，椎也。鸳思者，张也。龙纹者，文也。龟背者，隆也。燕颔者，方也。"《韩诗外传》："凤鸣雄曰即即，雌曰足足。昏鸣曰固常，晨鸣曰发鸣，昼鸣曰保章，举鸣曰上翔，集鸣曰归昌。"凤皇齐飞，象征着吉祥和谐，自古就是民俗文化的重要元素。

《山海经》记载的"巫"习俗最为详细，前文已具体开列各山神的祭祀习俗——有的祭祀活动需要巫以舞和之，据《中山经》："凡首阳山之首，自首山至于丙山，凡九山，二百六十七里。其神状皆龙身而人面。其祠之：毛用一雄鸡瘗，糈用五种之糈。堵山，冢也，其祠之：少牢具，羞酒祠，婴毛一璧瘗。騩山，帝也，其祠羞酒，太牢具；合巫祝二人舞，婴一璧。"——此处不再重复，需要补充的是文本对"巫"的描写。如《海外西经》："巫咸国在女丑北，右手操青蛇，左手操赤蛇。在登葆山，群巫所从上下也。"《海内西经》："开明东有巫彭、巫抵、巫阳、巫履、巫凡、巫相，夹窫窳之尸，皆操不死之药以距之。窫窳者，蛇身人面，贰负臣所杀也。"《大荒西经》："有灵山，巫咸、巫即、巫盼、巫彭、巫姑、巫真、巫礼、巫抵、巫谢、巫罗十巫，从此升降，百药爰在。"

《大荒南经》："有巫山者，西有黄鸟帝药八斋。黄鸟居于巫山，司此玄蛇。"（帝药，郭璞注："天帝神仙药在此也。"）显见，"巫"文化体系中，"巫"这个角色不仅沟通人神——上达天，下达民，还与医药保持密切关联，即一身二职，此"巫"即"医"也。这一点并不奇怪，按《说文·酉部》"医，治病工也……古者巫彭初作医。"《集韵·之韵》："医，《说文》：'治病工也……或从巫。'"《广雅·释诂四》："医，巫也。"王念孙疏证："巫与医皆所以除疾，故医字或从巫作医。"作为巫者，除了祝祷为主，祈求平安，还要提供一些消灾治病的药物，据《逸周书·大聚》："乡立巫医，具百药以备疾灾。"《汉书·郊祀志上》："文成死明年，天子病鼎湖甚，巫医无所不致。"《山海经》中许多种疾病名称，如疫、蛊、疠、瘿、眯、疥、肿、胕、痈、疽、痤、瘘、劳、瘅、聋、忧、瘋、妒、怒、畏、风、狂、惑、疟、痔、衕、心痛、痴、癎、愚、迷、垫、皮张、腹病、腹痛、嗌痛、痕、厥、疣、白癣、腊、胝、瘥、晦、瘤、骄、寓、忘、厌、暍、呕等，除了依靠惯习中的中药进行治疗外，另外不得不依靠"巫"。

值得注意的是《山海经》记载的农业传统。文本中详细地记载了农业的起源，按《海内经》："黄帝生骆明，骆明生白马，白马是为鲧。帝俊生禺号，禺号生淫梁，淫梁生番禺，是始为舟。番禺生奚仲，奚仲生吉光，吉光是始以木为车，少暤生般，般是始为弓矢。帝俊赐羿彤弓素矰，以扶下国，羿是始去恤下地之百艰。帝俊生晏龙，晏龙是为琴瑟。帝俊有子八人，是始为歌舞。帝俊生三身，三身生义均，义均是始为巧倕，是始作下民百巧。后稷是播百谷。稷之孙曰叔均，是始作牛耕。大比赤阴是始为国。禹、鲧是始布土，均定九州。帝乃命禹卒布土，以定九州。"应注意的是三个人，即"义均是始为巧倕，是始作下民百巧。后稷是播百谷。稷之孙曰叔均，是始作牛耕"，他们一个是各种工艺/手工业的创始人，一个是农业种植方法的发明者，一个是牛耕的建立者，三人是"帝俊"的后代，包揽了先民生存生活生产所需基本技能的创建，这也意味着"帝俊"作为受后人崇拜的祖先或图腾是当之无愧的。《山海经》中还记录了很多旱涝之灾包括丰收及其征兆，如《南山经》："又东五百里曰鸡山，其上多金，其下多丹膜。黑水出焉，而南流注于海，其中有鱄鱼，其状如鲋而彘毛，其音如豚，见则天下大旱。"《西山经》："有鸟焉，其状如兔，而一翼一目，相得乃飞，名曰蛮蛮，见则天下大水。""是多文鳐鱼，状如鲤鱼，鱼身而鸟翼，苍文而白首赤喙，常行西海，游于东海，以夜飞。其音如鸾鸡，其味酸甘，食之已狂，见则天下大穰。"

有意思的是，《山海经》还记载了除灭鼠虫、保护作物的措施，据《西山经》："西南三百八十里，曰皋涂之山，蔷水出焉，西流注于诸资之水；涂水出焉，南流注于集获之水。其阳多丹粟，其阴多白银、黄金，其上多桂木。有白石焉，其名曰礜，可以毒鼠。有草焉，其状如藁茇，其叶如葵赤背，名曰无条，可以毒鼠。""有鸟焉，其状如鹑，黄身而赤喙，其名曰肥遗，食之已疠，可以杀虫。"自文本中可以看出，先民已经掌握了酿酒工艺，但可能由于过于珍贵，只用于祭祀，比如《中山经》记载："凡薄山之首，自苟林之山至于阳虚之山，凡十六山，二千九百八十二里。升山，冢也，其祠礼，太牢，婴用吉玉。首山，魁也，其祠用稌、黑牺、太牢之具、蘗酿、干儛、置鼓，婴用一璧。""凡荆山之首，自景山至琴鼓之山，凡二十三山，二千八百九十里，其神状皆鸟身而人面。其祠用一雄鸡祈瘗，用一藻圭，糈用稌。骄山冢也，其祠用羞酒少牢祈瘗，婴毛一璧。""凡岷山之首，自女几山至于贾超之山，凡十六山，三千五百里。其神状皆马身而龙首。其祠，毛用一雄鸡瘗，糈用稌。文山、勾檷、风雨、騩之山，是皆冢也；其祠之：羞酒，少牢具，婴毛一吉玉。熊山，帝也。其祠：羞酒，太牢具，婴毛一璧。干舞，用兵以禳祈，璆冕舞。"等等，不一而足。酒被视为沟通人神的媒介，《周礼·天官·酒正》中记述："凡祭祀，以法共五齐三酒，以实八尊，大祭三贰，中祭再贰，小祭壹贰，皆有酌数。唯齐酒不贰，皆有器量。"《礼记·郊特牲》："酒醴之美，玄酒明水之尚，贵五味之本也。"按照典籍的记载，甚至设置了负责酒或以酒祭祀的官员如"鬯人""大宗伯""酒人""酒正"等。

《山海经》还记载了生食和食人的传统，这种习俗怕是荒外之民的日常生活，如《北山经》："凡北次三经之首，自太行之山以至于无逢之山，凡四十六山，万二千三百五十里。……此皆不火食。"虽然文本中所记"食人"的都是兽类，恐怕其中也有人，只是其习惯过于恐怖，先民以之为兽罢了。

海内西经

　　《海内西经》共涉及山峦 7 座；涉及水流 6 条，另有海、渤海和昆仑南渊；涉及植物 10 种，涉及动物 18 种；没有矿物；涉及国家 8 个；涉及异人 14 个。

　　本章说，"海内昆仑之虚，在西北，帝之下都。昆仑之虚，方圆八百里，高万仞。上有木禾，长五寻，大五围。面有九井，以玉为槛。面有九门，门有开明兽守之，百神之所在。在八隅之岩，赤水之际，非仁羿莫能上冈之岩"。这段描述重要之处在于提供了一个在人间又超人间的宫殿：昆仑山既是宇宙中心，也是众神云集之地，某种意义上，这里是设置在下界的沟通人神的基地——昆仑山是人设的祭祀天／帝的最大场所。显然，这是先民理念中不可抗拒或理解的"天"在人间的投射，据《淮南子·坠形训》："昆仑之丘，或上倍之，是谓凉风之山，登之而不死。或上倍之，是谓悬圃，登之乃灵，能使风雨。"既然是"沟通"，必有巫者，亦须祭祀，故"开明东有巫彭、巫抵、巫阳、巫履、巫凡、巫相，夹窫窳之尸，皆操不死之药以距之"。这里也可以看出，巫者兼有医者职能。

　　不死树和不死药之存在，再一次证明了先民对生的追慕。

海内西南陬以北者：

贰负①之臣曰危，危与贰负杀窫窳。帝乃梏②之疏属之山，桎③其右足，反缚两手与发，系之山上木。在开题④西北。

大泽方百里，群鸟所生及所解。在雁门北。

雁门山，雁出其间。在氐国⑤西。

高柳在代北。

后稷之葬，山水环之。在氐国西。

流黄酆氏之国，中⑥方三百里；有涂⑦四方，中有山。在后稷葬西。

流沙出钟山，西行又南行昆仑之虚，西南入海黑水之山。

东胡在大泽东。

夷人在东胡东。

貊国在汉水东北。地近于燕，灭之。

孟鸟在貊国东北。其鸟文赤、黄、青，东乡⑧。

海内昆仑之虚，在西北，帝之下都。

昆仑之虚，方圆八百里，高万仞。上有木禾，长五寻⑨，大五围。面有九井，以玉为槛。面有九门，门有开明兽守之，百神之所在。在八隅之岩，赤水之际，非仁羿⑩莫能上冈之岩。

赤水出东南隅，以行其东北。

河水出东北隅，以行其⑪北，西南又入渤海，又出海外，即西而北，入禹所导积石山。

洋水、黑水出西北隅，以东，东行，又东北，南入海，羽民南。

弱水、青水出西南隅，以东，又北，又西南，过毕方鸟东。

昆仑南渊深三百仞。开明兽身大类⑫虎而九首，皆人面，东向立昆仑上。

开明西有凤凰、鸾鸟，皆戴蛇践蛇，膺⑬有赤蛇。

开明北有视肉、珠树、文玉树、玗琪树⑭、不死树⑮。凤凰、鸾鸟皆戴瞂⑯。又有离朱、木禾、柏树、甘水、圣木曼兑⑰，一曰挺木牙交。

开明东有巫彭、巫抵、巫阳、巫履、巫凡、巫相，夹窫窳之尸，皆操不死之药以距⑱之。窫窳者，蛇身人面，贰负臣所杀也。

服常树，其上有三头人，伺⑲琅玕树。

开明南有树鸟，六首；蛟、蝮、蛇、蜼、豹、鸟秩树，于表池⑳树㉑木，诵鸟㉒、鶽㉓、视肉。

【注】

①贰负：一个传说中的神，人面蛇身，喜杀戮。据《姓氏考略》："《山

海经》贰负之臣曰危。贰姓始此。望出河东。"②梏：手铐，此处作动词。③桎：脚镣，此处作动词。④开题：国名，据《海内南经》："匈奴、开题之国、列人之国并在西北。"⑤氏国：即氏人国，据《海内南经》："氏人国在建木西，其为人人面而鱼身，无足。"《大荒西经》："有互人之国。炎帝之孙名曰灵恝，灵恝生互人，是能上下于天。"郝懿行疏："互人国即《海内南经》氏人国，氏、互二字，盖以形近而讹，以俗氏正作互字也。"⑥中：国中。⑦涂，通"途"。⑧乡：通"向"。⑨寻：长度计量单位，八尺为一寻。⑩羿：即后羿。⑪其：指昆仑山。⑫类：如同。⑬膺（yīng）：胸，《楚辞·惜诵》："背膺拌合以交痛兮。"⑭玗（yú）琪树：树名，传说中结红色玉石的树，郭璞注："玗琪，赤玉属也。"⑮不死树：一种传说中长生不死的树。《大荒南经》："有不死之国，阿姓，甘木是食。"郭璞注："甘木即不死树，食之不老。"⑯瞂（fá）：盾牌，《方言·卷九》："盾，自关而东，或谓之瞂，或谓之干，关西谓之盾。"⑰圣木曼兑：一种叫曼兑的圣树。⑱距：通"拒"。⑲伺：环绕。⑳表池：即华表池。㉑树：种植。㉒诵鸟：鸟名，不详。㉓鹑（sǔn）：雕，同"隼"。

【引】

⑮《淮南子·墬形训》："（昆仑虚）上有木禾，其修五寻。珠树、玉树、旋树、不死树，在其西。"

【译】

海内地区，从西南角到北面，国家、山川分布如下：

贰负神的大臣名叫危，他们合伙杀死了窫窳神。天帝将危拘禁在疏属山，右脚戴上枷锁，用他的头发反绑上双手，捆在山头的树干上。此处位于开题国西北。

大泽方圆百里，是禽鸟孵化和换毛之处。大泽位于雁门山北。

雁门山是大雁冬去春来出入之所。雁门山位于高柳山北。

高柳山位于代地北。

后稷的墓地青山绿水环绕，位于氏人国西。

流黄酆氏国，方圆三百里，有一条大路四通八达，中间有一座大山矗立。流黄酆氏国位于后稷墓地西。

流沙自钟山发源，向西，又向南，经过昆仑山脚，再往西南入大海，直达黑水山。

东胡国位于大泽东。

夷人国位于东胡国东。

貊国位于汉水东北，其毗邻燕国，被吞。

孟鸟在貊国东北，羽毛有红、黄、青三色，面向东方而立。

海内地区的昆仑山，矗立在西北，乃天帝在下界的城邑。

昆仑山方圆八百里，高万仞。山顶有一棵稻树，高有五寻，五人合抱粗细。

昆仑山每面都有九眼井，拿玉石做栏杆。昆仑山每面都有九扇门，由神兽开明守卫。这是众神聚集之所——位于八方山岩间，赤水岸边，没有英雄羿的本领，休想爬上山冈。

赤水发源于昆仑山东南，流至昆仑山东北。

黄河发源于昆仑山东北，流至昆仑山北，转向西南，注入渤海，又流出海外，然后从西往北，一直注入大禹疏导过的积石山下。

洋水、黑水发源于昆仑山西北，转向东方，朝东而去，再转向东北，朝南注入大海，直达羽民国南。

弱水、青水发源于昆仑山西南，转向东方，朝北而去，再折向西南，流经毕方鸟东。

昆仑山南有个水潭，深三百仞。神兽开明有老虎大小，九头，人面，站在昆仑山顶，面朝东。

神兽开明西有凤凰、鸾鸟，开明头有蛇，脚踩蛇，胸挂红蛇。

神兽开明北有视肉、珠树、文玉树、玗琪树、不死树，还有戴着盾的凤凰、鸾鸟，还有离朱、稻树、柏树、甘水、圣木曼兑，一种说法称圣木曼兑叫挺木牙交。

神兽开明东有巫彭、巫抵、巫阳、巫履、巫凡、巫相，他们围在窫窳尸体周围，捧着不死药想把他救活。窫窳蛇身，人面，被贰负和危合伙杀死了。

有一棵服常树，上面有个三头人，正观察着琅玕树四周的动静。

神兽开明南有一种树鸟，六头；有蛟龙、蝮蛇、长尾猿、豹子、鸟秩树，水池周围种植着很多神树，这里有诵鸟、雕、视肉。

【解】

"帝"是《山海经》中一个极为重要的文化概念，因其牵扯到人类童年史的自我想象和华夏构建，故难以绕开。需要指出的是，"帝"本为蒂，其在卜辞中主要指上帝，或以此称驾崩之商王，有时也解为祭祀——此即"禘"。"帝"指上帝时，通常涵盖两种形象，也就是具有人格之上天（神）和祖宗神，乃上天崇拜和祖宗崇拜的合体。事实上，"帝"的这三种用法其实是密不可分的，桂馥《义证》曰："《释天》：'禘，大祭也。'郭云：'五年一大祭。'邢疏：'经传之文，称禘非一，其义各殊。《论语》云：禘自既灌，及《春秋》禘于太庙，谓太庙之祭也；《丧服小记》云：王者禘其祖所自出也，及《大传》云：礼不王不禘，谓祭感生之帝于南郊也；《祭法》云：周人禘喾而郊稷，谓祭昊天与圜丘也。以此比余处为大祭。宗庙谓之禘者，禘，谛也，言使昭穆之次，审谛而不乱也。祭天谓之禘者，亦言使典礼谛也。'"按照顾颉刚的说法："王也而曰'帝'者，臣子对于所崩之王，尊之至极，配天不足则上同于天，故假帝号以号之。商王之有帝甲、帝乙、帝辛，正如宋之有神宗，清之有圣祖耳。"再征之两部典籍，《逸周书·尝麦解》："用大正顺天思序，纪于大帝。"潘振《解义》云："大帝，天也"；陈逢衡《补注》："纪于大帝谓昭告于天。"《公羊传·齐宣公三年》："帝牲不吉。"何休注："帝，皇天大帝，在北辰之中，主总领天地五帝群神也。"显然，"帝"一词一直在上帝、人间王和祭祀中穿梭。

揆诸《山海经》一书，"帝"字常冠在山川（帝囷之山、帝苑之水等）、台苑（共工之台、帝之下都等）、植物（帝休、帝屋等）和人物（帝尧、帝喾等）之前，这些皆是有确指的。此外，还有一些以单字"帝"出现的，大都指"天帝"而言。如《西山经》："又西北四百二十里曰锺山。其子曰鼓，其状面而龙身，是与钦䲹杀葆江于昆仑之阳，帝乃戮之锺山之东曰瑶岸。"《海内西经》："贰负之臣曰危，危与贰负杀窫窳。帝乃梏之疏属之山。"《海外西经》："形天与帝争神，帝断其首，葬之常羊之山，乃以乳为目，以脐为口，操干戚以舞。"《大荒西经》："颛顼生老童，老童生重及黎，帝令重献上天，令黎邛下地，下地是生噎，处于西极，以行日月星辰之行次。"《大荒北经》："有毛民之国，依姓，食黍，使四鸟。禹生均国，均国生役采，役采生修鞈，鞈修杀绰人。帝念之，潜为之国，是此毛民。"《海内经》："洪水滔天，鲧窃帝息壤以埋洪水，不待帝命。帝令祝融杀鲧于羽郊。鲧复生禹，帝乃命禹卒布土，以定九州。"显然，这里的"帝"是具有人格精神的上帝，亦即先民眼里的宇宙至尊之神，这个拥有超人间能力的"帝"，掌管人间赏罚之事，其和下界相通，并有异兽护卫，此据《西山经》可知："西南四百里曰昆仑之丘，是实惟帝之下都，神陆吾司之。其神状虎身而九尾，人面而虎爪。是神也，司天之九部及帝之囿时。"这里也意味着，虽然帝及其相对应的天还是人格的，尚未自"自然"中分化出来，但已具备了义理，冯友兰说："在中国文字中，所谓天有五义：曰物质之天，即与地相对之天；曰主宰之天，即所谓皇天上帝，有人格的天、帝；曰运命之天，乃指人生中吾人所无奈何者，如孟子所谓'若夫成功则天也'之天是也；曰自然之天，乃指自然之运行，如《荀子·天论》篇所说之天是也；曰义理之天，乃谓宇宙之最高原理，如《中庸》所说'天命之为性'之天是也。"

亦即在《山海经》中，帝和天是一体的，"帝"更是天的代言人，主宰天下命运的"帝"已不只是一个"隐蔽的上帝"，由此顾颉刚说："'帝'与'天'为同纽字，故二字常通用。《诗·商颂·玄鸟》曰'天命玄鸟，降而生商'，《长友》曰'有娀方将。帝立子生商'，生商者'天'也而即'帝'也。《周颂·思文》曰'思文后稷，克配彼天'，《大雅·文王》曰'殷之未丧师，克配上帝'，所配者'天'，也而即'帝'也……又说商之孙子曰'上帝既命，侯于周服'，又曰'侯服于周，天命靡常'，发此命者'帝'也而即'天'也。凡此种种，皆足证'帝'与'天'互文"。《山海经》中虽然也有战争和血光之灾，但整体而言，"帝"的形象是朴素的，其形象是"父亲"/裁判的，居所是人间的——人间的美景、美居、美山、美草被"移植"到天上或"帝"之周围，使浩渺的天成为具有诗意的仙境。但仅此而已。《山海经》除窜入的文字外，尚无明确的"天命"观念，更不可能将之上升为政之道或立国之本，由此也可以看出，《山海经》最初文本甚至在周之前就已成型。董仲舒曾说："天之所大奉使之王者，必有非人力所能致而自至者，此受命之符也。"《山海经》中的"帝"虽可赏罚，是有意志的，但只是基于一种原始的善恶人格，而不是意识形态化了的观念集束，据此，司马迁在《史记·伯夷列传》中说的"或曰：'天道无亲，常与善人。'若伯夷、叔齐，可谓善人者非邪？积仁累行如此而饿死！且七十子之徒，仲尼独荐颜渊为好学。然回也屡空，糟糠不厌，而卒蚤夭。天之报施善人，其何如哉？盗跖日杀不辜，肝人之肉，暴戾恣睢，聚党数千人横行天下。竟以寿终。是遵何德哉？此其尤大彰明较著者也。若至近世，操行不轨，专犯忌讳，而终身逸乐，富厚累世不绝。或择地而蹈之，时然后出言，行不由径，非公正不发愤，而遇祸灾者，不可胜数也。余甚惑焉，傥所谓天道，是邪非邪"之"疑天"观念，在先民眼中包括《山海经》文本中，是不可想象的。

海内北经

　　《海内北经》共涉及山峦6座；没有水流，另有从极之渊（又作忠极之渊）；没有植物、矿物；涉及动物22种；涉及国家7个；涉及异人13个。

　　本章再次证明，昆仑山是人设的沟通天/帝的祭祀场所，"帝尧台、帝喾台、帝丹朱台、帝舜台，各二台，台四方，在昆仑东北"这一记载表明，昆仑山是祭祀天/帝的，而各台则是祭祀人帝的。

　　泛林是墓林。林和人关联密切，按《周易·林卦》："元亨，利贞。至于八月有凶。初九，咸林，贞吉。九二，咸林，吉，无不利。六三，甘林，无攸利；既忧之，无咎。六四，至林，无咎。六五，知林，大君之宜，吉。上六，敦林，吉，无咎。"先民崇尚以林养墓，寄托生生不息之意，据《公羊传·僖公三十三年》："秦伯将袭郑，百里子与蹇叔子谏曰：'千里而袭人，未有不亡者也。'秦伯怒曰：'若尔之年者，宰上之木拱矣。尔曷知！'"《墨子·明鬼下》："虞、夏、商、周三代之圣王，其始建国营都日，必择国之正坛，置以为宗庙；必择木之修茂者，立以为菆位。"《周礼·春官·宗伯》："冢人掌公墓之地，……凡有功者居前，以爵等为丘封之度，与其树数。"

　　王子夜，其冤惊天动地，故《山海经》记录了两次。

海内西北陬以东者：
蛇巫之山，上有人操杯^①而东向立。一曰龟山。
西王母梯几而戴胜杖^②。其南有三青鸟，为西王母取食。在昆仑虚北。
有人日大行伯，把戈。其东有犬封国。贰负之尸在大行伯东。

犬封国日大戎国，状如犬。有一女子，方跪进杯食。有文马，缟[3]身朱鬣，目若黄金，名日吉量，乘之寿千岁。

鬼国在贰负之尸北，为物人面而一目。一日贰负神在其东，为物人面蛇身。

蜪犬[4]如犬，青，食人从首始。

穷奇状如虎，有翼，食人从首始。所食被发。在犬北。一日从足。

帝尧台、帝喾台、帝丹朱台、帝舜台，各二台，台四方，在昆仑东北。

大蜂，其状如螽[5]；朱蛾，其状如蛾。

蟜，其为人虎文，胫有膊[6]。在穷奇东。一日状如人，昆仑虚北所有。

阘非[7]，人面而兽身，青色。

据比[8]之尸，其为人折颈披发，无一手。

环狗[9]，其为人兽首人身。一日蝟状如狗，黄色。

袜[10]，其为物，人身黑首从[11]目。

戎[12]，其为人，人首三角。

林氏国有珍兽，大若虎，五采毕具，尾长于身，名日驺吾[13]，乘之日行千里。

昆仑虚南所，有泛林方三百里。

从极之渊[14]，深三百仞，维[15]冰夷[16]恒都[17]焉。冰夷人面，乘两龙。一日忠极之渊。

阳汙之山[18]，河出其中，凌门之山，河出其中。

王子夜[19]之尸，两手、两股、胸、首、齿，皆断异处。

舜夷登比氏生宵明、烛光，处河大泽，二女之灵能照此所方百里。一日登北氏。

盖国在钜[20]燕南，倭北。倭属燕。

朝鲜在列阳东，海北山南。列阳属燕。

列姑射在海河州[21]中。

射姑国在海中，属列姑射。西南，山环之。

大蟹[22]在海中。

陵鱼[23]人面，手足，鱼身，在海中。大鲠[24]居海中。

明组邑[25]居海中。蓬莱山在海中。大人之市在海中。

【注】

①枨（bàng）：同"棓"，通"棒"，木棍。②梯几而戴胜杖：梯，凭，依着，《字汇》："梯，凭也，若梯邪倚著也。"几，小或矮的桌子。杖，或为衍字。③缟（gǎo）：白色，《战国策·魏策》："天下缟素。"④蜪（táo）犬：一种野兽，郭璞注："音陶。或作蚼，音钩。"⑤螽（zhōng）：蝗虫一类的害虫。⑥胏（qǐ）：腱子肉。⑦阘（tà）非：一种传说中的怪物。⑧据比：天神，疑即诸比，《淮南子·堕形训》："诸比，凉风之所生也。"高诱注："诸比，天神也。"⑨环狗：一种传说中的神兽。⑩袜（mèi）：鬼魅，同"魅"。⑪从（zòng）：通"纵"。⑫戎：或即离戎，国族名，《逸周书·史记》："昔有林氏召离戎之君而朝之，至而不礼，留而弗亲。"⑬驺吾（zōu wú）：一种传说中的仁兽，或曰"吾（yù）"应为"御"或"圉"之通假。⑭从（zhōng）极之渊：渊名，不详。⑮维：单独，唯独，同"唯"，《诗经·小雅·谷风》："将恐将惧，维予与女。"⑯冰夷：亦作冯夷，传说中的黄河水神。⑰都：居住。⑱阳汗（yū）之山：山名，水神河伯所居处。汗，亦作"纡"或"盱"。《穆天子传·卷一》："阳纡之山，河伯无夷之所都居。"⑲王子夜：即王子亥，"夜"当为"亥"之误，其事见《大荒东经》。⑳钜（jù）：大，同"巨"。《礼记·三年问》："创钜乾其日久。"㉑河州：河里的小块陆地，州，同"洲"。㉒大蟹：一种传说中的巨蟹，郭璞注："盖千里之蟹也。"㉓陵鱼：即鲛人，或即《海外西经》中的龙鱼。㉔大鳊（biān）：鲂鱼，同"鳊"。㉕明组邑：一个叫明组的部落。邑，城镇聚落，大曰都，小曰邑。古代也称侯国、封地为邑。

【引】

⑥方韬：强劲的肌肉。⑬《尚书大传》云："散宜生之于陵氏取怪兽，大不辟虎狼间，尾倍其身，名曰虞。"郑康成注："'虞，驺虞也。'是郑以'虞'即此经之驺吾，则于陵氏即林氏国也，'于'为发声，'陵''林'声近；'虞''吾'之声又相近，故驺虞亦即驺吾也。"⑯《韩非子·内储说上》："齐人有谓齐王曰：'河伯，大神也。王何不试与之遇乎？臣请使王遇之。'乃为坛场大水之上，而与王立之焉。有间，大鱼动，

因曰：'此河伯。'"⑱《淮南子·修务训》："禹为水，以身解于阳盱之河。"高诱注："为水，治水；解，祷，以身为质。解读解除之解。"㉓《搜神记》卷十二："南海之外，有鲛人，水居如鱼，不废织绩，其眼泣，则能出珠。"《博物志》："南海水有鲛人，水居如鱼，不废织绩，其眼能泣珠。"

【译】

海内地区，从西北角到东面，国家、山川分布如下：

蛇巫山上有个人拿根木棍朝东站立。一种说法称蛇巫山即龟山。

西王母倚着几案，头戴玉胜。她的南边，三只猛禽正为西王母寻找食物。西王母和三只猛禽在昆仑山北。

有个天神叫大行伯，手操长戈。他的东面是犬封国，贰负的尸体在大行伯东面。

犬封国也叫犬戎国，国人长得和狗差不多。犬封国有个女子，正跪着向人献食。还有匹文马，白身，红鬃，眼如黄金，熠熠生辉，名叫吉量，骑了使人延寿千载。

鬼国位于贰负的尸体北，国人人面，一眼。一种说法称贰负之神在鬼国东，人面，蛇身。

蜪犬和狗差不多，浑身青色，吃人先吃头。

穷奇和老虎差不多，有翅，吃人先吃头。被吃的人披头散发。穷奇在蜪犬北。一种说法称穷奇吃人先吃脚。

尧台、喾台、丹朱台、舜台，各有两座，都呈四方形，位于昆仑山东北。

有一种巨蜂，状如蝗虫；有一种朱蛾，状如普通蛾子。蟜，人身，虎纹，腿肌十分发达，在穷奇东。一种说法称蟜像人，是昆仑山北独有的物种。

阘非，人面，兽身，浑身青色。

天神据比的尸身，脖子折断，披头散发，缺了一手。

环狗，这种人兽头，人身。一种说法称是其长得像刺猬又像狗，浑身黄色。

鬼魅，人身，黑头，竖眼。

戎人，这种人人头，长着三只角。

林氏国有一种异兽，老虎大小，五彩纹，尾比身长，名叫驺吾，骑了日行千里。

昆仑山南的氾林方圆三百里。

从极渊深三百仞，只有神冰夷常年在此居住。冰夷人面，骑两条龙。一种说法称从极渊即忠极渊。

阳汙山，是黄河一条支流发源地；凌门山，是黄河另一条支流发源地。

王子亥的尸身，手、腿、胸、头、牙，都断落在四处。

舜的妻子登比氏生了宵明、烛光两个闺女，她居住在黄河岸大泽里，两个闺女的灵光照亮方圆百里之处。一种说法称舜的妻子叫登北氏。

盖国位于幅员辽阔的燕国南，又在倭国北。倭国隶属燕国。

朝鲜位于列阳东，又在大海以北，高山以南。列阳隶属燕国。

列姑射由大海中的一系列小岛屿组成。

姑射国位于大海中，隶属列姑射。射姑国西南，群山环绕。

大海中有巨蟹。

陵鱼人面，手脚俱全，鱼身，也在海中。海中有大鯾鱼。

大海中有明组部落。蓬莱仙山在大海里。大人集市在大海里。

【解】

《山海经》记录了上古神话传说中的十二尸神。一曰奢比尸神，据《海外东经》："奢比之尸在其北，兽身、人面、大耳，珥两青蛇。一曰肝榆之尸在大人北。"又《大荒东经》："有神，人面、犬耳、兽身，珥两青蛇，名曰奢比尸。"二曰夏耕尸神，据《大荒西经》："有人无首，操戈盾立，名曰夏耕之尸。故成汤伐夏桀于章山，克之，斩耕厥前。耕既立，无首，走厥咎，乃降于巫山。"三曰女丑尸神，据《海外西经》："女丑之尸，生而十日炙杀之。在丈夫北。以右手鄣其面。十日居之，女丑居山之上。"又《大荒西经》："有人衣青，以袂蔽面，名曰女丑之尸。"又《大荒西经》："海内有两人，名曰女丑。女丑有大蟹。"四曰据比尸神，据《海内北经》："据比之尸，其为人折颈披发，无一手。"

五曰犂𩣡尸神，据《大荒东经》："有神，人面兽身，名曰犂𩣡之尸。"
七曰祖状尸神，据《大荒南经》："有人方齿虎尾，名曰祖状之尸。"
八曰黄姖尸神，据《大荒西经》："有金门之山，有人名曰黄姖之尸。"
九曰相顾尸神，据《海内经》："北海之内，有反缚盗械、带戈常倍之
佐，名曰相顾之尸。"十曰贰负尸神，据《海内北经》："鬼国在贰负
之尸北，为物人面而一目。一曰贰负神在其东，为物人而蛇身。"十一
曰王子夜尸神，据《海内北经》："王子夜之尸，两手、两股、胸、首、
齿，皆断异处。"十二曰窫窳尸神，据《海内西经》："开明东有巫彭、
巫抵、巫阳、巫履、巫凡、巫相，夹窫窳之尸，皆操不死之药以距之。
窫窳者，蛇身人面，贰负臣所杀也。"

这里的"尸"和祭祀的神主不一样，按《说文·尸部》："尸，神
像也。象卧之形。"《礼记·曲礼》："为君尸者，大夫士见之，则下
之。君知所以为尸者，则自下之，尸必式。乘必以几。"十二尸神皆死
而不死，其在形质上和刑天、精卫、鲧以及夸父一样，都以精神长生，
特别是夏耕尸神，被描述成对抗成汤的英雄。这一点和上古最著名的尸
神刑天的形象是一致的，刑天在《山海经》中虽未被直接命名为尸神，
但其精神实质上即是尸神，据《海外西经》："形天与帝至此争神，帝
断其首，葬之常羊之山。乃以乳为目，以脐为口，操干戚以舞。"《山
海经》中，所有对抗者不论是否失败，都被刻画成英雄的形象，而没有
被贬低为邪恶的代言人。故陶渊明在《读山海经》诗句中写道："精卫
衔微木，将以填沧海。刑天舞干戚，猛志固常在。同物既无虑，化去不
复悔。徒设在昔心，良辰讵可待！"

有意思的是，这种尸神形象经由阴阳学说阐释，成为某种魂魄的代
言者，据《抱朴子·微旨》："又言身中有三尸，三尸之为物，虽无形
而实魂灵鬼神之属也。欲使人早死，此尸当得作鬼，自放纵游行，享人
祭酹。是以每到庚申之日，辄上天白司命，道人所为过失。又月晦之夜，
灶神亦上天白人罪状。大者夺纪。纪者，三百日也。小者夺算。算者，
三日也。吾亦未能审此事之有无也。然天道邈远，鬼神难明。赵简子秦
穆公皆亲受金策於上帝，有土地之明徵。山川草木，井灶洿池，犹皆有
精气；人身之中，亦有魂魄；况天地为物之至大者，於理当有精神，有

精神则宜赏善而罚恶，但其体大而网疏，不必机发而响应耳。"《重修纬书集成》卷六《河图纪命符》亦云："三尸之为物，实魂魄鬼神之属也。欲使人早死，此尸当得作鬼，自放纵游行，飨食人祭拜。每到六甲穷日，辄上天白司命，道人罪过，过大者夺人纪，过小者夺人算。故求仙之人，先去三尸，恬淡无欲，神静性明，积众善，乃服药有效，乃成仙。"且不管其形象如何，但尸神魂魄不死这一点和《山海经》中的记载是一致的。

海内东经

　　《海内东经》共涉及山峦 19 座，另有昆仑虚和琅邪台；涉及水流 26 条，另有洞庭、雷泽、钜鹿泽和渤海；没有植物、矿物；涉及动物 1 种；涉及国家 8 个；涉及异人 3 个。

　　按照毕沅的说法："自'泯三江，首……以下'疑《水经》也。" 这是有道理的，该段文字确实只说水流而不及其他。主体文字虽短，但记录的地域非常广阔，有东北的燕国，西北的月支，东部的琅邪，东南的会稽山，以至延伸到漠外、海中。

　　雷神即《大荒西经》的夔，其盘踞在古吴即苏州地界的雷泽中。

　　海内东北陬以南者。

　　钜燕在东北陬。

　　国在流沙中者埻端①、玺㬂②，在昆仑虚东南。一曰海内之郡，不为郡县，在流沙中。

　　国在流沙外者大夏③、竖沙、居繇④、月支之国⑤。

　　西胡白玉山在大夏东，苍梧在白玉山西南，皆在流沙西，昆仑虚东南。昆仑山在西胡西，缘在西北。

　　雷泽中有雷神⑥，龙身而人头，鼓其腹。在吴西。

　　都州在海中，一曰郁州。

　　琅邪台在渤海间，琅邪之东。其北有山。一曰在海间。

　　韩雁在海中，都州南。

　　始鸠在海中，辕厉南。

　　会稽山在大楚南。

岷三江：首大江，出汶山，北江出曼山，南江出高山。高山在城成都西，入海在长州南。

浙江出三天子都，在其蛮东，在闽西北，入海，馀暨^⑦南。

庐江出三天子都。入江，彭泽^⑧西。一曰天子鄣。

淮水出馀山，馀山在朝阳^⑨东，义乡西，入海，淮浦北。

湘水出舜葬东南陬，西环之，入洞庭下。一曰东南西泽。

汉水出鲋鱼之山^⑩。帝颛顼葬于阳，九嫔葬于阴，四蛇卫之。

濛水出汉阳西，入江，聂阳西。

温水出崆峒。崆峒山在临汾南，入河，华阳北。

颍水出少室，少室山在雍氏南，入淮西鄢北。一曰缑氏^⑪。

汝水出天息山，在梁勉乡西南，入淮极西北，一曰淮在期思^⑫北。

泾水出长城北山，山在郁郅、长垣^⑬北，北入渭，戏^⑭北。渭水出鸟鼠同穴山，东注河，入华阴北。

白水出蜀，而东南注江，入江洲^⑮城下。

沅水（山）出象郡^⑯镡城^⑰西，东注江，入下隽^⑱西，合洞庭中。

赣水出聂都东山^⑲，东北注江，入彭泽西。

泗水出鲁东北而南，西南过湖陵西，而东南注东海，入淮阴北。

鬱水出象郡，而西南注南海，入须陵东南。

肄水出临晋西南，而东南注海，入番禺西。

潢水出桂阳西北山，东南注肄水，入敦浦西。

洛水出洛西山，东北注河，入成皋之西。

汾水出上窳^⑳北，而西南注河，入皮氏^㉑南。

沁水出井陉山东，东南注河，入怀^㉒东南。

济水出共山南东丘，绝^㉓钜鹿^㉔泽，注渤海，入齐琅槐^㉕东北。

潦水^㉖出卫皋东，东南注渤海，入潦阳^㉗。

虖沱水出晋阳^㉘城南，而西至阳曲^㉙北，而东注渤海，入章武^㉚北。

漳水出山阳东，东注渤海，入章武南。^㉛

【注】

① 埻（dūn）端：国名，不详。② 玺晚（huàn）：国名，不详。③ 大夏：

国名。④居繇（yáo）：国名，不详。⑤月支之国：即大月氏，国名。⑥雷泽中有雷神：雷泽，具体不可考。雷神，即夔，据《大荒东经》："东海中有流波山，入海七千里。其上有兽，状如牛，苍身而无角，一足，出入水则必风雨，其光如日月，其声如雷，其名曰夔。黄帝得之，以其皮为鼓，橛以雷兽之骨，声闻五百里，以威天下。"⑦馀暨：即今萧山。⑧彭泽：即今浙江彭泽。⑨朝阳：今在河南新野。⑩鮒（fù）鱼之山：即务隅之山，《海外北经》："务隅之山，帝颛顼葬于阳，九嫔葬于阴。"⑪缑（gōu）氏：县名，不详，或曰今属河南。⑫期思：地名，今属河南信阳。⑬郁郅（zhì）、长垣：地名。郁郅，不可考，旧有其地，在今甘肃庆阳。长垣，在今河南新乡。⑭戏：地名，不可考。⑮江洲：巴郡郡治所在地，在今重庆江北。⑯象郡：秦置，治所在临尘县，即今广西崇左。⑰镡（tán）城：旧说该县属武陵。⑱下隽（jùn）：古县名，西汉置，治今湖北省通城县西北，因隽水得名。⑲聂都东山：在今江西崇义县西南。⑳上甑（yǔ）：地名，不详。㉑皮氏：战国魏皮氏封地，即今山西河津。㉒怀：古县名，原为战国魏怀邑，秦置县，治今河南省武陟县西南。㉓绝：断，截。㉔钜鹿：古湖泽名，又称大陆泽、广阿泽，在今邢台巨鹿北。㉕琅槐：古县名，战国齐置，秦属临淄郡，在今山东广饶。㉖潦水：即辽水、辽河。㉗潦阳：古县名，原为战国燕置辽东郡襄平县，治地在襄平即今辽阳。㉘晋阳：曾为赵国都城、秦太原郡治，在今山西太原。㉙阳曲：即今山西阳曲。㉚章武：古县名，西汉置。治所在今河北黄骅。㉛通常认为，自"岷三江"至"入章武南"非《山海经》原文。

【引】

③《史记·大宛列传》"大夏在大宛西南二千余里妫水南。其俗土著，有城屋，与大宛同俗。无大长，往往城邑置小长。其兵弱，畏战。善贾市。及大月氏西徙，攻败之，皆臣畜大夏。大夏民多，可百余万。其都曰蓝市城，有市贩贾诸物。其东南有身毒国。"⑤《后汉书·西域传》："初，月氏为匈奴所灭，遂迁于大夏，分其国为休密、双靡、贵霜、肸顿、都密，凡五部翕侯。后百余岁，贵霜翕侯丘就却攻灭四翕侯，自立

为王，国号贵霜王。侵安息，取高附地。又灭濮达、罽宾，悉有其国。丘就却年八十余死，子阎膏珍代为王。复灭天竺，置将一人监领之。月氏自此之后，最为富盛，诸国称之皆曰贵霜王。汉本其故号，言大月氏云。"⑥雷泽或云雷夏泽，在河南范县和山东鄄城，《尚书·禹贡》："雷夏即泽，雍、沮会同。"《地理志》："在济阴城阳县西北。"《括地志》："雷夏泽在濮州雷泽县郭外西北，雍、沮二水在雷泽西北平地也。"《史记·五帝本纪》："舜耕历山，渔雷泽。"或云震泽，吴承志《山海经地理今释·卷六》："雷泽当作震泽。"或云大泽；雷神，按《淮南子·堕形训》："雷泽有神，龙身人头，鼓其腹而熙。"⑱据《汉书·地理志下》："长沙国，秦郡，高帝五年为国，……县十三：临湘，莽曰抚睦。罗，连道，益阳，湘山在北。下隽，莽曰闰隽。"⑲据《明一统志·南安府》，聂都山 "在府城西南一百二十里。相传昔有聂姓者开都以居民，故名。其山出矾"。㉔《吕氏春秋·有始》："何谓九薮？吴之具区，楚之云梦……赵之钜鹿。"高诱注："广阿泽也。"㉖《水经注·小辽水》："高句丽县有辽山，小辽水所出，西南至辽队县入于大辽水也。"《辽史·地理志》："辽河出东北山口为范河，西南流为大口，入于海……浑河在东梁与范河之间。"

【译】

海内地区，从西北角到东面，国家、山川分布如下：

幅员辽阔的燕国位于海内东北部。

流沙中有埻端国、玺睆国，位于昆仑山东南。一种说法称埻端、玺睆是在海内设置的郡，因处在流沙之中，故不称郡县。

流沙外有大夏国、竖沙国、居繇国、月支国。

西胡白玉山位于大夏国东，苍梧位于白玉山西南，它们位于流沙以西、昆仑山东南。昆仑山在西胡以西，总体而言位于西北地区。

雷泽中有个雷神，龙身，人头，一旦鼓起肚子，雷声大作。雷泽位于吴地以西。

都州位于海中。一种说法称都州叫郁州。

琅邪台位于渤海边、琅邪东。琅邪台北面有山。一种说法称琅邪台位于大海之中。

韩雁在海中间、都州以南。

始鸠在海中间、韩雁以南。

会稽山位于大楚以南。

三江水自岷山流出：第一条是长江，自汶山流出；北江自曼山流出，南江自高山流出。高山位于成都城以西。三江在长州南入海。

浙江自三天子都山流出，三天子都山位于蛮地东、闽地西北，浙江入海处在馀暨南。

庐江自三天子都山流出，入长江处在彭泽西。一种说法称在天子鄣入江。

淮水自馀山流出，馀山位于朝阳东、义乡西，入海处在淮浦北。

湘水自舜墓地东南角流出，向西环绕而流，进入洞庭湖下游。一种说法称进入东南地区的西泽。

汉水自鲋鱼山流出，颛顼葬在鲋鱼山南，九位妃子埋在鲋鱼山北，四条巨蛇守卫着鲋鱼山。

濛水自汉阳西面流出，入长江处在聂阳西。

温水自崆峒山流出——该山位于临汾南——在华阳北入黄河。

颍水自少室山流出——该山位于雍氏南——在西鄢北入淮水。一种说法称在缑氏入淮。

汝水自天息山流出——该山位于梁勉乡西南——在淮极西北入淮水。一种说法称在期思北入淮。

泾水自长城北山流出——该山位于郁郅和长垣北——在戏北入渭水。渭水自鸟鼠同穴山流出，向东在华阴北入黄河。

白水自蜀地流出，然后向东南在江州城下入长江。

沅水自象郡镡城西流出，向东在下隽西入长江，一起注入洞庭湖。

赣水自聂都东山流出，向东北在彭泽西入长江。

泗水自鲁地东北流出，向西南经湖陵西，再转东南，在淮阴北入东海。

郁水自象郡流出，向西南在须陵东南入南海。

肆水自临晋武西南流出，向东南在番禺西入海。

潢水自桂阳西北山流出，向东南在敦浦西入肄水。

洛水自洛西山流出，向东北在成皋西入黄河。

汾水自上窳北流出，向西南在皮氏南入黄河。

沁水自井陉山东流出，向东南在怀东南入黄河。

济水自共山南东丘流出，横贯钜鹿泽，在齐地琅槐东北入渤海。

潦水自卫皋东流出，向东南在潦阳入渤海。

虖沱水自晋阳城南流出，向西经阳曲北，再向东在章武北入渤海。

漳水自山阳东流出，向东在章武南入渤海。

【解】

繁衍生存是人类"唯一"的问题，生殖崇拜是先民的终极信仰，某种意义上，"神"被赋予人格亦即被制造出来的一瞬间，即与生殖密切契合。《山海经》中丰富的神话传说和神人异人形象不仅蕴含着生殖崇拜，且为后世制造天赋异相光环提供了素材。《海内东经》云："雷泽中有雷神，龙身而人头，鼓其腹。"雷神又称委蛇，半人半兽，兼人、龙之形，《庄子·达生》云："委蛇，其大如毂，其长如辕，紫衣而朱冠。其为物也恶，闻雷车之声则捧其首而立。"至汉代，则孕育出刘邦乃雷神之子的传说，具有神的血统，据《史记·高祖本纪》："高祖，沛丰邑中阳里人，姓刘氏，字季。父曰太公，母曰刘媪。其先刘媪尝息大泽之陂，梦与神遇。是时雷电晦冥，太公往视，则见蛟龙于其上。已而有身，遂产高祖。"

《山海经》中的生殖崇拜最突出的是提出女娲造人的雏形。在中华民族的神话系统中，女娲是世间万物的创造者，其最大的贡献是创造了人，据《说文·女部》："娲，古之神圣女，化万物者也。"《大荒西经》："有神十人，名曰女娲之肠，化为神，处栗广之野，横道而处。"郭璞注："女娲，古神女而帝者，人面蛇身，一日中七十变。"《山海经》虽对女娲造人语焉不详，但借助各种典籍的演绎成为人类之母，《帝王世纪》："女娲氏，风姓，承疱羲制度，始作笙簧。"《淮南子·说林篇》："黄帝生阴阳，上骈生耳目，桑林生臂手，此娲所以七十化也。"《淮南子·览冥篇》："往古之时，四极废，九州裂，天不兼覆，地不周载，火炎而不灭，水浩洋而不息，猛兽食颛民，鸷鸟攫老弱。于是女娲炼五色石以补苍天，斩鳖足以立四极，杀黑龙以济冀州，积芦灰以止淫水。"《太平御览》卷七八引《风俗通》："俗说天地开辟，未有人民，女娲抟黄土作人，剧务力不暇供，乃引绳于泥中，举以为人。"《绎史》卷三引《风俗通》："女娲祷神祠祈而为女媒，因置婚姻。"《博雅》引《世本》云："女娲作笙簧。笙，生也，象物贯地而生，以匏为之，其中空而受簧也。"在一系列传说中，形成了这样一个系统的人类诞生链条，即女娲自混沌中诞生，以身化神，制造上天，又身化万物。显然，和盘古开天相较，女娲女性形象更符合造人的实际和想象，如钟宗宪所言："感生神话意指着有关于'感应'而'孕生'的神话，通常以处女生子的非常现象来凸显所生子女的神圣性。"而女娲显然即自生子的神圣代表。

　　《山海经》记载的先民事迹虽已转入父系氏族社会，但女性崇拜并未完全"祛魅"，书中除了女娲、西王母、雷祖（黄帝妻）、听訞（炎帝妻）、阿女（颛顼母）、帝之九嫔、登比氏（舜妻）、姜嫄、帝俊三妻（羲和，生十日；妻常羲，生十二月；妻娥皇，生三身）等母性神外，还有女儿神帝女（《中山经》"又东二百里曰姑媱之山。帝女死焉，其名曰女尸，化为䔍草，其叶胥成，其华黄，其实如菟丘，服之媚于人"。"又东南一百二十里曰洞庭之山。其上多黄金，其下多白银、铁，其木多柤、梨、橘、櫾，其草多葌、蘪芜、芍药、芎藭。帝之二女居之，是常游于江渊。""又北二百里，曰发鸠之山，其上多柘木。有鸟焉，其状如乌，文首、白喙、赤足，名曰精卫，其鸣自詨。是炎帝之少女，名曰女娃。"）及帝女桑等形象。同时，在《山海经》中，女巫形象也不少。《海外西经》："女丑之尸，生而十日炙杀之。在丈夫北。以右手鄣其面。十日居上，女丑居山之上。"《大荒西经》："有人衣青，以袂蔽面，名曰女丑之尸。"《大荒东经》："海内有两人，名曰女丑。女丑有大蟹。"袁珂认为女丑即女巫。《海外西经》还记载："女祭、女薎在其北，居两水间，薎操鱼䖷，祭操俎。"据《国语·楚语下》："其智能上下比义，其圣能光远宣朗，其明能光照之，其聪能听彻之，如是则明神降之，在男曰觋，在女曰巫。"巫是连接人神、沟通阴阳、促进生息最重要的媒介，在人的繁衍生存中起着不可忽略的作用。有意思的是，《山海经》还记载了一个私通事件，据《海内经》："炎帝之孙伯陵，伯陵同吴权之妻阿女缘妇，缘妇孕三年，是生鼓、延、殳。始为侯，鼓、延是始为钟，为乐风。"不过，文本并未对私通这个被后人认为败德的行为作出评价，似乎也显示了原始婚恋观中尚未形成一种固定的意识形态。

显然，《山海经》是以父系为核心的，其中，依然形成了以"父"为核心的家族/血缘谱系，如《海内经》："帝俊生三身，三身生义均，义均是始为巧倕，是始作下民百巧。后稷是播百谷。稷之孙曰叔均，是始作牛耕。大比赤阴，是始为国。禹、鲧是始布土，均定九州。炎帝之妻，赤水之子听訞生炎居，炎居生节并，节并生戏器，戏器生祝融。祝融降处于江水，生共工。共工生术器，术器首方颠，是复土穰，以处江水。共工生后土，后土生噎鸣，噎鸣生岁十有二。"这些帝子不仅被塑造成世间万物发明者的形象——帝成为帝，是因为他们创建生活的器物、常识和标准——还纷纷开疆建国，如《大荒北经》："大荒之中。有山名曰融父山，顺水入焉。有人名曰犬戎。黄帝生苗龙，苗龙生融吾，融吾生弄明，弄明生白犬，白犬有牝牡，是为犬戎，肉食。……西北海外，黑水之北，有人有翼，名曰苗民。颛顼生骓头，骓头生苗民，苗民厘姓，食肉。"

《山海经》中，雌雄同体是一个非常独特的现象。如《南山经》："又东三百里曰亶爰之山。多水，无草木，不可以上。有兽焉，其状如狸而有髦，其名曰类，自为牝牡，食者不妒。"《北山经》："又北三百里，曰带山，其上多玉，其下多青碧。有兽焉，其状如马，一角有错，其名曰臕疏，可以辟火。有鸟焉，其状如乌，五采而赤文，名曰鹎鶋，是自为牝牡，食之不疽。""又东三百里，曰阳山，其上多玉，其下多金铜。有兽焉，其状如牛而尾，其颈䯏，其状如句瞿，其名曰领胡，其鸣自詨，食之已狂。有鸟焉，其状如赤雉，而五采以文，是自为牝牡，名曰象蛇，其名自詨。""自为牝牡"的怪兽能自生子，无疑是女娲形象的真实写照和精神追慕，《山海经》对这种令人惊异的自然现象记载下来，显然不排除是一种虔诚的生殖崇拜。何况，《山海经》还记录一

些利于生育和继代的药品、食品，如《南山经》："又东三百七十里曰
杻阳之山。……有兽焉，其状如马而白首，其文如虎而赤尾，其音如谣，
其名曰鹿蜀，佩之宜子孙。"《西山经》："崇吾之山……有木焉，员
叶而白柎，赤华而黑理，其实如枳，食之宜子孙。"

荒经

大荒东经

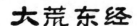

  《大荒东经》共涉及山峦 24 座；涉及水流 4 条，另有东海、北海和大壑、温源谷（又作汤谷）；涉及植物 5 种；涉及动物 21 种；没有矿物；涉及国家 18 个；涉及异人 28 个。

  《尔雅·释天》："穹、苍苍，天也。春为苍天，夏为昊天，秋为旻天，冬为上天。"天者，日也，据《说文·一部》："天，颠也。至高无上。"《说文解字注》："颠者，人之顶也。"先民通过观测日之变化计时，本章记载的大言、合虚、明星、鞠陵于天、孽摇頵羝、猗天苏门、壑明俊疾七座"日月所出"之山，是上古历法中观日察月之标志。此外，本章记载的东方扶木，十日轮流出没，西方柜格之松，日月在此出入，也是两处观测点。

  帝俊有一个详细的谱系，帝俊生中容；帝俊生晏龙，晏龙生司幽，司幽生思土，不妻，思女，不夫；帝俊生帝鸿，帝鸿生白民，白民销姓；帝俊生黑齿，姜姓；其子各建其国——应为一个部落首领。另有黄帝生禺虢，禺虢生禺京。禺京处北海，禺虢处东海，是惟海神）、帝舜（生戏，戏生摇民）一脉。

  本章可知，应龙与雨／水关联极大，因杀蚩尤、夸父，不能再回到天上，故无兴云布雨之应龙，常多旱灾——显然，杀二神与部落争夺水源有关，而先民获得雨／水的方式是祭祀：扮作应龙的样子求雨，这一记载也间接证明了《山经》中的诸山神乃巫者装扮。

  夔是雷神，黄帝用它的皮蒙鼓，以其骨击鼓，用来威震天下。剥敌人之皮做鼓，极有可能是一种残忍的统治之法。

  "少昊孺帝颛顼于此，弃其琴瑟"一句表明，颛顼幼年经历了严格的启蒙教育。显然，琴瑟被视为玩物丧志的标志——此时，乐教尚未形成。

东海之外大壑^①，少昊之国。少昊孺^②帝颛顼于此，弃其琴瑟^③。

有甘山者，甘水出焉，生甘渊。

大荒东南隅有山，名皮母地丘。

东海之外，大荒之中，有山名曰大言，日月所出。

有波谷山者，有大人之国。有大人之市，名曰大人之堂^④。有一大人踆^⑤其上，张其两耳。

有小人国，名靖^⑥人。

有神，人面兽身，名曰犁䰨之尸^⑦。

有潏山^⑧，杨水出焉。

有蒍国^⑨，黍食，使四鸟^⑩：虎、豹、熊、罴。

大荒之中，有山名曰合虚，日月所出。

有中容之国。帝俊^⑪生中容，中容人食兽、木实，使四鸟：豹、虎、熊、罴。

有东口之山。有君子之国，其人衣冠带剑。

有司幽之国。帝俊生晏龙，晏龙生司幽，司幽生思士，不妻；思女，不夫。食黍，食兽，是使四鸟。

有大阿之山者。

大荒中有山，名曰明星，日月所出。

有白民之国。帝俊生帝鸿，帝鸿^⑫生白民，白民销姓，黍食，使四鸟：豹、虎、熊、罴。

有青丘之国，有狐，九尾。

有柔仆民，是维^⑬嬴土之国。

有黑齿之国。帝俊生黑齿，姜姓，黍食，使四鸟。

有夏州之国。有盖余之国。

有神人，八首人面，虎身十尾，名曰天吴。

大荒^⑭之中，有山名曰鞠陵于天、东极、离瞀^⑮，日月所出。名曰折丹，东方曰折，来风曰俊^⑯，处东极以出入风。

【注】

①壑：深沟。②孺（rú）：生育，养育，通"乳"。③琴瑟：由梧桐木制作的两种丝弦乐器，传说由伏羲发明。④大人之堂：山名。⑤踆（zūn）：蹲，《庄子·外物》："纪他闻之，帅弟子而踆于窾水，诸侯吊之。"⑥靖：细小，《说文·立部》："一曰细貌。"或即诤人，《列子·汤问》："从中州以东四十万里得僬侥国，人长一尺五寸。东北极有人名曰诤人，长九寸。"⑦犁𩨄（líng）之尸：神名，袁珂："说文十一云：'𩨄，龍也。'犁𩨄之尸盖即奢比之尸之类也。"⑧潏（yù）山：山名，不详。又据《尔雅·释水》："其中可居者曰洲，小洲曰渚，小渚曰沚，小沚曰坁，人所为为潏。"⑨蔿（wěi）国：古国名，或说即妘国，在今山西境内。⑩鸟：兽，《说文解字注》："禽、走兽总名。"⑪帝俊：又作"帝夋"，传说中的上古天帝。《大荒南经》："大荒之中，……有人三身，帝俊妻娥皇，生此三身之国，姚姓，黍食，使四鸟。""东南海之外，甘水之间，有羲和之国，……方日浴于甘渊。羲和者，帝俊之妻，生十日。"《大荒东经》："有中容之国，帝俊生中容，中容人食兽、木实，使四鸟：豹虎熊黑。""有司幽之国，帝俊生晏龙，晏龙生司幽。司幽生思土，不妻；思女，不夫。食黍食兽，是使四鸟。""有黑齿之国。帝俊生黑齿，姜姓，黍食，使四鸟。""有五采之鸟，相乡弃沙。惟帝俊下友。帝下两坛，采鸟是司。"《大荒西经》："有女子方浴月。帝俊妻常羲，生月十有二，此始浴之。"《海内经》："帝俊赐羿彤弓素矰，以扶下国，羿是始去恤下地之百艰。帝俊生晏龙，晏龙是为琴瑟。帝俊有子八人，是始为歌舞。帝俊生三身，三身生义均，义均是始为朽倕，是始作下民百朽。后稷是播百谷。稷之孙曰叔均，是始作牛耕。"⑫帝鸿：即帝江。⑬维：助词，用于句首，无义。《诗经·周南·卷耳》："维以不永伤。"⑭大荒：极边远之处。⑮离瞀（mào）：山名，不详。⑯来风曰俊：即俊风，大风。俊，通"骏"。《大戴礼记·夏小正》："正月，启蛰……时有俊风，寒日涤冻涂。"戴德传："俊者，大也。大风，南风也。"顾凤藻集解："俊，与'骏'通。《尔雅》曰：'骏，大也。'"《大荒西经》："有人名曰石夷，来风曰韦，处西北隅以司日月之长短。"《大荒东经》："有女和月母之国。有人名曰鹓，

北方曰鹓，来之风曰狻，是处东极隅以止日月，使无相间出没，司其短长。"《大荒南经》："有神名曰因因乎，南方曰因乎，夸风曰乎民，处南极以出入风。"

【引】

⑨《国语·周语上》："惠王三年，边伯、石速、蒍国出王而立子颓。"韦昭注："惠王即位，取蒍国之圃及边伯之宫，又收石速之秩，故三子出王而立子颓。"妫，水名，舜的居住地，据《史记·陈杞世家》："陈胡公满者，虞帝舜之后也。昔舜为庶人时，尧妻之二女，居于妫汭，其后因为氏姓，姓妫氏。舜已崩，而舜子商均为封国。夏后之时，或失或续。至于周武王克殷纣，乃复求舜后，得妫满，封之于陈，以奉帝舜祀，是为胡公。"

【译】

东海外有道看不见底的深沟，少昊在此建国，他在此抚养颛顼成人，曾把颛顼幼年时玩过的琴瑟丢入深沟之中。

有一座山叫甘山，甘水自此发源，汇流为甘渊。

大荒东南角一座山，叫皮母地丘。

东海外、大荒中，有一座山叫大言山，是日月升起的地方。

有一座山叫波谷山，大人国位于此处。有一个大人买卖的集市也在山上，集市叫大人堂。有个大人蹲在山上，正张着双臂。

还有一个小人国，国人称作靖人。

有一个神，人面，兽身，叫犁魗尸。

有一座山叫潏山，杨水自此发源。

有一个国家叫蒍国，国人以黍米为食，能御使虎、豹、熊、罴四种野兽。

大荒中，有一座山叫合虚山，是日月升起的地方。

有一个国家叫中容国。帝俊生中容，中容人吃兽肉、果实，能御使豹、虎、熊、罴四种野兽。

有一座山叫东口山。君子国位于东口山，国人穿戴整齐，腰佩宝剑。

有一个国家叫司幽国。帝俊生晏龙，晏龙生司幽，司幽生思土，思土不娶妻；司幽生思女，思女不嫁夫。司幽国人以黍米为食，也吃兽肉，能御使四种野兽。

有一座山叫大阿山。

大荒中有一座山叫明星山，是日月升起的地方。

有一个国家叫白民国。颛顼生黄帝，黄帝生白民国祖先，国人姓销，以黍米为食，能御使虎、豹、熊、罴四种野兽。

有一个国家叫青丘国。该国有一种狐狸，九尾。

有群人叫柔仆民，所在国家土地肥沃。

有一个国家叫黑齿国。帝俊生黑齿国祖先，国人姓姜，以黍米为食，能御使四种野兽。

有一个国家叫夏州国。有一个国家叫盖余国。

有一个神，八头，人面，虎身，十尾，名叫天吴。

大荒中，有鞠陵于天山、东极山、离瞀山三座高山，都是日月升起的地方。有个神名叫折丹，东方称他为折，从东方吹来的风叫俊，他在大地最东端，主管风起风息。

东海之渚^①中，有神，人面鸟身，珥两黄蛇，践两黄蛇，名曰禺䝞^②。黄帝生禺䝞，禺䝞生禺京^③。禺京处北海，禺䝞处东海，是惟^④海神。

有招摇山，融水出焉。有国曰玄股，黍食，使四鸟。

有困民国，勾姓而食。有人曰王亥，两手操鸟，方食其头。王亥托于有易、河伯仆^⑤牛。有易杀王亥^⑥，取仆牛。河伯念有易^⑦，有易潜出，为国于兽，方食之，名曰摇民^⑧。帝舜生戏，戏生摇民。

海内有两人，名曰女丑^⑨。女丑有大蟹。

大荒之中，有山名曰孽摇頵羝^⑩。上有扶木^⑪，柱^⑫三百里，其叶如芥^⑬。有谷曰温源谷^⑭。汤谷上有扶木，一日方至，一日方出，皆载于乌。

有神，人面、犬耳、兽身，珥两青蛇，名曰奢比尸。

有五采之鸟，相乡弃沙^⑮。惟帝俊下友。帝下两坛，采鸟是司。

大荒之中，有山名曰猗天苏山^⑯，日月所生。

有壎民之国^⑰。有綦山。又有摇山。有礕山^⑱，又有门户山，又有盛山。又有待山。有五采之鸟。

东荒之中，有山名曰壑明俊疾，日月所出。有中容之国。

东北海中，又有三青马、三骓^⑲、甘华。爰有遗玉、三青鸟、三骓、视肉、甘华、甘柤。百谷所在。

有女和月母之国。有人名曰鹓^⑳，北方曰鹓，来之风曰狻^㉑，是处东极隅以止^㉒日月，使无相间出没，司其短长。

大荒东北隅中，有山名曰凶犁土丘。应龙^㉓处南极，杀蚩尤^㉔与夸父，不得复上，故下数^㉕旱。旱而为应龙之状，乃得大雨。

东海中有流波山，入海七千里。其上有兽，状如牛，苍身而无角，一足，出入水则必风雨，其光如日月，其声如雷，其名曰夔。黄帝得之，以其皮为鼓，橛^㉖以雷兽^㉗之骨，声闻五百里，以威天下。

【注】

①渚：水中小块陆地，这里指岛。②禺䝞（xiāo）：黄帝子，传说中的神人。③禺京：黄帝孙，传说中的神人，也作禺强、禺疆，《海外北经》："北方禺强，人面鸟身，珥两青蛇，践两青蛇。"《大荒北经》："北海之渚中，有神，人面鸟身，珥两青蛇，践两赤蛇，名曰禺强。"郝懿行疏："《大荒东经》云：'黄帝生禺䝞，禺䝞生禺京。'禺京即禺疆也，京、疆声相近。"④惟：助词，用于句首，无义。《孟子·滕文公下》："士之失位也，犹诸侯之失国家也。《礼》曰：'诸侯耕助以供粢盛；夫人蚕缫，以为衣服。牺牲不成，粢盛不洁，衣服不备，不敢以祭。惟士无田，则亦不祭。'"⑤仆：大，通"朴"。⑥有易杀王亥：王亥是商国第七任首领，其为解决牛、羊过剩问题，和弟弟王恒去有易国（今河北易县）交易，有易氏首领绵臣见财起意，将其杀害。⑦河伯念有易：殷派兵为王亥报仇，河伯同情有易族人，助其潜逃。⑧摇民：一个传说中的国家。⑨女丑：即《海外西经》女丑之尸。⑩孽摇頵（jūn）羝（dī）：山名，不详。⑪扶木：即扶桑树。⑫柱：柱子般立着。⑬芥（jiè）：芥菜。⑭温源谷：即汤谷，《海外东经》："下有汤谷。汤谷上有扶桑，十日所浴，在黑齿北。"⑮相乡弃沙：乡，

通"向"。弃沙，不明何义，或说"婆娑"之误。⑯猗（yī）天苏山：山名，不详。⑰壎（xuān）民之国：国名，不详。⑱醋（zèng）山：山名，不详。⑲三骓（zhuī）：马名。骓，毛色苍白相杂的马，《尔雅·释畜》："苍白杂毛骓。"⑳鹓（wǎn）：人名，不详。㉑㹤（yǎn）：风的名字。㉒止：阻挡，控制。㉓应龙：传说中一种有翅膀的龙，亦作黄龙，曾佐黄帝杀蚩尤、夸父。《大荒北经》："夸父不量力，欲追日景，逮之于禺谷……将走大泽，未至，死于此。应龙已杀蚩尤，又杀夸父，乃去南方处之，故南方多雨。"郭璞注："上云夸父不量力，与日竞而死，今此复云为应龙所杀，死无定名，触事而寄，明其变化无方，不可揆测。"袁珂："郭（璞）以玄理释神话，未免失之。盖夸父乃古巨人族名，非一人之名也。"㉔蚩尤：传说中九黎族首领，与黄帝战于涿鹿，失败被杀，可参看《大荒北经》）。㉕数：屡次，多次。㉖橛（jué）：敲，打，通"撅"。㉗雷兽：即雷神，据《海内东经》："泽中有雷神，龙身而人头，鼓其腹。在吴西。"

【引】

③《列子·汤问》："五山之根无所连箸，常随潮波上下往还，不得蹔峙焉。仙圣毒之，诉之于帝。帝恐流于西极，失群圣之居，乃命禺彊使巨鳌十五，举首而戴之。"《庄子·大宗师》："禺强得之，立乎北极。"成玄英："禺强，水神名也，亦曰禺京。人面鸟身，乘龙而行，与颛顼并轩辕之胤也。"⑥郭璞《真本竹书纪年》："殷王子亥宾于有易，而淫澎，有易之君杯臣杀而放之，是故殷上甲徽假师于河伯以伐有易，遂杀其君杯臣也。"《楚辞·天问》："该秉季德，厥父是臧。胡终弊于有扈，牧夫牛羊？干协时舞，何以怀之？平胁曼肤，何以肥之？有扈牧竖，云何而逢？击床先出，其命何从？恒秉季德，焉得夫仆牛？何往营班禄，不但还来？昏微遵迹，有狄不宁。何繁鸟萃棘，负子肆情？眩弟并淫，危害厥兄。何变化以作诈，而后嗣逢长？"⑪《淮南子·墬形训》："扶木在阳州，日之所曭。"高诱注："扶木，扶桑也。在汤谷之南。"傅玄《大寒赋》："扶木憔悴于汤谷，若华零落于濛 。"另指国名，《吕氏春秋·为欲》："北至大夏，南至北户，西至三危，东至扶木，不敢

乱矣。"㉓《楚辞·天问》"应龙何画？河海何历？"王逸注："或曰禹治洪水时，有神龙以尾画地，导水径所当决者，因而治之。"

【译】

东海岛屿上有一个神，人面，鸟身，耳挂两黄蛇，脚踩两黄蛇，叫禺猇。黄帝生禺猇，禺猇生禺京。禺京住北海，禺猇住东海，他们都是海神。

有一座山叫招摇山，融水自此发源。有一个国家叫玄股国，国人以黍米为食，能御使四种野兽。

有一个国家叫困民国，国人姓勾，以黍米为食。有个叫王亥的，双手抓鸟，正吃鸟头。王亥将肥牛托养给有易族人和水神河伯。有易族人将王亥杀死，霸占了肥牛。（有易族人被报复，遭受攻击。）河伯哀念有易族人，帮他们逃出来，在野兽出没之地建国，他们正吃兽肉，新建立的国家叫摇民国。一种说法称舜生戏，戏是摇民国的创始人。

海内有两个人，一个叫女丑，她有一只可供自己御使的巨蟹。

大荒中，有一座山叫孽摇頵羝山，上有一棵扶桑树，树干高三百里，树叶如芥菜。有一道谷叫温源谷，即汤谷，谷里有一棵扶桑树，一个太阳刚回来，一个太阳刚出去，都在三足乌鸦背上。

有一个神，人面，狗耳，兽身，耳挂两青蛇，名叫奢比尸。

有一群五彩鸟，婆娑对舞。帝俊最爱从天上下来和它们交朋友。帝俊在下界的两座祭坛，就由五彩鸟看管。

大荒中，有一座山叫猗天苏门山，是日月升起的地方。

有一个国家叫壎民国。有一座山叫綦山，又有几座山分别叫摇山、礸山、门户山、盛山、待山。山上各有一群五彩鸟。

东荒中，有一座山叫壑明俊疾山，是日月升起的地方。山上有一个国家叫中容国。

东北海中，有三青马、三骓马、甘华树。这里还有遗玉、三青鸟、三骓马、视肉、甘华树、甘柤树。这里庄稼丛生。

有一个国家叫女和月母国。该国有一个神叫鹓，这是北方的叫法，自那里吹来的风叫狻，鹓在大地东北角，掌管日升月落，不使它们胡乱出没，并把握着时间长短。

大荒东北角，有一座山叫凶犁土丘山。应龙住在山的最南端，因曾杀死蚩尤和夸父，不能上天。由于天上没有兴云布雨的应龙，故常闹旱灾。人们装扮成应龙模样祭拜，大雨时下。

东海中有一座山叫流波山，距离海岸七千里远。山上有一种牛状野兽，全身苍青色，无角，一蹄，出入时风雨大作，光辉如日月闪烁，吼声如雷声般大，名叫夔。黄帝抓住它，用它的皮做鼓，拿雷兽的骨头敲击，声传五百里，以此慑服天下。

【解】

《山海经》一书记录了一些大大小小的神仙谱系，其最大者三，即黄帝、炎帝和帝俊，而影响最大、出现最多的莫过于黄帝。顾颉刚曾说，黄帝本指皇帝，亦即皇天上帝："按《春秋经》昭二十二年：'王室乱，刘子、单子以王猛居于皇'，而杜注：'河南鞏县西南有黄亭'，是'皇'即'黄'也。《水经注·雒水篇》云：'又东，浊水注之，即古黄水也'，而《后汉书·郡国志》云：'鞏县，有黄亭，有湟水'，是'黄水'即'湟水'也。皇与黄既可通作，斯'黄帝'即'皇帝'，亦即'皇天上帝'"。无独有偶，袁珂也说："黄帝亦作'皇帝'。皇帝者，皇天上帝之谓。《庄子·齐物论》：'是皇帝之所听荧也。'《释文》：'皇帝，本又作黄帝。'《吕氏春秋·贵公》：'丑不若黄帝。'毕沅校曰：'黄帝，刘本作皇帝，黄、皇古通用。'《书·吕刑》：'蚩尤惟始作乱……皇帝清问下民……'此皇帝即上帝，亦即黄帝已明。"丁山的说法更为前沿："'黄帝'名词的来源，是春秋士大夫糅合后土'黄示'与'皇天上帝'两个天神地祇为一神的创举，不是晚周阴阳家以五色配五方的原理凭空杜撰出'黄帝以土德王'的新说。"不论以上所说是否正确，不妨先考察黄帝这个人物形象的来源。

按《史记·五帝本纪》："黄帝者，少典之子，姓公孙，名曰轩辕。"因"诸侯相侵伐，暴虐百姓，而神农氏弗能征"，"轩辕乃习用干戈，以征不享"，经阪泉之战、涿鹿之战，击败炎帝与蚩尤，"诸侯咸尊轩辕为天子，代神农氏，是为黄帝"。按照司马迁的观念，中国史是自黄帝开始的，这是一个虽有着神话因素但却是人间王的统一者的形象，其诉诸暴力，目的是为了百姓利益，虽代神农氏，起因是受拥戴而为。黄帝王天下后，"披山通道，未尝宁居"，并开始大规模巡守："东至于海，登丸山，及岱宗。西至于空桐，登鸡头。南至于江，登熊、湘。北逐荤粥，合符釜山。而邑于涿鹿之阿。"巡守的目的，一则征讨，一则将政治蓝图推而广之，最终目的无非是宣扬天下共主，这一点并不新鲜，按《尚书·舜典》："（帝舜）岁二月，东巡守，至于岱宗。柴望秩于山川。肆觐东后。协时月，正日，同律度量衡，修五礼、五玉、三帛、二生、一死。贽，如五器，卒乃复。五月南巡守，至于南岳，如岱礼。八月西巡守，至于西岳，如初。十有一月朔巡守，至于北岳，如西礼。归格于艺祖，用特。五载一巡守。"又《礼记·王制》："天子五年一巡守。岁二月东巡守，至于岱宗，柴而望祀山川。觐诸侯，问百年者，就见之。命大师陈诗，以观民风。命市纳贾，以观民之所好恶、志淫好辟。命典礼，考时月，定日，　同律、礼乐、制度、衣服，正之。山川神祇有不举为不敬，不敬者君削以地。宗庙有不顺者为不孝，不孝者君绌以爵。变礼易乐者为不从，不从者君流。革制度衣服者为畔，畔者君讨。有功德于民者，加地进律。五月南巡守，至于南岳，如东巡守之礼。八月西巡守，至于西岳，如南巡守之礼。十有一月北巡守，至于北岳，如西巡守之礼。归假于祖、祢，用特。"显然，上述所引，都是儒家化了的黄帝。据《大戴礼记·五帝德》："宰我问于孔子曰：'昔者予闻诸荣伊令，黄帝三百年。请问黄帝者人邪？抑非人邪？何以至于三百年乎？'……孔子曰：'黄帝，少典之子也，曰轩辕。生而神灵，弱而能言，幼而慧齐，长而敦敏，成而聪明。治五气，设五量，抚万民，度四方，教熊罴貔豹虎，以与赤帝战于版泉之野。'"司马迁对黄帝的记载不过于此。

《山海经》中，黄帝和轩辕并非一人，轩辕之国、轩辕之台与黄帝无关，这和《越绝书》中记载是一致的："轩辕、神农、赫胥之时，以石为兵，断树木为宫室，死而龙藏，夫神圣主使然。至黄帝之时，以玉为兵，以伐树木为宫室，凿地。夫玉，亦神物也，又遇圣主使然，死而龙藏。"显然，黄帝"名曰轩辕"是乱扣帽子。司马迁曾在《史记·大宛列传》中说："至《禹本纪》《山海经》所有怪物，余不敢言之也。"但至少在黄帝问题上是语"怪力乱神"的。如仔细推究《山海经》，文

本对黄帝的记载首先在于建立了以男权为中心的谱系,《海内经》云:
"流沙之东,黑水之西,有朝云之国、司彘之国。黄帝妻雷祖,生昌意;
昌意降处若水,生韩流;韩流取淖子曰阿女,生帝颛顼。"在《大荒北
经》《大荒东经》《大荒西经》《海外西经》等处均有记载,相较而言,
对炎帝、帝俊的记载亦是如此。此外,黄帝是天帝兼人间王的形象,黄
帝与蚩尤之战即部落战争在神话中的鲜明反映。不过,这都不是问题的
重点。值得特别留意的是,《山海经》中,唯有"帝"、黄帝和夏的先
祖禹具有征杀和管控世间万物的记录和资格,其他"帝"皆是以和平身
份出现的。同时,文本在记录黄帝的事迹时,并未置一字之褒贬,完全
是按照旁观者的身份书写的,这显然和后世刻意拔高黄帝的德性、贬低
对手的非正义是完全不同的,如《史记·五帝本纪》云"蚩尤最为暴,
莫能伐","炎帝欲侵凌诸侯","诸侯咸尊轩辕为天子,代神农氏";
又如贾谊《新书·益壤》云:"黄帝者,炎帝之兄也。炎帝无道,黄帝
伐之涿鹿之野,血流漂杵,诛炎帝而兼其地,天下乃治。"可以说,黄
帝在《山海经》以后的形象,完全是早期政治实践中的一种虚构和想象。
黄帝被构建为中华民族先祖的过程,是华夏人民着力寻求大一统的过程,
这倒也符合摩尔根的申说:"此外还有可能的是,当希腊人与拉丁人的
世系转变为男系时,或在此以前,氏族的动物名称即被废弃,而代之以
个人名字。随着社会的进步,随着财产私有权的扩大,个人地位越来越
突出,以致用祖先中的某位英雄来命氏族的名。"

大荒南经

　　《大荒南经》共涉及山峦33座，另有苍梧野；涉及水流9条，另有甘渊、少和渊、从渊、缉渊、俊坛、白渊和南海；涉及植物10种；涉及动物30种；没有矿物；涉及国家14个；涉及异人28个。

　　值得注意的有两点，一是本章提到了"赤水之东，有苍梧之野，舜与叔均之所葬也""帝尧、帝喾、帝舜葬于岳山"，《山海经》中屡屡提到帝葬之处，证明其皆凡人，唯黄帝、炎帝和帝俊没有葬地，意味着已被神化。诸帝皆凡人的证据还有一条，即本章所说的"有巫山者，西行黄鸟。帝药，八斋"，"有赤石焉生栾，黄本，赤枝，青叶，群帝焉取药"。

　　二是本章提到了"帝俊妻娥皇，生此三身之国，姚姓""盈民之国，於姓""有不死之国，阿姓""有载民之国。帝舜生无淫，降载处，是谓巫载民。巫载民盼姓""有小人，名曰焦侥之国，几姓"等，《海经》中屡屡强调"姓"与"国"的关系，表明一国一姓，一姓一部落，这是国起源于家/部落最直接证据。

　　据"羲和者，帝俊之妻，生十日"，又据《大荒西经》"帝俊妻常羲，生月十有二，此始浴之"，知帝俊乃时间/阴阳之父，其妻乃时间/阴阳之母。

　　有意思的是，"有羽民之国，其民皆生毛羽。有卵之国，其民皆生卵"，羽民之国恐是以羽为配饰或图腾，人能下蛋，等同禽类，却是过于传奇了。

　　蚩尤"所弃其桎梏，是为枫木"，其精神不死且不屈，可见一斑。木而能生，是命之表现，故本章还有不死之国，其民以甘木为食：长生是一个人类恒久之梦。

南海之外，赤水之西，流沙之东，有兽，左右有首，名曰跋踢①。有三青兽相并，名曰双双。

有阿山者。南海之中，有泛天之山，赤水穷焉。赤水之东，有苍梧之野，舜与叔均②之所葬也。爰有文贝③、离俞④、鸱久、鹰、贾⑤、委维⑥、熊、罴、象、虎、豹、狼、视肉。

有荣山、荣水出焉。黑水之南，有玄蛇，食麈。

有巫山者，西行黄鸟⑦。帝药⑧，八斋⑨。黄鸟于巫山，司此玄蛇。

大荒之中，有不庭之山，荣水穷焉。有人三身，帝俊妻娥皇，生此三身之国，姚姓，黍食，使四鸟。有渊四方，四隅皆达，北属⑩黑水，南属大荒。北旁名曰少和之渊，南旁名曰从渊，舜之所浴也。

又有成山，甘水穷焉。有季禺之国，颛顼之子，食黍。有羽民之国，其民皆生毛羽。有卵之国，其民皆生卵。

大荒之中，有不姜之山，黑水穷焉。又有贾山，汔水⑪出焉。又有言山。又有登备之山⑫。有恝恝之山⑬。又有蒲山，澧水出焉。又有隗山，其西有丹，其东有玉。又南有山，漂水出焉。有尾山。有翠山。

有盈民之国，於姓，黍食。又有人方食木叶。

有不死之国，阿姓，甘木⑭是食。

大荒之中，有山名曰去痓⑮。南极果，北不成，去痓果⑯。

南海渚中，有神，人面，珥两青蛇，践两赤蛇，曰不廷胡余。

有神名曰因因乎，南方曰因乎，夸风曰乎民，处南极以出入风。

有襄山。又有重阴之山。有人食兽，曰季厘⑰。帝俊生季厘，故曰季厘之国。有缗⑱渊。少昊生倍伐，倍伐降⑲处缗渊。有水四方⑳，名曰俊坛㉑。

有载民之国㉒。帝舜生无淫，降载处，是谓巫载民。巫载民盼㉓姓，食谷，不绩不经㉔，服也；不稼不穑㉕，食也。爰有歌舞之鸟，鸾鸟自歌，凤鸟自舞。爰有百兽，相群爰处。百谷所聚。

【注】

①跰（chù）踢：一种传说中的怪兽。②叔均：传说是舜的儿子，因生于商、封于商，又称"商均"，非《大荒西经》之叔均。③文贝：带花纹的贝壳，《尚书·顾命》："西序东向，敷重底席，缀纯，文贝仍几。"孔颖达传："有文之贝饰几。"④离俞：一种传说中的神禽，或说即《海外南经》中的离朱。⑤贾：鸟名，不详。⑥委维：一种传说中的蛇，或是《海内经》："有神焉，人首蛇身，长如辕，左右有首，衣紫衣，冠旃冠，名曰延维，人主得而飨食之，伯天下。"⑦黄鸟：一种传说中的神鸟，负责看管黑水玄蛇，防止帝药被盗。《北山经》："又东北二百里，曰轩辕之山……有鸟焉，其状如枭白首，其名曰黄鸟，其名自訆，食之不妒。"⑧帝药：天帝服用的药，据本经"有赤石焉生栾，黄本，赤枝，青叶，群帝焉取药"。⑨八斋：不详。⑩属（zhǔ）：连接，《史记·屈原贾生列传》："亡国破家相随属。"⑪汔（qì）水：水名，不详。⑫登备之山：山名，不详，疑似登葆山，据《海外西经》："在登葆山，群巫所从上下也。"⑬恝（qì）恝之山：山名，不详。⑭甘木：即不死树。⑮去痓（zhì）：山名。⑯果：结果，名词作动词。⑰季厘：帝喾之子。⑱缗（mín）：不详。⑲降：贬抑。⑳有水四方：方形水坛。㉑俊坛：即帝俊之水坛。㉒载（zhí）民之国：国名，不详。㉓盼（fén）：此处为姓氏。㉔不绩不经：绩，纺线。经，织。㉕不稼不穑：稼，春耕。穑，秋收。

【引】

②据《史记·夏本纪》："帝舜荐禹於天，为嗣。十七年而帝舜崩。三年丧毕，大禹辞辟舜之子商均于阳城。天下诸侯皆去商均而朝禹。大禹于是遂即天子位，南面朝天下，国号曰夏后，姓姒，夏后氏。"⑰也是传说中的国名。⑱原指绳子或夏时之缗国。

【译】

南海外、赤水西、流沙东，有一种野兽，左右各有一头，名叫跰踢。有三只并长在一起的青色野兽，名叫双双。

有一座山叫阿山。南海中,有一座山叫汜天山,赤水到此消失。赤水东岸,有一个苍梧野,舜与叔均都埋在此处。这里有花斑贝、离朱鸟、鸱久、老鹰、贾鸟、两头蛇、熊、罴、大象、老虎、豹子、狼、视肉。

有一座山叫荣山,荣水自此发源。黑水南岸,有一条黑蛇,正在吞麈鹿。

有一座山叫巫山,山西有一只黄鸟。天帝的仙药,藏八个斋舍里。黄鸟在巫山监视着黑蛇。

大荒中,有一座山叫不庭山,荣水到此消失。有一种人长着三个身子,帝俊之妻叫娥皇,他们的子孙是三身国人的祖先。国人姓姚,以黎米为食,能御使四种野兽。有个四方形的深潭,四个角和外界相通,北与黑水相连,南和大荒交接。北面的渊叫少和渊,南面的渊叫从渊,是舜洗澡的地方。

还有一座山叫成山,甘水到此消失。有一个国家叫季禺国,国人是颛顼的后裔,以黎米为食。有一个国家叫羽民国,国人长着羽毛。有一个国家叫卵民国,国人产卵,且都是卵生的。

大荒中,有一座山叫不姜山,黑水到此消失。有一座山叫贾山,汔水自此发源。有一座山叫言山。有一座山叫登备山。有一座山叫恝恝山。有一座山叫蒲山,澧水自此发源。有一座山叫隗山,西面多丹雘,东面多玉石。往南有一座山,漂水自此发源。有一座山叫尾山。有一座山叫翠山。

有一个国家叫盈民国,国人姓於,以黎米为食。有人正吃树叶。

有一个国家叫不死国,国人姓阿,以不死树为食。

大荒中,有一座山叫去痓山,这里流传一句咒语:"南极果,北不成,去室果。"

南海岛屿上,有一个神,人面,耳挂两青蛇,脚踩两红蛇,名叫不廷胡余。

有一个神,名叫因因乎,南方称作因乎,自南方吹来的风叫乎民,因因乎在大地最南端,主管风起风落。

有一座山叫襄山,又有一座山叫重阴山。有一个人在吃兽肉,名叫季厘。帝俊生季厘,因此其建立的国家叫季厘国。有一个深潭叫缗渊。

少昊生倍伐，倍伐被贬往缗渊。有个四方形水池，名叫俊坛。

有一个国家叫载民国。帝舜生无淫，无淫被贬往载，他的后代叫巫载民。国人姓盼，吃五谷。不纺织，却有衣服穿；不耕种，却有粮食吃。此处有鸟载歌载舞——鸾鸟唱歌，凤鸟跳舞。此处有各种野兽，一起聚集生活。还有各种粮食作物。

大荒之中，有山名曰融天，海水南入焉。

有人曰凿齿，羿杀之。

有蜮山^①者，有蜮民之国，桑姓，食黍，射蜮是食。有人方扦^②弓射黄蛇，名曰蜮人。

有宋山者，有赤蛇，名曰育蛇。有木生山上，名曰枫木^③。枫木，蚩尤所弃其桎梏，是为枫木。

有人方齿虎尾，名曰祖状之尸。

有小人，名曰焦侥之国^④，几姓，嘉谷^⑤是食。

大荒之中，有山名歹涂之山^⑥，青水穷焉。有云雨之山，有木名曰栾。禹攻^⑦云雨。有赤石焉生栾，黄本，赤枝，青叶，群帝焉取药^⑧。

有国曰伯服，颛顼生伯服，食黍。有鼬姓之国^⑨。有苕山。又有宗山。又有姓山，又有壑山。又有陈州山，又有东州山。又有白水山，白水出焉，而生白渊，昆吾^⑩之师所浴也。

有人名曰张宏，在海上捕鱼。海中有张宏之国，食鱼，使四鸟。

有人焉，鸟喙，有翼，方捕鱼于海。大荒之中，有人名曰驩头^⑪。鲧妻士敬，士敬子曰琰融，生驩头。驩头人面鸟喙，有翼，食海中鱼，杖^⑫翼而行。维宜芑苣^⑬，穋^⑭杨是食。有驩头之国。

帝尧、帝喾、帝舜葬于岳山^⑮。爰有文贝、离俞、鸱久、鹰、廷维^⑯、视肉、熊、罴、虎、豹；朱木，赤枝，青华，玄实。有申山者。

大荒之中，有山名曰天台高山，海水入焉。

东南海之外，甘水之间，有羲和之国，有女子名曰羲和，方浴日^⑰于甘渊^⑱。羲和者，帝俊之妻，生十日。

有盖犹之山者，其上有甘柤，枝干皆赤，黄叶，白华，黑实。东又有甘华，枝干皆赤，黄叶。有青马，有赤马，名曰三骓。有视肉。

有小人，名曰菌人。

有南类之山。爰有遗玉、青马、三骓、视肉、甘华。百谷所在。

【注】

①蜮（huò）山：山名，不详。蜮，一种狐状动物。②扝（yú）：挽，拉。③枫木：传说黄帝械杀蚩尤后掷弃其桎梏变化的枫香树。郭璞注："蚩尤为黄帝所得，械而杀之，已，摘弃其械，化而为树也。"又注："即今枫香树。"④焦侥（yáo）之国：国名，据《荀子·富国》："譬之是犹乌获与焦侥搏也。"杨倞注："焦侥，短人，长三尺者。"《淮南子·墬形训》："西南方曰焦侥。"高诱注："焦侥，短人之国也，长不满三尺。"《抱朴子·明本》："夫侏儒之手不足以倾嵩华，焦侥之胫不足以测沧海。"⑤嘉谷：五谷总称，最初以粟为嘉谷，《左传·庄公七年》："秋无麦苗，不害嘉谷也。"⑥歹（xiǔ）涂之山：山名，不详。⑦攻：从事，此处指砍伐林木，郭璞注："攻谓槎伐其林木。"⑧取药：即摘长生果。⑨鼬（yòu）姓之国：国名，不详。⑩昆吾：本名为樊，传为颛顼曾孙陆终长子，乃陶器业鼻祖。⑪驩（huān）头：一种传说中的异人。⑫杖：凭借。⑬芑苣（qǐ jǔ）：苦菜和莴苣。⑭穋（lù）：一种谷物，《诗经·豳风·七月》："黍稷重穋，禾麻菽麦。"毛亨传："后熟曰重，先熟曰穋。"⑮岳山：山名，应为《海外南经》之狄山，又据《东山经》："又南三百里，曰岳山，其上多桑，其下多樗。"⑯廷维：即《大荒南经》之委维。⑰浴日：给太阳洗澡，又据《大荒西经》："有女子方浴月。帝俊妻常羲，生月十有二，此始浴之。"⑱甘渊：即汤谷、温源谷，据《海外东经》："下有汤谷。汤谷上有扶桑，十日所浴，在黑齿北。""大荒之中有山，名曰孽摇頵羝，上有扶木，柱三百里，其叶如芥。有谷，曰温源谷。汤谷上有扶木，一日方至，一日方出，皆载于乌。"《大荒东经》："东海之外大壑，……有甘山者，生甘渊，甘水出焉。"

【译】

大荒中，有一座山叫融天山，海水自南面灌入山口中。

有一个神人名叫凿齿，被羿射死。

有一座山叫蜮山，蜮民国位于附近，国人姓桑，以黎米为食，也吃射死的蜮。有一个人正弯弓射黄蛇，这就是蜮人。

有一座山叫宋山，上有红蛇，名叫育蛇。山上有一种树，名叫枫木。枫木，蚩尤死后丢弃的镣铐化成的树木，就是枫木。

有一个神人正在咬虎尾，他叫祖状尸。

有一个小人国，名叫焦侥国，国人姓几，以优良谷米为食。

大荒中，有一座山叫歹涂山，青水到此消失。有一座山叫云雨山，山上有一棵树叫栾树。大禹在云雨山伐木，发现红色岩石上长出栾树，黄干，红枝，青叶，诸帝就到此处采药。

有一个国家叫伯服国，颛顼生伯服，伯服的后代建立了这个国家，国人以黎米为食。有一个国家叫鼬姓国。有一座山叫苕山，又分别有宗山、姓山、壑山、陈州山、东州山。有一座山叫白水山，白水自此发源，汇流成白渊，是昆吾的老师沐浴之所。

有一个叫张宏的人，正在海上捕鱼。海岛上面有一个张宏国，国人以鱼类为食，能御使四种野兽。

有一种人，鸟嘴，有翅，正在海上捕鱼。大荒中，有一个人名叫驩头。鲧的妻子名叫士敬，士敬生琰融，琰融生驩头。驩头人面，鸟嘴，有翅，以海里的鱼类为食，用翅行走。也吃苢苣、苦菜、穋米和杨树叶，后代建立了驩头国。

尧、喾、舜葬在岳山。此处有花斑贝、离俞、鸱久、老鹰、委维、视肉、熊、罴、虎、豹；还有朱木树，红枝，青花，黑果。附近有一座山叫申山。

大荒中，有一座山叫天台山，海水自南面灌入山口中。

东南海以外，甘水之间，有一个国家叫羲和国。有一个女子名叫羲和，正在甘渊中给太阳洗澡。羲和是帝俊之妻，生了十个太阳。

有一座山叫盖犹山，山上有甘柤树，红枝，红干，黄叶，白花，黑果。山东侧有甘华树，红枝，红干，黄叶。还有青马。还有红马，名叫三骓。有视肉。

有一种特别矮小的人，称作菌人。

有一座山叫南类山。山上有遗玉、青色马、三骓马、视肉、甘华树。这里是各种谷物生长的地方。

【解】

我们都知道，时间绝非个人的行为/意识的结果，而是经由以生产方式为核心的社会存在包括宗教性信仰活动共塑的产物。《山海经》中，先民尚未形成对时间的抽象认识，但已经通过物候、天象等将时间在日常生活中的狩猎、采摘、祭祀等体现出来，亦即天体运转、地理风貌等诸自然参照系凭周期性循环提供了对昼夜、季节变化的感知和观测。尤要值得指出的是，《山海经》虽然没有"义理之天"的观念，但"自然之天"中所包蕴的自然时序和时间意象已经十分明确，而且"自然之天"已经拟人化尤其是被神化了，成为高高在上的"九部"的主宰，这为"义理之天"的形成奠定了基础。其中，先民通过祭祀活动（祖先、自然崇拜）和对神异之人、动物记载（英雄崇拜），把时间与"天""人"沟通起来，事实上建立了"宗教之天"的信仰。显然，先民对自然环境变化的认识，就是对时间概念的认识,这种认识包含着对个体生命/命运的推演，"天生烝民，有物有则"（《诗经·大雅·烝民》），因为"天""天帝"高高在上，它们又和"天命"是合而为一的，故而"天"才有"天帝"这样的神格存在。《山海经》中，先民对时间的关切体现为祭祀、英雄/祖先/神异之人崇拜，以及通过自然变化对物候的观测，毫无疑问，祭祀和崇拜通往过去的时间，但又指向现世存在，且体现在身边的自然变化中。胡应麟在《诗薮·内篇》中评价《离骚》说："屈原式兴，以瑰奇浩瀚之才，属纵横艰大之远，因牢骚愁怨之感，发沉雄伟博之辞。上陈王道，下悉人情，中稽物理。"《山海经》虽异于《离骚》，但其朴素的人文意识中也具有时序中的"上陈""下悉""中稽"之道，因为文本中必然有对生命存在价值的体验和把握。

《山海经》中，有对日月诞生的想象，据《大荒南经》："东南海之外，甘水之间，有羲和之国。有女子名曰羲和，方日浴于甘渊。羲和者，帝俊之妻，生十日。"又《海外东经》："下有汤谷。汤谷上有扶桑，十日所浴，在黑齿北。居水中，有大木，九日居下枝，一日居上枝。"又《大荒西经》："有女子方浴月，帝俊妻常羲，生月十有二，此始浴之。"有意思的是，先民认为十日生自南方（《大荒南经》），出于东方（《海外东经》），而十二月则生自西方（《大荒西经》）。日月诞生，时间就有了生命，其之变化便是昼夜和季节，据《海外北经》："钟山之神名曰烛阴。视为昼，瞑为夜，吹为冬，呼为夏。不饮，不食，不息，息为风，身长千里。"先民对时间变化的观测，是以自然为参照物的，《淮南子·天文训》："日冬至，日出东南维，入西南维；至春秋分，日出东中，入西中；夏至，出东北维，入西北维，至则正南。"某种意义上，以生产—生活方式为基础的自然变化是先民记录和观测时间的伟大创造，不同节气时日出点和日落点会发生规律性变化，通过定点观察便赋予了时间生命和形式。《山海经》中记载了日月出入之山，其中，《大荒东经》有七座："东海之外，大荒之中，有山名曰大言，日月所出。""大荒之中，有山名曰合虚，日月所出。""大荒中有山，名曰明星，日月所出。""大荒之中，有山名曰鞠陵于天、东极、离瞀，日月所出。""大荒之中，有山名曰孽摇頵羝。上有扶木，柱三百里，其叶如芥。有谷曰温源谷，汤谷上有扶木，一日方至，一日方出，皆载于乌。""大荒之中，有山名曰猗天苏门，日月所生。""大荒之中，有山名曰壑明俊疾，日月所出。"《大荒西经》有七座："西海之外，大荒之中，有方山者，上有青树，名曰柜格之松，日月所出入也。""大荒之中，有山名曰丰沮玉门，日月所入。""大荒之中，有龙山，日月所入。""大荒之中，有山名曰日月山，天枢也。吴姬天门，日月所入。""大荒之中，有山名曰鏖鏊钜，日月所入者。""大荒之中，有山名曰常阳之山，日月所入。""大荒之中，有山名曰大荒之山，日月所入。"这七座山乃先民根据太阳变化对一年十二月进行记录的观测点，即以其中两座山为起点和终点，循环观测十二月的演变。

按《山海经》的记载，通过树木观察时间变化的办法极有可能是立竿测影记录时间的源头。据《大荒东经》："大荒之中，有山名曰孽摇頵羝。上有扶木，柱三百里，其叶如芥。有谷曰温源谷，汤谷上有扶木，一曰方至，一曰方出，皆载于鸟。"又《大荒西经》："西海之外，大荒之中，有方山者，上有青树，名曰柜格之松，日月所出入也。"东方扶木，十日轮流出没；西方柜格之松，日月自此出入。扶木是桑，西方柜格之松是松，按照记录，应该是远古遗留的高大树种。按《淮南子·地形训》："扶木在阳州，日之所喷。建木在都广，众帝所自上下，日中无景，呼而无响，盖天地之中也。若木在建木西，末有十日，其花照下地。"古人通过这两棵神化了的树观察时间、制定历法、确定节气，并授以农时，以及进行季节和月份的授时。

此外，《山海经》还记录了通过风的变化记录季节更替的办法。按《大荒东经》："大荒之中，有山名曰鞠陵于天、东极、离瞀，日月所出。名曰折丹，东方曰折，来风曰俊，处东极以出入风。"《大荒西经》："有人名曰石夷，来风曰韦，处西北隅以司日月之长短。"《大荒东经》："有女和月母之国。有人名曰鹓，北方曰鹓，来之风曰狻，是处东极隅以止日月，使无相间出没，司其短长。"《大荒南经》："有神名曰因因乎，南方曰因乎，夸风曰乎民，处南极以出入风。"这里，四风即四方，四风乃四时之气反映出早期的风历，而四方是依分至时太阳的天球视位置而定，故四风、四方与四时是相配的。按《尚书·尧典》："分命羲仲，宅嵎夷，曰旸谷。寅宾出日，平秩东作。日中星鸟，以殷仲春。厥民析，鸟兽孳尾。申命羲叔，宅南交，平秩南讹。敬致日永星火，以正仲夏。分命和仲，宅西，曰昧谷。寅饯纳日，平秩西成。宵中星虚，以殷仲秋。其民夷，鸟兽毛毨。申命和叔，宅朔方，曰幽都。平在朔易。日短星昴，以正仲冬。厥民隩，鸟兽氄毛。"据此，可知东风曰俊，即"日中星鸟，以殷仲春。厥民析，鸟兽孳尾"，此为春；西风曰韦，即"宵中星虚，以殷仲秋。其民夷，鸟兽毛毨"，此为秋；北风曰狻，即"日短星昴，以正仲冬。厥民隩，鸟兽氄毛"，此为冬；南风曰乎民，即"敬致日永星火，以正仲夏"，此为夏。

大荒西经

　　《大荒西经》共涉及山峦32座，另有轩辕台、昆仑丘和天穆野；共有水流3条，另有西海、西北海和孟翼之攻颛顼池、弱水渊；涉及植物6种；涉及动物31种；涉及矿物7种；涉及国家15个；涉及异人48个。

　　和《大荒东经》类同，本章记载的方山、丰沮玉门、龙山、日月山、鏖鏊钜、常阳之山、大荒之山等七座"日月所出"之山，是上古历法中观日知月之标志。值得注意的是，其中的日月山出现了"天枢"/"天门"。另，《山海经》还记录了通过风的变化记录季节更替的办法，除本章的韦风，还有《大荒东经》的俊风、《大荒东经》的㺃风、《大荒南经》的乎民风——四风、四方与四时是相配的。

　　本章记载了中国历史上最重大的事件之一"绝地天通"的雏形，主人公是颛顼祖孙三人："颛顼生老童，老童生重及黎，帝令重献上天，令黎邛下地。"颛顼神奇之处在于，其亦能借体复生："有鱼偏枯，名曰鱼妇，颛顼死即复苏。"

　　假若将《山海经》视为宗周之人编纂，本章可提出最有力的证据："有西周之国，姬姓，食谷。有人方耕，名曰叔均。帝俊生后稷，稷降以谷。稷之弟曰台玺，生叔均。叔均是代其父及稷播百谷，始作耕。"农者，食也；耕者，生也。这里表明周人是农业和耕作的始祖。

　　《海经》对夏代开国君主极为重视，本章说："开上三嫔于天，得《九辩》与《九歌》以下。此天穆之野，高二千仞，开焉得始歌《九招》。"而《海外东经》说："大乐之野，夏后启于此儛九代。"《九辩》《九歌》，远古之乐；《九招》即《九韶》，舜时之乐，《周礼·春官·大司乐》："九德之歌，九韶之舞。"《史记·五帝本纪》："于是禹乃兴九招之乐，致异物，凤皇来翔。"启建立夏，是大事件，其时尚未有顺天应命思想，但古乐起，祥瑞来，意味着是合乎民心的吉事。

夏耕之尸是精神不死、肉体不灭的象征。

西北海之外，大荒之隅，有山而不合，名曰不周①，有两黄兽守之。有水曰寒暑之水。水西有湿山，水东有幕山。有禹攻共工国山②。

有国名曰淑士，颛顼之子。

有神十人，名曰女娲③之肠，化为神，处栗广之野；横④道而处。

有人名曰石夷，来风曰韦，处西北隅以司日月之长短。

有五采之鸟，有冠，名曰狂鸟。

有大泽之长山。有白氏之国。

西北海之外，赤水东，有长胫之国。

有西周之国，姬姓，食谷。有人方耕，名曰叔均。帝俊生后稷⑤，稷降以谷。稷之弟曰台玺，生叔均。叔均是代其父及稷播百谷，始作耕。有赤国妻氏。有双山。

西海之外，大荒之中，有方山者，上有青树，名曰柜格之松，日月所出入也。

西北海之外，赤水之西，有先民之国，食谷，使四鸟。

有北狄之国。黄帝之孙曰始均，始均生北狄。

有芒山。有桂山。有榣山，其上有人，号曰太子长琴。颛顼生老童⑥，老童生祝融，祝融生太子长琴，是处榣山，始作乐风。

有五采鸟三名：一曰皇鸟，一曰鸾鸟，一曰凤鸟。

有虫状如菟⑦，胸以后者裸不见，青如猨状。

大荒之中，有山名曰丰沮玉门⑧，日月所入。

有灵山，巫咸、巫即、巫盼、巫彭、巫姑、巫真、巫礼、巫抵、巫谢、巫罗十巫，从此升降，百药爰在。

西有王母之山、壑山、海山。有沃之国，沃民是处。沃之野，凤鸟之卵是食，甘露是饮。凡其所欲其味尽存。爰有甘华、璇瑰⑨、甘柤、瑶碧、白木⑩、白柳⑪、视肉、琅玕、白丹⑫、青丹⑬，多白银铁。鸾凤自歌，凤鸟自舞，爰有百兽，相群是处，是谓沃之野。

有三青鸟，赤首黑目，一名曰大鵹^⑭，一曰少鵹，一名曰青鸟。

有轩辕之台，射者不敢西向射，畏轩辕之台。

大荒之中，有龙山，日月所入。有三泽水，名曰三淖，昆吾之所食也。

有人衣青，以袂^⑮蔽面，名曰女丑之尸。

有女子之国。

有桃山。有䖗山^⑯。有桂山。有于土山。

有丈夫之国。

有弇州之国^⑰，五采之鸟仰天，名曰鸣鸟。爰有百乐歌舞之风。

有轩辕之国。江山^⑱之南栖为吉。不寿者乃八百岁。

【注】

①不周：山名，《楚辞·离骚》："路不周以左转兮。"王逸注："不周，山名，在昆仑西北。"郭璞注："《淮南子》曰：'昔者共工与颛顼争帝，怒而触周之山，天维绝，地柱折。'故今此山缺坏不周币也。"也就是说，此山本来是天柱，共工怒触，方有"不周"之名。《西山经》："不周之山……，爰有嘉果，其实如桃，其叶如枣，黄华而赤柎，食之不劳。"《吕氏春秋·本味》："饭之美者，玄山之禾，不周之粟。"②共工国山：禹杀共工大臣相柳之地。③女娲：神话中的创世女神，又称娲皇、女阴，史记女娲氏。④横：阻断，郭璞注："言断道也。"⑤后稷：姬姓，黄帝玄孙，帝喾长子，被誉为农耕始祖，五谷之神。⑥老童：颛顼子，黄帝曾孙，据《大荒西经》："颛顼生老童，老童生重及黎，帝令重献上天，令黎邛下地。"⑦菟（tù）：通"兔"，《战国策·楚策》："见菟而顾犬，未为晚也。"⑧丰沮（jǔ）玉门：山名。⑨璇瑰（xuán guī）：一种美玉。⑩白木：一种白色树木。⑪白柳：一种白色柳树，非今日之白柳。⑫白丹：一种白色美石。⑬青丹：一种青色美石。⑭鵹（lì）：鸟名，据《海内北经》："其南有三青鸟，为西王母取食。"⑮袂：衣袖。⑯䖗山：即芒山。⑰弇（yǎn）州之山：山名，不详。⑱江山：江、山的合称。

【引】

③《列子·汤问》："天地亦物也。物有不足，故昔者女娲氏炼五色石以补其阙；断鳌之足以立四极。其后共工氏与颛顼争为帝，怒而触不周之山，折天柱，绝地维，故天倾西北，日月辰星就焉；地不满东南，故百川水潦归焉。"《淮南子·览冥训》："往古之时，四极废，九州裂，天不兼覆，地不周载，火炎而不灭，水浩洋而不息，猛兽食颛民，鸷鸟攫老弱。于是女娲炼五色石以补苍天，斩鳌足以立四极，杀黑龙以济冀州，积芦灰以止淫水。苍天补，四极正，淫水涸，冀州平，狡虫死，颛民生。背方州，抱圆天。和春阳夏，杀秋约冬，枕方寝绳，阴阳之所壅沈不通者，窍理之；逆气戾物，伤民厚积者，绝止之。当此之时，卧倨倨，兴眄眄，一自以为马，一自以为牛，其行蹎蹎，其视瞑瞑，侗然皆得其和，莫知所由生，浮游不知所求，魍魉不知所往。当此之时，禽兽蝮蛇，无不匿其爪牙，藏其螫毒，无有攫噬之心。考其功烈，上际九天，下契黄垆，名声被后世，光晖重万物。乘雷车，服驾应龙，骖青虬，援绝瑞，席萝图，黄云络，前白螭，后奔蛇，浮游消摇，道鬼神，登九天，朝帝于灵门，宓穆休于太祖之下。然而不彰其功，不扬其声，隐真人之道，以从天地之固然。"《列子·黄帝》："庖牺氏、女娲氏、神农氏、夏后氏，蛇身人面，牛首虎鼻：此有非人之状，而有大圣之德。"⑤据《竹书纪年》，"汤时大旱七年，煎沙烂石，天下作饥，后稷是始降百谷，烝民乃粒，万邦作乂"，"汤遭天旱七年，明德以荐，而旱不止，故迁社，是以周弃代为稷，欲迁句龙，而德莫继，故作夏社"，"尧水九年，汤旱七年，天下弗安，黎民饥阻，拯民降谷，功在后稷，后稷不克，上帝不临，耗斁下土，宁丁我躬"。⑥《世本·帝系》："颛顼娶于滕氏，滕氏奔之子谓之女禄，产老童。"

【译】

西北海以外，大荒一角，有一座山断裂无法复原，名叫不周山，有两头黄兽守卫着它。有一条水叫寒暑水。水西有一座山叫湿山，水东有一座山叫幕山。附近还有一座禹攻共工国山。

有一个国家叫淑士国，淑士是颛顼的儿子，是由他的后代建立的。

有十个神，名叫女娲肠，是由女娲肠子变化的，他们住在栗广原野，截路而居。

有一个神人叫石夷，西方称作夷，自北方吹来的风叫韦，他在大地西北角，掌管日月升落时间的长短。

有一种五彩鸟，头上有冠，名叫狂鸟。

有一座山叫大泽长山。附近有一个国家叫白氏国。

西北海以外，赤水东岸，有一个国家叫长胫国。

有一个国家叫西周国，国人姓姬，以谷米为食。有一个正在耕田的人叫叔均，帝俊生后稷，后稷将粮食种子带到下界。后稷弟弟叫台玺，台玺生叔均。叔均替父亲和后稷播种，由此创造了耕作之法。附近有一个人叫赤国妻氏。附近有一座山叫双山。

西海以外，大荒之中，有一座山叫方山，山上有棵青树，名叫柜格松，是日月出入之处。

西北海以外，赤水西岸，有一个国家叫天民国，国人以谷米为食，能御使四种野兽。

有一个国家叫北狄国。黄帝的孙子名叫始均，始均建立的北狄国。

有一座山叫芒山。还有一座桂山。有一座山叫榣山，山上有一个人，名叫太子长琴。颛顼生老童，老童生祝融，祝融生太子长琴，太子长琴在榣山上，创作音乐，流播世间。

有三只五彩鸟，一只叫皇，一只叫鸾，一只叫凤。

有一种兔状野兽，胸脯以后裸露着，却看不出来，皮肤青色，似猿猴。

大荒中，有一座山叫丰沮玉门山，是日月降落的地方。

有一座山叫灵山，巫咸、巫即、巫盼、巫彭、巫姑、巫真、巫礼、巫抵、巫谢、巫罗十个巫师，自此上天入地，此山百药丛生。

有一座山叫西王母山，还有座壑山、海山。有一个国家叫沃民国，沃民在此居住。他们吃凤鸟下的蛋，喝上天降的露——想吃的美味，都可以在鸟蛋和甘露中尝到。此处有甘华树、璇瑰玉、甘柤树、瑶类碧类美玉、白柳、视肉、琅玕树、白丹石、青丹石，还有很多白银、铁。沃民国鸾鸟唱歌，凤鸟跳舞，群兽杂居，因此称作沃野。

有三只青鸟，红头，黑眼，一只叫大鵹，一只叫少鵹，一只叫青鸟。

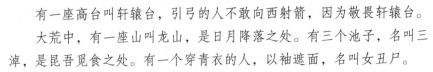

有一座高台叫轩辕台，引弓的人不敢向西射箭，因为敬畏轩辕台。

大荒中，有一座山叫龙山，是日月降落之处。有三个池子，名叫三淖，是昆吾觅食之处。有一个穿青衣的人，以袖遮面，名叫女丑尸。

有一个国家叫女子国。

有一座山叫桃山，还分别有座虻山、桂山、于土山。

有一个国家叫丈夫国。

有一座山叫弇州山，山上有一种五彩鸟，仰头啼叫，名叫鸣鸟。这里有弹奏各种音乐载歌载舞的风尚。

有一个国家叫轩辕国，人们把住在江山南边视为吉利。这里的人即便寿命不长，也有八百岁。

西海陼①中，有神，人面鸟身，珥两青蛇，践两赤蛇，名曰弇兹。

大荒之中，有山名曰日月山，天枢②也。吴姬天门③，日月所入。有神，人面无臂，两足反属于头山，名曰嘘。颛顼生老童，老童生重及黎④，帝令重献⑤上天，令黎邛⑥下地。下地是生噎，处于西极，以行日月星辰之行次。

有人反臂，名曰天虞。

有女子方浴月。帝俊妻常羲，生月十有二，此始浴之。

有玄丹之山。有五色之鸟，人面有发。爰有青鸮、黄鹜、青鸟、黄鸟，其所集者其国亡。

有池，名孟翼之攻颛顼之池。

大荒之中，有山名曰鏖鏊钜⑦，日月所入者。

有兽，左右有首，名曰屏蓬。

有巫山者。有壑山者。有金门之山，有人名曰黄姬之尸。有比翼之鸟。有白鸟，青翼，黄尾，玄喙。有赤犬，名曰天犬，其所下者有兵。

西海之南，流沙之滨，赤水之后，黑水之前，有大山，名曰昆仑之丘。有神，人面虎身，有文有尾，皆白，处之。其下有弱水⑧之渊环之，其外有炎火之山，投物辄然⑨。有人戴胜，虎齿，有豹尾，穴处，名曰西王母。此山万物尽有。

大荒之中，有山名曰常阳之山，日月所入。

有寒荒之国。有二人女祭、女薎。

有寿麻之国。南岳娶州山女，名曰女虔。女虔生季格，季格生寿麻。寿麻正立无景⑩，疾呼无响。爰有大暑，不可以往。

有人无首，操戈盾立，名曰夏耕之尸。故成汤伐夏桀于章山，克之，斩耕厥⑪前。耕既立，无首，走厥咎⑫，乃降于巫山。

有人名曰吴回⑬，奇⑭左，是无右臂。

有盖山之国。有树，赤皮支⑮干，青叶，名曰朱木。

有一臂民。

大荒之中，有山，名曰大荒之山，日月所入。有人焉三面，是颛顼之子，三面一臂，三面之人不死。是谓大荒之野。

西南海之外，赤水之南，流沙之西，有人珥两青蛇，乘两龙，名曰夏后开⑯。开上三嫔于天，得《九辩》与《九歌》以下。此天穆之野，高二千仞，开焉得始歌《九招》。

有互人之国。炎帝⑰之孙名曰灵恝，灵恝生百互人，是能上下于天。

有鱼偏枯，名曰鱼妇，颛顼死即复苏。风道⑱北来，天及大水泉，蛇乃化为鱼，是为⑲鱼妇。颛顼死即复苏。

有青鸟，身黄，赤足，六首，名曰鸀鸟⑳。

有大巫山。有金之山。西南，大荒之中隅，有偏句、常羊之山。

按：夏后开即启，避汉景帝讳云。

【注】

①陼（zhǔ）：同"渚"，其中小洲。②天枢：天的枢纽。③吴姖（jù）天门：天门名称。④重及黎：重、黎，传说中的两个人名，分别为羲、和二氏之祖先。《尚书·吕刑》："乃命重黎，绝地天通，罔有降格。"孔传："重即羲，黎即和。尧命羲、和世掌天地四时之官，使人神不扰，各得其序。"孔颖达疏："羲是重之子孙，和是黎之子孙，能不忘祖之旧业，故以重黎言之。"⑤献：举起。⑥邛：盖、压，同"印"。⑦鏖鏊钜（áo áo jù）：水名，不详。⑧弱水：轻得不能漂起羽毛的水，郭璞注："其水不胜鸿毛。"⑨辄然：辄，就。然，通"燃"。⑩景：

通"影"。⑪厥：代词，其，指成汤。⑫走厥咎：走，逃避。厥，代词，指夏耕之尸；咎，罪责。⑬吴回：即祝融。郭璞以为不是祝融："吴回，祝融弟，亦为火正也。"⑭奇：异。⑮支：通"枝"。⑯夏后开：即夏后启，避汉景帝刘启名讳，易"启"为"开"。⑰炎帝：神农氏，因以火德为王，故号炎帝。⑱道：经过，从，《史记·项羽本纪》："从郦山下，道芷阳间行。"⑲为：成为。⑳鸀（zhǔ）鸟：一种传说中的异鸟。

【引】

④《国语·楚语下》："颛顼受之，乃命南正重司天以属神，命火正黎司地以属民……尧复育重黎之后，不忘旧者，使复典之，以至于夏商。"《史记·楚世家》："高阳生称，称生卷章，卷章生重黎。重黎为帝喾高辛居火正，甚有功，能光融天下，帝喾命曰祝融……（帝喾）诛重黎，而以其弟吴回为重黎后，复居火正，为祝融。"司马贞索引："今以重黎为一人，仍是颛顼之子孙者，刘氏云：'少昊氏之后曰重，颛顼氏之后曰重黎，对彼重则单称黎，若自言当家则称重黎。'"

【译】

西海岛屿上，有一个神，人脸，鸟身，耳挂两条青蛇，脚踩两红蛇，名叫弇兹。

大荒中，有一座山叫日月山，是天之枢纽所在。主峰叫吴姖天门山，是日月降落之处。有个神，人脸，没胳膊，脚反转着放在头上，名叫噓。颛顼生老童，老童生重和黎，颛顼命重托天上举，命黎撑地下按。黎来到下降了的地上生噎，噎住在大地最西端，主管日月星辰运行次序。

有一个神人臂膀反长，叫天虞。

有一个女子在给月亮洗澡。帝俊之妻常羲，生完十二月亮后，才给它们洗澡。

有一座山叫玄丹山。山上有一种五彩鸟，人面，有发。此处还有青鸬、黄鹜、青鸟、黄鸟，这些鸟在哪国栖息，哪国便会灭亡。

有一个水池，叫孟翼攻颛顼池。

大荒中，有一座山叫鏖鏊钜山，是日月降落之地。

有一种野兽，左右各长一头，名叫屏蓬。

有一座山叫巫山。有一座山叫壑山。有一座山叫金门山，山上有一个人，名叫黄姬尸。有一只比翼鸟。有一只白鸟，青翅，黄尾，黑嘴。有一只红狗，名叫天犬，它降落之处，即起战争。

西海以南，流沙岸边，赤水后面，黑水之前，有一座大山，名叫昆仑山。有一个神，人脸，虎身，尾有花纹，且有白斑，住在山上。山下有深潭环绕，系弱水汇聚而成，潭边有一座山叫炎火山，不管扔进什么东西，都会燃烧。有一个人头戴饰物，满口虎牙，一条豹尾，住在洞中，名叫西王母。这座山上，不管什么物件都应有尽有。

大荒中，有一座山叫常阳山，是日月降落之处。

有一个国家叫寒荒国。有两个神人，名叫女祭、女薎。

有一个国家叫寿麻国。南岳娶了州山之女名叫女虔的。女虔生季格，季格生寿麻。寿麻直挺挺地站在日头下，却没有影子；寿麻大声呼叫，却没有声音。此处极其炎热，不可前往。

有一个人，无头，手拿戈和盾，名叫夏耕尸。很久以前，成汤在章山讨伐夏桀，打败了，将夏耕尸斩杀在他面前。夏耕尸发觉自己没了头，为逃避罪责，于是跑到巫山上。

有一个人叫吴回，只剩左臂，没有右臂。

有一个国家叫盖山国。有一棵树，红皮、红枝、红干，青叶，名叫朱木。

有个只有一条胳膊的人。

大荒中，有一座山，叫大荒山，是日月降落之处。有一个人三张脸，是颛顼后代，三脸一臂，三脸之人长生不老。这里也叫大荒野。

西南海以外，赤水南岸，流沙西侧，有人耳挂两青蛇，骑着两条龙，名叫夏后开。开曾三次上天做客，得到天乐《九辩》《九歌》，带到人间。这里有一个天穆野，高达二千仞，开是在这里开始演奏《九招》的。

有一个国家叫互人国。炎帝的孙子叫灵恝，灵恝生互人，互人能出入天际。

有一条鱼身子半边干枯，名叫鱼妇，是颛顼死后复生变化而成的。

风自北方吹来，泉水喷涌而出，蛇于是变化为鱼，这就是鱼妇。颛顼死后，借鱼体死后复生。

有一只青鸟，黄身，红爪，六头，叫鸀鸟。

有一座山叫大巫山。有一座山叫金山。西南方向，大荒一角，分别有座偏句山、常羊山。

按：开就是启，避汉景帝刘启名讳而改。

【解】

《大荒西经》最早记载了中国历史上最重大的事件之一"绝地天通"的雏形："大荒之中，有山名曰日月山，天枢也。吴姬天门，日月所入。有神，人面无臂，两足反属于头山，名曰嘘。颛顼生老童，老童生重及黎。帝令重献上天，令黎抑下地。下地是生噎，处于西极，以行日月星辰之行次。"按此叙述，"绝地天通"这个概念尚未提炼出来，只是明确了涉及该事件的颛顼、重、黎三个人物，并指出下地者"以行日月星辰之行次"。《尚书·吕刑》对此进行了进一步提炼："王曰：若古有训，蚩尤惟始作乱，延及于平民，罔中于信，以覆诅盟。哀矜庶戮之不辜，报虐以威，遏绝苗民，无世在下；乃命重、黎绝地天通，罔有降格。"孔传："重即羲，黎即和。尧命羲和世掌天地四时之官，使人神不扰，各得其序，是谓绝地天通。言天神无有降地，地祇不至于天，明不相干。"对于"绝地天通"的因由，《国语·楚语下》作了详细解释："昭王问于观射父，曰：'《周书》所谓重、黎寔使天地不通者，何也？若无然，民将能登天乎？'对曰：'非此之谓也。古者民神不杂。民之精爽不携贰者，而又能齐肃衷正，其智能上下比义，其圣能光远宣朗，其明能光照之，其聪能月彻之，如是则明神降之，在男曰觋，在女曰巫。是使制神之处位次主，而为之牲器时服，而后使先圣之后之有光烈，而能知山川之号、高祖之主、宗庙之事、昭穆之世、齐敬之勤、礼节之宜、威仪之则、容貌之崇、忠信之质、禋洁之服，而敬恭明神者，以为之祝。使名姓之后，能知四时之生、牺牲之物、玉帛之类、采服之仪、彝器之量、次主之度、屏摄之位、坛场之所、上下之神、氏姓之出，而心率旧典者为之宗。于是乎有天地神民类物之官，是谓五官，各司其序，不相乱也。民是以能有忠信，神是以能有明德，民神异业，敬而不渎，故神降之嘉生，民以物享，祸灾不至，求用不匮。及少皞之衰也，九黎乱德，民神杂糅，不可方物。夫人作享，家为巫史，无有要质。民匮于祀，而不知其福。烝享无度，民神同位。民渎齐盟，无有严威。神狎民则，不蠲其为。嘉生不降，无物以享。祸灾荐臻，莫尽其气。颛顼受之，乃命南正重司天以属神，命火正黎司地以属民，使复旧常，无相侵渎，是谓绝地天通。'"

　　自《山海经》记载可知，黄帝之时，人神不分，不仅黄帝能驱使神、兽，如《大荒北经》："蚩尤作兵伐黄帝，黄帝乃令应龙攻之冀州之野。应龙畜水。蚩尤请风伯雨师，纵大风雨。黄帝乃下天女曰妭，雨止，遂杀蚩尤。妭不得复上，所居不雨。叔均言之帝，后置之赤水之北。叔均乃为田祖。妭时亡之，所欲逐之者，令曰：'神北行！'先除水道，决通沟渎。"其子孙亦为神人，据《大荒东经》："东海之渚中，有神，人面鸟身，珥两黄蛇，践两黄蛇，名曰禺䝞。黄帝生禺䝞，禺䝞生禺京。禺京处北海，禺䝞处东海，是惟海神。"不论神人半人半兽，异兽半兽半人，即便西王母也是一个神、人、兽不分之形象，如《西山经》："又西北三百五十里，曰玉山，是西王母所居也。西王母其状如人，豹尾虎齿而善啸，蓬发戴胜，是司天之厉及五残。"又《大荒西经》："西海之南，流沙之滨，赤水之后，黑水之前，有大山，名曰昆仑之丘。有神，人面虎身，有文有尾，皆白，处之。其下有弱水之渊环之，其外有炎火之山，投物辄然。有人戴胜，虎齿，有豹尾，穴处，名曰西王母。"诸神不仅住在人间，如《海内西经》："昆仑之虚，方圆八百里，高万仞。上有木禾，长五寻，大五围。面有九井，以玉为槛。面有九门，门有开明兽守之，百神之所在。"食在人间，如《西山经》："又西北四百二十里，曰峚山，其上多丹木，员叶而赤茎，黄华而赤实，其味如饴，食之不饥。丹水出焉，西流注于稷泽，其中多白玉。是有玉膏，其原沸沸汤汤，黄帝是食是飨。是生玄玉。玉膏所出，以灌丹木，丹木五岁，五色乃清，五味乃馨。黄帝乃取峚山之玉荣，而投之钟山之阳。瑾瑜之玉为良，坚粟精密，浊泽有而色。五色发作，以和柔刚。天地鬼神，是食是飨；君子服之，以御为祥。"医在人间，如《大荒南经》："大荒之中，有山名歹涂之山，青水穷焉。有云雨之山，有木名曰栾。禹攻云雨。有赤石焉生栾，黄本，赤枝，青叶，群帝焉取药。"还掌管人间万事万物，如《西山经》："西南四百里，曰昆仑之丘，是实惟帝之下都，神陆吾司之。其神状虎身而九尾，人面而虎爪；是神也，司天之九部及帝之囿时。"同时，还通过天门（《大荒西经》："大荒之中，有山名曰日月山，天枢也。吴姖天门，日月所入。"）和天梯（《海内南经》："有木，其状如牛，引之有皮，若缨、黄蛇。其叶如罗，其实如栾，其木若蓲，其名曰建木。在窫窳西弱水上。"）自由上下。颛顼对这一秩序进行了整顿。他命孙子重托天上举，令孙子黎按地下压，将天地分开，并分别掌管诸神事务和人间事务。

《山海经》并未明言"绝地天通"的目的，但根据后世典籍演绎，由于蚩尤作乱，苗民不服"罔中于信，以覆诅盟"，为了巩固政权和疆界，颛顼实行"绝地天通"，而执行"绝地天通"的重黎，即尧舜时代的天文历法官"羲和"，目的是由天文历法官"世掌天地四时之官，使人神不扰，各得其序"。按《史记·历书》："少暤氏之衰也，九黎乱德，民神杂扰。颛顼受之，乃命南正重司天以属神，命火正黎司地以属民，无相侵渎。尧复遂重黎之后，而立羲和之官，明时正度。年耆禅舜，申戒文祖云：'天之历数在尔躬。'舜亦以命禹。由是观之，王者所重也。"这样一来，重、黎绝地天通之前的"夫人作享，家为巫史"民神任意沟通的混乱状态被终结，由是，徐旭生认为："从帝颛顼看来，崇高神圣的事业，只能由他和南正重参加，或者更可以说，只能由他和重参加，就是黎也无权干预，参加其他职位的人更不必说。他们因为无权参与神圣的事业，所以不能以神圣图腾所属的名字为名字。"事实上，蔡沈注《尚书·吕刑》时曾说："当三苗昏虐，民之得罪者莫知其端，无所控诉，相与听于神，祭非其鬼，天地人神之典杂揉渎乱，此妖诞之所以兴，人心之所以不正也。"在他看来，"绝地天通"的结果是"天子然后祭天地，诸侯然后祭山川；高卑上下，各有分限"。也就是说，"绝地天通"实际是一次权力统一运动，按《说文·上部》："帝，谛也，王天下之号也。"《礼·大传》："不王不谛。"《礼记·曲礼下》："措之庙，立之主，曰帝。"《大戴礼记·诰志》："天子崩，步于四川，代于四山，卒葬曰帝。""绝地天通"按吴韦昭注《国语·楚语》云："绝地民与天神相通之道。" 重司天、黎司地，地天相隔、人神异界，故而张光直指出："通天的巫术，成为统治者的专利，也就是统治者施行统治的工具。'天'是智识的源泉，因此通天的人是先知先觉的，拥有统治人间的智慧与权利。《墨子·耕柱》：'巫马子谓子墨子曰：鬼神孰与圣人明智？子墨子曰：鬼神之明智于圣人，犹聪耳明目之与聋瞽也。'因此，虽人圣而王者，亦不得不受鬼神指导行事。……占有通达祖神意旨手段的便有统治的资格。统治阶级也可以叫作通天阶级，包括有通天本事的巫觋与拥有巫觋亦即拥有通天手段的王帝。事实上，王本身即常是巫。"

大荒北经

　　《大荒北经》共涉及山峦29座，另有禺谷；涉及水流5条，另有东北海、北海、西北海和封渊；涉及植物4种；涉及动物24种；涉及矿物3种；涉及国家16个；涉及异人34个。

　　本章记载的战事最多，水乃生命之源，三个战事均牵涉水的争夺。其中，夸父追日应是由部落间争夺水源一事演化而来，故"将饮河而不足也，将走大泽，未至，死于此。应龙……乃去南方处之，故南方多雨"；相柳被杀最为残酷，似乎也与水源有关，"血腥臭，不可生谷；其地多水，不可居也。禹湮之，三仞三沮，乃以为池，群帝因是以为台。在昆仑之北"。其中，"群帝因是以为台。在昆仑之北"，说明帝台乃祭台。

　　《山海经》中纪事最详细、篇幅最长的是黄帝和蚩尤之战，"有系昆之山者，有共工之台，射者不敢北射。有人衣青衣，名曰黄帝女魃。蚩尤作兵伐黄帝，黄帝乃令应龙攻之冀州之野。应龙畜水。蚩尤请风伯雨师，纵大风雨。黄帝乃下天女曰魃，雨止，遂杀蚩尤。魃不得复上，所居不雨。叔均言之帝，后置之赤水之北。叔均乃为田祖。魃时亡之，所欲逐之者，令曰：'神北行！'先除水道，决通沟渎。"这段故事虽简约，但波澜壮阔，犹如史诗，共出现七个主角，前半部分讲战争，后半部分讲祭祀。前后都关乎水，这么看来，水与华夏民族的文化性格密切相关，不是妄语。

　　"黄帝生苗龙，苗龙生融吾，融吾生弄明，弄明生白犬，白犬有牝牡，是为犬戎，肉食"，表明犬戎乃黄帝后裔，"肉食"者，游牧民也。

　　三大时空之树的若木，在本章。

东北海之外，大荒之中，河水之间，附禺之山^①，帝颛顼与九嫔葬焉。爰有鸱久、文贝、离俞、鸾鸟、皇鸟、大物、小物^②。有青鸟、琅鸟、玄鸟、黄鸟、虎、豹、熊、罴、黄蛇、视肉、璇瑰^③、瑶碧，皆出卫于山。丘方员三百里，丘南帝俊竹林在焉，大可为舟。竹南有赤泽水，名曰封^④渊。有三桑无枝。丘西有沈渊，颛顼所浴。

有胡不与之国，烈姓，黍食。

大荒之中，有山名曰不咸，有肃慎氏之国。蜚蛭^⑤，四翼。有虫，兽身蛇身，名曰琴虫。

有人名曰大人。有大人之国，釐^⑥姓，黍食。有大青蛇，黄头，食麈。

有榆山。有鲧攻程州之山。

大荒之中，有山名曰衡天。有先民之山。有槃木^⑦千里。

有叔歜国^⑧，颛顼之子，黍食，使四鸟：虎、豹、熊、罴。有黑虫如熊状，名曰猎猎。

有北齐之国，姜姓，使虎、豹、熊、罴。

大荒之中，有山名曰先槛大逢之山，河济所入，海北注焉。其西有山，名曰禹所积石。

有阳山者。有顺山者，顺水出焉。有始州之国，有丹山。

有大泽方千里，群鸟所解。

有毛民之国，依姓，食黍，使四鸟。禹生均国，均国生役采，役采生修鞈^⑨，修鞈杀绰人。帝念之，潜为之国，是此毛民。

有儋耳之国^⑩，任姓，禹号子，食谷。北海之渚中，有神，人面鸟身，珥两青蛇，践两赤蛇，名曰禺强。

大荒之中，有山名曰北极天柜，海水北注焉。

有神，九首人面鸟身，名曰九凤。又有神衔蛇操蛇，其状虎首人身，四蹄长肘，名曰强良。

大荒之中，有山名曰成都载天。有人珥两黄蛇，把两黄蛇，名曰夸父。后土^⑪生信，信生夸父。夸父不量力，欲追日景，逮^⑫之于禺谷。将饮河而不足也，将走大泽，未至，死于此。应龙已杀蚩尤，又杀夸父^⑬，乃去南方处之，故南方多雨。

又有无肠国，是任姓。无继子^⑭，食鱼。

【注】

①附禺之山：即《海外北经》的务禺山、《海内东经》的鲋鱼山。
②大物、小物：陪葬品，王崇庆："大物小物，皆殉葬之具也。"③
璿瑰（xuán guī）：美玉，据《海内经》："三水出焉，爰有黄金璿瑰。"④封：
高、大。⑤蜚蛭（fēi zhì）：一种会飞的虫子。蜚，通"飞"。⑥釐（xī）：
同"僖"，《史记·孔子世家》："仲尼曰：'汪罔氏之君守封禺之山。
为釐姓。'"⑦槃木：枝干盘曲的树。槃，同"盘"。⑧叔歜（chù）
国：国名，不详。⑨修鞈（jiá）：人名。⑩儋（dān）耳之国：国名，
不详。儋，耳下垂，同"瞻"。⑪后土：共工的儿子句龙。⑫逮（dài）：
到，及。《公羊传·成公二年》："逮于袁娄而与之盟。"⑬又杀夸
父：本段先说夸父渴死，又说被杀，矛盾。⑭无继子：即《海外北经》
的无繁国。

【引】

⑪《左传·昭公二十九年》"颛顼氏有子曰犁，为祝融；共工氏有
子曰句龙，为后土，此其二祀也。后土为社；稷，田正也。"《国语·鲁
语上》："昔烈山氏之有天下也……共工氏之霸九州也，其子四后土，
能平九土，故祀以为社……"此外，后土也指大地，《楚辞·九辩》：
"皇天淫溢而秋霖兮，后土何时而得漉？"又指社坛，《礼记·檀弓上》
曰："君举而哭于后土。"郑玄注："后土，社也。"

【译】

东北海以外，大荒之中，黄河流经之地，有一座山叫附禺山，颛顼
和九个妃子葬在这里。此处有鸱久、花斑贝、离朱、鸾鸟、皇鸟、大物、
小物，还有青鸟、琅鸟、玄鸟、黄鸟、老虎、豹子、熊、罴、黄蛇、视
肉、璿瑰、瑶类碧类美玉，都出产在这座山上。卫丘方圆三百里，南面
是帝俊竹林，竹子粗大，可伐了做船。竹林南面有个红湖，名叫封渊。
附近有三棵桑树，不生枝条。卫丘西有沈渊，是颛顼洗澡之处。

有一个国家叫胡不与国，国人姓烈，以黍米为食。

大荒中，有一座山叫不咸山。有一个国家叫肃慎氏国。有一只会飞

的蛭，四条翅膀。有一种蛇，兽头，蛇身，名叫琴虫。

有一个人叫大人。有一个国家叫大人国，国人姓釐，以黍米为食。有一条大青蛇，黄头，能吃鹿。

有一座山叫榆山。有一座山叫鲧攻程州山。

大荒中，有一座山叫衡天山。有一座山叫先民山。有一棵大树，枝叶交错盘旋，占地千里。

有一个国家叫叔歜国，国人系颛顼后代，以黍米为食，能御使虎、豹、熊和罴四种野兽。有一种熊状黑蛇，名叫猎猎。

有一个国家叫北齐国，国人姓姜，能御使虎、豹、熊和罴。

大荒中，有一座山叫先槛大逢山，黄河和济水在这里注入大荒，海水自北而来灌入大荒。先槛大逢山的西面有一座山叫禹所积石山。

有一座山叫阳山。有一座山叫顺山，顺水自此发源。有一个国家叫始州国，国中有一座山叫丹山。

有一个方圆千里的大泽，是禽鸟换羽之处。

有一个国家叫毛民国，国人姓依，以黍米为食，能御使四种野兽。大禹生均国，均国生役采，役采生修鞈，修鞈杀绰人。大禹怜悯绰人被杀，就暗自帮助绰人后代建国，这就是毛民国。

有一个国家叫儋耳国，国人姓任，是禺号的后代建立的，以谷米为食。北海岛屿上，有一个神，人面，鸟身，耳挂两青蛇，脚踩两红蛇，名叫禺强。

大荒中，有一座山叫北极天柜山，海水自北而来注入山口。

有一个神，九头，人面，鸟身，名叫九凤。还有一个神，嘴衔蛇，手握蛇，虎头，人身，四蹄，长臂，名叫强良。

大荒中，有一座山叫成都载天山。有一个人耳挂两黄蛇，手握两黄蛇，名叫夸父。后土生信，信生夸父。夸父不考虑个人体力，想追赶太阳，追到禺谷。干渴难耐，想要喝黄河水，结果不够，又准备去喝大泽的水，还没有到，就渴死在这里了。应龙杀死蚩尤，又杀死夸父，耗尽神力，无法上天，就住在南方，故而南方雨多。

还有一个国家叫无肠国，国人姓任。无肠国是无继国的后代建立的，以鱼类为食。

共工臣名曰相繇[1]，九首蛇身，自环，食于九土。其所歍所尼[2]，即为源泽，不辛乃苦，百兽莫能处。禹湮[3]洪水，杀相繇，其血腥臭，不可生谷；其地多水，不可居也。禹湮之，三仞三沮，乃以为池，群帝因是以为台。在昆仑之北。

有岳之山，寻竹生焉。

大荒之中，有山名曰不句，海水入焉。

有系昆之山者，有共工之台，射者不敢北射。有人衣[4]青衣，名曰黄帝女妭[5]。蚩尤作兵[6]伐黄帝，黄帝乃令应龙攻之冀州之野。应龙畜水。蚩尤请风伯雨师[7]，纵大风雨。黄帝乃下天女曰妭，雨止，遂杀蚩尤。妭不得复上，所居不雨。叔均言之帝，后置之赤水之北。叔均乃为田祖[8]。妭时亡之，所欲逐之者，令曰："神北行[9]！"先除水道，决通沟渎[10]。

有人方食鱼，名曰深目民之国，盼姓，食鱼。

有钟山者。有女子衣青衣，名曰赤水女子妭[11]。

大荒之中。有山名曰融父山，顺水入焉。有人名曰犬戎。黄帝生苗龙，苗龙生融吾，融吾生弄明，弄明生白犬，白犬有牝牡，是为犬戎，肉食。有赤兽，马状无首，名曰戎宣王尸[12]。

有山名曰齐州之山、君山、鹴山[13]、鲜野山、鱼山。

有人一目，当面中生。一曰是威姓，少昊之子，食黍。

有继无民，继无民任姓，无骨[14]子，食气[15]、鱼。

西北海外，流沙之东，有国曰中𰍙[16]，颛顼之子。

有国名曰赖丘。有犬戎国。有神，人面兽身，名曰犬戎。

西北海外，黑水之北，有人有翼，名曰苗民。颛顼生驩头，驩头生苗民，苗民厘姓，食肉。有山名曰章山。

大荒之中，有衡石山、九阴山、洞野之山，上有赤树，青叶赤华，名曰若木。

有牛黎之国。有人无骨，儋耳之子。

西北海之外，赤水之北，有章尾山。有神，人面蛇身而赤，直目正乘[17]，其瞑乃晦，其视乃明，不食不寝不息，风雨是谒[18]，是烛九阴[19]，是烛龙。

【注】

①相繇：即《海外北经》的相柳。②所歕所尼：歕，呕吐。尼，阻止。③湮：堵塞。④衣：穿。⑤妭（bá）：即魃，传说中的旱神，郝懿行疏："《玉篇》引《文字指归》曰：'女妭，秃无发，所居之处，天不雨也，同魃。'"《后汉书·张衡传》："夫女妭北而应龙翔，洪鼎声而军容息。"李贤注："女妭，旱神也。"⑥作兵：起兵。⑦风伯雨师：风神和雨神。⑧田祖：土地之神，《周礼·春官》："凡国祈年于田祖。"《诗经·小雅·甫田》："琴瑟击鼓，以御田祖。"⑨北行：回到赤水以北。郝懿行疏："北行者，令归赤水之北也。"⑩沟渎（dú）：沟渠、水道，《论语·宪问》："微管仲，吾其被发左衽矣。岂若匹夫匹妇之为谅也，自经于沟渎而莫之知也。"渎，水沟，《周礼·雍氏》："掌沟渎浍池之禁。"亦指大川，《易·蒙》："再三渎，渎则不告。"⑪赤水女子妭：即被安置在赤水北的女妭。⑫戎宣王尸：犬戎人奉祀的神。⑬翳（zèng）山：山名，不详。⑭无骨：国族名。⑮气：空气。⑯中𰞉(biǎn)：国名，不详。⑰乘：未详。又，毕沅："乘恐朕字假音，俗作睽也。"袁珂："朕义本训舟缝，引申之，他物交缝处，皆得曰朕。此言烛龙之目合缝处直也。"⑱谒：吞咽，同"噎"，毕沅："谒，噎字假音。"袁珂："毕说是也，言以风雨为食也。"⑲九阴：阴暗之地。《〈道德经〉序》（葛玄）："祸灭九阴，福生十方。"

【引】

③《庄子·天下》："墨子称道曰：'昔禹之湮洪水，决江河而通四夷九州也，名山三百，支川三千，小者无数。禹亲自操橐耜而九杂天下之川。腓无胈，胫无毛，沐甚雨，栉疾风，置万国。禹大圣也，而形劳天下也如此。'"⑮《大戴礼记·易本命》："食肉者勇敢而悍，食谷者智慧而巧，食气者神明而寿，不食者不死而神。"《庄子·逍遥游》："藐姑射之山，有神人居焉。肌肤若冰雪，绰约若处子，不食五谷，吸风饮露，乘云气，御飞龙，而游乎四海之外。"

【译】

共工有一个叫相繇的大臣，九头，蛇身，盘曲一团，霸占九座山，掠夺食物。相繇喷吐和停驻的地方，都化为大沼泽，所生之物非辣即苦，百兽无法在此居住。大禹堵塞洪水，杀死相繇，相繇血液腥臭难闻，谷物不生；加之水涝成灾，无法居住。大禹多次填塞，多次塌陷，于是就挖了一个大池，诸帝用挖出来的土建造了几座高台。诸帝台位于昆仑山以北。

有一座山叫岳山，长了很多高大的竹子。

大荒中，有一座山叫不句山，海水自北而来注入山口。

有一座山叫系昆山，山上有一个共工台，射箭者不敢向北弯弓，因敬畏共工。有一个人穿着青衣，名叫黄帝女魃。蚩尤起兵攻打黄帝，黄帝派应龙到冀州原野讨伐蚩尤。应龙存了很多水，蚩尤请来风伯雨师，兴起大风大雨。黄帝派女魃助战，雨停了，蚩尤战死。而女魃耗尽神力，不能回天，所住之处没有雨水。叔均向黄帝汇报了此事，黄帝便把女魃安置在赤水以北。叔均随后做了土地之神。女魃因旱情不断经常逃亡，想驱逐她的人便祷告说：“神啊，回到北部去吧！”同时，清除水道，疏通沟渠，希望天降大雨。

有一群人正吃鱼，他们属于深目民国，国人姓盼，以鱼类为食。

有一座山叫钟山。有个青衣女子，叫赤水女子魃。

大荒中，有一座山叫融父山，顺水进入此山山口。有一个人叫犬戎。黄帝生苗龙，苗龙生融吾，融吾生弄明，弄明生白犬，白犬一公一母，相互配偶，生犬戎族人，以肉类为食。有一种红色怪兽，马状，无头，名叫戎宣王尸。

各有一座山叫齐州山、君山、鬵山、鲜野山、鱼山。

有一种人一只眼，长在脸中间。一种说法称他们姓威，是少昊的后代，以黍米为食。

有一种人叫继无民，继无民姓任，是无骨民的后代，以空气和鱼类为食。

西北海以外，流沙东面，有一个国家叫中輶国，国人是颛顼后代，以黍米为食。

有一个国家叫赖丘国。有一个国家叫犬戎国，国中有一个神，人面，兽身，名叫犬戎。

西北海以外，黑水北岸，有一个人长翅，叫苗民。颛顼生驩头，驩头生苗民，苗民姓厘，以肉类为食。有一座山叫章山。

大荒中，各有一座山叫衡石山、九阴山、洞野山。洞野山上有一种红树，青叶，红花，名叫若木。

有一个国家叫牛黎国，国人无骨，是儋耳国人后代。

西北海以外，赤水北岸，有一座山叫章尾山。有一个神，人面，蛇身，全身通红，身长千里，眼睛竖生，眼眯着像一条缝，他闭眼是黑夜，睁眼是白天，不吃不睡，也不呼吸，以风雨为食。因为他能照亮九阴，故称烛龙。

【解】

《山海经》保留了大量关于氏族战争的资料，尽管混杂很多神话传说因素，但一个最为显著的特点是，对这些战争或主角的描述不隐恶、不扬善，没有以正义与非的德性因素进行区分评价，而是表现出一种超然的以"事实"为依据的世界观。

中国古代最著名的氏族战争发生在黄帝和炎帝、黄帝和蚩尤之间，这一战争因涉及华夏族的形成，故而被大书特书。事实上，按照史书的记载，黄帝和炎帝之间的战争是氏族内部的统一之战。据《国语·晋语》："昔少典娶于有蟜氏，生黄帝、炎帝。黄帝以姬水成，炎帝以姜水成。成而异德，故黄帝为姬，炎帝为姜。二帝用师以相济也，异德之故也。"按照这个记载，黄帝和炎帝一奶同胞，因异德而生隙，最后走上了战争的不归路，这里不妨推论，所谓异德，无非是权力之争，即派系不同或利益冲突。但据《史记》描述，黄帝、炎帝出于一系，《五帝本纪》云："轩辕之时，神农氏世衰。诸侯相侵伐，暴虐百姓，而神农氏弗能征。于是轩辕乃习用干戈，以征不享，诸侯咸来宾从。而蚩尤最为暴，莫能伐。炎帝欲侵陵诸侯，诸侯咸归轩辕。轩辕乃修德振兵，治五气，蓺五种，抚万民，度四方，教熊罴貔貅䝙虎，以与炎帝战于阪泉之野。三战，然后得其志。"这一记录显示，经过阪泉之战，黄帝确立了华夏部落联盟首领地位。《山海经》并没有记录炎黄之争，而是侧重于描述黄帝和蚩尤这个苗蛮集团首领之间的战争。据《大荒北经》："蚩尤作兵伐黄帝，黄帝乃令应龙攻之冀州之野。应龙畜水。蚩尤请风伯雨师，纵大风雨。黄帝乃下天女曰妭，雨止，遂杀蚩尤。"而据张守节撰《史记正义》引《龙鱼图》云："黄帝摄政，有蚩尤兄弟八十一人，并兽身人语，铜头铁额，食沙石子，造立兵仗刀戟大弩，威振天下，诛杀无道，不慈仁。万民欲令黄帝行天子事。黄帝以仁义不能禁止蚩尤，乃仰天而叹。天遣玄女下授黄帝兵信神符，制伏蚩尤。帝因使之主兵，以制八方。蚩尤没后，天下复扰乱。黄帝遂画蚩尤形象以威天下。天下咸谓蚩尤不死，八方万邦皆为弭服。"按照《五帝本纪》："蚩尤作乱，不用帝命。于是黄帝乃征师诸侯，与蚩尤战于涿鹿之野，遂禽杀蚩尤。而诸侯咸尊轩辕为天子，代神农氏，是为黄帝。"和《山海经》的记载比较，《史记》少了神话描述，但其血腥和激烈程度是难以湮没的，而且还将蚩尤政治化、脸谱化，将两者之间的战争定性为正义和邪恶之争，这显然是附加的政治正确的产物。炎、黄融合，后黄帝在涿鹿之战中击败蚩尤，才正式称黄帝，中国自此进入华夏时代。也就是说，黄帝战蚩尤是华夏史上极其重要的事件，经此一战，中原一之，遂为华夏正统。不过，炎黄之争虽然以黄帝胜利终结，但内部似乎并不团结，按《海内经》："炎帝之妻，赤水之子听訞生炎居，炎居生节并，节并生戏器，戏器生祝融。祝融降处于江水，生共工。共工生术器，术器首方颠，是复土穰，以处江水。共工生后土，后土生噎鸣，噎鸣生岁十有二 。"祝融、共工父子是炎帝后人，并不服从统辖，据《海外北经》："共工之臣曰相柳氏，九首，以食于九山。相柳之所抵，厥为泽溪。禹杀相柳，其血腥，不可以树五谷种。禹厥之，三仞三沮，乃以为众帝之台。在昆仑之北，柔利之东。相柳者，九首人面，蛇身面青。"这似乎意味着，相柳不应禹命实在乃共工和禹之间的矛盾导致。

《山海经》对鲧的记载，也是氏族战争的一个侧面反映。按照《史记·夏本纪》："夏禹，名曰文命。禹之父曰鲧，鲧之父曰颛顼，颛顼之父曰昌意，昌意之父曰黄帝。禹者，黄帝之玄孙而帝颛顼之孙也。"因生大水，皆莫能治，据《尚书·尧典》："帝曰：'咨！四岳，汤汤洪水方割，荡荡怀山襄陵，浩浩滔天。下民其咨，有能俾乂？'佥曰：'於！鲧哉。'帝曰：'吁！咈哉，方命圮族。'岳曰：'异哉！试可，乃已。'帝曰：'往，钦哉！'九载，绩用弗成。"在典籍的记载中，鲧是大禹的父亲，有崇部落的首领，和子禹一样，都是治水之能者，如《国语·吴语》："今王既变鲧禹之功，而高高下下，以罢民于姑苏。"《韩非子·五蠹》："中古之世，天下大水，而鲧禹决渎。……今有构木钻燧于夏后氏之世者，必为鲧禹所笑。"《淮南子·务修训》："听其自流，待其自生，则鲧禹之功不立，而后稷之智不用。"但按照《山海经·海内经》："洪水滔天。鲧窃帝之息壤以堙洪水，不待帝命。帝命祝融杀鲧于羽郊。鲧复生禹。帝乃命禹卒布土以定九州。""鲧窃帝之息壤"系神话传说，不足为凭，但其"不待帝命"，"帝命祝融杀鲧于羽郊"却是不争的事实。这里，必须辩白清楚一个事实，鲧是因偷盗帝之息壤而被杀，并非因治水失败，也就是说，鲧类似盗火而救黎民的百姓，他的死或因为忤逆了帝命，或因功绩过大引起执政首领的惊惧——鲧本身即是部落首领，据《海内经》："黄帝生骆明，骆明生白马，白马是为鲧。"否则，鲧"以堙洪水"之法，和《大荒北经》"禹湮洪水，杀相繇，其血腥臭，不可生谷；其地多水，不可居也。禹湮之，三仞三沮，乃以为池，群帝因是以为台"之法，并无二致，为何鲧被杀，而禹反而功成？显然，《山海经》并未隐瞒鲧被杀的真相，虽没给出道德评价，但在某种意义上对这个被杀的部落首领给出了精神性肯定，一方面，鲧和禹"是始布土，均定九州"之功没有磨灭，另一方面"鲧复生禹"，肉体灭，而血缘和精神不死，着实被塑造成了一个感人至深的英雄人物，故而屈原在《离骚》中说："鲧婞直以亡身兮，终然夭乎羽之野。"

海内经

　　《海内经》共涉及山峦16座，另有苍梧丘、陶唐丘、叔得丘、孟盈丘、昆吾丘、黑白丘、赤望丘、参卫丘、武夫丘、神民丘和都广野；涉及水流8条，另有东海、北海、西海、南海和苍梧渊；涉及植物8种；涉及动物25种；涉及矿物5种；涉及国家14个；涉及异人53个，是《山海经》中涉及异人最多的篇什。

　　本章最值得留意的是大禹治水的传说："鲧窃帝之息壤以堙洪水，不待帝命。帝命祝融杀鲧于羽郊。鲧复生禹。帝乃命禹卒布土以定九州。"按这段记述，鲧死非是因为治水方法不当，而是因为"不待帝命"，至于"窃帝之息壤以堙洪水"，只是传说／托词，这里极有可能暗含着权力之争，"黄帝生骆明，骆明生白马，白马是为鲧"，鲧也是一个有高贵血统的部落首领。不过，鲧生禹，禹"布土以定九州"，意味着完成了其父未酬之志，这也是生命的力量——《山海经》中多有借体而生的传说，无非表明生死一体，生生不息。

　　后稷葬身之地，如同世外桃源，"爰有膏菽、膏稻、膏黍、膏稷，百谷自生，冬夏播琴。鸾鸟自歌，凤鸟自儛，灵寿实华，草木所聚。爰有百兽，相群爰处。此草也，冬夏不死"，农业／粮食给人的希望，即是小康、大同之世。《周礼·天官·大宰》云："以九职任万民：一曰三农，生百谷。""三农"者，民之食／命也。

　　《山海经》最饶有趣味的记载是炎帝之孙伯陵和吴权之妻阿女偷情，"是生鼓、延、殳。始为侯，鼓、延是始为钟，为乐风"，偷情能生"和""乐"，实在有违后世之"礼"——似乎先民并不以之为大逆不道事，可视为反讽。

　　肇山和日月山一样，亦为天枢／天门，"上下于此，至于天"。

东海之内，北海之隅，有国名曰朝鲜[①]；天毒[②]，其人水居，偎[③]人爱之。

西海之内，流沙之中，有国名曰壑市。

西海之内，流沙之西，有国名曰泛叶。

流沙之西，有鸟山者，三水出焉。爰有黄金、璇瑰、丹货[④]、银铁，皆流[⑤]于此中。又有淮山，好水出焉。

流沙之东，黑水之西，有朝云之国、司彘之国。黄帝妻雷祖[⑥]，生昌意。昌意降处若水，生韩流。韩流擢[⑦]首、谨[⑧]耳、人面、豕喙、麟身、渠股[⑨]、豚止[⑩]，取[⑪]淖子[⑫]曰阿女，生帝颛顼。

流沙之东，黑水之间，有山名曰不死之山。

华山青水之东，有山名曰肇山。有人名曰柏高[⑬]，柏高上下于此，至于天。

西南黑水之间，有都广之野，后稷葬焉。爰有膏菽、膏稻、膏黍、膏稷[⑭]，百谷自生，冬夏播琴[⑮]。鸾鸟自歌，凤鸟自儛，灵寿[⑯]实华，草木所聚。爰有百兽，相群爰处。此草也，冬夏不死。

南海之外，黑水青水之间，有木名曰若木，若水出焉。

有禹中之国。有列襄之国。有灵山，有赤蛇在木上，名曰蝡蛇[⑰]，木食。

有盐长之国。有人焉鸟首，名曰鸟氏。

有九丘，以水络之：名曰陶唐之丘、有叔得之丘、孟盈之丘、昆吾之丘、黑白之丘、赤望之丘、参卫之丘、武夫之丘、神民之丘。有木，青叶紫茎，玄华黄实，百仞无枝，名曰建木，上有九欘[⑱]，下有九枸[⑲]，其实如麻，其叶如芒。大皥[⑳]爰过，黄帝所为。

有窫窳，龙首，是食人。有青兽，人面，名是曰猩猩。

西南有巴国。大皥生咸鸟，咸鸟生乘厘，乘厘生后照，后照是始为巴人。

有国名曰流黄辛氏，其域中方三百里，其出是尘。有巴遂山，渑水出焉。

又有朱卷之国。有黑蛇，青首，食象。

【注】

①朝鲜：即其时朝鲜半岛上的国家。②天毒：未详。或曰天竺，即印度，但位置不合。③偎（wēi）：靠着，《列子·黄帝》：“不偎不爱。”④丹货：未详。⑤流：流通，扩散，《孟子·公孙丑上》：“其故家贵俗，流风善政，犹有存者。”⑥雷祖：即嫘祖，传说她是养蚕缫丝的创造者，被祀为“先蚕”。⑦擢（zhuó）：拔，引申为条状。⑧谨：未详，本义为慎小，或引申为机警。⑨渠股：趼脚，即罗圈腿。⑩止：通“趾”。⑪取：通“娶”。⑫淖子：国族名。郝懿行疏：“《大戴礼·帝系》篇云：‘昌意娶于蜀山氏之子，谓之昌仆氏，产颛頊。’蜀，古字通浊，又通淖，是淖子即蜀山子也。曰阿女者，《初学记》九卷引《帝王世纪》云‘颛顼母曰景仆，蜀山氏女，谓之女枢’是也。”⑬柏高：一个传说中的仙人，郭璞：“柏子高，仙者也。”⑭膏菽（shū）、膏稻、膏黍（shǔ）、膏稷（jì）：膏，甘美；菽，豆的总称；黍，一种叫黍子的草本植物，果实可食用；稷，一种粮食作物，指粟或黍属。⑮播琴：播种，毕沅：“播琴，播种也。水经注（汝水）云：‘楚人谓冢为琴。’冢、种声相近也。”⑯灵寿：即椐树。⑰蝡（rú）蛇：蛇名。蝡，同“蠕”，《汉书·匈奴传》：“元元万民，下及鱼鳖，上及飞鸟，跂行喙息蝡动之类，莫不就安利，避危殆。”⑱欘（zhú）：树木弯曲之处。⑲枸：树木弯曲之处，此处指根部，通“钩”。《荀子·性恶》篇：“故枸木必将待檃栝烝矫然后直。”杨倞注：“枸，读为钩，曲也。”⑳大皞（tài hào）：亦作大皞，即伏羲氏，传说中的上古帝王。

【引】

⑥据《史记·五帝本纪》：“黄帝居轩辕之丘，而娶于西陵之女，是为嫘祖。嫘祖为黄帝正妃，生两子，其后皆有天下。其一曰玄嚣，是为青阳，青阳降居江水。其二曰昌意，降居若水。”

【译】

东海以内，北海角，有一个国家叫朝鲜国。还有一个国家叫天毒国，国人依水定居，习惯和人相依偎，并怜爱人。

西海以内，流沙中，有一个国家叫蟊市国。

西海以内，流沙西边，有一个国家叫氾叶国。

流沙西边，有一座山叫鸟山，三条河流自此发源，这里盛产黄金、璿瑰、丹货、白银和铁。有一座山叫淮山，好水自此发源。

流沙东边，黑水西，分别有一个国家叫朝云国、司彘国。黄帝之妻雷祖生昌意。昌意被贬到若水后生韩流。韩流长头，小耳，人面，猪嘴，麒麟身，罗圈腿，猪蹄，娶淖子族人阿女为妻，生颛顼。

流沙东边，黑水流经之处，有一座山叫不死山。

华山和青水东边，有一座山叫肇山，有一个叫柏子高的人，在此上上下下，直达天上。

西南黑水流经之处，有一处都广野，后稷葬在这里，此处产颗粒饱满的菽、稻、黍、稷，这里的作物自然生长，冬夏均可播种。而且，这里鸾鸟唱歌，凤鸟跳舞，椐树按时开花结果，草木繁密茂盛；这里各种禽兽群居杂处；这里花草冬夏不死。

南海以外，黑水青水流经之处，有一种树叫若木，若水自此发源。

有一个国家叫禺中国。有一个国家叫列襄国，国内有一座山叫灵山，灵山有棵树上盘着一种红蛇，名叫蝡蛇，以树木为食。

有一个国家叫盐长国，国人鸟头，称作鸟民。

有陶唐丘、叔得丘、孟盈丘、昆吾丘、黑白丘、赤望丘、参卫丘、武夫丘、神民丘九座山丘，都在一片汪洋之中。有一棵树，青叶，紫茎，黑花，黄果，名叫建木，树干高百仞，不生枝条，树顶有九根弯枝，树底有九条曲根，果实如麻子，叶如芒树叶。大皞曾经借助建木登天——建木是黄帝栽培的。

有一种窫窳兽，龙头，吃人。有一种青色野兽，人面，叫猩猩。

西南有一个国家叫巴国。大皞生咸鸟，咸鸟生乘厘，乘厘生后照，后照是巴国的始祖。

有一个国家叫流黄辛氏国，方圆三百里，产驼鹿。还有一座山叫巴遂山，渑水自此发源。

还有一个国家叫朱卷国，该国有一种黑色巨蛇，青头，可吞象。

南方有赣巨人①，人面长臂，黑身有毛，反踵，见人笑亦笑，唇蔽其面，因即逃也。

又有黑人，虎首鸟足，两手持蛇，方啖②之。

有嬴民③，鸟足。有封豕。

有人曰苗民。有神焉，人首蛇身，长如辕④，左右有首，衣紫衣，冠旃⑤冠，名曰延维，人主得而飨食之，伯⑥天下。

有鸾鸟自歌，凤鸟自舞。凤鸟首文曰德，翼文曰顺，膺文曰仁，背文曰义，见则天下和。

又有青兽如菟，名曰崮狗。有翠鸟⑦。有孔鸟⑧。

南海之内，有衡山，有菌山，有桂山。有山名三天子之都。

南方苍梧之丘，苍梧之渊，其中有九嶷山⑨，舜之所葬，在长沙零陵界中。

北海之内，有蛇山者，蛇水出焉，东入于海。有五采之鸟，飞蔽一乡，名曰翳鸟⑩。又有不距之山，巧倕⑪葬其西。

北海之内，有反缚盗械、带戈常倍之佐⑫，名曰相顾之尸⑬。

伯夷父⑭生西岳，西岳生先龙，先龙是始生氐羌，氐羌乞姓。

北海之内，有山，名曰幽都之山，黑水出焉。其上有玄鸟、玄蛇、玄狐蓬⑮尾。有大玄之山。有玄丘之民。有大幽之国。有赤胫之民。

有钉灵之国，其民从厀以下有毛，马蹄善走⑯。

炎帝之孙伯陵，伯陵同⑰吴权之妻阿女缘妇，缘妇孕三年，是生鼓、延、殳⑱。始为侯，鼓、延是始为钟⑲，为乐风。

黄帝生骆明，骆明生白马，白马是为鲧⑳。

帝俊㉑生禹号，禹号生淫梁㉒，淫梁生番禺，是始为舟。番禺生奚仲，奚仲生吉光，吉光是始以木为车。

少皞㉓生般，般是始为弓矢。

帝俊赐羿彤弓、素矰㉔，以扶下国，羿是始去恤下地㉕之百艰。

帝俊生晏龙㉖，晏龙是始为琴瑟。

帝俊有子八人，是始为歌舞。

帝俊生三身，三身生义均㉗，义均是始为巧倕，是始作下民㉘百巧。

后稷是播百谷。稷之孙日叔均^㉙，是始作牛耕。大比赤阴^㉚，是始为国。禹、鲧是始布土^㉛，均^㉜定九州。

炎帝之妻，赤水之子听訞^㉝生炎居，炎居生节并，节并生戏器，戏器生祝融。祝融降处于江水，生共工。共工生术器，术器首方颠^㉞，是复土穰，以处江水。共工生后土，后土生噎鸣，噎鸣生岁十有二^㉟。

洪水滔^㊱天。鲧窃帝之息壤^㊲以堙洪水，不待帝命。帝命祝融杀鲧于羽郊。鲧复^㊳生禹。帝乃命禹卒布土以定九州。

【注】

① 赣（gǎn）巨人：一种传说中的怪兽。② 啖（dàn）：吃。③ 赢（yíng）民：部落名，或即《大荒东经》中的摇民。④ 辕：即车辕，车前驾牲畜的两根直木。⑤ 旃（zhān）：一种赤色曲柄的旗子，本处指旗状帽子。⑥ 伯：称霸，同"霸"，《荀子·儒效》："故人主用俗人则万乘之国亡，用俗儒则万乘之国存，用雅儒则千乘之国安，用大儒则百里之地久。而后三年，天下为一，诸侯为臣，用万乘之国则举错而定，一朝而伯。"⑦ 翠鸟：即翡翠鸟，雄为翡，雌为翠。⑧ 孔鸟：即孔雀。⑨ 九嶷（yí）山：也称"苍梧山"，位于湖南宁远南，传舜葬于此。⑩ 翳（yì）鸟：一种传说中长着五彩羽毛的鸟。⑪ 巧倕（ruì）：传说尧时的巧匠，名倕。⑫ 常倍之佐：倍，背叛，通"背"。佐，僚属，《左传·襄公三十年》："晋未可媮也。有赵孟以为大夫，有伯瑕以为佐，有史赵、师旷而咨度焉。"⑬ 相顾之尸：即上文说的背叛的僚属。⑭ 伯夷父：颛顼的老师，《吕氏春秋·尊师》："帝颛顼师伯夷父。"⑮ 蓬：蓬松。⑯ 走：奔跑。⑰ 同：通奸，同"通"。⑱ 殳（shū）：人名。⑲ 钟：乐器。⑳ 鲧：即大禹的父亲。㉑ 帝俊：此处指黄帝。据《大荒东经》："黄帝生禺虢，禺虢生禺京。禺京处北海，禺虢处东海，是惟海神。"㉒ 淫梁：据《大荒东经》，其即禺京。㉓ 少暤：即少昊，传说中的上古帝王。㉔ 矰（zēng）：拴着丝绳的短箭，也指短箭。㉕ 下地：人间。㉖ 帝俊生晏龙：晏龙，帝俊子，据《大荒东经》："帝俊生晏龙，晏龙生司幽，司幽生思土，不妻；思女，不夫。食黍，食兽，是使四鸟。"㉗ 帝俊有子八人，是始为歌舞。帝俊生三身，三身生义均，又据《大荒南经》：

"大荒之中，有不庭之山，荣水穷焉。有人三身。帝俊妻娥皇，生此三身国，姚姓，黍食，使四鸟。" ㉘下民：苍生，百姓。㉙叔均：这里是后稷之孙，但据《大荒西经》乃后稷之侄："有西周之国，姬姓，食谷，有人方耕，名曰叔均。帝俊生后稷，稷降以百谷。稷之弟曰台玺，生叔均。" ㉚大比赤阴：不详。㉛布土：即规划疆土。布，安排。㉜均：调和，《诗经·小雅·皇皇者华》："我马维驹，六辔既均。"毛亨传："均，调也。" ㉝听訞（yāo）：人名。㉞颠：头顶，《说文·页部》："顶也。"《国语·齐语》："班序颠毛，以为民纪统。"韦昭注："颠，顶也。毛，发也。" ㉟生岁十有二：将一年划分为十二个月。生，产生。 ㊱滔：弥漫，充满，《说文·水部》："水漫漫大貌。" ㊲息壤：也叫息土，传说中能自己无限生长的土壤。郭璞注："息壤者，言土自长息无限，故可以塞洪水也。"又《淮南子·墬形训》："禹乃以息土填洪水，以为名山。"高诱注："息土不耗减，掘之益多，故以填洪水也。" ㊳复：重复，再次。此处，复生乃化生之意，绝非腹生即剖腹而出鲧，按《山海经》，复生是一个普遍能见的神话传说，直接点出复生的凡两见，又如《南山经》："又东三百里柢山。……有鱼焉，其状如牛，陵居，蛇尾有翼，其羽在鮴下，其音如留牛，其名曰鲮，冬死而复生。食之无肿疾。"此外，复生/化生者比比皆是，复生/化生为鸟类者：《北山经》炎帝少女女娃"溺而不返，故为精卫"。《西山经》的鼓和钦䲹杀葆江，"帝乃戮之钟山之东曰崤崖。钦䲹化为大鹗……鼓亦化为鵔鸟"；复生/化生为鱼类者：《大荒西经》"风道北来，天乃大水泉，蛇乃化为鱼，是为鱼妇。颛顼死即复苏"；复生/化生为植物者：《中山经》"帝女死焉，其名曰女尸，化为䔄草"，《海外北经》"夸父与日逐走，……道渴而死。弃其杖，化为邓林"，《大荒南经》"枫木，蚩尤所弃其桎梏，是为枫木"；和上述借体而生不同，刑天和夏耕以自体复生/化生，《海外西经》的刑天"与帝争神，帝断其首，葬之常羊之山，乃以乳为目，以脐为口，操干戚以舞"，《大荒西经》的夏耕因"故成汤伐夏桀于章山。克之，斩耕厥前。耕既立，无首，走厥咎，乃降于巫山"。而鲧则是以自体化生为子，即禹。事实上，典籍中对鲧的复生/化生记载比较混乱，《左传·昭公七年》："昔尧殛鲧于羽山，其神化为黄熊，以入于羽渊。"

《述异记》："尧使鲧治洪水，不胜其任，遂诛鲧于羽山，化为黄熊，入于羽泉。"《拾遗记·卷二》："尧命夏鲧治水，九载无绩，鲧自沉于羽渊，化为玄鱼。时扬须振鳞，横修波之上，见者谓之河精。"

【引】

⑨《史记·五帝本纪》："舜南巡崩于苍梧之野，葬于江南九嶷。"《水经·湘水注》：（营水）"西流径九嶷山下，蟠基苍梧之野，峰秀数郡之间。罗岩九举，各导一溪，岫壑负阻，异岭同势，游者疑焉，故曰九疑山。"⑪《淮南子·本经训》："故周鼎著倕，使衔其指，以明大巧之不可为也。"高诱注："倕，尧之巧工也。"㉖宋虞汝明《古琴疏》："晏龙者，帝俊之子也，有良琴六：一曰菌首，二曰义辅，三曰蓬明，四曰白民，五曰简开，六曰垂漆。"㊳通"腹"，郭璞注引《开筮》："鲧死三岁不腐，剖之以吴刀，化为黄龙也。"《全上古三代文》卷十五引《归藏·启筮》："鲧殛死，三岁不腐，副之以吴刀，是用出禹。"《楚辞·天问》："鸱龟曳衔，鲧何听焉？顺欲成功，帝何刑焉？永遏在羽山，夫何三年不施？伯禹腹鲧，夫何以变化？纂就前绪，遂成考功，何续初继业而厥谋不同？"但有些典籍否认了鲧生禹的说法，《上博楚简·子羔》："（禹母）观于伊而得之，娠三年而画于背而生，生而能言，是禹也。"《吴越春秋·越王无余外传》："禹父鲧者，帝颛顼之后。鲧娶于有莘氏之女，名曰女嬉。年壮未孳，嬉于砥山，得薏苡而吞之，意若为人所感，因而妊孕，剖肋而产高密（即禹）。家于羌家，曰石纽。石纽在蜀西川也。"《帝王世纪》："颛顼生鲧，尧封为崇伯，纳有莘氏女，曰志，是为修巳。山行，见流星贯昴，梦接意感，又吞神珠薏苡，胸坼而生禹于石纽。"

【译】

南方有一种赣巨人，人脸，长臂，黑身，长毛，脚板反向生长，见人就笑，笑起来大大的嘴唇遮住脸面，见到它的人才有机会逃走。

有一个黑人，虎头，鸟脚，一手拿着一条蛇，正在吃。

有一种赢民，鸟脚。有一种大野猪。

有一种人，叫苗民。有一个神，人头，蛇身，身躯如车辕长短，左右各长一头，穿紫衣，戴红帽，名叫延维，国君得到它，且加以奉养、祭祀，可称霸天下。

有一群鸾鸟唱歌，凤鸟跳舞。凤鸟头有"德"字纹，翅有"顺"字纹，胸有"仁"字纹，背有"义"字纹，一旦出现，天下太平。

有一种兔状青兽，叫蟨狗。有一种翡翠鸟。有一种孔雀鸟。

南海以内，分别有衡山、菌山、桂山。还有一座山叫三天子都山。

南方有一个苍梧丘，有一个苍梧潭，丘潭之间有一座山叫九嶷山，舜葬在此处，九嶷山位于长沙零陵辖区。

北海以内，有一座山叫蛇山，蛇水自此发源，向东入海。有一种五彩鸟，一旦成群结队地飞起来，能遮蔽一个乡邑，这种鸟名叫翳鸟。还有一座山叫不距山，巧倕葬在山的西侧。

北海以内，有个反绑戴枷、怀戈谋逆之人，名叫相顾尸。

伯夷父生西岳，西岳生先龙，先龙是氐羌始祖，氐羌人姓乞。

北海以内，有一座山叫幽都山，黑水自此发源。山上有黑鸟、黑蛇、黑豹、黑虎以及大尾巴黑狐。有一座山叫大玄山。有一种玄丘民。有一个国家叫大幽国。有一种赤胫民。

有一个国家叫钉灵国，国人膝下长满毛，长着马蹄，擅长奔跑。

炎帝之孙叫伯陵，伯陵与吴权之妻阿女缘妇通奸，阿女缘妇怀孕三年，生下鼓、延、殳三个儿子。殳发明箭靶，鼓、延发明钟并创制了乐曲。

黄帝生骆明，骆明生白马，白马即鲧。

黄帝生禺号，禺号生禺京，禺京生番禺，番禺发明船。番禺生奚仲，奚仲生吉光，吉光发明车。

少昊生般，般发明弓箭。

帝俊将红弓和白矰箭赏给羿，让他帮助下界各国，羿于是去救济世人苦难。

舜生晏龙，晏龙发明琴、瑟。

舜生八个儿子，他们都创作歌舞。

舜生三身，三身生义均，义均即巧倕，他发明世人需要的各种工艺。后稷播种作物。后稷之孙叫叔均，发明牛耕田之法。大比赤阴，开始建立国家。大禹和鲧规划疆土，均定九州。

炎帝之妻，即赤水氏的女儿听訞，听訞生炎居，炎居生节并，节并生戏器，戏器生祝融。祝融被贬到江水，生共工。共工生术器。术器头顶平且方，他恢复了祖父祝融以前所占土地，仍住在江水。共工生后土，后土生噎鸣，噎鸣生一年十二个月。

洪荒时代，大水滔天。鲧未经天帝许可，偷了他的息壤去堵塞洪水。天帝震怒，派祝融将鲧杀死在羽山郊野。大禹自鲧的尸体的肚子里出生。天帝于是命令大禹规划疆土，均定九州。

【解】

在《东方专制主义》一书中，魏特夫将"亚细亚生产方式"置换为"治水社会"，并进而推导出"东方专制主义"的结论，在他看来，由于"治水农业"社会的水利建设和管理工程巨大，需要高度集中组织和强势控制才能完成，导致"建立了庞大的社会和政治结构"，形成了东方专制主义。他说："政府管理的大型水利工程使农业的大规模供应机构归国家掌握。经营的建筑工程，使国家成为大规模工业中最全面部门的无可争辩的控制者。……国家居于在工作上进行领导和从组织上进行控制的至高无上的地位。"不论这种结论是否正确，自治水角度研究社会/历史生成，确实有另起炉灶之得，马克思即说："气候和土地条件，特别是从撒哈拉经过阿拉伯、波斯、印度和鞑靼区直至最高的亚洲高原的一片广大的沙漠地带，使利用渠道和水利工程的人工灌溉设施成了东方农业的基础。"他进而指出土地状况与灌溉方式造成了东西方社会组织形式的区别："节约用水和共同用水是基本的要求，这种要求，在西方，例如在弗兰德或意大利，曾使私人企业家结成自愿的联合，但是在东方，由于文明程度太低，幅员太广，不能产生自愿的联合，所以就迫切需要中央集权的政府来干预。因此亚洲的一切政府都不能不执行一种经济职能，即举办公共工程的职能，这种用人工方法提高土地肥沃程度的设施靠中央政府办理，中央政府如果忽略灌溉或排水，这种设施立刻就荒废下去。"

按照《史记》的话语体系，中国历史和文化的起点在黄帝，但按照民间传说，中国社会和文化的起点却在大禹这里，也就是说，大禹治水深刻塑造了中华民族的"性格"，亦即东方专制国家乃矗立在各个小的共同体之上的"总和的统一体"，这种"迫切需要由中央集权的政府来干预"的"公共工程职能"要求其君主担负着那些小的共同体共有的最高之"父"的职责。大禹就是这个共同体共有的最高之"父"。范文澜即说："禹是古帝中最被崇拜的一人。……神话里说是洪水被禹治得'地平天成'了。这种克服自然、人定胜天的伟大精神，是禹治洪水神话的真实意义。考洪水的有无或禹是否治洪水，都是不必要的。"事实上，西周中期铜器"遂公盨"就记载了大禹治水之事，故而恐非传说这么简单。据《尚书·舜典》："舜曰：'咨！四岳！有能奋庸熙帝之载，使宅百揆，亮采惠畴？'佥曰：'伯禹作司空。'帝曰：'俞！咨！禹！汝平水土，惟时懋哉！'禹拜稽首，让于稷、契暨皋陶。帝曰：'俞！汝往哉。'"又《史记·夏本纪》："禹乃遂与益、后稷奉帝命，命诸侯百姓兴人徒以傅土，行山表木，定高山大川。禹伤先人父鲧功之不成受诛，乃劳身焦思，居外十三年，过家门不敢入。薄衣食，致孝于鬼神。卑宫室，致费于沟淢。陆行乘车，水行乘船，泥行乘橇，山行乘檋。左准绳，右规矩，载四时，以开九州，通九道，陂九泽，度九山。令益予众庶稻，可种卑湿。命后稷予众庶难得之食。食少，调有余相给，以均诸侯。禹乃行相地宜所有以贡，及山川之便利。"按典籍记载，上古时期，普天之下确实饱受水灾之害，《史记·夏本纪》："当帝尧之时，洪水滔天，浩浩怀山襄陵，下民其尤。"鲧受命治水，即"堙"亦"障"，"九载，绩用弗成"，"帝殛鲧于羽山"（《尚书·尧典》）。禹"娶涂山氏女，不以私害公，自辛至甲，四日，复往治水"（《淮水注》），其"劳身焦思，居外十三年，过家门不敢入"（《史记·夏本纪》），子启生，禹不得探望："启呱呱而泣，予弗子，惟荒度土功"（《尚书·益稷》），终使"九州攸同，四隩既宅，九山刊旅，九川涤源，九泽既破"（《尚书·禹贡》）。大禹治水利民是一个方面，重要的是巩固了华夏这个"总和的统一体"，按《孟子·滕文公上》："禹疏九河，瀹济、漯而注诸海，决汝、汉，排淮、泗而注之江，然后中国可得而食也。"又《庄子·天下篇》："昔者，禹之湮洪水、决江河而通四夷九州也。"又《说苑·君道》："河间献王曰：'禹称：民无食，则我不能使也；功成不利于人，则我不能劝也。'……民亦劳矣，然而不怨苦者，利归于民也。"又《淮南子·修务》："（禹）夙兴夜寐，以致聪明，轻赋薄敛，以宽民力；布德施惠，以振穷困；吊死问疾，以养孤孀。百姓亲附，政令通行。"上述内容在《海内经》有系统记载："洪水滔天，鲧窃帝息壤以堙洪水，不待帝命。帝令祝融杀鲧于羽郊。鲧复生禹，帝乃命禹卒布土，以定九州。"先不论"帝令祝融杀鲧于羽郊"是否属于部落或权力之争，至少"帝乃命禹卒布土，以定九州"与华夏／中国的统一或形成密切相关，亦即优良的水利灌溉系统乃中华农业文明发展的温床。

　　仔细翻阅《山海经》，我们将会发现，大禹之前，华夏这个共同体共有的最高之"父"是黄帝，而治水或水利之争在黄帝执政史上具有十分显赫的功用。《山海经》记载水灾预兆七条：长右之山"无草木，多水。有兽焉，其状如禺而四耳，其名长右，其音如吟，见则郡县大水"；崇吾之山"有兽焉，其状如禺，而一翼一目，相得乃飞，名曰蛮蛮，见则天下大水"；玉山"有鸟焉，其状如翟而赤，名曰胜遇，是食鱼，其音如录，见则其国大水"；邽山"嬴鱼，鱼身而鸟翼，音如鸳鸯，见则其邑大水"；犲山"有兽焉，其状如夸父而彘毛，其音如呼，见则天下大水"；空桑之山"有兽焉，其状如牛而虎文，其音如钦。其名曰軨軨，其鸣自詨，见则天下大水"；剡山"有兽焉，其状如彘而人面。黄身而赤尾，其名曰合窳，其音如婴儿，是兽也，食人，亦食虫蛇，见则天下大水"。记载旱灾预兆十二条：鸡山"其中有鱄鱼，其状如鲋而彘毛，其音如豚，见则天下大旱"；令丘之山"有鸟焉，其状如枭，人面四目而有耳，其名曰颙，其鸣自号也，见则天下大旱"；太华之山"有蛇焉，名曰肥遗，六足四翼，见则天下大旱"；钟山"鼓亦化为鵕鸟，其状如鸱，赤足而直喙，黄文而白首，其音如鹄，见则其邑大旱"；崦嵫之山"有鸟焉，其状如鸮而人面，蜼身犬尾，其名自号也，见则其邑大旱"；浑夕之山"有蛇一首两身，名曰肥遗，见则其国大旱"；鄣于毋逢之山"是有朋蛇，赤首白身，其音如牛，见则其邑大旱"；梱状之山"有鸟焉，其状如鸡而鼠毛，其名曰蛫鼠，见则其邑大旱"；独山"其中多庸，其状如黄蛇，鱼翼，出入有光，见则其邑大旱"；姑逢之山"无草木，多金玉。有兽焉，其状如狐而有翼，其音如鸿雁，其名曰獙獙，见则天下大旱"；女烝之山"其中多薄鱼，其状如鳣鱼而一目，其音如欧，见则天下大旱"；子桐之山"其中多骨鱼，其状如鱼而鸟翼，出入有光。其音如鸳鸯，见则天下大旱"。"兴水利，而后有农功；有农功，而后裕国。"这些记载表明，治水问题一直是困扰着先民生存的核心问题。《大荒北经》有两处记载黄帝"治水"事，一则"大荒之中，有山名曰成都载天。有人珥两黄蛇，把两黄蛇，名曰夸父。后土生信，信生夸父。夸父不量力，欲追日景，逮之于禺谷。将饮河而不足也，将走大泽，未至，死于此。应龙已杀蚩尤，又杀夸父，乃去南方处之，故南方多雨"，这则表明，黄帝之应龙杀夸父与争夺水源有关；一则"蚩尤作兵伐黄帝，黄帝乃令应龙攻之冀州之野。应龙畜水。蚩尤请风伯雨师，纵大风雨。黄帝乃下天女曰魃，雨止，遂杀蚩尤。魃不得复上，所居不雨。叔均言之帝，后置之赤水之北。叔均乃为田祖。魃时亡之，所欲逐之者，令曰：'神北行！'先除水道，决通沟渎"。黄帝之杀蚩尤借助了水/雨的力量，其杀夸父、蚩尤后都面临着治理水/雨的问题。

有意思的是，《山海经》中连同应龙在内的四龙都与水有关，四龙即四方龙，其中，应龙在南，夔龙在东，烛龙在北，相繇龙/蛇在西，似乎乃后世传说中四海龙王原型。《大荒东经》："大荒东北隅中有山，名曰凶犁土丘。应龙处南极，杀蚩尤与夸父，不得复上，故下数旱，旱而为应龙之状，乃得大雨。"《大荒东经》："东海中有流波山，入海七千里。其上有兽，其状如牛，苍身而无角一足，出入水则必风雨，其光如日月，其声如雷，其名曰夔。黄帝得之，以其皮为鼓，橛以雷兽之骨，声闻五百里，以威天下。"《大荒北经》："西北海之外，赤水之北，有章尾山。有神，人面蛇身而赤，直目正乘，其瞑乃晦，其视乃明，不食不寝不息，风雨是谒。是烛九阴，是烛龙。"《大荒北经》："共工臣名曰相繇，九首蛇身，自环，食于九土。其所歍所尼，即为源泽，不辛乃苦，百兽莫能处。禹湮洪水，杀相繇，其血腥臭，不可生谷。其地多水，不可居也。禹湮之，三仞三沮，乃以为池，群帝因是以为台，在昆仑之北。"显然无论黄帝、鲧、禹还是四龙，他们的传说已经上升为具有图腾性质的共同体成员相互理解的社会象征体系。

附录

附录一 黄帝、炎帝、帝俊谱系表

一、黄帝谱系

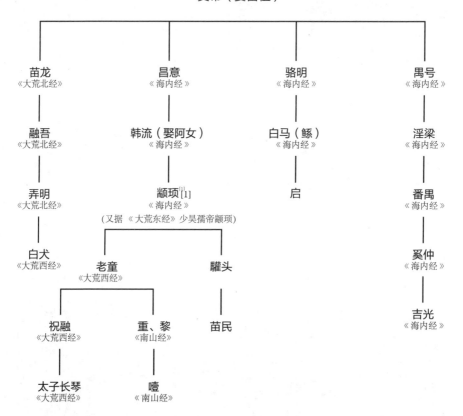

黄帝（娶雷祖）

| 苗龙《大荒北经》 | 昌意《海内经》 | 骆明《海内经》 | 禺号《海内经》 |

融吾《大荒北经》 — 韩流（娶阿女）《海内经》 — 白马（鲧）《海内经》 — 淫梁《海内经》

弄明《大荒北经》 — 颛顼[1]《海内经》（又据《大荒东经》少昊孺帝颛顼） — 启 — 番禺《海内经》

白犬《大荒西经》 — 老童《大荒西经》 — 䰠头 — 奚仲《海内经》

祝融《大荒西经》 — 重、黎《南山经》 — 苗民 — 吉光《海内经》

太子长琴《大荒西经》 — 噎《南山经》

---

[1] 又据《大荒南经》，"有国曰颛顼，生伯服"，"有委禺之国，颛顼之子"；《大荒西经》，"有国名曰淑士，颛顼之子"，"有人焉，三面，是颛顼之子，三面一臂。三面之人不死"；《大荒北经》，"有叔歜国，颛顼之子"，"西北海外流沙之东有国，曰中𰍥，颛顼之子"。

二、炎帝谱系

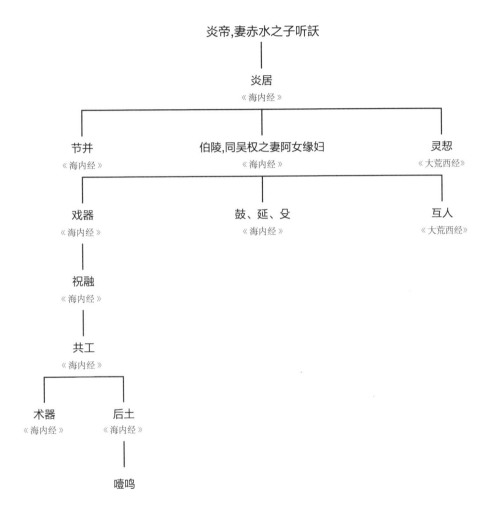

三、帝俊谱系

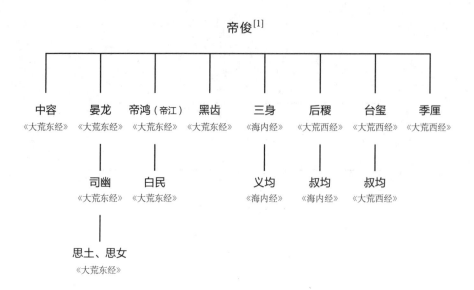

---

[1] 妻羲和，生十日（《大荒南经》）；妻常羲，生十二月（《大荒西经》）；妻娥皇，生三身（《海内经》）。帝俊有子八人。

附录二　山水矿藏国家异人动植物总表

　　按个人统计，《山海经》共记录山峦590座，其中重复最多的是昆仑（山），计13次；水流318条，其中重复最多的是洛水，计30次；植物251种，其中重复最多的是柤树，计30次；动物463种，其中重复最多的是鸟，计129次；矿藏83种，其中重复最多的是金，计138次；异人218个，其中重复最多的是（天）帝，计27次；国家149个，其中重复最多的是轩辕国，计3次。

一、山峦

山峦名称（总计590座）	重复出现的山峦	其他（虚、台、丘、谷）
䧿山、招摇山、堂庭山、猨翼山、杻阳山、柢山、亶爰山、基山、青丘山、箕尾山、柜山、诸毗（山）、长右山、尧光山、羽山、瞿父山、句余山、浮玉山、成山、会稽山、夷山、仆勾山、咸阴山、洵山、虖勺山、区吴山、鹿吴山、漆吴山、天虞山、祷过山、丹穴山、发爽山、旄山、非山、阳夹山、灌湘山、鸡山、令丘山、者山、禺稾山、南禺山、华山、钱来山、松果山、太华山、小华山、符禺山、石脆山、英山、竹山、浮山、羭次山、时山、南山、大时山、嶓冢山、天帝山、皋涂山、黄山、翠山、騩山、钤山、泰冒山、数历山、高山、女床山、龙首山、鹿台山、鸟危山、小次山、大次山、薰吴山、厎阳山、众兽山、皇人山、中皇山、西皇山、莱山、崇吾山、	昆仑（山）（12）、钟山（6）、阴山（4）、荆山（4）、诸毗（山）（3）、景山（3）、三天子都（天子鄣）（山）（3）、太山（3）、玉山（3）、洞庭山（3）、	昆仑虚(7)；琅邪台、共工台、轩辕台、天穆野、苍梧野、都广野；苍梧丘、陶唐丘、叔得丘、孟盈丘、昆吾丘、黑白丘、赤望丘、参卫丘、武夫丘、神民

续表

山峦名称（总计 590 座）	重复出现的山峦	其他（虚、台、丘、谷）
冢遂（山）、长沙山、不周山、诸鳺山、岳崇山、枭山、钟山、昆仑（山）、乐游山、嬴母山、玉山、积石山、长留、章莪山、符惕山、三危山、騩山、天山、泑山、翼望山、泰器山、槐江山、恒山、无达（山）、大杅（山）、劳山、罢父山、中山、鸟山、上申山、诸次山、号山、孟山、白於山、申首山、泾谷山、刚山、英鞮山、中曲山、邽山、鸟鼠同穴山、崦嵫山、单狐山、求如山、带山、谯明山、涿光山、虢山、丹熏山、石者山、边春山、蔓联山、单张山、灌题山、潘侯山、小咸山、大咸山、敦薨山、少咸山、狱法山、北岳山、浑夕山、北单山、罴差山、北鲜山、隄山、管涔山、少阳山、狐岐山、白沙山、尔是、县雍山、狂山、诸余山、敦头山、钩吾山、北嚻山、梁渠山、姑灌山、湖灌山、洹山、敦题山、太行山、归山、龙侯山、马成山、咸山、天池山、阳山、贲闻山、王屋山、教山、发丸山、景山、孟门山、平山、京山、虫尾山、彭毗山、小侯山、泰头山、轩辕山、泪洳山、谒戾山、神囷山、发鸠山、少山、锡山、题首山、绣山、松山、敦与山、柘山、维龙山、白马山、空桑山、西山、泰戏山、童戎山、石山、乾山、高是山、陆山、燕山、沂山、饶山、伦山、碣石山、雁门山、镎于毋逢山、帝都山、鸡号山、幽都山、㮃韬山、乾昧（山）、蕡山、枸状山、勃垒山、番条山、姑儿山、高氏山、岳山、犱山、独山、泰山、空桑山、泪吴（山）、夕山、峄皋山、葛山、余峨山、杜父山、耿山、卢其山、姑射山、北姑射山、南姑射山、碧山、缑氏山、姑逢山、凫丽山、碨山、尸胡山、殡山、岐山、诸钩山、中父山、胡射山、孟子山、跂踵山、踇隅山、无皋山、北号山、旄山、东始山、女烝山、钦山、子桐山、剡山、太山、薄山、甘枣山、历儿山、渠猪山、葱聋山、湷嶍山、脱扈山、金星山、泰威山、橿谷山、吴林山、牛首山、霍山、合谷山、阴山、鼓镫山、济山、辉诸山、发视山、鲜山、豪山、昆吾山、菱山、独苏山、蔓渠山、蕡山、敖岸山、青要山、騩山、宜苏山、和山、鹿蹄山、扶猪山、厘	高山（3）、巫山（3）、南山（3）、灵山（2）、阳山（2）、鳌山（2）、章山（2）、丹山（2）、雁门山（2）、华山（2）、岐山（2）、女几山（2）、竹山（2）、禹所导积石山（2）、蛇巫山/龟山（2）、苍梧/苍梧山（2）、招摇山（2）、箕尾山（2）、桂山（2）、衡山（2）、丰山、岳山、蛇山、会稽山、鸟鼠同穴山、鸟山、成山、不周（山）、翠山、幽都山、璧丘/嗟丘、常羊山	丘、轩辕之丘（2）；育遗谷、中谷、汤谷、凫谷、机谷、蘿谷、共谷、蛇谷、上谷、朝阳谷、大壑、禹谷（另有温源谷/汤谷4）

山峦名称（总计 590 座）	重复出现的山峦	其他（虚、台、丘、谷）
山、柄山、白边山、熊耳山、牡山、灌举山、苟床山、首山、县匑山、葱聋山、条谷山、超山、成侯山、朝歌山、槐山、历山、尸山、良馀山、蛊尾山、升山、阳虚山、平逢山、縠城山、缟羝山、瘣山、瞻诸山、娄琢山、白石山、縠山、密山、长石山、傅山、橐山、常烝山、夸父山、阳华山、苦山、休与山、鼓钟山、姑媱山、苦山、堵山、放皋山、天台高山、大𦭜山、半石山、少室山、泰室山、讲山、婴梁山、浮戏山、少陉山、末山、役山、敏山、大騩山、荆山、骄山、女几山、宜诸山、陆隗山、纶山、光山、铜山、美山、大尧山、灵山、龙山、衡山、石山、若山、尧山、灌山、仁举山、师每山、琴鼓山、岷山、崃山、崌山、高梁山、蛇山、嵩山、隔阳山、勾檷山、风雨山、熊山、騩山、葛山、贾超山、首阳山、虎尾山、繁绩山、勇石山、复州山、楮山、又原山、涿山、丙山、荆山、翼望山、朝歌山、帝囷山、视山、前山、丰山、兔床山、皮山、瑶碧山、支离山、祑筒山、堇理山、依轱山、即谷山、鸡山、高前山、游戏山、从山、婴䃌山、毕山、乐马山、葴山、婴山、虎首山、婴侯山、大孰山、卑山、倚帝山、鲵山、雅山、宣山、妪山、鲜山、章山、大支山、区吴山、声匈山、大騩山、踵臼山、历石山、求山、丑阳山、奥山、服山、杳山、几山、洞庭山、篇遇山、云山、龟山、丙山、风伯山、夫夫山、暴山、即公山、尧山、江浮山、真陵山、阳帝山、柴桑山、荣余山、狄山、汤山、大运山、登葆山、穷山、务隅山、三天子鄣山、苍梧山、丹山、疏属山、高柳（山）、黑水山、阳汙山、凌门山、列姑射（山）、蓬莱山、白玉山、汶山、曼山、馀山、鲋鱼山、崆峒山、天息山、长城北山、桂阳西北山、洛西山、井陉山、共山、甘山、皮母地丘（山）、大言（山）、波谷山、漰山、合虚（山）、东口山、大阿山、明星（山）、鞠陵于天山、东极山、离謩山、孽摇頵羝山、猗天苏山、綦山、摇山、䰠山、门户山、盛山、待山、暨明俊疾山、凶犁土丘山、流波山、阿山、泛天山、荣山、巫山、不庭山、不		

山峦名称（总计590座）	重复出现的山峦	其他（虚、台、丘、谷）
姜山、贾山、言山、登备山、恝恝山、蒲山、隗山、尾山、去痤山、襄山、重阴山、融天山、蛾山、宋山、豕涂山、云雨山、苕山、宗山、姓山、壑山、陈州山、东州山、白水山、申山、南类山、湿山、幕山、禹攻共工国山、大泽长山、双山、方山、芒山、桂山、榣山、丰沮玉门山、王母山、海山、桃山、䖂山、于土山、日月山、玄丹山、鏖鏊钜山、金门山、炎火山、常阳山、大荒山、大巫山、金山、偏句（山）、常羊山、附禺山、不咸山、榆山、鲧攻程州山、衡天山、先民山、先槛大逢山、禹所积石山、顺山、北极天柜山、成都载天山、不句山、系昆山、融父山、齐州山、君山、嶛山、鲜野山、鱼山、衡石山、九阴山、洞野山、章尾山、淮山、不死山、肇山、巴遂山、菌山、九嶷山、不距山、大玄山		

二、水流

水流名称（总计318条）	重复出现的水流	其他（渊、坛、池、泽、河、海、江）
丽麂水、怪水、宪翼水、英水、沴水、涫（水）、赤水、苕水、閟水、虖勺（水）、勺水、溴水、列涂（水）、淘水、鹿水、漨水、泽更水、浪水、丹水、汎水、黑水、佐水、潩水、渭（水）、符禺水、灌水、禹水、招水、竹水、洛水、漆水、逐水、潪水、清水、汉水、沔（水）、嚣水、汤水、蔷水、诸资水、涂水、集获水、盼水、凄水、浴水、楚水、泾水、苕水、鸟危水、皇水、泚水、渤水、观水、丘时水、瑶水（瑶池）、河水、氾天水、洋水、丑涂水、墨水、桃水、淘水、浊浴（水）、阴水、弱水、洱水、区水、辱水、诸次水、汤水、申水、端水、生水、刚水、夹水、浣水、蒙水、滥水、苕水、逢水、渤水、滑水、诸毗水、谯水、嚣水、伊水、彭水、苑湖水、鱼水、熏水、棠水、泚水、杠水、栎水、杠水、匠韩水、边水、敦薨水、敦水、雁门水、濲泽水、诸怀水	洛水（29）、赤水（17）、渭（水）（16）、黑水（13）、伊水（9）、汉水（6）、虖沱水（6）、榖水（5）、河水（5）、青水（4）、甘水（4）、汾水（4）、漳水（4）、丹水（4）、	少和渊、从渊、缗渊、俊坛、白渊、甘渊（2）、孟翼之攻颛顼池、弱水渊、封渊、苍梧渊、昆仑南渊、从极之渊（忠极之渊）、雎漳渊、漳渊；洞庭（2）、雷泽、钜鹿泽、即翼泽、具区（2）、

水流名称（总计318条）	重复出现的水流	其他（渊、坛、池、泽、河、海、江）
嚣水、鲜水、涂吾水、堤水、泰泽、汾水、酸水、晋水、胜水、鲔水、狂水、浮水、诸余水、庞水、决决水、条菅水、浔水、留水、浍水、修水、湖灌水、潕水、教水、平水、高水、薄水、蚤林水、肥水、床水、明漳水、共水、瀑水、沁水、丹林水、婴侯水、汜水、黄水、洹（水）、滏水、欧水、漳水、清漳水、浊漳水、牛首水、于滧水、景水、洧水、阳水、漆水、泰陆水、泜水、彭水、槐水、泜泽、历聚水、洧水、肥水、敞铁水、木马水、虖沱（水）、空桑水、漊水、液女水、沁水、濩濩水、鲜于水、皋涂水、漊液水、滋水、滱水、郣水、般水、燕水、历虢水、伦水、绳水、食水、湖水、汦水、减水、姑儿水、诸绳水、末涂水、沔（水）、环水、汶（水）、泺水、激水、娶檀水、峄皋水、激女水、澧水、杂余水、沙水、浒水、原水、硬水、碧阳水、苍体水、展水、泚水、石膏水、鬲水、师水、子桐水、钩水、劳水、渠猪水、劳水、濡水、少水、即鱼水、鲜水、阳水、伊水、蕙水、畛水、潐潐水、甘水、虢水、滔雕水、浮濠水、玄扈水、尸水、馀水、乳水、龙馀水、黄酸水、玄扈水、交觞水、俞随水、縠水、谢水、瞻水、陂水、惠水、涧水、爽水、豪水、厌染水、橐水、滽水、畜水、湖水、杨水、门水、䌛姑水、雒水、明水、狂水、来需水、合水、休水、汜水、器难水、役水、太水、承水、末水、雎水、沱水、郁水、江水、大江、蒲鹴水、徐水、减水、宣余水、湍水、济（水）、贶水、潕水、荥（水）、帝囷水、从水、帝苑水、潩（水）、视水、汝水、杀水、鲵水、澧水、沧水、皋水、澧水、求水、奥水、青水、（黄）河、弱水、北江、南江、浙江、庐江、淮水、湘水、濛水、温水、颍水、白水、沅水、泗水、郁水、潢水、肄水、潦水、融水、荣水、汔水、漂水、寒暑水、三泽水（三淖）、赤泽水、顺水、好水、蛇水	弱水（4）、澧水（4）、江水（4）、济水（3）、泾水（3）、门水（3）、共水（2）、滂水（2）、英水（2）、郁水（2）、白水（2）、沁水（2）、杨水（2）、役水（2）、雎水（2）、若水、黄水、洋水、大江、汝水、浔水、潐潐水、少水、溟水、浴水	阆泽、陷泽、螖渊、渤泽（4）、稷泽（2）、番泽、陵羊泽、栎泽、泰泽、邛泽、长泽、邛泽、盐贩泽、少泽、黄泽、海泽、皋泽（2）、大泽（9）、滑泽、余泽、湖泽、余如泽、沙泽；河（75）、海（51）、江（25）；四海（3）、西海（8）、西北海（6）、北海（17）、东北海（2）、东海（14）、渤海／勃海（8）、南海（9）

三、植物

植物名称（总计251种）	重复出现的植物	作为祭品的植物
桂、韭、祝馀、穀、迷穀、枞木、梓、楠、荆、杞、松、萆荔、乌韭、文茎、条、葵、棕、柤（木）、櫄、箭、𥳑、黄藋、樗、麻、竹、盼木、枳、薰草、薐芜、棫、柞、桃枝、钩端、蕙、桔、蓇蓉、枬、菅、薫、杜衡、藳茇、葵赤、无条、檀、楮、女床、稷、豫章、棠、桃、枣、丹木、粟（米）、櫰木、有若、李、沙棠、薋草、葵、葱、茆、蕃、芘草、桑、榛、楉、药藟、柏、栎、柒木、漆木（漆）、木瓜、杯木、机木、桐、椐、松、蓷、柘、楷、栜、柳、三桑、百果树、蕃莬、秦椒、枸、芍药、芭、桑、苣、棘、菌蒲、黍、杨、蘪芜、桢木、杏、箨、栃木、楝、植楮、天婴、龙骨、蒵草、鬼草、蓇棘、雕棠、榆、赤菽、荣草、桑、棠、芒草、茜、举、蓥、藳、苟草、蔓居木、蒬、芰、葶苧、竹箭、竹𥳑、苏、穀、苿芜、槐、橐冬、𣚾木、芘、棘、蕙、蔻脱、楮、櫔木、萧、栯、蕃莬、苦辛、櫔、蓍、凤条、焉酸、蓄草、菀丘、黄棘、天楄、蒙木、牛伤、嘉荣、帝休、犁、栯木、荼、蓇草、㐮木、帝屋、椒、少辛、芮草、婴薁、黎、萩、葡柏、猿、杼、梓、栗、橘、梅、寓木、菊、梅棠、空夺、枸、豫章、栎、椒、樺、蔻脱、櫔、柤、龙脩、弋、莽草、楮、茅、机柤、苴、櫄、椆、椐、㮌、帝女桑、羊桃、楂、楠、香、桂竹、椆、扶竹、笙竹、鸡鼓、柤、梨、蒵、苟蓊、箘、荣草、㜗、三株树、雄常（树）、寻木、杨柳、扶桑、稻、大木、栾、藘、建木、珠树、文玉树、玗琪树、不死树、木禾、圣木曼兑（挺木牙交）、服常树、琅玕树、鸟秩树、黍、扶木、芥、甘华、甘柤、甘木、枫木、苣、穋、朱木、柜格松、白木、白柳、寻竹、若木、菽、灵寿、建木	柤（25）、柏（24）、桑（18）、櫄（15）、松（15）、黍（15）、穀（14）、柞（14）、梓（14）、檀（14）、棕（12）、竹（11）、柘（11）、楮（11）、葵（10）、柳（9）、韭（8）、樗（8）、芭（8）、椆（8）、竹箭（7）、荆（7）、苴（7）、桃（6）、漆（6）、桃枝（6）、甘华（6）、桃（6）、椐（5）、櫔（5）、柤（5）、芍药（5）、楠（4）、钩端（4）、寓木（4）、杨（4）、栗（4）、芘草（4）、棠（4）、三桑（4）、椒（3）、橘（3）、嘉荣（3）、桐（3）、甘柤（3）、蘪芜（3）、槐（3）、枣（3）、蕙（3）、楂（2）、条（2）、麻（2）、鸡穀（2）、𥳑（2）、梅（2）、枳（2）、桔（2）、葱（2）、苿（2）、（2）、甘柤（2）、枬（3）、丹木（2）、稻（2）、豫章（2）、机、榛、栾杏、榆、稷、无条、楮、蕃莬、少辛、朱木、若木、杨柳、杞、婴薁、橐冬、蕃莬	祭物：糈（17）、稌（6）、白菅（3）、稻米（2）、稷米、五种之糈、五种之精、涂

四、动物

动物名称（总计463种）	重复出现的动物	作为祭品的动物
禺、狌狌、白猿、马、虎、鹿蜀、玄鱼、龟、鮥、旋龟、牛、蛇、留牛、鲑、狸、类、羊、猼訑、鸡、鹖鴒、鸠、灌灌、赤鱬、鱼、鸳鸯、狐、乌、龙、豚、狗、狸力、鸥、鴸、长右、彘、猾襃、蠚鱼、艶、茈蠃、蛊雕、雕、犀、兕、象、鳪、瞿如、虎蛟、凤凰、鯈鱼、鮒、颙、枭、鹓雏、蔵羊、螐渠、山鸡、肥蟥（蛇）、㸲牛、赤鷩、葱聋、鸥、翠、鱳鱼、鳖、鴡、肥遗（鸟）、人鱼、箏、豪彘、木虫、嚻、矗䍩、猛豹、尸鸠、熊、罴、白翰、鷩边、栎、鹿、貜如、数斯、犎、鸮、鹦䳇、旄牛、麢、麝、鸓、鹊、白蛇、鹦鹉、豹、翟、鸾鸟、白豪、雄鸡、凫徯、猿、朱厌、罗罗、麋、举父、凫、蛮蛮、鹗、晨鹄、鵸鸟、鹖、赢母、文鳐鱼、鲤鱼、鸾鸡、鹰、鹯、土蝼、勃皇、蜂、钦原、鳛鱼、狡、翟、胜遇、狰、鹤、毕方、天狗、榴榴（猫）、三青鸟、徽狇、鸱、鸥、积蛇、鸛、乌、鹕鸲、白鹿、当扈、雉、白狼、白虎、白雉、白翟、鼠、冉遗鱼、駮、蝠、穷奇、黄贝、赢鱼、鳒鱼、鳣鱼、鳘鮯鱼、孰湖、螒、滑鱼、鳢、水马、䑏疏、鹕鸲、鯩鱼、何罗鱼、狙、孟槐、鰼鰼鱼、麢羊、蕃、橐驼、寓、文贝、苑、耳鼠、孟极、幽鴳、足訾、雌雉、鹌、诸犍、白鵺、那父、竦斯、长蛇、赤鲑、窥窳、鮖鮖鱼、鱲鱼、山獋、诸怀、雁、鮨鱼、肥遗（蛇）、狍、闾、白鵺、䖝鱼、骓虎、狍鸮、独狢、鸓䴔、居暨、彙（刺猬）、夸父、怪蛇、羚羊、驿、鹠、鳍鱼、白犬、天马、鹕鸲、飞鼠、句鸜、领胡、赤雉、象蛇、鲐父鱼、酸与、鹕鹠、黄鸟、飞虫、精卫、鳠鼍、𥀢𥀢、鹬、猨、师鱼、大蛇、蒲夷鱼、犁牛、鸓鸣、活师（蝌蚪）、从从、蠚鼠、篠鱼、㺈、鳡鱼、堪予鱼、夸父、𩽾𩾌、狪狪、茈蠃、鸰鸰、蠯蜼、珠鳖鱼、犰狳、螽斯、朱獳、鹙鹕、鸿雁、獭獭、䴅姪、狓狓、絜钩、婴胡、䱤鱼、鲔、蠰龟、精精、狼、獦狚、魟雀、美贝、茈鱼、鮒、薄鱼、鲕鱼、合窳、䖝、獃鼠、籰、豪鱼、鮥、飞鱼、狸、胐胐、鶹、鸣蛇、化蛇、豸、蠪蚳、	鸟（128）、蛇（62）、虎（52）、鱼（42）、牛（33）、豹／狗（33）、马（30）、犬／狗（23）、龙（21）、鸡（21）、彘（17）、羊（17）、熊（14）、视肉（13）、麋／麋鹿（13）、罴（13）、青蛇（11）、鹿／录（10）、鼠（9）、豚（8）、鸾鸟（8）、黄蛇（8）、麢（7）、㸲牛（7）、犀（7）、兕（7）、麢（7）、鹊（7）、闾（7）、人蔵羊（7）、凤鸟（7）、乌（7）、豕（7）、赤蛇（7）、龟（6）、文贝（5）、禺（5）、青鸟（5）、鸳鸯（5）、狌狌／猩猩（5）、黄鸟（5）、鸥（5）、象（5）、窥窳（5）、虫（5）、鸥久（4）、蠯（4）、鲤（4）、苑／兔（4）、鸰（3）、蛟（4）、狸（4）、鸮（4）、凤凰（4）、应龙（4）、三青	祭物：雄鸡（10）、羊（3）、牡羊（2）、彘（2）、白鸡（2）、牝羊、豚、白狗、鳖、毛采（杂色公鸡）

动物名称（总计 463 种）	重复出现的动物	作为祭品的动物
马腹、夫诸、驾鸟、仆累、薄卢、鸼、貉、麈、犀渠、獳、獳犬、蚱牛、白鸡、魆鸟、麖、黑犬、雌鸡、山鸡、鸰鹦、脩辟鱼、黽、鹭、山膏、文文、三足龟、鲡鱼、鲋、滕鱼、鳜、鯑鱼、蛰蚳、豸、文鱼、犛牛、麂、白鹬、臭、鲛、犳、鹦、白犀、䝙、夔牛、翰、鹜、蛰鱼、窃脂、狚狼、猿、塵、跂踵、鹑鸪、蛟、蝯、蛊、鴢、婴勺、青耕、獏、玄豹、三足鳖、猴、颉、狖鼠、狙如、大鱼、膜大（犬）、犵即、梁渠、驳騻、闻獜、怪鸟、麐、就、蛫、鏖、飞蛇、比翼鸟、虫、蛇、视肉、吁咽、鸥久、虖交、灭蒙鸟、黄马、文马、鸷鸟、鷦鸟、青鸟、并封、騀、凤鸟、青马、龙鱼、鰕、鳖鱼、乘黄、青蛇、黄蛇、文虎、离朱、遗玉、駏駼、駮、蚩蚩、白马、赤蛇、躯、貆、巴蛇、黑蛇、旄马、孟鸟、开明兽、树鸟、蝮、诵鸟、鹎、犬、吉量、蜪犬、大蜂、螽、朱蛾、蛾、蟜、阘非、环狗、䮗吾、大蟹、陵鱼、大鳊、五采鸟、三青马、三雏、应龙、夔、跃踢、双双、离俞、贾、委维、玄蛇、蛢、育蛇、廷维、青马、狂鸟、皇鸟、猨、琅玕、大鶿、少鶿、鸣鸟、五色鸟、青鸢、黄鹜、屏蓬、白鸟、天犬、鱼妇、鹗鸟、琅鸟、玄鸟、蜚蛭、琴虫、猎猎、蛲蛇、赣巨人、封豸、崑狗、翠鸟、孔鸟、翳鸟、玄狐、白虎、犀牛、赤犬、柞羊、鹰羊、怪虫、蛆	鸟(3)、文虎(3)、离朱（3）、遗玉（3）、枭（3）、毕方鸟（3）、三雏（3）、鲋鱼（3）、大蛇（3）、鹑或鹑鸟（3）、怪蛇（3）、蝮虫（2）、鳝鱼（2）、离俞（2）、鹰（2）、鳢鱼（2）、赤鹜（2）、白蛇（2）、穷奇（2）、玄蛇（2）、白犬（2）、臭（2）、儵（2）、蜂（2）、翟（2）、凫（2）、旄牛（2）黑蛇、罗罗、皇鸟、延维、玄鸟、蜩、白猿、鳖、白鹿、雁、白虎、文马、橐驼、鳡鱼、犀牛、鸣蛇、马肠之物（马腹）、麐、飞鱼、夔、旋龟、肥遗（蛇）、大蟹、牡羊、雕、器、麈、白翟、雌雉、白鹬、蛮蛮、黄贝、鹑鸪、彘、榴榴、狼、比翼鸟	

五、矿藏

矿藏名称（总计83种）	重复出现的矿名	作为祭品的矿藏
育沛、水玉、黄金、赤金、白金、玉、青艭、白玉、金、砆石、金石、丹艭、铜、瑾瑜玉、铁、流（硫黄）、赭、苍玉、赤铜、婴垣玉、白银、礜、藻玉、白珠、青碧、雄黄、石涅、美玉、馨石、垩、碧、青雄黄、玄玉、瑾、瑜、文玉石、瑶、琅玕、银、泠石、珠、芘石、磁石、赤银、黄垩、涅石、玄碿、碧玉、石玉、婴石、箴石、美石、白垩、水碧、璧、礝石、瑌石、涂石、㻬石、美垩、锡、璇玉、芘石、糜石、枦丹、珚玉、糜玉、青垩、白珉、赤锡、邽石、白锡、㻰石、美赭、珉、胕石、美铜、璇瑰、璿瑰、白丹、青丹、丹货、泠石	金（137）、玉（134）、铁（40）、黄金（32）、铜（19）、瑾瑜玉（18）、碧（17）、白玉（17）、青艭（16）、赤金（12）、美玉（11）、青雄黄（11）、白银（11）、赭（10）、苍玉（10）、赤铜（9）、瑶（9）、青碧（8）、白金（7）、垩（7）、黄垩（6）铜（6）、水玉（6）、垩（5）、银（3）、白珉（3）、白垩（3）、珠（3）、石涅（2）、丹艭（2）、雄黄（2）、美垩（2）、赤锡（2）、美赭（2）、涅石、珉、玄碿、箴石、邽石、璿瑰、珚玉	金玉一起出现（75），祭物：吉玉（11）、璧（8）、珪（4）、璋、瑜（3）、桑封（2）、藻玉（2）、玉（2）、婴短玉、藻圭、圭璧、璆、

六、异人

异人名称（总计214人）	重复出现的异人	神　人
长乘、西王母、少昊、魍氏、黄帝、鼓（钟山山神子）、钦䲹、葆江、英招、后稷、槐鬼离仑、有穷鬼、天神、陆吾、江疑、耆童、帝江、蓐收、红光、神魅、炎帝、女娃、熏池、禹父（鲧）、武罗、泰逢、骄虫（螫虫，神）、（天）帝、女尸、天愚、蛊围、计蒙、涉蛊、雍和、耕父、于儿、帝之二女、羿、凿齿、帝尧、帝喾、文王、祝融、启、形天、女祭、女戚、女丑／女丑之尸、蓐收、烛阴／烛龙、共工、相柳、禹、夸父、颛顼、奢比之尸（肝榆之尸）、天吴（水伯）、竖亥、句芒、舜、丹朱、孟涂、贰负／贰负之尸、危、巫彭、巫抵、巫阳、巫履、巫凡、巫相、窫窳之尸、三头人、后稷、大行伯、据比之尸、冰夷（水神）、王子夜之尸、	（天）帝（26）、颛顼（17）、帝俊（16）、黄帝（含《海内经》："帝俊生禹号"处）（13）、禹（13）、帝舜（11）、白马／鲧／禹父（9）、共工（7）、羿（6）、叔均（6）、相柳／相繇（5）、后稷（5）、蚩尤（5）、夸父	另有神人二八、群巫等

异人名称（总计214人）	重复出现的异人	神 人
登比氏（登北氏）、宵明、烛光、雷神、犁𩵋之尸、帝俊、中容、晏龙、司幽、思土、思女、帝鸿、白民、黑齿、折丹（折）、禹䝴、禹京（又作禹强）、王亥、有易、河伯、戏、摇民、奢比尸、鹓、蚩尤、叔均（田祖）、娥皇、不廷胡余、因因乎（因乎）、季厘、倍伐、无淫、蜮人、祖状之尸、伯服、驩头、昆吾、张宏、土敬、琰融、羲和、菌人、女娲之肠、石夷、台玺、始均、北狄、太子长琴、老童、巫咸、巫即、巫盼、巫彭、巫姑、巫真、巫礼、巫抵、巫谢、巫罗、弇兹、嘘、重、黎、噎、天虞、常羲、黄姖之尸、女祭、女蘉、女虔、季格、寿麻、夏耕之尸、成汤、夏桀、耕、吴回、夏后开、灵恝、百人、九嫔、大人、均国、役采、修鞈、绰人、禹号、九凤、强良、后土、信、女妭、风伯、雨师、犬戎、苗龙、融吾、弄明、白犬、戎宣王尸、苗民、雷祖、昌意、韩流、阿女（韩流妻）、柏高、大皞、咸鸟、乘厘、后照、巧倕、相顾之尸、伯夷父、西岳、先龙、伯陵、吴权、阿女（吴权妻）、鼓（伯陵子）、延、殳、骆明、淫梁、番禺、奚仲、吉光、般、三身、义均、听訞、炎居、节并、戏器、术器、噎鸣、帝台	（5）、祝融（5）、女丑／女丑之尸（5）、贰负／贰负之尸（5）、少昊／少皞（4）、西王母（4）、炎帝（3）、凿齿(3)、帝尧(3)、帝台（3）、晏龙（3）、禹号（2）、帝喾(2)、启(2)、后土（2）、帝丹朱、烛阴／烛龙、天吴、禹强、鼓、延、帝鸿	

七、国家

国家名称（总计149国）	重复出现的国家	其他
结匈国、羽民国、讙头国（讙朱国）、厌火国、三苗国（三毛国）、载国、贯匈国、交胫国、歧舌国、三首国、周饶国、焦侥国、长臂国、三身国、一臂国、奇肱国、丈夫国、巫咸国、女子国、轩辕国、白民国、肃慎国、长股国、无綮国、博父国、拘缨国（利缨国）、跂踵国、一目国、柔利国（留利国）、深目国、无肠国、聂耳国、大人国、君子国、青丘国、黑齿国、雨师妾、玄股国、毛民国、劳民国、伯虑（相虑）国、离耳国、雕题国、北朐国、枭阳国、巴（国）、氐人国、匈奴、开题国、列人国、开题（国）、氐（人）国、流黄酆氏国、	轩辕国（2）、燕（2）、钜燕、流黄（国）	

国家名称（总计149国）	重复出现的国家	其他
东胡（国）、夷人（国）、貊国、燕（国）、羽民（国）、（离）戎（国）、林氏国、盖国、钜燕（国）、倭（国）、朝鲜（国）、射姑国、埻端（国）、玺映（国）、大夏（国）、竖沙（国）、居繇（国）、月支国、吴（国）、少昊国、大人国、小人国、蔿国、中容国、君子国、司幽国、白民国、青丘国、柔仆民（国）、黑齿国、夏州国、盖余国、玄股（国）、困民国、摇民国、壤民国、女和月母国、季禺国、羽民国、卵国、盈民国、不死国、季厘国、载民国、蜮民国、焦侥国、颛顼国、鼬国、张宏国、骧头国、羲和国、淑士国、白氏国、长胫国、西周国、先民国、北狄国、沃国、女子国、丈夫国、弇州国、轩辕国、寒荒国、寿麻国、盖山国、互人国、胡不与国、肃慎氏国烈、大人国、叔歜国、北齐国、始州国、毛民国、儋耳国、无肠国、无继（无綮国）、深目民国、无骨国（柔利国）、中𨑔国、赖丘国、犬戎国、牛黎国、朝鲜（国）、天毒（国）、壑市（国）、泛叶（国）、朝云国、司彘国、禺中国、列襄国、盐长国、巴国、流黄辛氏国、朱卷国、大幽国、钉灵国		

附录三 山水矿藏国家异人动植物分章表

一、山峦

所在篇目	山峦名称	其他
南山经（41）	䧿山、招摇山、堂庭山、猨翼山、杻阳山、柢山、亶爰山、基山、青丘山、箕尾山、柜山、诸毗（山）、长右山、尧光山、羽山、瞿父山、句余山、浮玉山、成山、会稽山、夷山、仆勾山、咸阴山、洵山、虖勺山、区吴山、鹿吴山、漆吴山、天虞山、祷过山、丹穴山、发爽山、旄山、非山、阳夹山、灌湘山、鸡山、令丘山、者山、禹稾山、南禺山	育遗谷、中谷
西山经（82）	华山、钱来山、松果山、太华山、小华山、符禺山、石脆山、英山、竹山、浮山、㴫次山、时山、南山、大时山、嶓冢山、天帝山、皋涂山、黄山、翠山、䲵山、钤山、泰冒山、数历山、高山、女床山、龙首山、鹿台山、鸟危山、小次山、大次山、薰吴山、厎阳山、众兽山、皇人山、中皇山、西皇山、莱山、崇吾山、冢遂（山）、长沙山、不周山、诸𪖈山、岳崇山、翠山、钟山、昆仑（山）、乐游山、嬴母山、玉山、积石山、长留山、阴山、章莪山、符惕山、三危山、䲵山、天山、泑山、翼望山、泰器山、槐江山、诸毗（山）、恒山、无达（山）、大杅（山）、劳山、罢父山、中山、鸟山、上申山、诸次山、号山、孟山、白於山、申首山、泾谷山、刚山、英鞮山、中曲山、邽山、鸟鼠同穴山、崦嵫山	轩辕之丘、昆仑丘；汤谷
北山经（92）	单狐山、求如山、带山、谯明山、涿光山、虢山、丹熏山、石者山、边春山、蔓联山、单张山、灌题山、潘侯山、小咸山、大咸山、敦薨山、昆仑（山）、少咸山、狱法山、北岳山、浑夕山、北单山、罴差山、北鲜山、隄山、	

所在篇目	山峦名称	其他
北山经 （92）	管涔山、少阳山、狐岐山、白沙山、尔是山、县雍山、狂山、诸余山、敦头山、钩吾山、北嚻山、梁渠山、姑灌山、湖灌山、洹山、敦题山、太行山、归山、龙侯山、马成山、咸山、天池山、阳山、贲闻山、王屋山、教山、发丸山、景山、孟门山、平山、京山、虫尾山、彭毗山、小侯山、泰头山、轩辕山、沮洳山、谒戾山、神囷山、发鸠山、少山、锡山、题首山、绣山、松山、敦与山、柘山、维龙山、白马山、空桑山、西山、泰戏山、童戎山、石山、乾山、高是山、陆山、燕山、沂山、饶山、伦山、碣石山、雁门山、錞于毋逢山、帝都山、鸡号山、幽都山	
东山经 （48）	樕䗲山、乾昧（山）、藟山、枸状山、勃斄山、番条山、姑儿山、高氏山、岳山、犲山、独山、泰山、竹山、空桑山、沮吴（山）、夕山、峄皋山、葛山、余峨山、杜父山、耿山、卢其山、姑射山、北姑射山、南姑射山、碧山、缑氏山、姑逢山、凫丽山、磝山、尸胡山、殊山、岐山、诸钩山、中父山、胡射山、孟子山、跂踵山、踇隅山、无皋山、北号山、旄山、东始山、女烝山、钦山、子桐山、剡山、太山	
中山经 （202）	薄山、甘枣山、历儿山、渠猪山、葱聋山、涹山、脱扈山、金星山、泰威山、橿谷山、吴林山、牛首山、霍山、合谷山、阴山、鼓镫山、济山、辉诸山、发视山、鲜山、豪山、阳山、昆吾山、荔山、独苏山、蔓渠山、蕡山、敖岸山、青要山、騩山、宜苏山、和山、鹿蹄山、扶猪山、厘山、箕尾山、柄山、白边山、熊耳山、牡山、讙举山、苟床山、首山、县劚山、葱聋山、条谷山、超山、成侯山、朝歌山、槐山、历山、尸山、良余山、蛊尾山、升山、阳虚山、平逢山、縠城山、缟羝山、廆山、瞻诸山、娄㻬山、白石山、榖山、密山、长石山、傅山、橐山、常烝山、夸父山、阳华山、苦山、休与山、鼓钟山、姑媱山、苦山、堵山、放皋山、大苦山、半石山、少室山、泰室山、讲山、婴梁山、浮戏山、少陉山、太山、末山、役山、敏山、大騩山、荆山、景山、骄山、女几山、宜诸山、陆陒山、纶山、光山、岐山、铜山、美山、大尧山、灵山、龙山、衡山、石山、若山、彘山、玉山、讙山、仁举山、师每山、琴鼓山、岷山、女几山、崃山、崌山、	凫谷、机谷、藿谷、共谷、蛇谷

所在篇目	山峦名称	其他
中山经 （202）	高梁山、蛇山、高山、隅阳山、勾檷山、风雨山、熊山、魏山、葛山、贾超山、首阳山、虎尾山、繁绩山、勇石山、复州山、楮山、又原山、涿山、丙山、荆山、翼望山、朝歌山、帝囷山、视山、前山、丰山、兔床山、皮山、瑶碧山、支离山、袟简山、菫理山、依轱山、即谷山、鸡山、高前山、游戏山、从山、婴䃌山、毕山、乐马山、葴山、婴山、虎首山、婴侯山、大孰山、卑山、倚帝山、鯢山、雅山、宣山、衡山、丰山、姬山、鲜山、章山、大支山、区吴山、声匈山、大騩山、踵臼山、历石山、求山、丑阳山、奥山、服山、杳山、几山、洞庭山、篇遇山、云山、龟山、丙山、风伯山、夫夫山、暴山、即公山、尧山、江浮山、真陵山、阳帝山、柴桑山、荣余山	
海外南经 （3）	南山、狄山、汤山	昆仑虚
海外西经 （4）	大运山、常羊山、登葆山、穷山	
海外北经 （3）	钟山、昆仑（山）、务隅山	上谷
海外东经	无	壉丘（又作嗟丘）；朝阳谷、汤谷
海内南经 （3）	三天子鄣山、苍梧山、丹山	
海内西经 （7）	疏属山、雁门山、高柳（山）、钟山、昆仑虚、黑水山、积石山	
海内北经 （6）	蛇巫山(龟山）、昆仑虚、阳汙山、凌门山、列姑射（山）、逢莱山	
海内东经 （19）	白玉山、苍梧（山）、昆仑山、会稽山、汶山、曼山、高山、三天子都（天子鄣）（山）、馀山、鲋鱼山、峉峒山、鸟鼠同穴山、少室山、天息山、长城北山、桂阳西北山、洛西山、井陉山、共山	昆仑虚、琅邪台

所在篇目	山峦名称	其他
大荒东经 （24）	甘山、皮母地丘（山）、大言（山）、波谷山、㴬山、合虚（山）、东口山、大阿山、明星（山）、鞠陵于天山、东极山、离瞀山、招摇山、孽摇頵羝山、猗天苏山、綦山、摇山、䰠山、门户山、盛山、待山、壑明俊疾山、凶犁土丘山、流波山	
大荒南经 （33）	阿山、泛天山、荣山、巫山、不庭山、成山、不姜山、贾山、言山、登备山、恝恝山、蒲山、隗山、尾山、翠山、去痓山、襄山、重阴山、融天山、蜮山、宋山、歹涂山、云雨山、苔山、宗山、姓山、壑山、陈州山、东州山、白水山、岳山、申山、南类山	苍梧野
大荒西经 （32）	不周（山）、湿山、幕山、禹攻共工国山、大泽长山、双山、方山、芒山、桂山、榣山、丰沮玉门山、灵山、王母山、壑山、海山、桃山、䖝山、于土山、日月山、玄丹山、鏖鏊钜山、巫山、壑山、金门山、炎火山、常阳山、章山、大荒山、大巫山、金山、偏句（山）、常羊山	轩辕台； 昆仑丘； 天穆野
大荒北经 （29）	附禺山、不咸山、榆山、鲧攻程州山、衡天山、先民山、先槛大逢山、禹所积石山、阳山、顺山、丹山、北极天柜山、成都载天山、岳山、不句山、系昆山、共工之台、融父山、钟山、齐州山、君山、鹙山、鲜野山、鱼山、章山、衡石山、九阴山、洞野山、章尾山	禹谷
海内经 （16）	鸟山、淮山、不死山、华山、肇山、灵山、巴遂山、衡山、菌山、桂山、三天子之都山、九嶷山、蛇山、不距山、幽都山、大玄山	苍梧丘、陶唐丘、叔得丘、孟盈丘、昆吾丘、黑白丘、赤望丘、参卫丘、武夫丘、神民丘； 都广野

二、水流

所在篇目	水流名称	其他
南山经 （21）	丽麂水、怪水、宪翼水、英水、沘水、淯（水）、赤水、苕水、閬水、虖勺（水）、勺水、湨（水）、列涂（水）、泿水、鹿水、泽更水、浪水、丹水、汜水、黑水、佐水	海、渤海／勃海、东海、西海；即翼泽、具区（太湖）、阆泽
西山经 （61）	濩水、渭（水）、符禺水、灌水、禺水、招水、竹水、丹水、洛水、漆水、逐水、涔水、清水、汉水、沔（水）、嚣水、汤水、蔷水、诸资水、涂水、集获水、盼水、赤水、凄水、浴水、楚水、泾水、苕水、鸟危水、皇水、泚水、渤水、观水、丘时水、瑶水（瑶池）、河水、汜天水、洋水、丑涂水、墨水、桃水、洵水、黑水、浊浴（水）、英水、阴水、弱水、洱水、区水、辱水、诸次水、汤水、申水、端水、生水、刚水、夹水、浣水、蒙水、滥水、苕水	河、海、西海、东海、四海；稷泽、蚤泽、蠃渊、泑泽、番泽、陵羊泽
北山经 （100）	潞水、浴水、滑水、诸毗水、谯水、嚣水、伊水、彭水、芘湖水、鱼水、熏水、棠水、泚水、杠水、栎水、杠水、匠韩水、边水、敦薨水、敦水、雁门水、灢泽水、诸怀水、嚣水、鲜水、涂吾水、堤水、泰泽、汾水、酸水、晋水、胜水、鲔水、狂水、浮水、诸余水、庞水、决决水、条菅水、滽水、留水、涔水、修水、湖灌水、潕水、教水、平水、高水、丹水、薄水、蚤林水、肥水、床水、明漳水、共水、瀑水、沁水、丹林水、婴侯水、氾水、黄水、泹（水）、滏水、欧水、漳水、清漳水、浊漳水、牛首水、于滏水、景水、洧水、阳水、漆水、泰陆水、泜水、彭水、槐水、泜泽、历聚水、洧水、肥水、敞铁水、木马水、虖沱（水）、空桑水、溇水、液女水、沁水、濩濩水、鲜于水、皋涂水、溇液水、滋水、滱水、郼水、般水、燕水、历虢水、伦水、绳水、浴水	河、海、海、北海、东海；泑泽、栎泽、泰泽、邛泽、长泽、邛泽、盐贩泽、少泽、黄泽、海泽、皋泽、大泽（12）
东山经 （32）	食水、湖水、泿水、减水、姑儿水、诸绳水、末涂水、沔（水）、环水、汶（水）、㳽水、激水、娶檀水、峄皋水、激女水、澧水、杂余水、黄水、沙水、涔水、原水、硿水、碧阳水、苍体水、展水、泚水、石膏水、鬲水、师水、子桐水、钩水、劳水	海、江；涺泽、余泽、湖泽、皋泽、余如泽、沙泽

所在篇目	水流名称	其他
中山经 （84）	共水、渠猪水、劳水、潏水、少水、即鱼水、鲜水、阳水、伊水、薤水、洛（水）、畛水、潚潚水、甘水、虢水、滔雕水、浮濠水、玄扈水、尸水、馀水、乳水、龙馀水、黄酸水、玄扈水、交觞水、俞随水、榖水、谢水、瞻水、陂水、惠水、涧水、爽水、豪水、厌染水、橐水、滽水、菑水、湖水、杨水、门水、错姑水、雒水、明水、狂水、来需水、合水、休水、氾水、器难水、役水、太水、承水、末水、睢水、漳水、洈水、郁水、江水、大江、蒲鶹水、徐水、减水、宣余水、湍水、济（水）、贶水、汉（水）、潕水、荥（水）、帝困水、从水、帝苑水、澧（水）、视水、汝水、杀水、鲵水、澧水、沧水、皋水、澧水、求水、奥水	江、海；睢漳渊、漳渊
海外南经 （2）	青水、赤水	
海外西经	无	
海外北经 （2）	河渭（济河、渭水）	北海
海外东经	无	
海内南经 （2）	郁水、弱水	
海内西经 （6）	赤水、河水、洋水、黑水、弱水、青水	海、渤海、昆仑南渊
海内北经	无	从极之渊（又作忠极之渊）
海内东经 （26）	大江、北江、南江、浙江、庐江、淮水、湘水、汉水、濛水、温水、颍水、汝水、泾水、渭水、白水、沅水、泗水、鬱水、潢水、肄水、洛水、沁水、济水、潦水、虖沱水、漳水、汾水	洞庭、雷泽、钜鹿泽；渤海
大荒东经 （4）	甘水、甘渊、杨水、融水	东海、北海；大壑；温源谷（汤谷）

续表

所在篇目	水流名称	其他
大荒南经（9）	赤水、荣水、黑水、甘水、汜水、澧水、漂水、青水、白水	甘渊、少和渊、从渊、缙渊、俊坛、白渊；南海
大荒西经（3）	寒暑水、赤水、三泽水／三淖	西海、西北海；孟翼之攻颛顼池；弱水渊
大荒北经（5）	赤泽水、河济、赤水、顺水、黑水	东北海、北海、西北海；封渊
海内经（8）	好水、黑水、若水、青水、若水、渑水、蛇水、江水	东海、北海、西海、南海；苍梧渊

三、植物

所在篇目	植物名称	其他
南山经（10）	桂、韭、祝馀、榖、迷榖、楠木、梓、楠、荆、杞	祭物：糈、稌
西山经（74）	松、荆、杞、草荔、乌韭、文茎、条、韭、葵、棕、楠、柤、櫧、箭、箱、黄藿、樗、麻、竹、盼木、枳、薰草、蘼芜、榖、柞、桃枝、钩端、蕙、桔、蓇蓉、枌、菅、蕙、杜衡、薰荚、葵赤、无条、檀、楮、女床、稷、豫章、棠、枳、桃、枣、丹木、粟（米）、榣木、有若、李、沙棠、薲草、葵、葱、楮、茆、蕃、芷草、柞、桑、榛、楛、漆、棕、药虈、芎藭、柏、栎、桼木、漆木、木瓜、杯木	祭物：糈、稷米、白菅、稻米
北山经（39）	机木、漆、桐、椐、松、柏、樗、韭、薤、葱、葵、桃、李、橿枏、榛、楛、棕、枏、芷草、枳、棘、葱、糈、芷草、柳、三桑、百果树、蕃藆、秦椒、漆木、竹、箭、柘木、梅、芍药、芎藭、条、苣	祭物：糈、稌、稰米

续表

所在篇目	植物名称	其他
东山经 （20）	漆、桑、柘、樗、榖、梓、楠、荆、苣、棘、桃、李、桐、菌蒲、黍、杨、枣、苣、虈芜、桢木	
中山经 （160）	柤木、葵、杏、篡、櫄、杻木、楝、竹、棕、植楮、天婴、龙骨、蘨草、鬼草、榖、蔷棘、雕棠、榆、赤莍、荣草、柳、桑、棠、芒草、箭、茜、举、蒁、藁、茼草、枣、蔓居木、蒐、樗、桐、芨、漆、葶苎、竹箭、竹箭、苏、榖、柞、苶芜、槐、芍药、橐冬、樏木、芫、棘、藷萸、蕙、寇脱、楮、櫔木、萧、柑、苦辛、櫹、蓍、凤条、焉酸、蓄草、菟丘、黄棘、无条、天楄、蒙木、榆、牛伤、嘉荣、帝休、犁、楠木、苶、蘡蕿、蘦草、亢木、柏、帝屋、椒、少辛、茵草、蘡蕿、棃、萩、葪柏、猨、杼、檀、桔、桃枝、钩端、梓、韭、栗、橘、机、桃、李、梅、杏、寓木、椒、菊、梅棠、薤、药、空夺、枸、豫章、芷、栎、芍药、椒、榉、杨、荆、樗、苣、寇脱、櫐、柤、龙脩、寓木、柘、歀、漆、柑、莽草、楮、芧、机桓、苴、櫄、桐、椐、虆、帝女桑、羊桃、栖、橐冬、桐、香、桂竹、桐、扶竹、筮竹、鸡鼓、柤、梨、蒁、虈芜、芍药、芎藭、箭、箘、苶、荣草、㦸	祭物：糈、稌、涂、五种之糈／五种之精
海外南经 （2）	三株树、柏	
海外西经 （1）	雄常（树）	
海外北经 （5）	寻木、三桑、杨柳、甘柤、甘华	
海外东经 （5）	杨柳、甘华、扶桑、稻、大木	
海内南经 （3）	栾、菌、建木	
海内西经 （10）	珠树、文玉树、玗琪树、不死树、木禾、柏树、圣木曼兑（挺木牙交）、服常树、琅玕树、鸟秩树	
海内北经	无	
海内东经	无	

所在篇目	植物名称	其他
大荒东经 （5）	黍、扶木、芥、甘华、甘柤	
大荒南经 （10）	黍、甘木、枫木、栾、芑、苣、穋、杨、朱木、甘华	
大荒西经 （6）	柜格松、甘华、甘柤、白木、白柳、朱木	
大荒北经 （4）	三桑、黍、寻竹、若木	
海内经 （8）	菽、稻、黍、稷、灵寿、若木、建木、麻	

四、动物

所在篇目	动物名称	其他
南山经 （62）	禹、狌狌、白猿、蝮虫、马、虎、鹿蜀、玄鱼、龟、𩵋、旋龟、牛、蛇、留牛、鲑、狸、类、羊、猼訑、鸡、鹠鹌、鸠、灌灌、赤鱬、鱼、鸳鸯、狐、鸟、龙、豚、狗、狸力、鴸、鶔、长右、彘、猾裹、蝮虫、犬、鮆鱼、蠹、莳蠃、蛊雕、雕、犀、兕、象、鸡、瞿如、虎蛟、蛇、鸳鸯、鸡、凤皇、蝮虫、鱄鱼、鲋、彘、颙、枭、凤皇、鸼雏	
西山经 （132）	羊、马、羬羊、鳊渠、山鸡、肥螚（蛇）、㸲牛、㸲羊、赤鷩、葱聋、鸥、翠、牛、鳢鱼、鳖、鹑、肥遗（鸟）、虫、人鱼、豚、笄、豪彘、木虫、禹、嚣、枭、橐𩇯、猛豹、尸鸠、犀、兕、熊、罴、白翰、赤鷩、狗、谿边、鹑、栎、鹿、玃如、数斯、犛、鸮、鹦䳇、㸲牛、鸬、麝、鷐、鹊、白蛇、鹦鹉、虎、豹、翟、鸾鸟、白豪、雄鸡、凫徯、猿、朱厌、𪊨羊、罗罗、麋、举父、凫、蛮蛮、龙、鹗、雕、晨鹄、鸐鸟、鹄、蠃母、文鳐鱼、鲤鱼、鸾鸡、鹰、鹯、土蝼、勃皇、蜂、鸳鸯、钦原、鹑鸟、鰠鱼、蛇、犬、狡、翟、胜遇、录（鹿）、狰、鹤、毕方、狸、天狗、榴榴（猫）、三青鸟、徼狪、鸹、鸥、积蛇、狸、讙、鸟、鹒鸠、白鹿、当扈、雉、白狼、白虎、白雉、白翟、鸮、蛮蛮、鼠、冉遗鱼、驳、蜼、穷奇、狗、黄贝、蠃鱼、鳋鱼、鳣鱼、䰻魾鱼、龟、孰湖、鸮、蜂、鸡	祭物：雄鸡、毛采（杂色公鸡）

所在篇目	动物名称	其他
北山经 （109）	滑鱼、鳛、水马、马、牛尾、臛疏、乌、鹣鸥、儵鱼、鸡、鹊、何罗鱼、犬、狟、榴榴（猫）、孟槐、鳎鳎鱼、鹊、鷹羊、蕃、橐驼、寓、鼠、鸟、羊、文贝、菟、麇、耳鼠、豹、孟极、禺、幽鹖、牛、足訾、雌雉、鴵、诸犍、雉、白鶲、那父、辣斯、旄牛、长蛇、黾、赤鲑、兕、尸鸠、窥窳、鲌鲌鱼、鳔鱼、鲤、山狝、诸怀、雁、鮨鱼、鱼、肥遗、劲龙、龟、蛇、雄鸡、间、麋、白翟、白鶴、鲜鱼、驿虎、狍鸮、独𤜱、鷯鷗、居暨、彙（刺猬）、豚、夸父、嚣、鮔、怪蛇、羚羊、驿、鹊、人鱼、鳍鱼、白犬、天马、鹛鹭、飞鼠、句瞿、领胡、赤鸱、象蛇、鳛父鱼、鮒鱼、酸与、肥遗（蛇）、鸽鹮、枭、黄鸟、白蛇、飞虫、精卫、鳎龟、辣辣、鹛、猨、师鱼、大蛇、蒲夷鱼	祭物：雄鸡
东山经 （76）	鳙鳙鱼、犁牛、狓鸣、活师（蝌蚪）、犬、从从、鸡、鼠、蚩鼠、箴鱼、儵、鱤鱼、堪抒鱼、夸父、黾、鯈蛹、黄蛇、鱼、豚、狪狪、茈蠃、龙、牛、虎、軨軨、軨䖺、珠鳖鱼、菟、鸟、鸥、蛇、犰狳、鰲鳇、大蛇、狐、朱獳、鸳鹠、鸿雁、獭獭、狐、蠪蛭、马、羊、狗、峳峳、凫、絜钩、麇、婴胡、寐鱼、麋鹿、鳣鲔、大蛇、蟳龟、鲤、鲐鲐鱼、精精、牡羊、狼、猲狙、趹雀、鳛鱼、鲤、美贝、茈鱼、鮒、薄鱼、鳣鱼、鳎鱼、文贝、豚、鳎鱼、鸳鸯、合窳、虫、蜮	
中山经 （151）	猷鼠、雛、豪鱼、鲔、飞鱼、鮒鱼、狸、䖟䖟、羊、间、麋、鹍、鸣蛇、蛇、化蛇、豺、鸟、黾、蠪蚳、马腹、虎、白鹿、夫诸、驾鸟、仆累、薄卢、豹、鹘、凫、豚、黄贝、牡羊、雄鸡、貉、鹰、犀渠、獭、獳犬、鱼、人鱼、蚱牛、臧羊、赤鷩、白鸡、鴅鸟、枭、麋、黑犬、雌鸡、牝羊、山鸡、鸽鹦、旋龟、脩辟鱼、黾、鸥、怍牛、臧羊、鹙、马、鹑、山膏、逐（豚）、蜂、文文、三足龟、鯩鱼、鮒、縢鱼、鳏、鲼鱼、鸷蜼、豕、文鱼、搫牛、麂、白鶴、翟、臭、鲛、龙、兕、鹿、鹦、白犀、龟、鼍、怪蛇、象、夔牛、翰、鷩、鸷鱼、兕、鹍、窃脂、狐、狌狼、犀、熊、罴、猿、蜼、麈、鹰、鹍、跂踵、鹛鸠、蛟、鰀、鸡、雉、蜮、鸩、婴勺、臧羊、鹊、青耕、犬、獭、玄豹、三足鳖、彘、猴、颉、猷鼠、狙如、大鱼、鹛鸠、鹏大（犬）、犰即、狸、梁渠、乌、駅𩦌、闻獜、牛、怪鸟、䴥、就、龟、蛫、麇、麝、麋鹿、白蛇、飞蛇、怪虫	

续表

所在篇目	动物名称	其他
海外南经（15）	比翼鸟、毕方鸟、虫、蛇、鱼、熊、罴、蜼、豹、视肉、吁咽、鸱久、视肉、虖交、龙	
海外西经（21）	灭蒙鸟、龙、黄马、文马、鸾鸟、鹬鸟、青鸟、黄鸟、并封、虓、鸾鸟、凤鸟、龙鱼、狸、鰼、鳖鱼、鱼、鲤、乘黄、狐、蛇	
海外北经（19）	蛇、青蛇、黄蛇、熊、罴、文虎、离朱、鸱久、视肉、遗玉、青鸟、马、驹騟、駮、虎、豹、蛩蛩、罗罗、白马	
海外东经（10）	遗玉、青马、视肉、青蛇、虎、蛇、赤蛇、龟、𩰚、鸟、龙	
海内南经（14）	兕、狌狌、犀牛、窫窳、龙、貜、牛、黄蛇、鱼、巴蛇、象、黑蛇、旄马、马	
海内西经（18）	窫窳、雁、孟鸟、开明兽、毕方鸟、凤皇、鸾鸟、离朱、蛇、赤蛇、视肉、树鸟、蛟、蝮、蜼、豹、诵鸟、鹖	
海内北经（22）	三青鸟、犬、马、吉量、蛇、蜪犬、穷奇、虎、大蜂、蠡、朱蛾、蛾、蟜、阘非、蝟、环狗、駹吾、龙、大蟹、陵鱼、鱼、大鯾	
海内东经（1）	龙	
大荒东经（21）	虎、豹、熊、罴、狐、鸟、黄蛇、大蟹、乌、犬、青蛇、五采鸟、三青马、三骓、遗玉、三青鸟、三骓、视肉、应龙、牛、夔	
大荒南经（30）	跊踢、双双、文贝、离俞、鸱久、鹰、贾、委维、熊、罴、象、虎、豹、狼、视肉、玄蛇、麈、黄鸟、青蛇、赤蛇、鸾鸟、凤鸟、蜮、黄蛇、育蛇、鸟、廷维、遗玉、青马、三骓	
大荒西经（31）	狂鸟、皇鸟、鸾鸟、凤鸟、虫、䖟、猨、视肉、琅玕、大鹭、少鹭、青鸟、鸣鸟、青蛇、赤蛇、五色鸟、青鸑、黄鹜、黄鸟、屏蓬、比翼鸟、白鸟、天犬、虎、豹、龙、鱼、鱼妇、蛇、鹓鸟、赤犬	
大荒北经（24）	鸱久、文贝、离俞、鸾鸟、皇鸟、青鸟、琅玕、玄鸟、黄鸟、虎、豹、熊、罴、黄蛇、视肉、蜚蛭、蛇、琴虫、大青蛇、麈、猎猎、应龙、鱼、马	

所在篇目	动物名称	其他
海内经（25）	豕、豚、鸾鸟、凤鸟、蝡蛇、窫窳、龙、猩猩、麈、黑蛇、赣巨人、虎、鸟、蛇、封豕、延维、菟、崐狗、翠鸟、孔鸟、翳鸟、玄鸟、玄蛇、玄狐、马	

五、矿藏

所在篇目	矿藏名称	其他
南山经（12）	育沛、水玉、黄金、赤金、白金、玉、青雘、白玉、金、砆石、金石、丹雘	祭物：璧、璋
西山经（38）	铜、琈珒玉、铁、流（硫磺）、赭、赤金、苍玉、赤铜、婴垣玉、水玉、白银、白玉、黄金、礜、玉、藻玉、白珠、青碧、雄黄、石涅、美玉、磐石、垩、碧、青雄黄、玄玉、瑾、瑜、文玉石、瑶、金、琅玕、采黄金、银、汵石、白金、雄黄、珠	祭物：瑜、珪、璧、婴短玉、吉玉
北山经（23）	茈石、玉、青碧、青雄黄、铁、丹雘、瑶、碧、磁石、铜、赤银、赭、苍玉、白玉、美玉、金、黄垩、涅石、玄碡、碧玉、石玉、赤铜、婴石	祭物：吉玉、璧、珪
东山经（12）	玉、金、青碧石、箴石、美石、瑶碧、水玉、白垩、水碧、碧、璧、赭	
中山经（53）	赤铜、金、青雄黄、琈珒玉、赭、黄金、玉、瑶、碧、汵石、礝石（瓀石）、涂石、铜、水玉、䗍石、美垩、锡、美玉、璇玉、茈石、麋石、垆丹、铁、瑶、珚玉、垩、玄碡、麋玉、赤金、白金、青垩、青雘、白玉、白珉、银、赤锡、黄垩、白垩、赭、邽石、白锡、石涅、雄黄、赤金、珹石、美赭、珉、丹雘、胕石、白银、黄垩、美铜、汵石	祭物：藻圭、璧、珪、吉玉、圭璧、桑封、藻玉、璆
大荒东经	无	
大荒南经	无	
大荒西经（7）	璇瑰、瑶、碧、白丹、青丹、白银、铁	
大荒北经（3）	璿瑰、瑶、碧	
海内经（5）	黄金、璿瑰、丹货、银、铁	

六、国家

所在篇目	国家名称	其他
南山经（1）	流黄	
西山经	无	
北山经	无	
东山经	无	
中山经	无	
海外南经（13）	结匈国、羽民国、讙头国（讙朱国）、厌火国、三苗国（三毛国）、载国、贯匈国、交胫国、歧舌国、三首国、周饶国、焦侥国、长臂国	
海外西经（10）	三身国、一臂国、奇肱国、丈夫国、巫咸国、女子国、轩辕国、白民国、肃慎国、长股国	
海外北经（9）	无綮国、博父国、拘缨国（利缨国）、跂踵国、一目国、柔利国（留利国）、深目国、无肠国、聂耳国	
海外东经（8）	大人国、君子国、青丘国、黑齿国、雨师妾、玄股国、毛民国、劳民国	
海内南经（10）	伯虑（相虑）国、离耳国、雕题国、北朐国、枭阳国、巴（国）、氐人国、匈奴、开题国、列人国	
海内西经（8）	开题（国）、氐（人）国、流黄酆氏国、东胡（国）、夷人（国）、貊国、燕（国）、羽民（国）	
海内北经（7）	（离）戎（国）、林氏国、盖国、钜燕（国）、倭（国）、朝鲜（国）、射姑国	
海内东经（8）	钜燕（国）、埻端（国）、玺晚（国）、大夏（国）、竖沙（国）、居繇（国）、月支国、吴（国）	
大荒东经（18）	少昊国、大人国、小人国、蒍国、中容国、君子国、司幽国、白民国、青丘国、柔仆民（国）、黑齿国、夏州国、盖余国、玄股（国）、困民国、摇民国、壎民国、女和月母国	
大荒南经（14）	季禺国、羽民国、卵国、盈民国、不死国、季厘国、载民国、蜮民国、焦侥国、颛顼国、䏮国、张宏国、驩头国、羲和国	
大荒西经（15）	淑士国、白氏国、长胫国、西周国、先民国、北狄国、沃国、女子国、丈夫国、弇州国、轩辕国、寒荒国、寿麻国、盖山国、互人国	

所在篇目	国家名称	其他
大荒北经（16）	胡不与国、肃慎氏国烈、大人国、叔歜国、北齐国、始州国、毛民国、儋耳国、无肠国、无继（无綮国）、深目民国、无骨国（柔利国）、中輪国、赖丘国、犬戎国、牛黎国	
海内经（14）	朝鲜（国）、天毒（国）、壑市（国）、泛叶（国）、朝云国、司彘国、禹中国、列襄国、盐长国、巴国、流黄辛氏国、朱卷国、大幽国、钉灵国	

七、异人

所在篇目	异人	其他
西山经（20）	长乘、西王母、少昊、魂氏、黄帝、鼓、钦鴀、葆江、英招、后稷、槐鬼离仑、有穷鬼、天神、陆吾、江疑、耆童、帝江、蓐收、红光、神魂	
北山经（2）	炎帝、女娃	
中山经（17）	熏池、禹父、武罗、泰逢、骄虫、帝、女尸、天愚、蛊围、计蒙、涉蠱、雍和、耕父、于儿、帝之二女、帝台	
海外南经（7）	帝、羿、凿齿、帝尧、帝喾、文王、祝融	神人二八
海外西经（7）	启、形天、帝、女祭、女戚、女丑之尸、蓐收	群巫
海外北经（6）	烛阴、共工、相柳氏、禹、夸父、颛顼	
海外东经（6）	奢比之尸（肝榆之尸）、天吴、帝、竖亥、句芒、颛顼	
海内南经（4）	舜、丹朱、启、孟涂	
海内西经（14）	贰负、危、帝、巫彭、巫抵、巫阳、巫履、巫凡、巫相、窫窳之尸、三头人、后稷、羿、禹	
海内北经（13）	西王母、大行伯、贰负之尸、帝尧、帝喾、帝丹朱、帝舜、据比之尸、冰夷（水神）、王子夜之尸、登比氏（登北氏）、宵明、烛光	
海内东经（3）	雷神、舜、帝颛顼	
大荒东经（28）	少昊、帝颛顼、犁𩰚之尸、帝俊、中容、晏龙、司幽、思土、思女、帝鸿、白民、黑齿、天吴、折丹（折）、禺䝞、黄帝、禺京、王亥、有易、河伯、帝舜、戏、摇民、女丑、奢比尸、鹓、蚩尤、夸父	

所在篇目	异人	其他
大荒南经（28）	舜、叔均、（天）帝、帝俊、娥皇、颛顼、不廷胡余、因因乎（因乎）、季厘、倍伐、无淫、凿齿、羿、蜮人、蚩尤、祖状之尸、禹、伯服、驩头、昆吾、张宏、鲧、士敬、琰融、帝尧、帝喾、羲和、菌人	
大荒西经（48）	颛顼、女娲之肠、石夷、叔均、帝俊、后稷、台玺、黄帝、始均、北狄、太子长琴、老童、祝融、巫咸、巫即、巫盼、巫彭、巫姑、巫真、巫礼、巫抵、巫谢、巫罗、女丑之尸、夲兹、嘘、重、黎、噎、天虞、常羲、黄姖之尸、西王母、女祭、女薎、女虔、季格、寿麻、夏耕之尸、成汤、夏桀、耕、吴回、夏后开、炎帝、灵恝、百人、黄帝	
大荒北经（34）	帝颛顼、九嫔、帝俊、大人、禹、均国、役采、修鞈、绰人、禹号、禹强、九凤、强良、夸父、后土、信、蚩尤、共工、相繇、禹、女妭、风伯、雨师、叔均（田祖）、犬戎、黄帝、苗龙、融吾、弄明、白犬、戎宣王尸、苗民、驩头、烛龙	
海内经（53）	黄帝、雷祖、昌意、韩流、阿女、帝颛顼、柏高、后稷、大皞、咸鸟、乘厘、后照、舜、巧倕、相顾之尸、伯夷父、西岳、先龙、炎帝、伯陵、吴权、阿女、鼓、延、殳、骆明、白马（鲧）、禹号，禹号、淫梁、番禺、奚仲、吉光、少暤、般、帝俊、羿、晏龙、三身、义均、后稷、叔均、禹、鲧、听訞、炎居、节并、戏器、祝融、共工、术器、后土、噎鸣、（天）帝	

附录四　《山海经》神人异人一览表[1]

篇章	居住地	名称	特点	备注
南山经	䧿山至箕尾山十山		其神状皆鸟身而龙首	其祠之礼：毛，用一璋玉瘗；糈，用稌米、一璧，稻米、白菅为席
	柜山至漆吴山十七山		其神状皆龙身而鸟首	其祠：毛，用一璧瘗；糈，用稌
	天虞山至南禺山十四山		其神皆龙身而人面	其祠皆一白狗祈，稻用稌
西山经	钱来山至騩山十九山			华山冢也，其祠之礼：太牢。羭山神也，祠之用烛，斋百日以百牺，瘗用百瑜，汤其酒百樽，婴以百珪百璧。其余十七山之属，皆毛牷用一羊祠之。烛者，百草之未灰，白席采等纯之

[1] 只列《山海经》中对各种奇木异草特点有具体描述者，各国国民虽生相奇异，不包括在内。另一，天吴同名，但两处形貌不同，一并列入；二，西王母同名，但两处居住地不一，一并列入；三，启和开为同一人，但居住地不一，一并列入；四，鱼妇亦神亦兽，女娃（精卫）亦神亦鸟，故又列入奇禽异兽一览表。

309

篇章	居住地	名称	特点	备注
西山经	钤山至莱山十七山		其十神者，皆人面而马身；其七神皆人面而牛身，四足而一臂，操杖以行，是为飞兽之神	其(七神)祠之，毛用少牢，白菅为席。其十辈神者，其祠之毛一雄鸡，钤而不糈：毛采
	钟山	鼓	其状如人面而龙身	钟山山神子，与钦䲹杀葆江于昆仑之阳，帝乃戮之钟山之东，化为鵕鸟
		钦䲹		与鼓杀葆江于昆仑之阳，帝乃戮之钟山之东，化为大鹗
	槐江山	英招	其状马身而人面，虎文而鸟翼，徇于四海，其音如榴	司槐江山——实惟帝之平圃
		天神（不知名）	其状如牛，而八足二首马尾，其音如勃皇	见则其邑有兵
	诸毗	离仑		槐鬼
	恒山	有穷鬼		
	昆仑丘	陆吾	其神状虎身而九尾，人面而虎爪；是神也	司昆仑丘——是实惟帝之下都，司天之九部及帝之囿时
	赢母山	长乘	其神状如人而豹尾	司赢母山，其神是天之九德也
	玉山	西王母	西王母其状如人，豹尾虎齿而善啸，蓬发戴胜	是司天之厉及五残

篇章	居住地	名称	特点	备注
西山经	长留山	白帝少昊		
		员神魂氏		主司反景
	符惕山	江疑		（是山也，多怪雨，风云之所出也）
	騩山	耆童	其音常如钟磬	
	天山	帝江（即帝鸿，亦即黄帝）	基状如黄囊，赤如丹水，六足四翼，浑敦无而目	是识歌舞
	泑山	蓐收		（是山也，西望日之所入）
		红光		其（泑山）气员，神红光之所司也
	崇吾山至翼望山二十三山		其神状皆羊身人面	其祠之礼，用一吉玉瘗，糈用稷米
	刚山	神魑	其状人面兽身，一足一手，其音如钦	
	阴山至崦嵫山十九山			其神祠礼，皆用一白鸡祈，糈以稻米，白菅为席
北山经	单狐山至堤山二十五山		其神皆人面蛇身	其祠之，毛用一雄鸡彘瘗，吉玉用一珪，瘗而为不糈
	管涔山至敦题山十七山		其神皆蛇身人面	其祠；毛用一雄鸡彘瘗；用一璧一珪，投而不糈
	发鸠山	女娃（精卫）	其状如乌，文首、白喙、赤足，其鸣自詨	是炎帝之少女，游于东海，溺而不返，故为精卫，常衔西山之木石，以堙于东海

311

续表

篇章	居住地	名称	特点	备注
北山经	太行山至无逢山四十六山		其神状皆马身而人面者廿神／其十四神状皆彘身而载玉／其十神状皆彘身而八足蛇尾	其祠之，皆用一藻茝瘗之／其祠之，皆玉，不瘗／其祠之，皆用一璧瘗之（大凡四十四神，皆用稌糈米祠之）
东山经	樕螽山至竹山十二山		其神状皆人身龙首	祠：毛用一犬祈，衈用鱼
东山经	空桑山至碣山十七山		其神状皆兽身人面载觡	其祠：毛用一鸡祈，婴用一璧瘗
东山经	尸胡山至无皋山九山		其神状皆人身而羊角	其祠：用一牡羊，米用黍。是神也，见则风雨水为败。
中山经	甘枣山至鼓镫山十五山	（文中只说祭祀之法，并未提及诸山山神）		历儿，冢也，其祠礼：毛，太牢之具，县以吉玉。其余十三山者，毛用一羊，县婴用桑封，瘗而不糈，桑封者，桑主也，方其下而锐其上，而中穿之加金
中山经	辉诸山至蔓渠山九山		其神皆人面而鸟身	祠用毛，用一吉玉，投而不糈
中山经	敖岸山	熏池		
中山经	青要山	武罗	其状人面而豹文，小要而白齿，而穿耳以鐻，其鸣如鸣玉	司青要山——实维帝之密都
中山经	和山	泰逢（吉神）	其状如人而虎尾，是好居于萯山之阳，出入有光	司和山——实维河之九都，泰逢神动天地气也
中山经	敖岸山至和山五山			其祠泰逢、熏池、武罗皆一牡羊副，婴用吉玉，其二神用一雄鸡瘗之，糈用稌

篇章	居住地	名称	特点	备注
中山经	鹿蹄山至玄扈山九山		其神状皆人面兽身	其祠之，毛用一白鸡，祈而不糈，以采衣之
	苟林山至阳虚山十六山			升山，冢也，其祠礼，太牢，婴用吉玉。首山，魁也，其祠用稌、黑牺、太牢之具、蘗酿、干儛、置鼓，婴用一璧。尸水，合天也，肥牲祠之，用一黑犬于上用一雌鸡于下，刉一牝羊，献血。婴用吉玉，采之，飨之
	平逢山	骄虫	其状如人而二首	其祠之：用一雄鸡，禳而勿杀
	平逢山至阳华山十四山	（文中只说祭祀之法，并未提及诸山山神）		六月祭之，如诸岳之祠法，则天下安宁
	姑媱山	女尸	其叶胥成，其华黄，其实如菟丘	帝女死焉，化为䔄草，服之媚于人
	休与山至大騩山十九山		其十六神者，皆豕身而人面／其神状皆人面而三首	其祠：毛轮用一羊羞，婴用一藻玉瘗／苦山、少室、太室皆冢也，其祠之太牢之具，婴以吉玉
	光山	计蒙	其状人身而龙首	恒游于漳渊，出入必有飘风暴雨
	岐山	涉𧑞	其状人身而方面三足	
	景山至琴鼓山二十三山		其神状皆鸟身而人面	其祠用一雄鸡祈瘗，用一藻圭，糈用稌。骄山冢也，其祠用羞酒少牢祈瘗，婴毛一璧

篇章	居住地	名称	特点	备注
中山经	女几山至贾超山十六山		其神状皆马身而龙首	其祠，毛用一雄鸡瘗，糈用稌。文山、勾檷、风雨、騩山，是皆冢也；其祠之：羞酒，少牢具，婴毛一吉玉。熊山，帝也。其祠：羞酒，太牢具，婴毛一璧。干舞，用兵以禳祈，璆冕舞
	首山至丙山九山		其神状皆龙身而人面	其祠之：毛用一雄鸡瘗，糈用五种之糈。堵山，冢也，其祠之：少牢具，羞酒祠，婴毛一璧瘗。騩山，帝也，其祠羞酒，太牢具；合巫祝二人舞，婴一璧
	丰山	耕父		常游清泠之渊，出入有光，见则其国为败
	翼望山至几山四十八山		其神状皆彘身人首	其祠：毛用一雄鸡祈，瘗用一珪，糈用五种之精。禾山，帝也，其祠：太牢之具，羞瘗，倒毛；用一璧，牛无常。堵山、玉山冢也，皆倒祠，羞毛少牢，婴毛吉玉
	洞庭山	帝之二女		是常游于江渊
		怪神	状如人而载蛇，左右手操蛇	
	篇遇山至荣余山十五山		其神状皆鸟身而龙首	其祠：毛用一雄鸡，一牝豚刉，糈用稌。凡夫夫山、即公山，尧山、阳帝山皆冢也，其祠：皆肆瘗，祈用酒，毛用少牢、婴毛，一吉玉。洞庭、荣余山神也，其祠：皆肆瘗，祈酒，太牢祠，婴用圭璧十五，五采惠

篇章	居住地	名称	特点	备注
海外南经	羽民国东		连臂，其为小人颊赤肩，尽十六人	为帝司夜于此野
	昆仑虚东	羿	持弓矢	羿与凿齿战于寿华之野，羿射杀之
		凿齿	持盾，一曰戈	
	南方	祝融	兽身人面，乘两龙	
海外西经	大乐之野（大遗之野）	启	乘两龙，云盖三层。左手操翳，右手操环，佩玉璜	于此儛九代
	奇肱国附近	形天	以乳为目，以脐为口，操干戚以舞	与帝至此争神，帝断其首，葬之常羊之山
	奇肱国附近	女祭	操俎	居两水间
		女戚	操鱼䱇	
	丈夫国北	女丑之尸		生而十日炙杀之，以右手鄣其面。十日居之，女丑居山之上
	西方	蓐收	左耳有蛇，乘两龙	
海外北经	钟山	烛阴	身长千里，其为物，人面，蛇身，赤色	视为昼，瞑为夜，吹为冬，呼为夏，不饮，不食，不息，息为风
	昆仑山北	相柳	九首人面，蛇身面青	共工之臣曰相柳氏，九首，以食于九山。相柳之所抵，厥为泽溪。禹杀相柳，其血腥，不可以树五谷种。禹厥之，三仞三沮，乃以为众帝之台
	无肠国附近	夸父		与日逐走，入日。渴欲得饮，饮于河渭，河渭不足，北饮大泽。未至，道渴而死，弃其杖，化为邓林

篇章	居住地	名称	特点	备注
海外北经	北方	禺强	人面鸟身，珥两青蛇，践两青蛇	
海外东经	大人国北	奢比之尸（肝榆之尸）	兽身、人面、大耳，珥两青蛇	
	朝阳之谷	天吴	其为兽也，八首人面，八足八尾，皆青黄	是为水伯
	青丘国附近	竖亥	竖亥右手把算，左手指青丘北	帝命竖亥步，自东极至于西极，五亿十选九千八百步。一日禹令竖亥。一日五亿十万九千八百步
	东方	句芒	鸟身人面，乘两龙	
海内南经	丹山西（属巴地）	孟涂		是司神于巴，人请讼于孟涂之所，其衣有血者乃执之，是请生
海内西经	开题国西北	贰负		危与贰负杀窫窳。帝乃梏之（指危）疏属之山，桎其右足，反缚两手与发，系之山上木
		危		
	开明东	巫彭、巫抵、巫阳、巫履、巫凡、巫相		夹窫窳之尸，皆操不死之药以距之
		窫窳	蛇身人面	贰负臣所杀也
海内北经	昆仑虚附近	据比之尸	其为人折颈披发，无一手	
	从极之渊（忠极之渊）	冰夷	人面，乘两龙	渊深三百仞，维冰夷恒都焉
	阳汙山附近	王子夜之尸	两手、两股、胸、首、齿，皆断异处	即王子亥

篇章	居住地	名称	特点	备注
海内北经	黄河大泽	登比氏（登北氏）		生宵明、烛光，二女之灵能照此所方百里
海内东经	雷泽	雷神	龙身而人头，鼓其腹	
大荒东经	东海大壑	少昊		少昊之国，少昊孺帝颛顼于此，弃其琴瑟
	大言山附近	犁𩣡之尸	人面兽身	
	盖余国附近	天吴	八首人面，虎身十尾	
	东海之渚	禺𧈫	人面鸟身，珥两黄蛇，践两黄蛇	黄帝生禺𧈫，禺𧈫生禺京。禺京处北海，禺𧈫处东海，是惟海神
	北海之渚	禺京		
	海内	女丑		有大蟹
	孽摇頵羝附近	奢比尸	人面、犬耳、兽身，珥两青蛇	
	女和月母国	鹓		来之风曰狻，是处东极隅以止日月，使无相间出没，司其短长
	凶犁土丘山	应龙		处南极，杀蚩尤与夸父，不得复上，故下数旱。旱而为应龙之状，乃得大雨
大荒南经	南海之渚	不廷胡余	人面，珥两青蛇，践两赤蛇	
		因因乎（因乎）		夸风曰乎民
		张宏	在海上捕鱼	海中有张宏之国，食鱼，使四鸟

续表

篇章	居住地	名称	特点	备注
大荒南经	大荒之中	驩头	人面鸟喙，有翼，食海中鱼，杖翼而行。维宜芑苣，穋杨是食	鲧妻士敬，士敬子曰琰融，生驩头
	羲和国	羲和	方浴日于甘渊	帝俊之妻，生十日
大荒西经	栗广之野	女娲之肠	横道而处	有神十人，名曰女娲之肠，化为神
		石夷		来风曰韦，处西北隅以司日月之长短
	西周国	叔均		帝俊生后稷，稷降以谷，稷之弟曰台玺，生叔均。叔均是代其父及稷播百谷，始作耕
	榣山	太子长琴		颛顼生老童，老童生祝融，祝融生太子长琴，是处榣山，始作乐风
	灵山	十巫	巫咸、巫即、巫盼、巫彭、巫姑、巫真、巫礼、巫抵、巫谢、巫罗	从此（灵山）升降，百药爰在
	西海之陼	弇兹	人面鸟身，珥两青蛇，践两赤蛇	
	日月山	噓	人面无臂，两足反属于头山	（该山）天枢也，吴姫天门，日月所入
		重		颛顼生老童，老童生及，帝令重献上天，令黎邛下地
		黎		
		噎		黎下地是生噎，处于西极，以行日月星辰之行次

篇章	居住地	名称	特点	备注
大荒西经		常羲	女子方浴月	帝俊妻，生月十有二，此始浴之
	金门山	黄姖之尸		
	昆仑山		人面虎身，有文有尾，皆白	
		西王母	戴胜，虎齿，有豹尾，穴处	
	寿麻国	寿麻	正立无景，疾呼无响	南岳娶州山女，名曰女虔。女虔生季格，季格生寿麻
	巫山	夏耕之尸	有人无首，操戈盾立	故成汤伐夏桀于章山，克之，斩耕厥前。耕既立，无首，走厥咎，乃降于巫山。
		吴回	奇左，是无右臂	
	大荒山	颛顼之子	三面一臂，三面之人不死	（该山）日月所入
	天穆之野	开（即启，避汉景帝讳云）	珥两青蛇，乘两龙	开上三嫔于天，得《九辩》与《九歌》以下。开焉得始歌《九招》
	互人国			炎帝之孙名曰灵恝，灵恝生互人，是能上下于天
	互人国附近	鱼妇	有鱼偏枯，颛顼死即复苏	风道北来，天及大水泉，蛇乃化为鱼，是为鱼妇
大荒北经	北海之渚	禹强（即大荒东经之禺京）	人面鸟身，珥两青蛇，践两赤蛇	
	北极天柜山	九凤	九首人面鸟身	
		强良	衔蛇操蛇，其状虎首人身，四蹄长肘	

篇章	居住地	名称	特点	备注
大荒北经	成都载天山	夸父	珥两黄蛇，把两黄蛇，故南方多雨	后土生信，信生夸父。夸父不量力，欲追日景，逮之于禺谷。将饮河而不足也，将走大泽，未至，死于此。应龙已杀蚩尤，又杀夸父，乃去南方处之
	昆仑山北	相繇	九首蛇身，自环，食于九土	共工臣。其所歍所尼，即为源泽，不辛乃苦，百兽莫能处。禹湮洪水，杀相繇，其血腥臭，不可生谷；其地多水，不可居也。禹湮之，三仞三沮，乃以为池，群帝因是以为台
	系昆山	黄帝女妭	衣青衣	蚩尤作兵伐黄帝，黄帝乃令应龙攻之冀州之野。应龙畜水。蚩尤请风伯雨师，纵大风雨。黄帝乃下天女曰妭，雨止，遂杀蚩尤。妭不得复上，所居不雨。叔均言之帝，后置之赤水之北。叔均乃为田祖。妭时亡之，所欲逐之者，令曰："神北行！"先除水道，决通沟渎
		少昊之子	一目，当面中生	一曰是威姓，食黍
	牛黎国	儋耳之子	无骨	
	章尾山	烛龙	人面蛇身而赤，直目正乘	其瞑乃晦，其视乃明，不食不寝不息，风雨是谒，是烛九阴
海内经	司彘国	韩流	擢首、谨耳、人面、豕喙、麟身、渠股、豚止	黄帝妻雷祖，生昌意。昌意降处若水，生韩流。（韩流）取淖子曰阿女，生帝颛顼
	肇山	柏高		柏高上下于此，至于天

篇章	居住地	名称	特点	备注
海内经	南方	赣巨人	人面长臂，黑身有毛，反踵，见人笑亦笑，唇蔽其面，因即逃也	
	苗民国	延维	人首蛇身，长如辕，左右有首，衣紫衣，冠旃冠	人主得而飨食之，伯天下
	北海之内	相顾之尸	有反缚盗械、带戈常倍之佐	
		鼓	始为钟，为乐风	炎帝之孙伯陵，伯陵同吴权之妻阿女缘妇，缘妇孕三年，是生鼓、延、殳
		延		
		殳	始为侯	
		吉光	始以木为车	帝俊生禹号，禹号生淫梁，淫梁生番禺，是始为舟。番禺生奚仲，奚仲生吉光
		般	始为弓矢	少皞生般
		晏龙	是始为琴瑟	帝俊（即舜）生晏龙
		义均	是始作下民百巧	帝俊（即舜）生三身，三身生义均
		后稷	是播百谷	
		叔均	是始作牛耕	稷之孙（据《大荒西经》乃后稷之侄）
		术器	是复土穰，以处江水	炎帝之妻，赤水之子听訞生炎居，炎居生节并，节并生戏器，戏器生祝融。祝融降处于江水，生共工。共工生术器，术器首方颠
		噎鸣	生岁十有二	共工生后土，后土生噎鸣
		禹	复生禹	窃帝之息壤以堙洪水，不待帝命。帝命祝融杀鲧于羽郊

附录五 《山海经》奇木异草一览表[1]

篇章	地点	名称	特点	备注
南山经	招摇山	祝馀	其状如韭而青华	食之不饥
		迷榖	其状如榖而黑理,其华四照	佩之不迷
	仑者山	白䓘	其状如榖而赤理,其汗如漆,其味如饴	食者不饥,可以释劳,可以血玉
西山经	小华山	萆荔	状如乌韭,而生于石上,赤缘木而生	食之已心痛
	符禺山	文茎	其实如枣	可以已聋
		条	其状如葵,而赤华黄实,如婴儿舌	食之使人不惑
	竹山	黄蘿	其状如樗,其叶如麻,白华而赤实,其状如赭	浴之已疥,又可以已胕
	浮山	盼木	枳叶而无伤	木虫居之
		薰草	麻叶而方茎,赤华而黑实,臭如蘪芜	佩之可以已疠
	嶓冢山	蓇蓉	其叶如蕙,其本如桔梗,黑华而不实	食之使人无子
	天帝山	杜衡	其状如葵,其臭如蘪芜	可以走马,食之已瘿

---

[1] 只列《山海经》中对各种奇木异草特点有具体描述者。

篇章	地点	名称	特点	备注
西山经	皋涂山	无条	其状如藁茇，其叶如葵赤背	可以毒鼠
	崇吾山	（无名）	员叶而白柎，赤华而黑理，其实如枳	食之宜子孙
	不周山	（无名）	爰有嘉果，其实如桃，其叶如枣，黄华而赤柎	食之不劳
	峚山	丹木	员叶而赤茎，黄华而赤实，其味如饴	食之不饥
	昆仑丘	沙棠	其状如棠，黄华赤实，其味如李而无核	可以御水，食之使人不溺
		薲草	其状如葵，其味如葱	食之已劳
	中曲山	杯木	其状如棠，而员叶赤实，实大如木瓜	食之多力
	崦嵫山	丹木	其叶如楮，其实大如瓜，赤符而黑理	食之已瘅，可以御火
北山经	湖灌山	（木类）	其叶如柳而赤理	
	洹山	三桑	其树皆无枝，其高百仞	
东山经	北号山	（木类）	其状如杨，赤华，其实如枣而无核，其味酸甘	食之不疟
	东始山	芑	其状如杨而赤理，其汁如血，不实	可以服马
中山经	甘枣山	箨	葵本而杏叶，黄华而荚实	可以已蓸
	历儿山	枥木	方茎而员叶，黄华而毛，其实如楝	服之不忘
	脱扈山	植楮	其状如葵叶而赤华，荚实，实如棕荚	可以已瘖，食之不眯
	金星山	天婴	其状如龙骨	可以已痤

篇章	地点	名称	特点	备注
中山经	牛首山	鬼草	其叶如葵而赤茎，其秀如禾	服之不忧
	阴山	雕棠	其叶如榆叶而方，其实如赤菽	食之已聋
	鼓镫山	荣草	其叶如柳，其本如鸡卵	食之已风
	青要山	荀草	其状如葌，而方茎、黄华、赤实，其本如藁本	服之美人色
	柄山	茇	其状如樗，其叶如桐而荚实	可以毒鱼
	熊耳山	葶苧	其状如苏而赤华	可以毒鱼
	阳华山	苦辛	其状如楸，其实如瓜，其味酸甘	食之已疟
	休与山	夙条	其状如蓍，赤叶而本丛生	可以为簳
	鼓钟山	焉酸	方茎而黄华，员叶而三成	可以为毒
	苦山	黄棘	黄华而员叶，其实如兰	服之不字
		无条	员叶而无茎，赤华而不实	服之不瘿
	堵山	天楄	方茎而葵状	服者不哽
	放皋山	蒙木	其叶如槐，黄华而不实	服之不惑
	大菩山	牛伤	其状叶如榆，方茎而苍伤，其根苍文	服者不厥，可以御兵
	半石山	嘉荣	生而秀，其高丈余，赤叶赤华，华而不实	服之者不霆
	少室山	帝休	叶状如杨，其枝五衢，黄华黑实	服者不怒

篇章	地点	名称	特点	备注
中山经	泰室山	栯木	叶状如犁而赤理	服者不妒
		䔄草	其状如荣，白华黑实，泽如蘡薁	服之不昧
	讲山	帝屋	叶状如椒，反伤赤实	可以御凶
	浮戏山	亢木	叶状如樗而赤实	食之不蛊
	少陉山	茵草	叶状如葵，而赤茎白华，实如蘡薁	
	太山	梨	有草焉，其叶状如萩而赤华	可以已疽
	敏山	蓟柏	其状如荆，白华而赤实	服者不寒
	高梁山	（草类）	状如葵而赤华，荚实白柎	可以走马
	朝歌山	莽草		可以毒鱼
	宣山	帝女桑	大五十尺，其枝四衢，其叶大尺余，赤理黄华青柎	
	云山	桂竹		甚毒，伤人必死
海外南经	厌火国	三珠树	其为树如柏，叶皆为珠。一曰其为树若彗	
	肃慎国	雄常		先入伐帝，于此取之
海外北经	跂踵国	三（棵）桑	无枝，其木长百仞	
海外东经	汤谷	扶桑	十日所浴	九日居下枝，一日居上枝

篇章	地点	名称	特点	备注
海内南经	弱水上	建木	其状如牛，引之有皮，若缨、黄蛇，其叶如罗，其实如栾，其木若蓝	
海内西经	昆仑虚	木禾	长五寻，大五围	
大荒东经	孽摇頵羝山	扶木	柱三百里，其叶如芥	
	温源谷	扶木		一日方至，一日方出，皆载于鸟
大荒南经	宋山	枫木		蚩尤所弃其桎梏，是为枫木
	云雨山	栾	有赤石焉生栾，黄本，赤枝，青叶	群帝焉取药
	盖犹山	甘柤	枝干皆赤，黄叶，白华，黑实	
		甘华	枝干皆赤，黄叶	
大荒北经	卫丘	三桑	无枝	
海内经	九丘	建木	青叶紫茎，玄华黄实，百仞无枝，上有九欘，下有九枸，其实如麻，其叶如芒	大皞爰过，黄帝所为

附录六 《山海经》奇禽异兽一览表[1]

篇章	地点	名称	特点	备注
南山经	招摇山	狌狌	其状禺而白耳，伏行人走	食之善走
	杻阳山	鹿蜀	其状如马而白首，其文如虎而赤尾，其音如谣	佩之宜子孙
	怪水	旋龟	其状如龟而鸟首虺尾，其音如判木	佩之不聋，可以为底
	柢山	鯥	其状如牛，陵居，蛇尾有翼，其羽在鮏下，其音如留牛，冬死而复生	食之无肿疾
	亶爰山	类	其状如狸而有髦，自为牝牡	食者不妒
	基山	猼訑	其状如羊，九尾四耳，其目在背	佩之不畏
		鹁鵌	其状如鸡而三首、六目、六足、三翼	食之无卧
	青丘山	兽类，不详	其状如狐而九尾，其音如婴儿	能食人，食者不蛊
		灌灌	其状如鸠，其音如呵	佩之不惑
		赤鱬	其状如鱼而人面，其音如鸳鸯	食之不疥
	柜山	狸力	其状如豚，有距，其音如狗吠	见则其县多土功

---

[1] 只列《山海经》中对各种奇禽异兽特点有具体描述者。

篇章	地点	名称	特点	备注
南山经	柜山	鴸	其状如鸱而人手，其音如痹，其名自号也	见则其县多放士
	长右山	长右	其状如禺而四耳，其音如吟	见则郡县大水
	尧光山	猾褢	其状如人而彘鬣，穴居而冬蛰，其音如斫木	见则县有大繇
	浮玉山	彘	其状如虎而牛尾，其音如吠犬	是食人
	洵山	𤝻	其状如羊而无口	不可杀也
	泽更水	蛊雕	其状如雕而有角，其音如婴儿之音	是食人
	祷过山	瞿如	其状如䳍，而白首三足人面，其鸣自号也	
	浪水	虎蛟	其状鱼身而蛇尾，其音如鸳鸯	食者不肿，可以已痔。
	凤皇	丹穴山	其状如鸡，五采而文，首文曰德，翼文曰义，背文曰礼，膺文曰仁，腹文曰信。是鸟也，饮食自然，自歌自舞（《海内经》有"凤鸟自舞。首文曰德，翼文曰顺，膺文曰仁，背文曰义，见则天下和"。）	见则天下安宁
	黑水	鱄鱼	其状如鲋而彘毛，其音如豚	见则天下大旱
	令丘山	颙	其状如枭，人面四目而有耳，其鸣自号也	见则天下大旱
西山经	钱来山	羬羊	其状如羊而马尾	其脂可以已腊
	松果山	螐渠	其状如山鸡，黑身赤足，	可以已膆
	太华山	肥𧑐	六足四翼	见则天下大旱
	小华山	赤鷩		可以御火

篇章	地点	名称	特点	备注
西山经	符禺山	葱聋	其状如羊而赤鬣	
		鴖	其状如翠而赤喙	可以御火
	禺水	鰄鱼	其状如鳖，其音如羊	
	英山	肥遗	其状如鹑，黄身而赤喙（鸟类）	食之已疠，可以杀虫
	竹山	豪彘	其状如豚而白毛，大如笄而黑端	
	瑜次山	嚣	其状如禺而长臂，善投	
		橐𧮫	其状如枭，人面而一足，冬见夏蛰	服之不畏雷
	天帝山	谿边	其状如狗	席其皮者不蛊
		栎	其状如鹑，黑文而赤翁	食之已痔
	皋涂山	玃如	其状如鹿而白尾，马足人手而四角	
		数斯	其状如鸱而人足	食之已瘿
	黄山	㿡	其状如牛，而苍黑大目	
		鹦鹉	其状如鸮，青羽赤喙，人舌能言	
	翠山	鸓	其状如鹊，赤黑而两首，四足	可以御火
	女床山	鸾鸟	其状如翟而五彩纹见	则天下安宁
	鹿台山	凫徯	其状如雄鸡而人面，其鸣自叫也	见则有兵
	小次山	朱厌	其状如猿，而白首赤足	见则大兵
	莱山	罗罗		是食人

篇章	地点	名称	特点	备注
西山经	崇吾山	举父	其状如禺而文臂，豹尾而善投	
		蛮蛮	其状如凫，而一翼一目，相得乃飞	见则天下大水
	钟山	大鹗	其状如雕而墨文曰首，赤喙而虎爪，其音如晨鹄	见则有大兵（钦䲹变化而成）
		鵕鸟	其状如鸱，赤足而直喙，黄文而白首，其音如鹄	见即其邑大旱（钟山山神之子鼓变化而成）
	观水	文鳐鱼	状如鲤鱼，鱼身而鸟翼，苍文而白首赤喙，常行西海，游于东海，以夜飞。其音如鸾鸡，其味酸甘	食之已狂，见则天下大穰
	昆仑丘	土蝼	其状如羊而四角	是食人
		钦原	其状如蜂，大如鸳鸯	蠚鸟兽则死，蠚木则枯
		鹑鸟		是司帝之百服
	桃水	鲭鱼	其状如蛇而四足	是食鱼
	玉山	狡	其状如犬而豹文，其角如牛，其音如吠犬	见则其国大穰
		胜遇	其状如翟而赤，其音如录	是食鱼，见则其国大水
	章莪山	狰	其状如赤豹，五尾一角，其音如击石	
		毕方	其状如鹤，一足，赤文青质而白喙，其鸣自叫也	见则其邑有讹火
	阴山	天狗	其状如狸而白首其音如榴榴	可以御凶
	三危山	傲㑰	其状如牛，白身四角，其豪如披蓑	是食人
		鸱	一首而三身，其状如鸱	

篇章	地点	名称	特点	备注
西山经	翼望山	讙	其状如狸，一目而三尾，其音如夺百声	是可以御凶，服之已瘅
		鵸鵌	其状如乌，三首六尾而善笑	服之使人不厌，又可以御凶
	上申山	当扈	其状如雉，以其髯飞	食之不眴目
	洛水	蛮蛮	其状鼠身而鳖首，其音如吠犬	
	浣水	冉遗鱼	鱼身蛇首六足，其目如观耳	之使人不眯，可以御凶
	中曲山	駮	其状如马而白身黑尾，一角，虎牙爪，音如鼓音	是食虎豹，可以御兵
	邽山	穷奇	其状如牛，蝟毛，音如獆狗	是食人
		嬴鱼	鱼身而鸟翼，音如鸳鸯	见则其邑大水
	渭水	鳋鱼	其状如覆铫	动则其邑有大兵
	滥水	䲃䱹鱼	鸟首而鱼翼，音如磬石之声	是生珠玉
	崦嵫山	孰湖	其状马身而鸟翼，人面蛇尾	是好举人
		不详	其状如鸮而人面，蜼身犬尾，其名自号也	见则其邑大旱
北山经	滑水	滑鱼	其状如鳝，赤背，其音如梧	食之已疣
		水马	其状如马，文臂牛尾，其音如呼	
	带山	䑏疏	其状如马，一角有错	可以辟火
		鵸鵌	其状如乌，五采而赤文，是自为牝牡	食之不疽
	彭水	儵鱼	其状如鸡而赤毛，三尾六足四首，其音如鹊	食之可以已忧
	谯水	何罗鱼	一首而十身，其音如吠犬	食之已痈
	谯明山	孟槐	其状如貆而赤毫，其音如榴榴	可以御凶

篇章	地点	名称	特点	备注
北山经	嚣水	鳛鳛鱼	其状如鹊而十翼，鳞皆在羽端，其音如鹊	可以御火，食之不瘅
	虢山	㝢	状如鼠而鸟翼，其音如羊	可以御兵
	丹熏山	耳鼠	其状如鼠，而菟首麋身，其音如獋犬，以其尾飞	食之不睬，又可以御百毒
	石者山	孟极	其状如豹，而文题白身，是善伏，其鸣自呼	
	边春山	幽鴳	其状如禺而文身，善笑，见人则卧，其鸣自呼	
	蔓联山	足訾	其状如禺而有鬣，牛尾、文臂、马蹄，见人则呼，其鸣自呼	
		𪁓	群居而朋飞，其毛如雌雉	其鸣自呼，食之已风
	单张山	诸犍	其状如豹而长尾，人首而牛耳，一目，善吒，行则衔其尾，居则蟠其尾	
		白鵺	其状如雉，而文首、白翼、黄足	食之已嗌痛，可以已痸
	灌题山	那父	其状如牛而白尾，其音如訆	
		竦斯	其状如雌雉而人面，见人则跃，其鸣自呼也	
	潘侯山	旄牛	基状如牛，而四节生毛	
	大咸山	长蛇	其毛如彘豪，其音如鼓柝	
	少咸山	窫窳	其状如牛，而赤身、人面、马足，其音如婴儿	是食人
	敦水	䱱䱱鱼		食之杀人
	灅泽水	鳛鱼	其状如鲤而鸡足	食之已疣
	狱法山	山𤡅	其状如犬而人面，善投，见人则笑，其行如风	见则天下大风

篇章	地点	名称	特点	备注
北山经	北岳山	诸怀	其状如牛,而四角、人、耳、彘耳,其音如鸣雁	是食人
	诸怀水	鮨鱼	鱼身而犬首,其音如婴儿	食之已狂
	浑夕山	肥遗	一首两身(蛇类,下文肥水亦有)	见则其国大旱
	隄山	狕	其状如豹而文首	
	县雍山	鮆鱼	其状如儵而赤麟,其音如叱	食之不骄
	敦头山	䮝马	牛尾而白身,一角,其音如呼	
	钩吾山	狍鸮	其状如羊身人面,其目在腋下,虎齿人爪,其音如婴儿	是食人
	北嚣山	独𤞤	其状如虎,而白身犬首,马尾彘鬣	
		𪄢𪃍	其状如乌,人面,宵飞而昼伏	食之已喝
	梁渠山	居暨	其状如彙而赤毛,其音如豚	
		嚣	其状如夸父,四翼、一目、犬尾,其音如鹊	食之已腹痛,可以止衕
	归山	䮝	其状如羚羊而四角,马尾而有距,善还,其名自訆	
		鵸	其状如鹊,白身、赤尾、六足,是善惊,其鸣自詨	
	决决水	人鱼	其状如䱱鱼,四足,其音如婴儿	食之无痴疾
	马成山	天马	其状如白犬而黑头,见人则飞,其鸣自詨	
		𪇮𪃍	其状如乌,首白而身青、足黄,其名自詨	食之不饥,可以已寓
	天池山	飞鼠	其状如兔而鼠首,以其背飞	

篇章	地点	名称	特点	备注
北山经	阳山	领胡	其状如牛而尾，其颈䯏，其状如句瞿，其鸣自詨	食之已狂
		象蛇	其状如赤雉，而五采以文，是自为牝牡，其名自詨	
	留水	鮨父鱼	其状如鲋鱼，鱼首而彘身	食之已呕
	景山	酸与	其状如蛇，而四翼、六目、六足，其鸣自詨	见则其邑有恐
	小侯山	鸪鹋	其状如乌而白文	食之不瀸
	轩辕山	黄鸟	其状如枭白首，其鸣自詨	食之不妒
	发鸠山	精卫	其状如乌，文首、白喙、赤足，名曰，其鸣自詨	常衔西山之木石，以堙于东海
	泰戏山	㹢㹢	其状如羊，一角一目，目在耳后，其鸣自詨	
	历虢水	师鱼		食之杀人
	乾山	獂	其状如牛而三足，其鸣自詨。	
	伦山	罴	其状如麋，其川在尾上	
	幽都山	大蛇	赤首白身，其音如牛	见则其邑大旱
东山经	食水	鳙鳙鱼	其状如犁牛，其音如彘鸣	
	枸状山	从从	其状如犬，六足，其鸣自詨	
		蚩鼠	其状如鸡而鼠毛	见则其邑大旱
	汩水	箴鱼	其状如儵，其喙如箴	食之无疫疾
	犲山	堪㺊鱼	其状如夸父而彘毛，其音如呼	见则天下大水
	独山	䑏蜼	其状如黄蛇，鱼翼，出入有光	见则其邑大旱
	泰山	狪狪	其状如豚而有珠，其鸣自詨	

续表

篇章	地点	名称	特点	备注
东山经	空桑山	軨軨	其状如牛而虎文，其音如钦，其鸣自詨	见则天下大水
	澧水	珠蟞鱼	其状如肺而有目，六足有珠，其味酸甘	食之无疠
	余峨山	犰狳	其状如菟而鸟类喙，鸱目蛇尾，见人则眠，其鸣自詨	见则蠡蝗为败
	耿山	朱獳	其状如狐而鱼翼，其鸣自詨	见则其国有恐
	其山	鹬鹕	其状如鸳鸯而人足，其鸣自詨	见则其国多土功
	姑逢山	獙獙	其状如狐而有翼，其音如鸿雁	见则天下大旱
	凫丽山	蠪蛭	其状如狐，而九尾、九首、虎爪，其音如婴儿	是食人
	硬山	狓狓	其状如马，而羊目、四角、牛尾，其音如獆狗	见则其国多狡客
		絜钩	其状如凫而鼠尾，善登木	见则其国多疫
	尸胡山	婴胡	其状如麋而鱼目，其鸣自詨	
	深泽	鲐鲐鱼	其状如鲤，而六足鸟尾，其名自詨	
	蚮隅山	精精	其状如牛而马尾，其鸣自詨。	
	北号山	猲狙	其状如狼，赤首鼠目，其音如豚	是食人
		蚮雀	其状如鸡而白首，鼠足而虎爪	亦食人
	苍体水	鳋鱼	其状如鲤而大首	食者不疣
	泚水	茈鱼	其状如鲋，一首而十身，其臭如麋芜	食之不糠
	石膏水	薄鱼	其状如鳝鱼而一目，其音如欧	见则天下大旱
	师水	当康	其状如豚而有牙，其鸣自叫	见则天下大穰

335

篇章	地点	名称	特点	备注
东山经	子桐水	䱤鱼	其状如鱼而鸟翼，出入有光，其音如鸳鸯	见则天下大旱
	剡山	合窳	其状如彘而人面，黄身而赤尾，其音如婴儿	食人，亦食虫蛇，见则天下大水
	太山	蜚	其状如牛而白首，一目而蛇尾，行水则竭，行草则死	见则天下大疫
中山经	甘枣山	㺢	其状如獣鼠而文题	食之已瘿
	渠猪水	豪鱼	其状如鲔，赤喙（赤）尾赤羽	可以已白癣
	劳水	飞鱼	其状如鲋鱼	食之已痔衕
	霍山	朏朏	其状如狸而白尾有鬣	养之可以已忧
	鲜水	鸣蛇	其状如蛇而四翼，其音如磬	见则其邑大旱
	伊水	化蛇	其状人面而豺身，鸟翼而蛇行，其音如叱呼	见则其邑大水
	昆吾山	蠪蚳	其状如彘而有角，其音如号	食之不眯
	蔓渠山	马腹	其状如人面虎身，其音如婴儿	是食人
	敖岸山	夫诸	其状如白鹿而四角	见则其邑大水
	青要山	鸰	其状如凫，青身而朱目赤尾	食之宜子
	正回水	飞鱼	其状如豚而赤文	服之不畏雷，可以御兵
	扶猪山	䴢	其状如貉而人目	
	机谷	𪇁鸟	其状如枭而三目，有耳，其音如录	食之已垫
	蓳谷	鸰鹦	状如山鸡而长尾，赤如丹火而青喙，其鸣自呼	服之不眯
	豪水	旋龟	其状鸟首而尾，其音如判木	

篇章	地点	名称	特点	备注
中山经	厌染水	人鱼		本经下文杨水、澬水、视水也多人鱼
	橐水	脩辟鱼	状如黾而白喙，其音如鸱	食之已白癣
	放皋山	文文	其状如蜂，枝尾而反舌，善呼	
	狂水	三足龟		食者无水疾，可以已肿
	来需水	鯩鱼	黑文，其状如鲋	食者不睡
	合水	䲮鱼	状如鳜，居逯，苍文赤尾	食者不痈，可以为瘘
	休水	𩽹鱼	状如盭蜼而长距，足白而对	食者无蛊疾，可以御兵
	崄山	窃脂	状如鸮而赤身白首	可以御火
	蛇山	𧳙狼	状如狐，而白尾长耳	见则国内有兵
	复州山	跂踵	其状如鸮，而一足彘尾	见则其国大疫
	碧山	鸩	其状如雉	恒食蛊
	堇理山	青耕	其状如鹊，青身白喙白目白尾，其鸣自叫	可以御疫
	依𫐐山	獜	其状如犬，虎爪有甲	善駚牟，食者不风
	从水	三足鳖	枝尾	食之无蛊疫
	乐马山	𤟤	其状如彙，赤如丹火	见则其国大疫
	倚帝山	狙如	其状如𪚩鼠，白耳白喙	见则其国有大兵
	鲜山	㺌即	其状如膜大，赤喙，赤目，白尾	见则其邑有火
	历石山	梁渠	其状如狸，而白首虎爪	见则其国有大兵

篇章	地点	名称	特点	备注
中山经	丑阳山	䴅䳏	其状如乌而赤足	可以御火
	几山	闻獜	其状如彘，黄身、白头、白尾	见则天下大风
	即公山	蜚	其状如龟，而白身赤首	是可以御火
海外西经	一臂国	黄马	虎文，一目而一手	
	奇肱国	鸟（不知名）	两头，赤黄色	
	沃野（诸夭之野）	龙鱼（一曰鰕，一曰鳖鱼）	状如狸，其为鱼也如鲤	即有神圣乘此以行九野
	白民国	乘黄	其状如狐，其背上有角	乘之寿二千岁
	北海	騊駼	其状如马	
		駮	状如白马，锯牙	食虎豹
		蛩蛩	状如马	
		罗罗	状如虎	
海外南经	弱水	窫窳	其状如貙，龙首	食人
	氐人国	巴蛇	其为蛇青黄赤黑（一曰黑蛇青首，在犀牛西，即在枭阳国）	食象，三岁而出其骨，君子服之，无心腹之疾
		旄马	其状如马，四节有毛	
海内西经	貊国东北	孟鸟	其鸟文赤、黄、青	东乡
	昆仑山	开明兽	身大类虎而九首，皆人面	东向立昆仑上
		凤皇/鸾鸟	皆戴蛇践蛇，膺有赤蛇（开明兽西）	
		树鸟	六首（开明兽南）	

续表

篇章	地点	名称	特点	备注
海内北经	犬封国	吉量	有文马，缟身朱鬣，目若黄金	乘之寿千岁
	昆仑山泛北部地区	蜪犬	犬，青	食人从首始
		穷奇	状如虎，有翼	食人从首始
		大蜂	其状如螽	
		朱蛾	其状如蛾	
大荒东经	凶犁土丘	应龙		处南极，杀蚩尤与夸父，不得复上，故下数旱。旱而为应龙之状，乃得大雨
	流波山	夔	状如牛，苍身而无角，一足，出入水则必风雨，其光如日月，其声如雷	黄帝得之，以其皮为鼓，橛以雷兽之骨，声闻五百里，以威天下
大荒南经	南海之外，赤水之西，流沙之东	跋踢	左右有首	
		双双	三青兽相并	
	宋山	蛇	赤蛇	
大荒西经	不周山附近	狂鸟	五采之鸟，有冠	
	芒山附近		（有虫）状如菟，胸以后者裸不见，青如猨状	
	王母山	大鵹、少鵹、青鸟	三青鸟，赤首黑目	
	弇州国	鸣鸟	五采之鸟仰天	

篇章	地点	名称	特点	备注
大荒西经	玄丹山		五色之鸟，人面有发	爰有青鴍、黄鹜、青鸟、黄鸟，其所集者其国亡
大荒西经	金门山	白鸟	青翼，黄尾，玄喙	
	金门山	天犬	赤犬	其所下者有兵
	互人国附近	鱼妇	有鱼偏枯，颛顼死即复苏	风道北来，天及大水泉，蛇乃化为鱼，是为鱼妇
		鸀鸟	青鸟，身黄，赤足，六首	
海内经	灵山	蝡蛇	有赤蛇在木上	木食
	九丘附近	窦窳	龙首	是食人
	九丘附近	猩猩	青兽，人面	
	朱卷国		有黑蛇，青首	食象
		崑狗	青兽如菟	
	蛇山	翳鸟	有五采之鸟	飞蔽一乡

附录七 《山海经》源流概貌

时间	作者或相关者	题目或相关内容	备注
先秦	屈原《天问》	不任汩鸿（洪），鲧何尚之？金日无忧，何不课而行之？鸱龟曳衔，鲧何听焉？顺欲成功，帝何刑焉？永遏在羽山，夫何三年不施？伯鲧腹禹，夫何以变化？撰就前续，遂成考功；何续初继业，而厥谋不同？禹劳献功，降省下土方；焉得彼涂山女，而通之于台桑？	有内容与《山海经》存同。
	庄周《庄子》	《外篇·天地》：谆芒将东之大壑，适遇苑风于东海之滨。苑风曰："子将奚之？"曰："将之大壑。"	有内容与《山海经》存同。
	吕不韦《吕氏春秋》	《上德》："三苗不服，禹请攻之，舜曰：'以德可也。'行德三年，而三苗服。"	有内容与《山海经》存同。
	《孔子家语·执辔第二十五》	子夏曰："商闻《山书》曰：'地东西为纬，南北为经；山为积德，川为积刑；高者为生，下者为死；丘陵为牡，溪谷为牝；蚌蛤龟珠，与日月而盛虚。'是故坚土之人刚，弱土之人柔，墟土之人大，沙土之人细，息土之人美，土之人丑。食水者善游而耐寒，食土者无心而不息，食木者多力而不治，食草者善走而愚，食桑者有绪而蛾，食肉者勇毅而捍，食气者神明而寿，食谷者智慧而巧，不食者不死而神。故曰：羽虫三百有六十，而凤为之长；毛虫三百有六十，而麟为之长；甲虫三百有六十，而龟为之长；鳞虫三百有六十而龙为之长；倮虫三百有六十，而人为之长。此乾坤之	疑《山书》与《山海经》"山经"有关。

时间	作者或相关者	题目或相关内容	备注
先秦	《孔子家语·执辔第二十五》	美也。殊形异类之数。王者动必以道动，静必以道静，必顺理。以奉天地之性，而不害其所主，谓之仁圣焉？"	
西汉	刘安《淮南子》	《本经训》："逮至尧之时，十日并出。焦禾稼，杀草木，而民无所食。猰貐、凿齿、九婴、大风、封豨、脩蛇皆为民害。乃使羿诛凿齿于畴华之野，杀九婴于凶水之上，缴大风于青邱之泽，上射九日，而下杀猰貐，断脩蛇于洞庭，擒封豨于桑林。万民皆喜，置尧以为天子。"	多以《山海经》所记敷衍故事。
	司马迁《史记·大宛列传》	言九州山川，《尚书》近之矣。至《禹本纪》《山海经》所有怪、物，余不敢言之也。	《山海经》一书最早见于此处记载。
	刘歆《上〈山海经〉表》	侍中、奉车都尉、光禄大夫臣秀领校，秘书言校、秘书太常属臣望所校《山海经》凡三十二篇，今定为一十八篇，已定。《山海经》者，出于唐虞之际。昔洪水洋溢，漫衍中国，民人失据，崎岖于丘陵，巢于树木。鲧既无功，而帝尧使禹继之。禹乘四载，随山刊木，定高山大川。盖与伯翳主驱禽兽，命山川，类草木，别水土，四岳佐之，以周四方，逮人迹之所希至，及舟舆之所罕到。内别五方之山，外分八方之海，纪其珍宝奇物、异方之所生、水土草木禽兽昆虫麟凤之所止、祯祥之所隐，及四海之外、绝域之国、殊类之人。禹别九州，任土作贡，而益等类物善恶，著《山海经》，皆圣贤之遗事，古文之著明者也。其事质明有信：孝武皇帝时，尝有献异鸟者。食之百物，所不肯食。东方朔见之，言其鸟名，又言其所当食。如朔言。问朔何以知之，即《山海经》所出也。孝宣皇帝时，击磻石于上郡，陷，得石室，其中有反缚盗械人。时臣秀父向为谏议大夫，言此贰负之臣也。	该表为汉哀帝建平元年（公元前6年）刘歆（已更名为刘秀）上呈校订后的《山海经》时随书所附之表，原本同《山海经》已佚，现存最早版本为东晋郭璞所注、南宋淳熙七年（1180）池阳郡斋刻本。

时间	作者或相关者	题目或相关内容	备注
西汉	刘歆《上〈山海经〉表》	诏问何以知之，亦以《山海经》对。其文曰："贰负杀窫窳，帝乃梏之疏属之山，桎其右足，反缚两手。"上大惊。朝士由是多奇《山海经》者，文学大儒皆读学，以为奇，可以考祯祥变怪之物，见远国异人之谣俗。故《易》曰："言天下之至赜，而不可乱也。"博物之君子，其可不惑焉。臣秀昧死谨上。	
东汉	班固《汉书·艺文志》	《山海经》十三篇。……右形法六家，百二十二卷。形法者，大举九州之势以立城郭室舍形，人及六畜骨法之度数、器物之形容以求其声气贵贱吉凶。犹律有长短，而各征其声，非有鬼神，数自然也。然形与气相首尾，亦有有其形而无其气，有其气而无其形，此精微之独异也。	《山海经》列"数术"类"形法"家，未将晚出的大荒经和海内经计算在内。不过，所列仅目，内容早佚。
	赵晔《吴越春秋·越王无余外传第六》	禹……遂巡行四渎。与益、夔共谋，行到名山大泽，召其神而问之山川脉理、金玉所有、鸟兽昆虫之类，及八方之民俗、殊国异域、土地里数：使益疏而记之，故名之曰"山海经"。	
	范晔《后汉书·王景传》	永平十二年，议修汴渠，乃引见景，问以理水形便。景陈其利害，应对敏给，帝善之。又以尝修浚仪，功业有成，乃赐景《山海经》《河渠书》《禹贡图》及钱帛衣物。	
	《东观汉记·卷十八》	王景治俊仪，赐山海经、河渠书。	
	王充《论衡·别通篇／谈天篇／龙虚篇》	禹、益并治洪水，禹主治水，益主记异物，海外山表，无远不至，以所闻见作《山海经》。非禹、益不能行远，《山海》不造。然则《山海》之造，见物博也，董仲舒睹重常之鸟，刘子政晓贰负之尸，皆见《山	

时间	作者或相关者	题目或相关内容	备注
东汉	王充《论衡·别通篇/谈天篇/龙虚篇》	海经》，故能立二事之说。使禹、益行地不远，不能作《山海经》；董、刘不读《山海经》，不能定二疑。/案禹之《山经》，淮南之《地形》，以察邹子之书，虚妄之言也。……案太史公之言，《山经》《禹纪》，虚妄之言。……夫如是，邹衍之言未可非，《禹纪》《山海》《淮南·地形》未可信也。/《山海经》言：四海之外，有乘龙蛇之人。世俗画龙之象，马首蛇尾。由此言之，马蛇之类也。……以《山海经》言之，以慎子、韩子证之，以俗世之画验之，以箕子之泣订之，以蔡墨之对论之，知龙不能神，不能升天，天不以雷电取龙，明矣。世俗言龙神而升天者，妄矣。	
	许慎《说文·劦部》	同力也。从三力。《山海经》曰："惟号之山，其风若劦。"凡劦之属皆从劦。	
	应劭：《风俗通·卷八》	《青史子书》说："鸡者，东方之牲也。岁终更始，辨秩东作，万物触户而出，故以鸡祀祭也。"太史丞邓平说："腊者，所以迎刑送德。大寒至，常恐阴胜，故以戌日腊。戌者，温气也，用其气日杀鸡以谢刑德。雄著门，雌著户，以和阴阳，调寒配水，节风雨也。"谨按《春秋左氏传》："周大夫宾孟适郊，见雄鸡自断其尾，归以告景王曰：'惮其为牺也。'"《山海经》曰："祠鬼神皆以雄鸡。"	
魏晋南北朝	《隋书·经籍志》	《山海经》二十三卷，郭璞注。《山海经图赞》二卷，郭璞注。《山海经音》二卷。（自史官旷绝，其道废坏，汉初，始有丹书之约，白马之盟……郡国之书，由是而作。魏文帝又作《列异》，以序鬼物奇怪之事，稽康作《高士传》，以叙圣贤之风。因其事类，相继而作者甚众，名目转广，	晋代郭璞《山海经传》是现存最早版本。（《隋书·经籍志》指出："后又得《山海

时间	作者或相关者	题目或相关内容	备注
魏晋南北朝	《隋书·经籍志》	而又杂以虚诞怪妄之说。推其本源，盖亦史官之末事也。载笔之士，删采其要焉。鲁、沛、三辅，序赞并亡，后之作者，亦多零失。今取其见存，部而类之，谓之杂传。）	经》，相传以为夏禹所记。"）
	东方朔（托名）《神异经》《十洲记》	全书分东荒经、东南荒经、南荒经、西南荒经、西荒经、西北荒经、北荒经、东北荒经、中荒经九章。/记载汉武帝听西王母说大海中有祖洲、瀛洲、玄洲、炎洲、长洲、元洲、流洲、生洲、凤麟洲、聚窟洲十洲，便召见东方朔问十洲所有异物，后附沧海岛、方丈洲、扶桑、蓬丘、昆仑五条。	模仿《山海经》，"然略于山川道里而详于异物"。（鲁迅《中国小说史略》）/模仿《山海经》，似是方士"藉以震眩流俗，且自解嘲之作"。（鲁迅：《中国小说史略》）
	张华《博物志》	余视《山海经》及《禹贡》《尔雅》《说文》、地志，虽曰悉备，各有所不载者，作略说。出所不见，粗言远方，陈山川位象，吉凶有征。诸国境界，犬牙相入。春秋之后，并相侵伐。其土地不可具详，其山川地泽，略而言之，正国十二。博物之士，览而鉴焉。	该书所记山川地理深受《山海经》影响。
	郭璞《玄中记》	据《山海经》所载殊方绝域、飞禽走兽、奇花异木、山川地理演化而来。	
	陶渊明《读〈山海经〉十三首》	如：精卫衔微木，将以填沧海。刑天舞干戚，猛志固常在。同物既无虑，化去不复悔。徒设在昔心，良辰讵可待。	

续表

时间	作者或相关者	题目或相关内容	备注
魏晋南北朝	郦道元《水经注》	《河水一》:"余考释氏之言,未为佳证,《穆天子》《竹书》及《山海经》皆埋缊岁久,编韦稀绝,书策落次,难以缉缀,后人假合,多差远意。"《水经注》征引《山海经》一百一十余次。	毕沅:"郦道元作《水经注》,乃以经传所纪、方士旧称,考验此经(即《山海经》——引者注)山川名号。"
	张僧繇	绘《山海经》图。	
	颜之推《颜氏家训·书证》	或问:"山海经,夏禹及益所记,而有长沙、零陵、桂阳、诸暨,如此郡县不少,以为何也?"答曰:"史之阙文,为日久矣;加复秦人灭学,董卓焚书,典籍错乱,非止于此。譬犹本草神农所述,而有豫章、朱崖、赵国、常山、奉高、真定、临淄、冯翊等郡县名,出诸药物;尔雅周公所作,而云'张仲孝友';仲尼修春秋,而经书孔丘卒;世本左丘明所书,而有燕王喜、汉高祖;汲冢琐语,乃载秦望碑;苍颉篇李斯所造,而云'汉兼天下,海内并厕,豨黥韩覆,畔讨灭残';列仙传刘向所造,而赞云七十四人出佛经;列女传亦向所造,其子歆又作颂,终于赵悼后,而传有更始韩夫人、明德马后及梁夫人嫕:皆由后人所羼,非本文也。"	
隋	《隋书·经籍二》	《山海经》二十三卷郭璞注。《地理书》一百四十九卷(录一卷。陆澄合《山海经》已来一百六十家,以为此书。)《山海经图赞》二卷郭璞注。《山海经音》二卷。	将其列入史部地理类。
	虞世南《北堂书钞》	【晏龙为瑟】山海经云帝俊生晏龙,晏龙是始为瑟,今案见大荒东经及海内经。	屡屡征引《山海经》。

时间	作者或相关者	题目或相关内容	备注
隋	《旧唐书·经籍志》	《山海经》十八卷郭璞撰。《山海经图赞》二卷郭璞撰。《山海经音》二卷。	将其列入史部地理类。
	《新唐书·艺文志》	郭璞注《山海经》二十三卷。又《山海经图赞》二卷。又《山海经音》二卷。	将其列入史部地理类。
	《唐六典·卷十·秘书省》	十一曰地理，以纪山川郡国；《山海经》等一百三十九部，一千四百三十三卷。	
	徐坚《初学记》	【夸父弃杖　鲁阳挥戈】《山海经》曰：夸父逐日，渴饮河渭，不足；北饮大泽，未至，道渴而死。弃其杖化为邓林也。郭璞注曰：夸父，神人，言能反日景。鲁阳事见上三舍注。	屡屡征引《山海经》。
	欧阳询《艺文类聚》	螯，《山海经》曰：东海之外有大螯。	屡屡征引《山海经》。
	李白《相逢行》《天马歌》	愿以三青鸟，更报长相思。／天马来出月支窟，背为虎文龙翼骨。	
	杜佑《通典》	《禹本纪》《山海经》不知何代之书，恢怪不经，疑夫子删诗书后尚奇者所作，或先有其书，如诡诞之言必后人所加。	
	白居易《貘屏赞》	貘者，象鼻犀目，牛尾虎足，生于南方山谷中。寝其皮辟瘟，图其形辟邪。予旧病头风，每寝息，常以小屏卫其首。适遇画工，偶令写之。按山海经，此兽食铁与铜，不食他物。因有所惑。遂为赞曰：邈哉其兽，生于南国。其名曰貘，非铁不食。昔在上古，人心忠贞。征伐教令，自天子出。剑戟省用，铜铁羡溢。貘当是时，饱食终日。三代以降，王法不一。铄铁为兵，范铜为佛。佛像日益，兵刃日滋。何山不划？何谷不残？铢铜寸铁，罔有孑遗。悲哉彼貘，无乃馁尔。鸣呼！匪貘之悲，惟时之悲！	

时间	作者或相关者	题目或相关内容	备注
隋	陆龟蒙《和袭美寄怀南阳润卿》	高抱相逢各绝尘，水经山疏不离身。	
宋	《宋史·艺文志》	郭璞《山海经》十八卷。	将其列入子部五行类。
	《道藏》	真宗初修，徽宗再修，《山海经》被收入。	
	欧阳修读《山海经图》	夏鼎象九州，山经有遗载。空蒙大荒中，杳霭群山会。炎海积歊蒸，阴幽异明晦。奔趋各异种，倏忽俄万态。群伦固殊禀，至理宁一概。骇者自云惊，生兮孰知怪。未能识造化，但大披图绘。不有万物殊，岂知方舆大。	
	李昉等《太平御览》	《叙舟中》："《山海经》曰：大人之国，坐而削船。"	屡屡征引《山海经》。
	李昉等《太平广记》	禹治水，应龙以尾画地，导决水之所出。	屡屡以《山海经》为材料敷衍小说。
	洪兴祖《楚辞补注》	《山海经》"东方句芒，鸟身人面，乘两龙。"注云："木神也。"	屡屡征引《山海经》。
	郑樵《通志·艺文略》	《山海经图十卷》，舒雅等撰。	方物类。
	晁公武《郡斋读书志·地理类》	《山海经图十卷》，右皇朝舒雅等撰，雅仕江南，韩熙载之门人也，后入朝，数预修书之选。闽中刊行本或题曰"张僧繇画"，妄也。	
	李焘《续资治通鉴长编·卷四百九十一》	丁卯，三省言："兵部侍郎黄裳言，今九域志所载甚略，愿诏职方取四方州郡山川、风俗、民事、地物、古迹之类，讲求其详，集为一书，以备九域志之阙。"诏秘书省录山经等，送职方收藏，以备检阅。	

时间	作者或相关者	题目或相关内容	备注
宋	周必大《二老堂诗话》	江州《陶靖节集》末载，宣和六年，临溪曾纮谓："靖节《读山海经诗》其一篇云，'形夭无千岁，猛志固常在'，疑上下文义不贯。"	
	尤袤《山海经跋》	继得《道藏》本，《南山经》《东山经》各自为一卷，《西山》《北山》故各分为上下两卷，《中山》为上下三卷，别以《中山》东北为一卷。……《山海经》夏禹为之，非也。其间或援启及有穷、后羿之事，汉儒或谓伯翳为之，非也。然屈原《离骚》多摘取其山川，则言帝喾葬于阴，帝尧葬于阳，且继以文王皆葬其所。又言夏耕之尸也，则曰汤伐夏桀于章山，克之。其论相顾之尸也，则曰伯夷父死四岳，先生龙。按此三事，则不及夏启、后羿而已，是周初亦尝及之，定为先秦书，信矣。	
	朱熹:《朱子语类卷一百三十八·杂类》/《楚辞集注》	问山海经。曰："一卷说山川者好。如说禽兽之形，往往是记录汉家宫室中所画者，说南向北向，可知其为画本也。"/《天问》"启棘宾商"四字，本是"启梦宾天"。而世传两本，彼此互有得失，遂致纷纭不复可晓。盖作《山海经》者所见之本"梦天"二字不误，独以宾、嫔相似，遂误以宾为嫔而造为启上三嫔于天之说，以实其谬。王逸所传之本"宾"字幸得不误，乃以篆文"梦天"二字中间坏灭，独存四外，有似"棘""商"，遂误以"梦"为"棘"，以"天"为商，而于注中又以列陈官商为说……且谓屈原多用《山海经》语，而不知《山海》实因此书而作。	
	薛季宣《浪语集》卷三十《叙山海经》	是书流传既少，今独《道藏》有之，又《图》十卷，文多阙略。世有模板张僧繇画《山海经图》，详于《道藏》图本，然《道藏》所画不出十三篇中，模本画图有《经》未尝见者。按《五山经》山多亡轶，意僧繇画时其文尚完，不然后人传托之名不可知也。不敢按据模本，姑以《道藏》经图，参校缮写藏之。	

续表

时间	作者或相关者	题目或相关内容	备注
宋	吴仁杰《两汉刊误补遗》	仁杰按：《山海经》本先秦古书，而《大传》乃是景帝世伏生所传……然则字当从《山海经》，而音从曼倩可也。	
	《中兴书目》	《山海经》十八卷，晋郭璞传，凡二十三篇，每卷有赞。……每卷中先类所画名，凡二百四十七种，其经文不全见。……《山海经图十卷》，首载郭璞序，节录经文，而图物如张僧繇本。不著姓氏。	将《山海经》列入地理类。又云："亦非尽善，当以入小说家为是。"
	赵与时《宾退录·卷七》	《山海经》岁不敢信为禹、益所著，然屈原《离骚》《吕氏春秋》皆摘取其事，而汉人引用者尤多。	
	王应麟《玉海》引《中兴书目》《崇文总目》《郡斋读书志》/《通鉴地理通释·自序》	《中兴书目》《山海经图》十卷，本梁张僧繇画，咸平二年，校理舒雅铨次馆阁图书，见僧繇旧踪尚有存者，重绘为十卷，又载工侍朱昂《进僧繇画图表》于首。僧繇在梁以善画著。每卷中先类所画名，凡二百四十七种。/ 言地理者，难于言天，何为其难也？日月星辰之度，终古不易，郡国山川之名，屡变而无穷。……若《山海经》……，亦好古爱奇者所不废。	
	马端临《文献通考》	《山海经》十八卷，晁氏曰：大禹制，晋郭璞传，汉侍中、奉车都尉刘秀校定。表言："禹别九州，而益等类物善恶著此书。皆圣贤之遗事，古文明著者也。"大父尝考之於书，有曰："长沙、零陵、雁门，皆郡县名，又自载禹、鲧，似后人因其名参益之。"陈氏曰：汉侍中、奉车都尉臣秀所校秘书。秀即刘歆也。晋郭璞注。按《唐志》，二十三卷，《音》二卷。今本锡山尤袤延之校定。世传禹、益所作，其事见《吴越春秋》，曰："禹东巡，登南岳，得金简玉字，通水之理，遂行四渎，与益共谋，所至使益疏而记之，名《山海经》。"此其	

时间	作者或相关者	题目或相关内容	备注
宋	马端临《文献通考》	为说，恢诞不典。司马迁曰："言九州山川，《尚书》近之矣，至《禹本纪》《山海经》所书怪物，余不敢言之也。"可谓名言。孰曰多爱乎！故尤跋明其非禹、伯翳所作，而以为先秦古书无疑。然莫能名其何人也。洪庆善补注《楚辞》，引《山海经》《淮南子》以释《天问》，而朱晦翁则曰："古今说《天问》者，皆本此二书，今以文意考之，疑此二书本皆缘解《天问》而。"作此可以破千载之惑。古今相传既久，姑以冠地理书之录。《山海图经》十卷，晁氏曰：皇朝舒雅等撰。雅仕江南，韩熙载之门人也。后入朝，数预修书之选。闽中刊行本或题曰"张僧繇画"，妄也。	
		《楚辞集注》八卷，《辩证》二卷，陈氏曰：侍讲新安朱熹元晦撰。以王氏、洪氏注或迂滞而远于事情，或迫切而害于义理，遂别为之注。其训诂文义之外，有当考者，则见于《辩证》。所以祛前注之蔽陋，而发明屈子之微意于千载之下，忠魂义魄，顿有生气。其于《九歌》《九章》，尤为明白痛快。至谓《山海经》《淮南子》殆因《天问》而著书，说者反取二书以证《天问》，可谓高世绝识，毫发无遗恨者矣。公为此注在庆元退居之时，序文所谓"放臣弃子，怨妻去妇"，盖有感而托者也。其生平于《六经》皆有训传，而其殚见洽闻，发露不尽者，萃见于此书。呜呼，伟矣！其篇第视旧本益贾谊二赋，而去《谏》《叹》《怀》《思》。	
明	全明著名刻本	正统道藏刻本、成化国子监刻本、嘉靖前山书屋刻本、嘉靖翻刻宋本、万历合刻本、万历尧山堂刻本、万历大业堂刻本。	
	蒋英镐、武临父	《山海经图绘全像》十八卷。	

时间	作者或相关者	题目或相关内容	备注
明	胡文焕	《山海经图》。	
	刘会孟	《评〈山海经〉》十八卷。	
	刘大昌《刻山海经补注序》	太史升庵公补其遗逸，考古以证今，言近而指远，其事核，其论明，疑辞隐义，旷然发朦，而文学大夫益知崇信矣。	
	朱铨	《山海经腴词》一卷。	
	朱长春	《山经》简而穆，志怪于恒，上古之文也。	
	杨慎	《山海经补注》一卷。	其后记云：《左传》曰："昔夏氏之方，有德也。远方图物，贡金九牧，铸鼎象物，物物而为之备。使民知神奸，入山林，不逢不若，魑魅魍魉，莫能逢之。"此《山海经》之所由始也。神禹既锡玄圭以成水功，遂受舜禅以家天下，于是乎收九牧之金以铸鼎，鼎之象则取远方之图，山之奇，水之奇，草之

时间	作者或相关者	题目或相关内容	备注
明	杨慎	《山海经补注》一卷。	奇，木之奇，禽之奇，兽之奇。说其形，著其生，别其性，分其类。其神奇殊汇，骇世惊听者，或见，或闻，或恒有，或时有，或不必有，皆一一书焉。《四库全书总目提要》："此书全载郭璞注，崇庆间有论说，词皆肤浅，其图亦书肆俗工所臆作。"
	吕调阳	《五藏山经传》《海内经附传》。	
	王世贞《山海经跋》	《山海经》最为古文奇书。	
	胡应麟	《山海经》，古今语怪之祖。	列入语怪类。
清	《清史稿·艺文志》	《山海经广注十八卷》，吴任臣撰。《山海经存九卷》，汪绂撰。《山海经笺疏十八卷》《图赞一卷》《订讹一卷》，郝懿行撰。《读山海经一卷》，俞樾撰。	该志将清列入小说类。(《清史稿·列传二百六十九》"其笺疏山海经，援引

时间	作者或相关者	题目或相关内容	备注
清	《清史稿·艺文志》		各籍，正名辨物，事刊疏谬，辞取雅驯。阮元谓吴氏广注征引虽博，失之芜杂；毕沅校本，订正文字尚多疏略；惟懿行精而不凿，博而不滥。")
	《清实录·高宗卷》	虽《山海经》《水经注》、皆略具其说。山海经，刘歆称伯益所著。本无所据。	
	《清实录·德宗卷》	前据顺天府府尹游百川、呈进已故户部主事郝懿行所著书四种。当交南书房翰林阅看。据称郝懿行学问渊博。经术湛深。嘉庆年闲。海内推重。所著春秋比、春秋说略、尔雅义疏山海经笺疏各书。精博邃密。足资考证。所进之书，即著留览。	
	《四库全书》	将《山海经》排除"黄老之言"外，认定为古小说，收录郭璞《山海经》注、吴任臣《山海经广注》，将王崇庆《山海经释义》著录存目另加提要。	然道里山川，率难考据，案以耳目所及，百不一真，诸家并以为地理书之冠，亦为未允。核实定名，实则小说之最古者尔。

时间	作者或相关者	题目或相关内容	备注
清	吴任臣《山海经广注》十八卷/《山海经广注序》	该书"因郭璞《山海经注》疏补之，故曰广注，于名物训诂、山川道里，皆有所订正。虽好多爱博，引据稍繁……然掎摭宏实，多定为考证之资"。/古人云：少所见，多所怪；世之不异，未始非异；世之所异，亦未必尽异也。……抑闻之九州之外，复有九州，斯经所具，特亚细亚一隅耳。若乃纪葱岭之西，夸印度之北，占西海孔雀之星，侈南极大浪之异，抵掌而谭，纵横四表，则瑰奇吊诡，将更有超于耳目寻常之际者。	
	胡渭《禹贡锥指略例》	其所有怪物固不足道，即所纪山川，方向里至虽存，却不知在何郡县，远近虚实，无从测验，何可据以说经？	
	汪绂	《山海经存》九卷。	
	毕沅	《山海经新校正》十八卷。其云："《山海经·五藏山经》三十四篇，古者土地之图，《周礼·大司徒》用以周知九州志地域广轮之数，辨其山林川泽丘陵坟衍原隰之名物。……故其书世传，不废其言，怪与不怪皆未也。《南山经》其山可考者，惟鹊山、句馀、浮玉、会稽诸山；其地汉时为蛮中，故其他书传多失其迹也。《西山经》其山率多可考……《北山经》其山皆在塞外……《北次三经》以下，其山亦多可考……《东山经》其山水多不可考……以此而推，则知《山海经》非语怪之书矣。"	孙星衍："其考证地理，则本《水经注》，而自九经笺注，史家地志《元和郡县志》《太平寰宇记》《通典》《通考》《通志》及近世方志，无不征也。"
	章学诚《文史通义·卷一·内篇一》	地界言经，取经纪之意也。是以地理之书，多以经名，《汉志》有《山海经》，《隋志》乃有《水经》，后代州郡地理，多称图经，义皆本于经界，书亦自存掌故，不与著述同科，其于六艺之文，固无嫌也。	

时间	作者或相关者	题目或相关内容	备注
清	崔述《崔东壁遗书·夏考信录》	书中所载，其事荒唐无稽，其文浅弱不振，盖搜辑诸子小说之言以成书者。其尤显然可见者，长沙、零陵、桂阳、诸暨等郡县名，皆秦汉以后始有之，其为汉人所撰明甚。甚矣学者之好奇而不察真伪也！故悉不采。	
	王念孙、王引之	校《中次六经》"门水出于河，七百九十里，入洛水"等十三字为郭璞注误入经文。	
	郝懿行	《山海经笺疏》十八卷，图赞一卷，订伪一卷。	《山海经》以历时久远，编简失次，字讹句脱，向称难读。懿行采清吴任臣《山海经广注》、毕沅《山海经新校正》二书所长，为晋郭璞《山海经注》作笺疏，笺以补注，疏以证经，计通创大义百余事，是正讹文三百余事，对郭注多所阐明。凡所指摘，仿郑玄注经不敢改字之例，虽有依据，仍用旧文。其间虽不免有以人事现

时间	作者或相关者	题目或相关内容	备注
清			象释神话，混神话于历史，凿枘难通，然于诸家旧注中，以郝氏注释为最精详。
	陈逢衡	《山海经汇说》。	
	徐时栋《徐偃王志·卷一·记事第一上》	少昊之裔娶帝颛顼之裔女修。女修方织，玄鸟陨卵，取而吞之，生子大业。大业取少典氏，曰女华。生大费，是为伯翳，佐禹治水，海外山表，靡远不至，是著《山海经》。	
	俞樾	《读山海经》。	
	张之洞《书目答问》		《山海经》列入古史。
	周绘藻	《山海经补赞勰读》。	
	吴承志	《山海经地理今释》。	
	廖平《治学大纲》/《经学四变记》	《楚辞》称述，全出《山海》《诗》《易》之博士学。/因《楚辞》专引《山经》，而《山经》亦因之大显。	
	刘锦藻《皇朝续文献通考·卷二百七十/二百七十四》	《山海经》十八卷，毕沅校。《山海经存》九卷，汪绂撰，见经部易类。《山海经笺疏》六卷、《图赞》一卷、《订讹》一卷，郝懿行撰，懿行见经部易类。	
	蒋观云《中国人种考》	《山海经》者，中国所传之古书，真赝糅杂，未可据为典要。顾其言有可释以今义者。如云长股之民、长臂之民，殆指一种类人之猿……专泥于人类以相求，则亦可稍无疑于其言之怪诞矣。	

时间	作者或相关者	题目或相关内容	备注
清	梁启超《湖南时务学堂学生日记类抄》	汉世武梁祠堂所画古帝王，多人首蛇身、人面兽身；盖古来相传，实有证据也。《山海经》言，绝非荒谬。	
	易宗夔《新世说·卷二》	毕秋帆性好著书，铅椠不去手。谓经义当宗汉儒，故有《传经表》之作。谓文字当宗许氏，故有《经典辨正》及《音同义异辨》之作。谓编年之史，莫善于涑水，乃博稽群书，考证正史，始宋迄元，为《续资治通鉴》二百二十卷。谓史学当究流别，故有《史籍考》之作。谓史学必通地理志，故于《山海经》《晋书·地理志》皆有校注。	
	王国维《古史新证》	虽谬悠缘饰之书如《山海经》《楚辞·天问》，成于后世之书如《晏子春秋》《墨子》《吕氏春秋》，晚出之书如《竹书纪年》，其所言古事亦有一部分之确实性；然则经典所记上古之事，今日虽有未得二重证明者，固未可以完全抹杀也。	
民国	鲁迅《中国小说史略》	《山海经》今所传本十八卷，记海内外山川神祇异物及祭祀所宜，以为禹益作者固非，而谓因《楚辞》而造者亦未是；所载祠神之物多用糈（精米），与巫术合，盖古之巫书也，然秦汉人亦有增益。	
	毛子水《国故和科学的精神》	现在有些人用明堂比傅议会，根据《山海经》来讲学术史，说《太极图》是夏鼎上的东西——这等的论断，我觉得很不妥当。	
	刘师培《〈山海经〉不可疑》	《山海经》所言皆有确据，即西人动物演为人类之说也。	

时间	作者或相关者	题目或相关内容	备注
民国	蒙文通《略论〈山海经〉的写作时代及其产生地域》	提到古史研究的适当的地位上。	
	傅斯年《"新获卜辞写本后记"跋》	《山海经》和《楚辞·天问》这类材料以前都是死的。	
	杨宽《上吕师诚之书》	多据诸子及《楚辞》《山海经》诸书以为说。	
	袁珂	《中国古代神话》《古神话选释》《山海经校注》